Judith Siegmund
Die Evidenz der Kunst

AF534531

Judith Siegmund (Dr. phil.) lebt als Bildende Künstlerin und Philosophin in Berlin.

Judith Siegmund

Die Evidenz der Kunst

Künstlerisches Handeln als ästhetische Kommunikation

[transcript]

Gefördert durch die Heinrich-Böll-Stiftung

Bibliografische Information der Deutschen Bibliothek
Die Deutsche Bibliothek verzeichnet diese Publikation in der Deutschen Nationalbibliografie; detaillierte bibliografische Daten sind im Internet über http://dnb.ddb.de abrufbar.

© 2007 transcript Verlag, Bielefeld

Die Verwertung der Texte und Bilder ist ohne Zustimmung des Verlages urheberrechtswidrig und strafbar. Das gilt auch für Vervielfältigungen, Übersetzungen, Mikroverfilmungen und für die Verarbeitung mit elektronischen Systemen.

Umschlaggestaltung: Kordula Röckenhaus, Bielefeld
Lektorat: Dr. Norbert Axel Richter, www.conscriptum.de
Satz & Layout: André Piontek
Druck: Majuskel Medienproduktion GmbH, Wetzlar
ISBN 978-3-89942-783-2

Gedruckt auf alterungsbeständigem Papier mit chlorfrei gebleichtem Zellstoff.

Besuchen Sie uns im Internet: *http://www.transcript-verlag.de*

Bitte fordern Sie unser Gesamtverzeichnis und andere Broschüren an unter: *info@transcript-verlag.de*

INHALT

Um die Kunst exakt definieren zu können,
darf man sie zuallererst nicht mehr als ein
Mittel zum Genuß ansehen, sondern als eine
Bedingung des menschlichen Lebens.
Betrachten wir die Kunst aber so,
dann müssen wir notwendigerweise erkennen,
daß die Kunst ein Kommunikationsmittel
der Menschen ist.

Lew Nikolajewitsch Tolstoi

VORWORT

Die in diesem Buch angestellten Überlegungen gehen aus von einer doppelten Beobachtung: Erstens wird Subjektivität in der Rezeption von Kunst immer mit etwas konfrontiert, das ihr fremd bleibt, weil es über ihre eigene Bestimmung hinausgeht. Das Kunstwerk ist also für Rezipienten eine Quelle der Fremderfahrung. Zweitens sind Kunstwerke von Künstlern absichtsvoll geschaffene Gegenstände. Ihre Fremdheit ist daher nicht gleichbedeutend mit Unbestimmbarkeit. Verlangt ist vielmehr, wenn es um eine angemessene Theorie der Kunst geht, eine spezifische Beschreibungsweise, welche die Kunsterfahrung von anderen Formen ästhetischer Erfahrung unterscheidet und in der sowohl die Alterität als auch die Produziertheit der Kunstwerke berücksichtigt wird.

Künstlern geht es immer um mehr als nur darum, gute Kunst im Sinne einer fachlichen Spezialisierung herzustellen. Dieses Mehr kann als eine Handlung beschrieben werden, bei der etwas entsteht, das sich auf eine Welt bezieht. Dieser Welt wird es als Interpretament hinzugefügt. Auf der anderen Seite suchen Rezipienten in der Kunsterfahrung mehr als nur die Aktivierung eigener Stimmungen, Gefühle und Gedanken. Dem Kunstwerk und dessen Kommunikationsversprechen setzen sie sich mit der Hoffnung aus, seine Evidenz zu erfahren. Dass das Kunstwerk evident ist, bedeutet, dass zugleich an ihm *etwas* evident wird.

Zwei Denkfiguren stehen im Mittelpunkt der Arbeit: der *Evidenzanspruch der Künstler* und die *Evidenz des Kunstwerks*. Der Evidenzanspruch besagt, dass die Absicht der Künstlerin sich nicht allein darauf richtet, im entstehenden Werk einen Gehalt zu verankern, der sich auch sprachlich ausdrücken ließe, sondern darauf, dass das Kunstwerk in der richtigen Art und Weise seiner Materialität entsteht, so dass die Evidenz seines Materials und das, was am Werk als evident erfahrbar wird, als ineinander verschränkt bestimmt werden können. Diese Verschränkung, die für die Rezeption des Werks von Bedeutung ist, wird zusammengefasst im Begriff der Evidenz des Kunstwerks.

Die Arbeit gliedert sich in drei Teile: Im ersten, kritischen Teil, wird am Beispiel zweier Wahrheitsästhetiken die Notwendigkeit einer Bestimmung des Kunstwerks unter Einbeziehung der Perspektive seiner Produzentin gezeigt. Im Zuge einer im weiteren Verlauf der Arbeit ausgeführten Theorie des Kunstwerks als eines vermittelnden Objekts zwischen Produzenten und Rezipienten transformiert sich die im ersten Teil gestellte Frage nach der Wahrheit des Kunstwerks in die Frage nach seiner Evidenz. Dies geschieht in zwei Schritten: erstens anhand der Kommentierung von Künstlerästhetiken, in denen Künstler ihre Perspektiven auf das Kunstwerk, seine Produktion und Rezeption darlegen (Teil II), zweitens in der Reflexion darüber, welche Bestimmungen des Kunstwerks und seiner Rezeption sich aus der Tatsache des Evidenzanspruchs der Künstler ergeben (Teil III).

Anlass für dieses philosophische Projekt ist meine Praxis als Bildende Künstlerin, von der ich hoffe, dass sie als gattungsspezifische Ausrichtung auf einen Ausschnitt der Kunst und Ästhetik nicht zu sehr in den Vordergrund gerückt ist. Die Suche nach einer ästhetischen Theorie, die die Motivation und Ziele der Kunstproduzenten insofern ernst nimmt, als es nicht egal sein kann, welche Entscheidungen Künstler warum in ihrer Arbeit treffen und welche Handlungen sie vollziehen, hat mich dazu gebracht, den Evidenzbegriff in der ästhetischen Theorie besonders zu akzentuieren. Gerade in der Beziehung auf aktuelle Kunstentwicklungen, in denen Außerkünstlerisches (z.B. Politisches) thematisiert wird, kann auf die Einbeziehung des künstlerischen Handelns in die ästhetische Theorie nicht verzichtet werden. Anders gesprochen: Die philosophische Bestimmung der Kunstproduktion ist unverzichtbar für die Bestimmung des Kunstwerks und somit unverzichtbar für ästhetische Theorie im Ganzen.

EINLEITUNG

Die folgenden Bemerkungen sind keine Geschichte der Rezeptionsästhetik, sondern sie haben den Status einer systematischen Verortung des Projektes in einer Theorieumgebung, die gegenwärtig durch rezeptionsästhetische Ansätze dominiert ist. In dieser abgrenzenden Verhältnisbestimmung wird der Vorschlag, produktionsästhetische Perspektiven in der Kunstphilosophie stärker zu berücksichtigen, zunächst nur in seinen Umrissen und gewissermaßen *ex negativo* sichtbar; seine Ausarbeitung findet sich dann in den Teilen II und III.

Die sogenannte Konstanzer Schule, die den Begriff der ästhetischen Erfahrung wieder als den Einsatzpunkt ästhetischer Theorie etabliert hat, reagiert u.a. auf Werkästhetiken, in denen Kunstwerke als Wahrheitsträger ausgezeichnet sind. So bilden die ästhetischen Theorien Gadamers, Heideggers und Adornos, in denen der Begriff der Wahrheit auf je verschiedene Weise der zentrale Begriff für die Bestimmung des Kunstwerks ist, Kontrastfolien der Konstanzer Rezeptionsästhetik. Die erste Generation der Autoren, die sich von der Theorie ästhetischer Wahrheit verabschiedet, fasst ästhetische Erfahrung zunächst als etwas Komplementäres zum Kunstwerk auf, als etwas, das sich erwidernd aufs Kunstwerk bezieht.[1] Das heißt, der Begriff des Kunstwerks wird von diesen

1 Es handelt sich hier u.a. um die Literaturwissenschaftler Wolfgang Iser und Hans Robert Jauß, die beide kritisch an die Theorie der Konkretisation des Krakauer Philosophen Roman Ingarden anknüpfen. Ingarden geht aus von verschiedenen Schichten im literarischen Text, die von den Lesern in unterschiedlichen, sich überlagernden, Konkretisationsweisen aktualisiert werden. »Und die Funktion des Lesers besteht darin, sich den vom Werk ausgehenden Suggestionen und Direktiven zu fügen und keine ganz beliebigen, sondern die durch das Werk suggerierten Ansichten zu aktualisieren. Er ist freilich dabei durch das Werk nie völlig gebunden.« Roman In-

Autoren als ein *relativ* bestimmbarer aufgefasst, nachdem die Wahrheitsästhetiken noch geglaubt hatten, im Begriff der ästhetischen Wahrheit über ein *absolutes* Kriterium dafür zu verfügen, was ein Kunstwerk sei und wie es jeweils zu deuten sei.

Relativ bestimmbar war nun das Kunstwerk durch eine an ihm gemachte ästhetische Erfahrung – und es war bestimmbar als eine spezifische Grundstruktur, *die eine Vorgabe für diese Erfahrung bereitstellt.* Zum Beispiel deutet Hans Robert Jauß, der sagt, »dass ein Kunstwerk die durch Gewohnheit abgestumpfte Wahrnehmung der Dinge erneuern kann«, die Farbflecken Cézannes als »Anweisung an den Betrachter, [...] sich des gewohnten Anblicks der Dinge zu entschlagen«, also als eine Vorgabe durchs Werk, die zur Vollendung einer »mithervorbringenden« rezipientischen Aktivität bedarf.[2] Noch deutlicher tritt die wechselseitige Komplementarität von Erfahrungs- und Werkbestimmung in der literaturwissenschaftlichen Wirkungsästhetik Wolfgang Isers zutage. Hinsichtlich der Relation zwischen Rezeptionsperspektive und Werk – zwischen dem, was dem Rezipienten als Werk entgegensteht, und dem, was er selbst heranträgt – besteht zunächst keine gravierende Differenz zwischen Gadamers hermeneutischen Ausführungen über den »Anspruch, den der Text erhebt« und den Darlegungen Isers über die »Appellstruktur des Textes«. Zwar ist es bei Gadamer die dem Text innewohnende Wahrheit, der die Leser begegnen, während es bei Iser die Leerstellen des Textes sind, die diesen für seine Leser »adaptierfähig machen«; das Verbindende ist dennoch, dass in beiden Theorien eine Bestimmung des Werks überhaupt vorgenommen wird.[3] Beide, Gadamer und Iser, akzentuieren in ähnlicher Weise die Subjektivität der in Rezeptionsprozessen vollzogenen Erfahrung; diese Erfahrung erschöpft sich aber nicht in der Bestätigung von Vorurteilen und im Vollzug von Projektionen, sondern wird vom Werk als einer entgegenstehenden Wirklichkeit gestört und beeinflusst. Das Andere zeigt sich vom Eigenen her, aber »erst Unterbrechung des Eigenen kann neue Perspektiven eröffnen«, heißt es bei Gadamer, und Iser spricht von der »Fremderfahrung der Texte«, die »so konstruiert sind, dass sie keine der ihnen von uns zugeschriebenen Bedeutungen restlos bestätigen«.[4]

garden: »Konkretisation und Rekonstruktion«, in: Rainer Warning (Hg.), Rezeptionsästhetik, München 1975, S. 42-70, hier S. 51.

2 Hans Robert Jauß: Kleine Apologie der ästhetischen Erfahrung, Konstanz 1972, S. 14; 35.

3 Hans Georg Gadamer: »Wirkungsgeschichte und Applikation«, in: Rainer Warning (Hg.), Rezeptionsästhetik, München 1975, S. 113-125; Wolfgang Iser: »Die Appellstruktur der Texte«, ebd., S. 228-252.

4 H. G. Gadamer, ebd., S 113, W. Iser, ebd., S. 249f.

Dieser Anspruch, überhaupt etwas zum Werk sagen zu können – im Sinne seiner Bestimmung als Quelle nichtbeliebiger Fremderfahrung –, verliert sich im Laufe der weiteren Entwicklung der Theorie ästhetischer Erfahrung.[5] In der deutschsprachigen Debatte über ästhetische Erfahrung scheint es oft so, als gäbe es zum Status von Kunstwerken nichts weiter zu bemerken, als dass sie als *Auslöser* dieser Erfahrung erkannt werden können. Mit dieser momentanen Bestimmungsnot des Kunstwerkbegriffs möchte ich mich nicht zufriedengeben. In der vorliegenden Arbeit versuche ich deshalb, eine Definition des Werks vorzuschlagen – und zwar eine, die davon ausgeht, dass Kunstwerke mit einem spezifischen Anspruch der Künstler geschaffen werden. Dieser Anspruch der Produzenten ermöglicht es, aus der zumeist von Philosophen eingenommenen rezipientischen Sicht Kunstwerke von anderen, ebenfalls ästhetisch wahrgenommenen Gegenständen und Situationen zu unterscheiden, ohne nach allgemeinen Merkmalen oder Objekteigenschaften der großen Gruppe der Kunstwerke zu fragen, wie es die analytisch-deskriptive Ästhetik-Debatte aus dem anglo-amerikanischen Sprachraum vorgibt.[6]

Mit unterschiedlichen Blickrichtungen auf die Werke ergeben sich verschiedene Möglichkeitshorizonte ihrer philosophischen Bestimmung. Definiere ich Kunstwerke allein als Anlässe für ästhetische Erfahrung, bestimme ich sie also bloß nachträglich dadurch, dass sie solche Erfahrung ermöglicht haben, und setze ich bei alledem voraus, dass ästhetische Erfahrung als solche ein spezifischer, wiedererkennbarer Erfahrungsmodus ist, dann können prinzipiell alle Arten von Gegenständen und Situationen gelegentlich als Kunstwerke auftreten – sie sind es nämlich definitionsgemäß immer dann, wenn an ihnen ästhetische Er-

5 Wie kommt es dazu, dass im Laufe der Entwicklung und Ausdifferenzierung des Diskurses über die vom Werk ausgelöste ästhetische Erfahrung das Kunstwerk selbst immer mehr aus dem Blick geraten ist? Das mag mit dem Zusammenspiel der Rezeptionsästhetik mit der habermasschen Diskurstheorie und einer bestimmten Lesart der Kritik der Urteilskraft von Kant zusammenhängen. Eine Darstellung dieser Interferenz findet man bei Harry Lehmann: Der Diskurs ästhetischer Erfahrung in Deutschland (Manuskript für den Sfb 626, 2004). Lehmann rekonstruiert die historische Entwicklung des Diskurses der ästhetischen Erfahrung aus einem systemtheoretischen Blickwinkel. Dieser theoriegeschichtlichen Fragestellung soll hier aber nicht nachgegangen werden.

6 Die Debatte zwischen »kunstästhetischen Skeptikern« und »Neo-Essentialisten« über die Möglichkeit einer umfassenden Definition der Kunst ist gut zusammengefasst in: Roland Bluhm/Reinold Schmücker (Hg.), Kunst und Kunstbegriff, Paderborn 2002.

fahrungen gemacht wurden.[7] Ein solcher inflationärer Gebrauch des Begriffs Kunstwerk würde diesen ad absurdum führen. Weil wir nicht der ganzen (ästhetisch erfahrbaren) Welt den Status eines Kunstwerks zuerkennen können und zuerkennen wollen, muss unsere Bestimmung des Kunstwerks über dessen rückschließende Definition als Auslöser ästhetischer Erfahrungen hinausgehen. Das bedeutet aber, dass weitere Kennzeichen zur philosophischen Definition von Kunstwerken gewonnen werden müssen.

Auch wenn Vertreter der Rezeptionsästhetik der Konstanzer Schule noch dezidiert zu Kunstwerken, d.h. zu literarischen Texten forschen und das Werk als »Gegebenheit einer komponierten Textgestalt«[8] definieren, so steht doch bei ihnen, wie in allen anderen Rezeptionsästhetiken, die *Gegebenheit* der Werke an erster Stelle, nicht die Frage, von wem, wie und warum sie komponiert wurden.[9]

Die Vorentscheidung, Kunstwerke als »gegeben« zu definieren, bedeutet implizit eine Ausblendung ihrer Produzenten aus der Theorie.

7 Vgl. Joachim Küpper/Christoph Menke: »Einleitung«, in: Dies. (Hg.), Dimensionen ästhetischer Erfahrung, Frankfurt/Main 2003, S. 7-15, hier S. 11: »Ästhetische Erfahrung kann es dann von allem möglichen geben, sie wird beschreibbar als eine spezifische Form des Umgangs mit Objekten, Situationen, Personen überhaupt. Damit ändert sich der Sinn des Erfahrungsbegriffs: Ästhetische Erfahrung erscheint als eine Weise, sich in der Welt zu orientieren.«

8 W. Iser: »Die Appellstruktur der Texte«, S. 229.

9 Über die Schwierigkeiten, die auftreten, wenn man den ästhetischen Gegenstand allein aus der ästhetischen Erfahrung seiner Rezipienten zu konstruieren versucht, zeigt sich die Rezeptionsästhetik schon in ihrem frühen Stadium informiert: »Gewiß hat Vodička gegen Ingarden leichtes Spiel, wenn er den Klassizismus der metaphysischen Qualitäten und der von ihnen ausgelösten Ursprungsemotionen ersetzt durch das semiotische Konzept eines vom Leser allererst zu konstituierenden ästhetischen Objekts. Wenn aber nicht mehr vorgegebene metaphysische Qualitäten konkretisiert werden [wie bei Ingarden, Anm. von mir, J.S.], sondern nur historisch je neue ästhetische Objekte, dann stellt sich die Frage nach dem Relevanzkriterium einer solchermaßen dem Leser als Konstitutionsleistung überantworteten Konkretisation.« Und: »…treibt man Lesersoziologie oder -psychologie ohne Rückbindung an das Werksystem, so kann man einen engeren und theoretisch gesicherten Konkretisationsbegriff […] nicht mehr absetzen von einem weiteren, der prinzipiell jeden Rezeptionsvorgang subsumieren würde. In der Konsequenz einer Unterscheidung von Werksystemen und Interpretationssystemen stellt sich damit die Frage, ob Rezeptionsästhetik nicht gut beraten wäre, vorliegende Konkretisationen und ihre Subjekte, d.h. den je historischen Leser, als Epiphänomene zu betrachten und also einer systematischen Analyse im Werk selbst vertexteter Rezeptionslenkungen nachzuordnen.« – Rainer Warning: »Rezeptionsästhetik als literaturwissenschaftliche Pragmatik«, in: Ders. (Hg.), Rezeptionsästhetik, S. 9-41, hier S. 15; 25.

Diese Vernachlässigung der Künstler in einer Ästhetik oder gar Kunstphilosophie ist zunächst – negativ gesprochen – strukturell nicht notwendig, gäbe es doch ganz unterschiedliche Möglichkeiten, ihre Rolle theoretisch zu integrieren. Freilich hängt die Bedeutung, die man den Produzenten in einer ästhetischen Theorie dann zukommen oder auch nicht zukommen lassen möchte, im Einzelnen von der Art der Darstellung und Bewertung künstlerischer Produktion ab – insbesondere davon, ob Produktion als subjektive Handlung oder als subjektloser Prozess aufgefasst werden soll.[10]

Das positive Argument für eine Berücksichtigung der Produzenten in einer ästhetischen Theorie als Theorie der Kunst ist das folgende: Eine Beschreibung des Kunstwerks als »gegeben« verfehlt notwendigerweise die Spezifik des Kunstwerks im Verhältnis zu beliebigen anderen Gegenständen und Situationen, die ästhetisch wahrgenommen werden können. Und das fehlende Unterscheidungskriterium ist zunächst dasjenige des *Hergestelltseins*.[11] Der Weg, auf dem die Theorie zu den Kunst-Produzenten kommt, ist also die Frage danach, *wie* – in welchem Modus – uns Kunstwerke denn im Unterschied zu anderen Auslösern ästhetischer Erfahrung gegeben seien. Die Antwort ist: Sie sind uns gegeben im Modus des *Von-jemandem-Hergestelltseins*, und es ist erstaunlich genug, dass Rezeptionsästhetiken bisher aus dieser Tatsache, dass es Produzenten gibt, für die Beschreibung der ästhetischen Erfahrung am Kunstwerk nichts herleiten konnten. Empirisch ist nämlich dieses Unterscheidungskriterium gewissermaßen trivial – so trivial vielleicht, dass man sich über mögliche systematische Implikationen keine Gedanken mehr machen mochte.

10 Eine Ausnahme unter Rezeptionsästhetikern ist Martin Seel, der die Produzenten hin und wieder erwähnt, er räumt ihnen jedoch keinerlei systematische Bedeutung ein: Wenn Seel zwischen der »Geltung der künstlerischen Artikulation« und der »Geltung des künstlerisch Artikulierten« streng unterscheidet, kappt er, wenn ich das richtig verstehe, vollständig die Verbindung zwischen dem Produzieren und dem, was produziert wurde. Für Letzteres steht die Sichtweise des Werks, bei dem es lediglich darauf ankommt, *wie* es seine Sichtweise artikuliert. *Was* in einem Werk dargeboten wird, ist dagegen nicht wichtig für die Bewertung seiner Gelungenheit: »Weil die Gelungenheit von Kunstwerken nicht gleich der Akzeptierbarkeit der von ihr dargebotenen Sichten ist, besteht kein Grund zu einer Theorie der gemischten Geltung der Kunst.« – Martin Seel: »Kunst, Wahrheit, Welterschließung« in: Franz Koppe (Hg.), Perspektiven der Kunstphilosophie, Frankfurt/Main 1991, S. 36-80, hier S. 69f.

11 Auch die Prüfung von bereits vorhandenen Situationen und Gegenständen zur unbearbeiteten Verwendung in einem Kunstwerk fasse ich unter den Begriff des Herstellens bzw. Schaffens eines Kunstwerks. Der Herstellungsprozess ist in diesem Fall ein Prozess des Auswählens und Verwendens.

Ich werde im Folgenden den Anspruch der Künstler, ein evidentes Werk herzustellen – ein Anspruch, der selbst jedenfalls etwas systematisch anderes ist als die ästhetische Erfahrung der Rezipienten und daher spezifische theoretische Aufmerksamkeit verdient –, als Differenzkriterium für die Unterscheidung zwischen Kunstwerken und ästhetisch rezipierten Nicht-Kunstwerken vorschlagen. Der Evidenzanspruch versteht sich gewissermaßen als Spezifizierung des Hergestelltseins, insoweit er zugleich die Unterscheidung des Kunstwerks von anderen hergestellten Gegenständen ermöglicht. Das Wissen der Rezipienten um diesen Evidenzanspruch der Produzenten, so die These dieser Arbeit, bestimmt auch den Anspruch der Rezipienten an das, was sie ästhetisch aufnehmen, lenkt also den Modus der ästhetischen Erfahrung in Richtung auf ein sehr spezifisches Kommunikationsverhältnis. Davon wird später die Rede sein.

Dass »die Kunst« als solche zunächst allen gegeben ist, Künstlern wie Nicht-Künstlern, lässt sich im phänomenologischen Sinne so verstehen, dass einem die Welt vorgegeben ist, in die man hineingeboren wurde, und mit ihr die Kunst und ihre Werke. In dieser Hinsicht ist die Rede von Joachim Küpper und Christoph Menke darüber, »wie uns Kunst *gegeben* ist«, richtig. »Das aber ist sie, und zwar gleichgültig, ob wir in der Position von Produzenten oder Rezipienten sind, durch unsere Erfahrung.«[12] Dem darauf folgenden Satz kann ich dann nicht mehr zustimmen: »Denn auch Produzenten sind ihre Werke als künstlerische Gegenstände (und nicht als handwerkliche oder technische Produkte) nur durch ihre – ästhetische – Erfahrung gegeben.«[13] Ein ›Unterschied ums Ganze‹ besteht zwischen dem, was sowohl Künstlern wie auch Rezipienten als Kunst bzw. Kunstwerk anderer Künstler gegeben ist, und dem, was Künstler selbst der Welt als Kunstwerk hinzufügen. Der Unterschied ist wesentlich auch der Unterschied zweier Begriffe von Erfahrung. Gegeben sind den Künstlern die Kunstwerke durch ästhetische Erfahrungen, die sie mit ihnen machen, nur im ersten Fall. Im zweiten Fall, dem der Produktion, ist Erfahrung in einem ganz anderen Sinn im Spiel: die Erfahrung der eigenen Lebenswelt wird bearbeitet bzw. verarbeitet, hineingearbeitet ins Material. Denn die eigene künstlerische Produktion ist auch nicht in einem theologischen oder metaphysischen Sinn etwas Gegebenes, sie beruht vielmehr (innerhalb eines gesetzten Rahmens zwar) auf künstlerischen Entscheidungen, auf Ein- und Ausschlüssen, auf Zuwendung zu oder Abwendung von bestimmten Themen und Materialien, so wie es im zweiten Teil der vorliegenden Arbeit beschrieben

12 J. Küpper/Chr. Menke: »Einleitung«, S. 8.

13 Ebd.

wird. Das heißt, dass Künstlern *ihre eigenen* Werke während der Herstellung als künstlerische Gegenstände nicht gegeben sind, sondern dass sie von ihnen im Prozess der Produktion geschaffen werden. Infolgedessen stehen Künstler in einem Verhältnis zum Werk, das von dem der Rezipienten grundsätzlich verschieden ist. Zur Prüfung des Hergestellten können sich die Produzenten dann wieder in die Perspektive der Rezipienten versetzen und somit probehalber auch das eigene Werk als etwas Gegebenes auffassen, mindestens können sie das versuchen.[14]

Es könnte eingewendet werden, dass auch im Prozess der Rezeption biografische Erfahrung der Rezipienten aktiv mit eingebracht werde und somit die Differenz zwischen Produktion und Rezeption doch eigentlich nicht vorhanden sei. Selbstverständlich sind auch im Reagieren auf Kunstwerke eigene Erfahrungen der Reagierenden mit im Spiel, und diese sind aktiviert, d.h., sie werden aufgerufen. Entscheidend ist aber, dass Erfahrungen, die in der Reaktion auf das Kunstwerk aktiviert werden, von *diesem* veranlasst sind. Das zu verarbeitende Material oder der zu gestaltende Augenblick in der künstlerischen Produktion lassen sich hingegen nicht in derselben Weise als Auslöser und Quelle einer Erfahrung beschreiben. Gerade hinsichtlich des in ihr auftretenden Modus von Erfahrung führt die Analogie zwischen Produktions- und Rezeptionssituation in die Irre. In gewisser Hinsicht steht die Künstlerin vor dem Nichts, wenn sie beginnt. Sie geht mit biografischer und gesellschaftlicher Erfahrung um, sie arbeitet in einem vorgegebenen Kontext; aber das Material, in das ihre Erfahrungen transformatorisch hineingearbeitet werden, auch wenn es als ein erschlossenes, als interpretiertes Material vorliegt, wird gerade nicht als eine Gegebenheit von der Künstlerin erlebt, sondern als etwas, das es zu verändern, mindestens zu nutzen gilt, bzw. als etwas, das sich im Prozess verändert. Das bedeutet, dass Künstler ein anderes Verhältnis zum eigenen Werk vor oder während seiner Entstehung haben als Rezipienten zum Kunstwerk in der Rezeption. Diese den Rezipienten implizit bekannte Erfahrungsdifferenz zwischen Herstellung und Rezeption, so möchte ich behaupten, modifiziert die Rezeption von Kunstwerken insoweit, als das Hergestelltsein des Werks auf die Erfahrungswelt der Produzentin verweist. Das ist auch eine Erklärung dafür, warum wir uns von der Kunstrezeption etwas versprechen; wir versprechen uns von ihr nicht nur, dass sie unsere eigene Erfahrung des Lebens aufruft, wie das viele Gegenstände oder Situatio-

14 Dass es in der Geschichte der Ästhetik eine Tradition gibt, die Erfahrung »als etwas das Kunstwerk *Fundierendes* [...], nicht als etwas am Kunstwerk erst zu *Machendes«* begreift, kann man nachlesen bei Georg Maag: »Erfahrung«, in: Karlheinz Barck (Hg.), Ästhetische Grundbegriffe, Bd 2, Stuttgart, Weimar 2001, S. 266-275, zit. S. 267.

nen können, sondern dass sie uns am Kunstwerk mit dieser anderen, ins Werk transformierten Erfahrung der Produzentin konfrontiert und sich daraus neue Konstellationen eigenen Erlebens und eigener Erfahrung ergeben. Das implizite »Versprechen« an die Rezipienten, dass sie im Werk auf *fremde* Erfahrung treffen können, ist das Fundament dafür, dass Kunstwerke mehr vermögen, als uns lediglich an unsere eigenen Erfahrungen zu erinnern. Die rezeptionsästhetische Erfahrung von Alterität ereignet sich als Begegnung mit einem *bestimmten* Anderen.

Maßgeblich für eine Bestimmung des Kunstwerks ist zugleich, dass biografische Erfahrung der Produzenten nur vermittelt im Kunstwerk existiert, nicht so, wie sie sich als Erfahrung in der Welt für die Künstler selbst darstellt. Das Ansinnen der Künstlerin, ein evidentes Werk zu schaffen, richtet sich an der Tatsache aus, dass ihre Erfahrung nicht direkt im Werk enthalten sein wird. Ihr Ziel ist es, den Konfrontationsprozess zwischen ihrer Erfahrung und dem Material so zu gestalten, dass ein Werk entsteht, das evident ist – dies bedeutet zugleich: durch das etwas evident wird. Dieses evidente Werk soll nach der Absicht der Künstlerin in einer bestimmten, aber nicht endgültig zu bestimmenden Weise anschlussfähig für seine Rezipienten sein. Das heißt, die Art der Gemachtheit des Kunstwerks veranlasst einen Prozess, der die Erfahrungen der Rezipienten ins Verhältnis zum So-Gemachtsein des Werks setzt. Der Unterschied zur bloßen Gegebenheit anderer ästhetisch zu erfahrender Gegenstände ist das Wissen der Rezipienten um den Anspruch der Künstlerin, ein evidentes Werk zu schaffen. Dieses Wissen impliziert das »Versprechen des Werks«, dass eigene rezipientische Erfahrung durch das Kunstwerk in anderer Weise konfrontiert werde als durch andere Gegenstände oder andere Situationen. Kurz gesprochen: Rezipienten überprüfen das Eingelöstsein des Künstler-Evidenzanspruchs am Werk.[15]

Mein Vorschlag, die Konstruiertheit von Kunstwerken in dieser Weise als ihre Produziertheit zu berücksichtigen, hat weder eine Ontologie von Kunstwerken als eine vollständige Bestimmung ihres Seins zum Ergebnis, noch führt er in die heute von vielen so gefürchteten Gefilde der Metaphysik.[16] Vielmehr stellt er einen Aspekt, der allen Kunstwer-

15 Es handelt sich bei dem Evidenzanspruch der Künstler nicht um einen rein sprachlichen Geltungsanspruch, das heißt, es kann nicht nur um die Verstehbarkeit des Kunstwerks gehen. Vgl. Kap. III.5: Evidenzanspruch und sprachlicher Geltungsanspruch.

16 Wegen einer ›metaphysischen Bestimmung‹ des Werks in Panik zu geraten, wäre ohnehin unangemessen, denn die Debatte zeigt, dass auch ausgesprochene Gegner der Metaphysik von anderen Diskussionsteilnehmern gern als typische Metaphysiker aufgefasst werden. Der inflationäre und polemische Gebrauch des Metaphysik-Vorwurfs entwertet diesen argu-

ken zu eigen ist, systematisch heraus. Über den Evidenzanspruch hinaus lässt sich eine Menge zu den Eigenschaften verschiedener Kunstwerke unterschiedlicher Gattungen erzählen. Der Witz der (im gesamten Projekt) vorgelegten Systematik soll eben sein, dass sich unterschiedliche Kunstbegriffe und Überzeugungen, was Kunst sei, in sie eintragen lassen.[17] Wenn Kunstwerke nicht im Namen einer ihnen übergeordneten Idee (z.B. normativ richtiger Wahrheit), sondern als Träger konkreter Evidenzansprüche ihrer Produzenten bestimmt werden, ist im Einzelfall immer eine spezifische Konkretisierung des Evidenzanspruchs möglich, ja sogar nötig. Anders gesagt: Die Evaluation des konkreten Anspruchs einer Künstlerin, die Rezipienten am Werk vornehmen, beinhaltet sowohl die Suche nach der gestalteten Evidenz des Werks (in Bezug darauf, wie das einzelne Kunstwerk gemacht ist) als auch die Suche nach dem, was namentlich durch *dieses* Werk evident wird. Beides hängt natürlich zusammen.

Ein weiteres Argument dafür, dass der Künstler-Evidenzanspruch kein metaphysisches Bestimmungskriterium darstellt, ist seine empirische Überprüfbarkeit, die ich nicht als neues Wahrheitskriterium, sondern zunächst als einfachsten Aufweis einer Angemessenheit in der Sache verstanden wissen möchte. Die ausgiebige Einbeziehung produk-

mentativ. Vgl. z.B. Michael Hampe: »Vervollkommnung des Individuums und Endgültigkeit der Metaphysik. Richard Rortys Metaphysikkritik und die Philosophie des Pragmatismus«, in: Uwe Justus Wenzel (Hg.), Vom Ersten und Letzten. Positionen der Metaphysik in der Gegenwartsphilosophie, Frankfurt/Main 1999, S. 153-176, hier S. 155. Hampe will hier laut eigener Auskunft »die implizite Metaphysik, die Rortys Metaphysikkritik zugrunde liegt, explizieren«. Rorty wiederum kritisiert in dem von Hampe besprochenen Kapitel die Metaphysik Heideggers. (Vgl. das Kap. »Selbsterschaffung und Affiliation: Proust, Nietzsche und Heidegger«, in: Richard Rorty: Kontingenz, Ironie und Solidarität, Frankfurt/Main 1995, S. 162-201.) Strukturell wiederholen sich Vorwürfe dieser Art in der Geschichte der Metaphysik, die seit dem 19. Jahrhundert vielfach als eine Verfallsgeschichte geschrieben wird. Vgl. M. Hampe, »Vervollkommnung des Individuums«, S. 167.

17 Der hier verfolgte Ansatz ist somit auch eine Reaktion auf einen Aufsatz von Brigitte Hilmer, die den vielfach innerhalb der Philosophie gegen die eigene philosophische Disziplin geäußerten Vorwurf, die Kunst zu entmündigen, neu formuliert und kritisch bewertet. »Aber die begrenzte Berechtigung des Entmündigungsvorwurfs sehe ich in der Kritik an der Vorstellung, die Kunst hätte ein begrifflich objektivierbares Wesen unabhängig von der Befassung der Philosophie mit ihr, letztere könnte einen dritten Ort jenseits der Interaktion einnehmen, von dem aus dieses Wesen zugänglich wäre.« Vgl. Brigitte Hilmer: »Kunst als Spiegel der Philosophie«, in: Andrea Kern/Ruth Sonderegger (Hg.), Falsche Gegensätze. Zeitgenössische Positionen zur philosophischen Ästhetik, Frankfurt/Main 2002, S. 112-130, hier S. 128.

tionsästhetischer Schriften im zweiten Kapitel weist bereits in die Richtung einer Überprüfung ästhetischer Theorie anhand konkreter Produzentenansichten. Wem diese nicht ausreichen, der kann den Erläuterungen der Auswirkungen des Künstler-Evidenzanspruchs auf den Rezeptionsvorgang nachgehen, denn die vorliegende Arbeit ist mit dem Anspruch der phänomenologischen Überprüfbarkeit ihrer zentralen These verfasst. Den Anspruch der Überprüfbarkeit erfüllt ebenfalls ein Teilkapitel aus dem dritten Teil der Arbeit, das den Künstler-Evidenzanpruch auf dem Feld der Kunstkritik darstellt.[18]

Mit der vorgeschlagenen Bestimmung von Kunstwerken durch den Evidenzanspruch der Künstler ist die Annahme, auf der zeitgenössische Rezeptionsästhetiken durchgehend gründen: man könne, ohne metaphysisch zu argumentieren, nicht mehr über das Kunstwerk sagen, als dass es sich bei diesem um einen Initiator subjektiv wahrgenommenen Geschehens handelt, explizit verworfen. Dem Motiv der Rezeptionsästhetiker, eine solche für ästhetische Theorie folgenschwere generelle Unbestimmbarkeit des Werks zu erklären, soll hier kurz nachgegangen werden.

In der Geschichte der Ästhetik seit Mendelssohn, wie sie z.B. Christoph Menke erzählt, werden die Begriffe der »Verfassung des ästhetischen Gegenstands« und der »Selbstreflexion« der Rezipienten als einer Tätigkeit, die sowohl aus aktivem sinnlichen Erfassen wie auch aus passivem Erfahren des Wirkens von Kräften besteht, miteinander verknüpft.

»In diesen Konsequenzen für Begriff wie Verfassung des ästhetischen Gegenstandes [die sich aus einer Entsprechung von der selbstreflexiv-energetischen Neubestimmung des ästhetischen Subjektes und seiner Lusterfahrung mit der Neubestimmung des ästhetischen Objektes ergeben, Anm. von mir, J.S.] hat die von Mendelssohn angestoßene Neubestimmung des Schönen als Medium der Selbstreflexion weitreichende und anhaltende Folgen für die moderne Ästhetik gehabt; über Kant und die Frühromantik bestimmt sie die Diskussion bis heute. […] Für ihre Wirkung ebenso entscheidend sind die Folgen, die sich aus diesem Motiv für das Unternehmen einer philosophischen Ästhetik ergeben. Die Ästhetik – so hat sich gezeigt – kann als ein Diskurs verstanden wer-

18 Vgl. hierzu die Erläuterung metaphysischer Thesen als beobachtungsferne Thesen, die nicht empirisch überprüfbar sind, bei Marcus Willaschek: »Was ist schlechte Metaphysik?«, in: U. J. Wenzel (Hg.), Vom Ersten und Letzten, S. 131-151, hier S. 134: »Das Ganze, um dessen Bild es in der Metaphysik geht, ist kein empirischer Gegenstand.«

den, der den spezifischen Tätigkeitssinn des ›sinnlichen‹ Erfassens und Darstellens untersucht und dabei die Wirkungsweise von Kräften freilegt.«[19]

Menke unterscheidet zwar einerseits zwischen den Energien, die auf das Subjekt in der Rezeption einwirken, und deren Reflexion, andererseits belässt er die Bestimmung des ästhetischen Objekts bei einer Bestimmung, die rückwirkend als eine Entsprechung konstruiert werden muss. In den Worten Rüdiger Bubners heißt dies: »Es gibt ein Werk nur zusammen mit der *Geschichte seiner Auffassung* und Interpretation.«[20] Und Ruth Sonderegger zieht folgerichtig die Konsequenz aus dieser von Menke und Bubner geteilten Prämisse der Verknüpfung der Verfassung des ästhetischen Gegenstands mit dem Erlebnis seiner Wirkung und der Reflexion dieses Erlebnisses: »Etwas mit Grund als Kunstwerk zu bezeichnen bedeutet [...], an einem Gegenstand eine unendliche ästhetische Erfahrung gemacht zu haben und sie an einem endlichen Objekt ausweisen zu können.«[21]

Die Unendlichkeit der ästhetischen Erfahrung – eine Forderung, die sich aus Kants ›Spiel zwischen Einbildungskraft und Verstand‹ ergibt und die als Charakteristikum ästhetischer Erfahrung seit der Wiedereinführung Kants in die Ästhetik angenommen wird, hängt mit der Unbestimmbarkeit des ästhetischen Objekts zusammen; denn wäre dieses bestimmbar, wäre seine Erfahrung endlich (und umgekehrt). Ästhetische Objekte sind endlich – wie Sonderegger zugibt und wie auch andere Rezeptionsästhetiker nicht leugnen würden.[22] Dessen ungeachtet, dass das

19 Christoph Menke: Wahrnehmung, Tätigkeit, Selbstreflexion: Zu Genese und Dialektik der Ästhetik, in: Andrea Kern und Ruth Sonderegger (Hg.): Falsche Gegensätze. Zeitgenössische Positionen zur philosophischen Ästhetik, Frankfurt a.M. 2002, S. 19-48, hier S. 45.

20 Rüdiger Bubner: »Zur Analyse ästhetischer Erfahrung« (1981), in: Ders.: Ästhetische Erfahrung, Frankfurt/Main 1989, S. 2-69.

21 Ruth Sonderegger: Für eine Ästhetik des Spiels. Hermeneutik, Dekonstruktion und der Eigensinn der Kunst, Frankfurt/Main 2000, S. 325.

22 So nimmt zum Beispiel Martin Seel in »Kunst, Wahrheit, Welterschließung« ausführliche Gegenstandsbestimmungen vor, die als Indiz für die Endlichkeit des ästhetischen Objektes gewertet werden könnten: Er zählt drei Aspekte auf, die Kunstwerke als »*Zeichen* einer bestimmten Sicht der Welt« charakterisieren, und nimmt so zunächst eine Werkbestimmung vor, die er wieder einebnet, wenn er an gleicher Stelle weiter schreibt: »Diese ›Geltung‹ einer Sichtweise freilich steht und fällt mit der Geltung des durch sie für wahr, wichtig und wirklich Betrachteten.« (S. 44 und S. 69) Auch in seinem Buch *Ästhetik des Erscheinen*s widmet Seel der allgemeinen Bestimmung der Wahrnehmungsobjekte viel Aufmerksamkeit. In Bezug auf das ästhetische Erscheinen des (nicht nur künstlerischen) Gegenstandes unterscheidet er »den Gegenstand« von »seinen Erscheinungen«

Objekt als ein unbestimmbares angenommen werden muss, weil sonst seine ästhetische Erfahrung zum Ende käme, ist das ästhetische Kunstobjekt doch Anlass für bestimmte Ansprüche, die von rezipientischer Seite zuerst an es herangetragen werden müssen, bevor ästhetische Erfahrung in Gang gebracht und die Ansprüche (je nach ästhetischer Theorie) erfüllt oder enttäuscht werden können. Sonderegger z.B. spricht von einer »Verhandlung von Gehalten [...], die für die jeweiligen *spezifischen* Rezipienten bedeutsam sind« und die nach ihrer Identifikation immer wieder zerstört werden: »Nur dort, wo das Bedeutsame auf dem Spiel steht, ist seine materiale und formale Vernichtung tatsächlich eine solche und die gleichzeitige Unwiderlegbarkeit der Verhandlung konkreter Gehalte in einem Kunstwerk auch eine Bestätigung ihrer Bedeutsamkeit.«[23] Dem äquivalent sind die Geltungsansprüche außerästhetischer Diskurse, mit denen man als Rezipientin nach Menke und Iser an Kunstwerke herantritt: »Die Kunst löst nicht vorästhetisch diagnostizierbare Aporien, sondern konfrontiert die nicht-ästhetischen Praktiken und Diskurse erst mit einer Krisenerfahrung [...].«[24] »Die basale Erwartung von Sinnkonstanz bildet die Voraussetzung für die Verarbeitung der Ereignishaftigkeit des literarischen Textes.«[25] Handelt es sich, wie im ersten Teil nachfolgender Arbeit dargelegt, bei Albrecht Wellmer um sprachliche Wahrheitszuschreibungen von Rezipienten an Kunstwerke – Rezipienten suchen also im Kunstwerk nach Wahrheit –, so ist nach Hans Robert Jauß eine ästhetische Erfahrung auf »die Eröffnung einer anderen Welt jenseits der Alltagswirklichkeit« gerichtet.[26] Gerade nicht die Jenseitigkeit des Alltags, sondern eine »Besinnung auf Gegenwart« ist nach Seel und Bohrer »ein basales Moment aller ästhetischen Anschauung«, »ein Verspüren der eigenen Gegenwart im Vernehmen der Gegenwart von etwas anderem«; auch dies ist ein Anspruch, den man an

und »deren Spiel« (Martin Seel: Ästhetik des Erscheinens, München 2000, S. 70).

23 Ruth Sonderegger: »Kunst als Sphäre der Kultur und die kulturwissenschaftliche Transformation der Ästhetik«, in: Friedrich Jäger/Burkhard Liebsch/Jörn Rüsen (Hg.), Handbuch der Kulturwissenschaft, Bd. 3: Themen und Tendenzen, Stuttgart, Weimar 2004, S. 50-64.

24 Christoph Menke: Die Souveränität der Kunst. Ästhetische Erfahrung nach Adorno und Derrida, Frankfurt/Main 1988, S. 287.

25 Wolfgang Iser: »Vorwort zur zweiten Auflage«, in: Ders.: Der Akt des Lesens, München 1984, S. IV.

26 Albrecht Wellmer: »Wahrheit, Schein, Versöhnung. Adornos ästhetische Rettung der Modernität«, in: Ders.: Zur Dialektik von Moderne und Postmoderne. Vernunftkritik nach Adorno, Frankfurt/Main 1985, S. 9-47; Hans Robert Jauß: Ästhetische Erfahrung und literarische Hermeneutik, Frankfurt/Main 1982.

die »Gegenwart eines Gegenstandes« (oder einer Situation) richten kann.[27]

Außer bei Sonderegger, der es um die Besonderheit spezifisch erfahrener Gehalte geht, sind die Ansprüche der anderen Philosophen an die vom Kunstwerk veranlasste ästhetische Erfahrung genereller Natur. Als generell bezeichne ich sie deswegen, weil die genannten Philosophen und Literaturwissenschaftler von allen Kunstwerken *Gleiches*, wenn auch in konkreter Ausführung erwarten. Gleich ist in den genannten Theorien die Struktur der Erfahrung des Kunstwerks als die Art und Weise, wie das Werk in der ästhetischen Erfahrung zur Wirkung kommt. Für jede Rezeption eines jeden Werks ist immer dieselbe Struktur ausgewiesen: Jedes Kunstwerk löst metaphorische Wahrheitszuschreibungen aus bei Wellmer, eine plötzliche Intensitätserfahrung bei Bohrer, eine Unterbrechung alltäglichen Verstehens bei Menke.[28]

Um die Differenz zwischen dem Besonderen einzelner Gehalte und der allgemeinen Bestimmung des ästhetisch Erfahrenen soll es an dieser Stelle nicht gehen, wiewohl sie so wichtig ist, dass ich später auf sie zurückkommen werde. Bedeutsam ist für meine Überlegung die Tatsache, dass es im Rahmen der Rezeptionsästhetik Erwartungen und Ansprüche gibt, die speziell an Kunstwerke gerichtet werden. Die Rede von der »Gegebenheit der Kunstwerke« erscheint dann in einem etwas anderen Licht. Gegeben in einem strengen Sinn wären Kunstwerke nur dann, würde das berühmte kantische »interesselose Wohlgefallen« in Gang ge-

27 M. Seel: Ästhetik des Erscheinens, S. 61; Karl Heinz Bohrer: Das absolute Präsens. Die Semantik ästhetischer Zeit, Frankfurt/Main 1994.

28 In die Rede vom Evidenzanspruch der Künstler und von der Evidenzerfahrung der Rezipienten lässt sich besser als in andere ästhetische Modelle eine Differenz von ästhetischen Erfahrungstypen eintragen. Denn wie Evidenz konkret erlebt wird, hängt auch ab von der konkreten Struktur des jeweiligen Werks. Das Werk kann z.B. als Störung oder Unterbrechung funktionieren, durch die etwas evident wird, es kann aber auch utopische Ausblicke in seiner Erfahrung provozieren oder intensive Wahrnehmungen in seinen Rezipienten hervorrufen. Worin unterscheidet sich die von mir vorgeschlagene Bestimmung der Kunst durch den Evidenzanspruch der Künstler und die Evidenzerfahrung am Werk in ihrer Generalität von der Allgemeinheit der aufgezählten ästhetischen Theorien? Die Produziertheit von Kunstwerken durch Künstler ist zunächst trivial; die Tatsache, dass künstlerische Intentionen durch eine Materialität verändert werden, ist es auch. Der Anspruch der Künstler, ein evidentes Werk zu produzieren, verweist auf die Tatsache, dass verschiedene Produzenten differente Strategien wählen; somit ist der Blick für verschiedene mögliche Wirkungsweisen von Werken geöffnet. Obwohl es sich auch bei der Theorie des Evidenzanspruchs der Künstler um eine Metabestimmung handelt, die einen Anspruch auf Generalität erhebt, ist diese jedenfalls mit einer Pluralität verschiedener Wirkungsweisen des Kunstwerks vereinbar.

setzt, wenn man sozusagen über ein Kunstwerk stolperte. Noch am besten vereinbar wäre solch ein Begriff der Gegebenheit mit der seelschen Beschreibung des Erscheinens, das ja in allen Situationen und an allen möglichen Gegenständen erlebt werden kann. Aber gerade bei Seel findet sich eine Relativierung der kantischen Interesselosigkeit:

»Am Gegenstand zeigt sich ein Spiel von Erscheinungen, das allein von einer in diesem Sinn spielenden Wahrnehmung des Gegenstandes verfolgt werden kann. In diesem Wahrnehmungsspiel bildet sich ein Sinn für die phänomenale Individualität dessen, was hierbei zur Wahrnehmung kommt. Um den Sinn dieses Sinnes zu verdeutlichen, hat Kant diese Wahrnehmung ›interesselos‹ genannt. Im Vergleich mit theoretischen und praktischen Interessen (der Erkenntnis und der Verwertung) ist dies einleuchtend. Bedingung der ästhetischen Wahrnehmung ist ein Abstand von diesen Interessen oder zumindest von ihrer ausschließlichen Verfolgung. Dieser Abstand von Interessen der Feststellung und Festlegung ist jedoch selbst mit einem eminenten Interesse verbunden. Daher greift jede negative Bestimmung [so also auch die des interesselosen Wohlgefallens, Anm. von mir; J.S.] hier wie überall in der Ästhetik zu kurz.«[29]

»Aktives sinnliches Erfassen« und »passives Erfahren« der »Verfaßtheit des ästhetischen Gegenstandes« sind also nicht interesselos, sondern sie sind immer von Ansprüchen ans Kunstwerk gekennzeichnet. Wie sind solche Ansprüche jedoch mit einer Definition des Werks vereinbar, die darauf besteht, dass sich Kunstwerke erst in der ästhetischen Erfahrung, die an ihnen gemacht wird, bilden, ja dass sie erst *in* der Erfahrung, sogar *durch* sie gegeben sein sollen?

Etwas, an das man Erwartungen richten und Ansprüche stellen kann, muss es bereits geben, es muss einem in gewisser Weise äußerlich sein. Soll es zur ästhetischen Erfahrung kommen, so ist es notwendig, Vorstellungen oder Vorurteile (wie Gadamer sagt) über dieses Etwas zu haben. Dies ist auch dann noch so, wenn solche Erwartungen in der Konfrontation nicht bestätigt werden. Dass ein Kunstwerk gegeben ist, muss daher heißen: Die Gegebenheit einer Sache geht ihrer ästhetischen Erfahrung voraus, wie immer die Weise der Gegebenheit in der subjektiven ästhetischen Erfahrung modifiziert werden mag. Seel weist indirekt auf diesen Sachverhalt hin, wenn er beschreibt, dass es zwei Möglichkeiten gibt, sich Kunstwerken gegenüber zu verhalten, sich auf sie einzulassen oder auch nicht: »...*daß* wir verlockt werden, ist hier die Sache der Kunst und die Gabe des Künstlers, ob wir der Verlockung *erliegen*,

29 Seel: Ästhetik des Erscheinens, S. 61.

das bleibt unsere Sache.«[30] Auf die Vorgeordnetheit der Existenz des Werks vor seiner ästhetischen Erfahrung verweisen außerdem die Bemühungen Seels, möglichst viel zur Bestimmbarkeit von Wahrnehmungsobjekten (die ja nach Seel ausnahmslos potentielle Auslöser ästhetischer Erfahrung sind) zu sagen.[31]

Auch Bubner geht davon aus, dass mit dem Werk ein »Fixpunkt in der charakteristischen Gestalt und Singularität jenes Anlasses ästhetischer Erfahrung« vorliegt, der als Ursache für die »*Wiederholbarkeit* dieser Erfahrung« angesehen werden muss. In Frage stellt er hingegen das Konzept des künstlerischen Gegenstands im husserlschen Sinn als einer »›vollen Gegebenheit‹ als der erfüllten Intention eines phänomenologischen Sachgehalts«:

»Nun kann volle Gegebenheit einer ›Sache selbst‹ von geringeren Graden ursprünglicher Anschaulichkeit nur unterschieden werden, wenn sich ein Was-Gehalt bestimmen lässt, der in der erfüllten Intention voll da ist. Was das in der Kunst zur Anschauung gelangende Was sein soll, das ist aber gerade das Problem. Wie weiter unten gezeigt wird, entbehren Werke eines ein für allemal bestimmbaren objektiven Gehalts.«[32]

Die Verwechslung, die ich hier stellvertretend an Bubner für die Ästhetik der Rezeptionserfahrung aufzeigen möchte, ist auf deren (natürlich nicht einzulösende) Forderung zurückzuführen, Gehalt oder Bedeutung von *allen* Kunstwerken sollten ein für allemal, d.h. in einer theoretischen Explikation, objektiv aufzeigbar sein. Anzuzweifeln wäre erstens Bubners Unterscheidung zwischen der Erkennbarkeit alltäglich vorkommender oder wissenschaftlich präsentierter Gehalte und der Unerkennbarkeit der künstlerischen. Die Frage wäre hier zunächst, ob strukturierte, selektierte und subsumierte nichtkünstlerische Gehalte tatsächlich »ein für allemal objektiv bestimmbar« sind. Zweitens glaube ich nicht, dass Gehalte – wenn man denn von solchen im Kunstwerk ausgehen möchte – nicht auch in Kunstwerken mit Hilfe von »Ordnungsleistungen der Strukturierung, der Selektion und der Subsumtion« dargeboten werden; ja, das Wie der Präsentation lässt sich als Ordnung, diese Ordnung wiederum lässt sich als künstlerische Leistung beschreiben. Warum das Wort Ordnung nicht auch hier anwendbar sein soll, ist schwer einzusehen. Die eigentlich springenden Punkte sind aber drittens die Forderung,

30 M. Seel: »Kunst, Wahrheit, Welterschließung«, S. 71.

31 M. Seel: Ästhetik des Erscheinens.

32 R. Bubner: Ästhetische Erfahrung, S. 245ff., S. 254. Auf unterschiedliche Gegebenheitsweisen von Gegenständen in der Phänomenologie Husserls komme ich noch ausführlich im III. Teil zu sprechen.

Gehalte von Kunstwerken sollten überhaupt objektiv bestimmbar sein, und viertens die Schlussfolgerung: Wenn sie es nicht sind, dann können wir gar nichts mehr zum Kunstwerk sagen. Die Verwechslung, die in diesem Schluss vorliegt, ist die zwischen einem »ein für allemal objektiv bestimmbaren Gehalt«, der allen Kunstwerken zu eigen sein muss, und den (konkreten) Gehalten, die durch Kunstwerke ins Spiel gebracht werden und zu denen im historischen Einzelfall erst noch etwas zu sagen wäre. In dieser Arbeit plädiere ich überdies dafür, nicht von Gehalten zu sprechen, sondern von etwas, das durchs Werk evident wird. Einen Anspruch auf dessen objektive Bestimmbarkeit und auf die universale Gültigkeit dieser objektiven Bestimmung muss ich nicht erheben, um Kunstwerke als mit einem bestimmten Anspruch geschaffene Gegenstände oder Situationen zu bestimmen. Die Unbestimmbarkeit des Werks, zu der Bubner wie angekündigt (mit Kant) kommt und die ja nach seiner Auskunft an der Unbestimmbarkeit eines »Was-Gehaltes« hängt, wäre also nicht mehr gar so umfassend, würde man zugeben, dass sich doch etwas zu diesem Was-Gehalt von Kunstwerken sagen lässt. Es lässt sich z.B. darüber sagen, dass Künstler, die ein Werk produzieren, einen Anspruch erheben, ein evidentes Werk zu produzieren.[33] In diesem Anspruch auf Evidenz des entstehenden Werks ist auch der Anspruch, dass durch das Werk *etwas* evident werde, enthalten. Die Redeweise davon, dass etwas durch das Werk evident sein soll, hat gegenüber der Rede vom Was-Gehalt den Vorteil, dass die Art, *wie* etwas evident werden soll, d.h. dessen transformative Umsetzung ins Material, die Rede vom Sinn-Aspekt mitbestimmt. Die Rede von Gehalten scheint dagegen eine Getrenntheit der durch das Werk vorgegebenen Anschauung von dessen sinnhafter Auslegung nahezulegen, so implizit auch bei Bubner.[34] Worüber Künstler im Einzelnen arbeiten, muss an dieser Stelle nicht bestimmt werden, um sagen zu können, dass Kunstwerke (in Bubners Worten) konkrete Was-Gehalte aufweisen, die mit den Ansprüchen ihrer Produzenten zusammenhängen. Freilich hängen sie, um Missverständnissen vorzubeugen, nicht in der Weise mit den Künstler-Evidenzansprüchen zusammen, dass diese sich eins zu eins im Werk abbilden würden. Es geht also nicht um Künstlerintentionen als Gehalt des

33 Vgl. Jens Kulenkampff: »Wir wissen [...] oftmals sehr genau über den ästhetischen Gegenstand Bescheid und können sehr viel mehr und Genaueres an Beschreibung und Bestimmung leisten, als wir nach Kants Vorstellung vom Spiel zwischen Einbildungskraft und Verstand eigentlich können dürften.« Jens Kulenkampff: »Metaphysik und Ästhetik: Kant zum Beispiel«, in: Andrea Kern/Ruth Sonderegger (Hg.), Falsche Gegensätze. Zeitgenössische Positionen zur philosophischen Ästhetik, Frankfurt/Main 2002, S. 49-80, hier S. 57.

34 Vgl. Bubner: »Zur Analyse ästhetischer Erfahrung«.

Werkes, sondern es geht um das Wissen der Rezipienten, dass das Kunstwerk mit einem Anspruch auf Evidenz geschaffen wurde, der zugleich bedeutet, dass im Werk etwas evident ist. Dieser Anspruch ist ein wesentliches Bestimmungskriterium für Kunstwerke, der sie von anderen ästhetisch erfahrbaren Gegenständen und Situationen unterscheidet. Wie genau oder wie vollständig sich im Einzelfall das Evidente bestimmen lässt, mag unterschiedlich sein. Fest steht nur, dass es bei der Überprüfung des Künstler-Evidenzanspruchs am Werk nicht allein um (nichtästhetische) Sinnunterstellungen oder Bedeutungsansprüche gehen kann, wird doch immer zugleich mit unterstellt, dass etwas vom Werk auf seine je spezifische Weise evident gemacht wird.

So kann sich, um wieder auf die mendelssohnsche und kantische ästhetische Selbstreflexion zurückzukommen, an ästhetische Erfahrung ebenso die Frage anschließen, warum welches Kunstwerk Wirkungen erzeugt, wie es gemacht ist und welche Art von Evidenzanspruch wohl während seiner Produktion im Spiel gewesen sein mag. Diese Fragen sind gerade so naheliegend wie diejenige nach der Bestimmung der spezifischen Subjektivität der am Werk zu machenden Erfahrung, denn es handelt sich ebenso um Fragen »über die verschiedenen Formen, in denen uns als Subjekten so etwas wie eine Welt, auf die wir uns [...] beziehen können, überhaupt *gegeben* ist.«[35] Gehen wir (unproblematisch auch mit Kant) von der Vielheit der Formen in der Welt aus, davon, dass Welt den Rezipienten in verschiedenen Kunstwerken je verschieden gegeben ist, so ist es trivial, dass alle existierenden Kunstwerke nicht durch »ein für allemal bestimmbare objektive Gehalte« definiert sein können – aber ebenso klar ist, dass uns dies nicht davon abhalten muss, etwas Gültiges über sie zu sagen.[36] Kunstwerke sind ästhetisch zu erfahrende »ästhetische Objekte«, die durch ihr Gemachtsein vorbestimmt sind. Anders gesprochen: Ihre Verfasstheit bestimmt als Hergestelltsein die Rezeption mit. Dieses Hergestelltsein lässt sich empirisch feststellen, es lässt sich theoretisch verallgemeinern, und es impliziert die Überprüfung des als konkret vorgestellten Künstler-Evidenzanspruchs in der Rezeption. Zu seiner philosophischen Bestimmung ist es notwendig, Entscheidungen, die Künstler im Produktionsprozess treffen und die sich

35 Vgl. Andrea Kern: »Ästhetischer und philosophischer Gemeinsinn«, in: A. Kern/R. Sonderegger (Hg.), Falsche Gegensätze, S. 81-111, hier S. 82.

36 Auf die Erkennbarkeit der Welt, also auch der Kunstwerke bezieht sich auch Martin Seel mit Kant: »Nach Kants weitreichender Einsicht gehört es zum Begriff der Realität, als Realität erkennbar zu sein, ganz gleichgültig, wie begrenzt diese von erkennenden Wesen tatsächlich erkannt wird. Auch das Bestehen der ›primären‹ Eigenschaften von Objekten ist nur aus der Möglichkeit ihrer Erkennbarkeit zu verstehen.« Seel: Ästhetik des Erscheinens, S. 80f.

auf die Verfasstheit der Kunstwerke auswirken, zu berücksichtigen. Seel bestätigt nur den halben Sachverhalt, wenn er Kunstwerke und »andere Wahrnehmungsgegenstände« folgendermaßen unterscheidet: »Kunstwerke sind Objekte eines *anderen Erscheinens*. Sie erfordern eine andere Wahrnehmung als alle anderen Objekte der Wahrnehmung.«[37] Die Begründung, warum Kunstwerke eine andere Wahrnehmung erfordern, lässt sich allein aus der Rezeptionsperspektive nicht geben, wie man an den weiteren Ausführungen Seels verfolgen kann. Er muss, um die Produktion der Werke nicht als Konstitutivum zu bewerten, alle Differenzkriterien den Werken selbst als Aktivität zuschreiben.

Das klingt dann so: »Künstlerische Objekte stellen sich in der genauen Organisation ihres Materials aus, um auf diese Weise etwas zur Darbietung zu bringen.«[38] Dem würde ich entgegenhalten: Kunstwerke werden ausgestellt, in ihnen wird etwas dargeboten, man könnte auch sagen, Künstler bieten die Werke und in den Werken etwas dar. Entsprechend halte ich Seels Definition des Kunstwerks für unvollständig: Kunstwerke seien »Objekte, die kraft ihres individuellen Erscheinens als Darbietungen menschlicher Verhältnisse fungieren«.[39] Was aber das Individuelle der Herstellung und der Rezeption eines Kunstwerks ausmacht, dazu möchte ich im weiteren Verlauf mehr sagen.

37 Ebd., S. 172.
38 Ebd., S. 176.
39 Ebd.

I. Das Kunstwerk als Wahrheitsträger: Kritik zweier ästhetischer Theorien

Mit der Entstehung der Disziplin der Ästhetik im 18. Jahrhundert etablierte sich zugleich für die Kunst die Erwartung, bei der Beschreibung von Kunstwerken müsse es außer um Schönheit auch um Wahrheit gehen. Zwangsläufig entwickelte sich eine Vielfalt von Definitionen ästhetischer Wahrheit, denn die Frage nach der Bedeutung des Wahrheitsbegriffs ist in der Philosophie auch außerhalb der Ästhetik unterschiedlich beantwortet worden. Selbst in denjenigen Theorien, die den klassischen, korrespondenztheoretischen Wahrheitsbegriff dekonstruktiv oder subversiv unterwandern, bleibt die Idee einer (wenn auch unmöglich gewordenen) Wahrheit als regulative Idee erhalten.

Parallel zur philosophischen Diskussion über mögliche Wahrheitspotentiale in Kunstwerken oder in Prozessen ihrer Erfahrung begegnet uns bis heute die Intuition, Kunst müsse etwas mit Wahrheit zu tun haben, auch von Seiten der Künstler. Ihre Vorstellungen beziehen sich weniger auf Wahrheit als erkenntnistheoretischen oder metatheoretischen Terminus als vielmehr auf das Gewicht dessen, was im Werk (oder aber im Œuvre) thematisiert wird, und auf die Angemessenheit der Thematisierungsweise. Die Wahrheit der Kunst in diesem vortheoretischen Sinn ist also eine Eigenschaft des Bezugs der Kunst auf »Welt« und »Wirklichkeit«. Hat sich auch philosophisch betrachtet einerseits die Annahme, in Kunstwerken könne es so etwas wie Wahrheit geben, auf vielerlei Weise als problematisch erwiesen, so gibt es andererseits dieses Interesse auf der Seite der Künstler unverändert; ein Interesse, das sich nicht nur auf die Art und Weise richtet, wie ein Kunstwerk gemacht ist, sondern auch auf das, was sich durch die Weise seiner Herstellung zeigt, auf das also, was durch das Werk zum Ausdruck kommt. Eine solche Beziehung zweier sich gegenseitig bedingender Dimensionen des Kunstwerks, eine Beziehung, die ich vorläufig Synthese von Materialität und Bedeutung nennen möchte und der die Aufmerksamkeit der Künstler gilt, wird nun auch in ästhetischen Theorien vielfach als Grundkonstruktion zur philosophischen Erläuterung von Kunstwerken verwendet. Diesen Theorien ist gemeinsam, dass ihr Begriff von Kunst jeweils ein Konzept jener Synthese von Sinnlichkeit und Sinnhaftigkeit vermittelt. An diesem Schnittpunkt künstlerisch-produktiver und philosophischer Interessen beginnt mein eigenes theoretisches Projekt. Im ersten, kritischen Teil des Buchs möchte ich zunächst untersuchen, wie sich diese generalisierbare Erscheinungsweise des Kunstwerks – als Ding und als Zeichen, oder: als Gegenstand, der in bestimmter Weise Bedeutung trägt – zu einem an das Werk herangetragenen oder explizit mit ihm verbundenen Wahrheitsanspruch verhält. Die Frage ist also die, ob es sinnvoll, plausibel und angemessen ist, vom Wahrheitsanspruch zu sprechen, wenn man über die Synthese von Materialität und Bedeutung im Kunstwerk sprechen will. Um dieser Frage nachzugehen, werde ich zwei ästhetische Theorien diskutieren, die als »Wahrheitsästhetiken« gelten. Es handelt sich erstens um Albrecht Wellmers Wiederaufnahme und Umformung der ästhetischen Theorie Adornos, zweitens um Martin Heideggers Darstellung des »Wahrheitsgeschehens« im Kunstwerk. Mein Augenmerk richte ich dabei auf die Strategien, anhand derer in beiden Theorien Kunstwerke als potentielle Wahrheitsträger konstruiert werden.

1. Wahrheit im ästhetischen Diskurs (Wellmer)

Der Versuch Albrecht Wellmers, die Wahrheitsästhetik Adornos sprachphilosophisch zu »retten«, hat bis heute Spuren in vielen rezeptionsästhetischen Theorien ästhetischer Erfahrung hinterlassen. Adorno hatte das Kunstwerk als Ort der Utopie erläutert, einer Utopie, die zugleich aber nur im Modus der Gebrochenheit sichtbar wird. Kunstwerke sind laut Adorno rätselhaft, und zwar »nicht ihrer Komposition, sondern ihrem Wahrheitsgehalt nach«.[1] Ihr Wahrheitsgehalt wäre umgekehrt »die objektive Auflösung des Rätsels« jedes einzelnen Kunstwerks, und indem das Kunstwerk »die Lösung verlangt, verweist es auf den Wahrheitsgehalt.«[2] Dieser Wahrheitsgehalt »ist allein durch philosophische Reflexion zu gewinnen.« Hier ist aber nun entscheidend: Die philoso-

1 Theodor W. Adorno: Ästhetische Theorie, Frankfurt/Main 1992, S. 192.
2 Ebd., S. 193.

phische Reflexion ist Sache der *deutenden Vernunft*, nicht einer identifizierenden Rationalität.[3] Theorie der Kunst »muß ihren Bewegungsgesetzen sich überlassen«[4], was heißen könnte: Sie muss sich mimetisch zum Mimetischen des Kunstwerks verhalten. Denn jedenfalls ist der Wahrheitsgehalt des Kunstwerks selbst »begriffslos« und das diskursive Urteil reicht nicht an ihn heran.[5] »Utopie ist jedes Kunstwerk, soweit es durch seine Form antizipiert, was endlich es selber wäre…«[6] – es selber: nämlich befreit vom Bann der Identität, der Subsumtion unter den Begriff, der Gleichsetzbarkeit mit anderem. Das Kunstwerk macht es im Medium des ästhetischen Scheins sichtbar. Der Schein zeigt an, dass eine solche Befreiung *möglich* wäre, aber nicht *wirklich* ist und auch nicht im Bereich des einfach ›Machbaren‹ liegt.

Bei Wellmer geht es nun offenbar darum, einerseits das utopische Moment in der Kunsttheorie Adornos, das bei Adorno selbst an Mimesis gebunden war, zu bewahren, andererseits jenen Eindruck von Ausweglosigkeit aufzuheben, der bei Adorno dadurch entsteht, dass das Utopische eben jenseits der Sphäre realer (gesellschaftlicher) Veränderungsprozesse liegt. Um das zu erreichen, wird zuerst die Sprache gleichsam rehabilitiert, nämlich ihre mimetische Dimension hervorgehoben, ihre identifizierende Gewaltsamkeit abgeblendet. Das hat zur Folge, dass das Utopische aus dem Kunstwerk in den Diskurs über das Kunstwerk verschoben werden kann. War für Adorno das Kunstwerk der Ort, an dem das Wahre und das Utopische zwar aufscheint, aber der diskursiven Beherrschung entzogen bleibt, wird nun für Wellmer der ästhetische Diskurs über das Kunstwerk zum Ort real umsetzbarer Utopie. Wie vollzieht sich diese Transformation im Einzelnen?

Im ersten Teil von *Wahrheit, Schein, Versöhnung* zeigt Wellmer die Beziehung auf, die besteht zwischen Adornos Bestimmung des Kunstwerks einerseits als etwas, das kraft seines Mimetischen sprachlicher Deutung entgegensteht, und dem Sprachverständnis andererseits, welches Adornos ästhetischer Theorie fundamental zugrunde liegt. Dabei analysiert Wellmer die Verschränkung zweier traditioneller Verständnisse sprachlichen Kommunizierens bei Adorno: Das erste fasst er zusammen unter dem Stichwort *Negativität des Begriffs* »zum Zwecke der Zurechtmachung und Beherrschung«,[7] als zweites nennt er den »Prozeß

3 Ebd., S. 193ff.
4 Ebd., S. 194.
5 Ebd., S. 199.
6 Ebd., S. 203.
7 »Nicht nur auf Klages, sondern schon auf Nietzsche, ja auf Schopenhauer zurück geht der Gedanke, daß Begriffe ›ideelle Werkzeuge‹ sind, zum Zwecke der Zurechtmachung und Beherrschung der Wirklichkeit durch

der *Aufklärung*«[8]. Wellmers Sympathien liegen bei der zweiten Traditionslinie, von der er sagt, dass in ihr »genuin materialistische Theorieelemente ein eigensinniges und kräftiges Eigenleben [...] führen«.[9] An diese hegelianisch-marxistische Theorietradition knüpft er dann seine eigene Konstruktion an. Sie ist eine Verbindung zwischen dem Glauben an die Möglichkeit gesellschaftlicher Veränderung und dem Glauben an die Wirkung, die *sprachliche* Kritik in solchen gesellschaftlichen Prozessen haben kann. Das, was allerdings nach Marx in der Gestalt gewaltsamer Revolution erreicht werden sollte – nämlich die Verwirklichung der Utopie einer klassenlosen Gesellschaft –, ersetzt Wellmer durch Adornos eher messianische als geschichtliche Utopie der mit sich und der Natur versöhnten Menschheit.[10]

Eine versöhnte Menschheit ist nun bei Adorno gerade deshalb Utopie, weil sich nichts darüber sagen lässt, ob, wie und wann sie real wird. Von der adornoschen Utopie der Versöhnung wiederum möchte Wellmer aber gerade das skeptische und im wörtlichen Sinne utopische Moment, das auf die Negativität aller menschlichen Bemühungen zurückverweist, nicht mitführen. Wellmer spricht stattdessen von einer »real gemeinten Utopie gewaltfreier Kommunikation«. Dies ist eine Bezeichnung, die in sich paradox erscheint, weil Utopie und Realität ja ein Gegensatzpaar bilden.[11] Dem adornoschen Projekt einer »kritischen Rettung der Metaphysik« zieht Wellmer nach eigener Aussage somit einen »›postmetaphysischen‹ Adorno« vor, der »die Versöhnung von Geist und Natur nicht als ein Produkt der Erlösung, sondern als das einer möglichen gesellschaftlichen Veränderung« versteht.[12] Einer solchen Veränderung gibt er deshalb eine Chance, weil sie durch die ästhetische Eigenschaft des *sprachlichen* Kommunizierens ermöglicht wird. Es handelt sich dabei um das mimetische Moment der Sprache; Mimesis war ja bei Adorno als spezifisches Merkmal von Kunstwerken eingeführt worden.

Für das Kunstwerk heißt das: An die Stelle der dialektisch gebrochenen mimetischen Wahrheit des Kunstwerks, mit der sein Rätselcha-

ein Subjekt, das wesentlich als Wille zur Selbsterhaltung gedacht ist.« A. Wellmer: »Wahrheit, Schein, Versöhnung«, S. 11.

8 Ebd.

9 Ebd., S. 20.

10 So streicht er nebenbei den marxistischen Gedanken durch, dass es eines Gewaltaufwandes bedürfe, um solch schwieriges Ziel zu erreichen.

11 A. Wellmer: »Wahrheit, Schein, Versöhnung«, S. 29.

12 Albrecht Wellmer: »Über Negativität und Autonomie der Kunst. Die Aktualität von Adornos Ästhetik und blinde Flecken seiner Musikphilosophie«, in: Axel Honneth (Hg.), Dialektik der Freiheit. Frankfurter Adorno-Konferenz 2003, Frankfurt/Main 2005, S. 237-278, hier S. 241.

rakter zusammenhängt, tritt bei Wellmer die Wahrheitszuschreibung ans Kunstwerk durch dessen Rezipienten. Der Begriff der Wahrheits-*Zuschreibung* bedeutet, dass einerseits zwar das Kunstwerk noch als Referent im Diskurs auftaucht und der Form nach auch Wahrheitsträger bleibt, dass aber andererseits die Frage nach dem objektiven Wahrheitsgehalt des Kunstwerks, die Adorno noch beschäftigt hatte, ausgeklammert werden kann. Die Wahrheitszuschreibung ist eine Beschreibung ästhetischer Erfahrung, und der ästhetische Diskurs reflektiert diese Erfahrung. Die Folge ist, dass der Wahrheitsgehalt des Kunstwerks fortan nicht mehr im Werk selbst aufscheint, sondern sich im Diskurs konstituiert. Folgerichtig wird aus der Theorie der Kunst eine Theorie der ästhetischen Erfahrung – und zugleich wird das Kunstwerk auf die Rolle einer Zuschreibungsadresse reduziert. Im Aufsatz *Das musikalische Kunstwerk* geht es Wellmer zwar darum, zu zeigen, dass das Kunstwerk »in einem öffentlichen Raum *zwischen* ästhetisch erfahrenden Subjekten lokalisiert ist«, und das Kunstwerk als ein Objekt zu beschreiben, »worauf diese Subjekte im ästhetischen Diskurs sich beziehen und gleichsam zurückkommen«.[13] Jedoch hebt er dabei entgegen seiner erklärten Absicht die in ästhetischen Diskursen etablierte Vorrangstellung der ästhetischen Erfahrung und ihrer Interpretation gegenüber den Kategorien Kunstwerk und Produktion gerade nicht auf. Und Adorno hätte dieser Vorrangstellung ganz sicher nicht zugestimmt.[14] Seinem eigenen Anspruch, das Potential von Kunstwerken zu bestimmen, wird Wellmer letztlich nicht gerecht. Durch die Auflösung von Adornos Kunstwahrheit in ein diskursives Zuschreibungssystem geht das Potential, das in der diskursiven Unverfügbarkeit des Kunstwerks lag, gerade verloren. Wellmer versucht stattdessen, Adornos Ästhetik für eine Aufwertung der realitätsmächtigen Gestaltungskräfte sprachlichen Kommunizierens in Anspruch zu nehmen. Unter logischen Gesichtspunkten ist die Operation zirkulär. Der Form nach wird zwar das real-utopische Potential diskursiven Kommunizierens aus einer sozusagen korrigierenden Adorno-Deu-

13 Ebd., S. 154.

14 Gegen eine Interpretation, mit der ein interpretierter Autor nicht einverstanden ist, ist zwar nichts einzuwenden. Mir scheint dieser Hinweis auf den Dissens zwischen Wellmer und Adorno aber deshalb wichtig, weil Wellmer in seiner Kritik an zeitgenössischen Adorno-Lesarten beklagt, sie seien nur eine partielle Wiedergabe adornoscher Ästhetik. In Wirklichkeit gilt das für Wellmers eigene Lesart ebenso sehr wie für diejenigen der von ihm kritisierten Autoren Bürger, Jauß und Bohrer, Baumeister/Kulenkampff und Bubner. – Vgl. A. Wellmer: »Wahrheit, Schein, Versöhnung«, S. 9f.; 23ff.

tung gewonnen.[15] Zugleich ist aber umgekehrt die optimistische Beschreibung des Diskurses als freies und sich selbst korrigierendes Zuschreibungsgeschehen die implizite Voraussetzung dafür, dass Adornos Bestimmung, Kunstwerke seien an sich selber Träger von Wahrheit, überhaupt in die Vorstellung umgedeutet werden kann, sie seien Anlässe für diskursive Wahrheitszuschreibungen.

Als eine Konsequenz der Operation tauchen in Wellmers ästhetischen Schriften immer wieder zwei Begriffe auf, die durchgängig pejorativ verwendet werden. Es handelt sich hierbei um die beiden Adjektive *metaphysisch* und *objektivistisch*. Beide Termini sind strategisch beinahe identisch eingesetzt, sie werden nämlich dazu genutzt, diejenigen Elemente der ästhetischen Theorie Adornos, welche sich nicht mit einem Primat der Interpretation gegenüber dem Sein zusammendenken lassen, umzudeuten bzw. zu eliminieren.[16]

Kunstwerke lassen laut Adorno Versöhnung gleichsam als eine Utopie der Einheit, als Erinnerung an deren Möglichkeit, aufscheinen und demonstrieren zugleich immer die Verknüpfung von Wahrheit und Unwahrheit in der Dialektik des ästhetischen Scheins. Als Erinnerung an die »Möglichkeit des Möglichen« ist die Kunst wahr, als Darstellung des

15 Diese Deutung ist überhaupt nur deshalb möglich, weil bei Adorno auch die Rolle der Sprache selbstverständlich dialektisch entfaltet worden ist, so dass man nach Bedarf das eine Element als das eigentlich Gemeinte herausheben, das andere als Selbstmissverständnis beiseitelegen kann.

16 Wellmer unterscheidet in »Das musikalische Kunstwerk« zwei Formen des »objektivistischen Selbstmissverständnisses«, den historischen und den intentionalistischen Objektivismus: Das historisch-objektivistische Missverständnis ist »die Fiktion einer objektiv richtigen Interpretation von Werken bzw. […] die Fiktion eines Werkes, das in seinem ›An-sich‹ […] zu rekonstruieren wäre und als ein solches ›An-sich‹ das Maß seiner adäquaten klanglichen Realisierung in sich enthielte«; das intentionalistisch-objektivistische Missverständnis nimmt »die Intentionen und Klangvorstellungen des Komponisten« als »Maß einer adäquaten musikalischen Aufführungspraxis«. Albrecht Wellmer: »Das musikalische Kunstwerk«, in: Andrea Kern/Ruth Sonderegger (Hg.), Falsche Gegensätze. Zeitgenössische Positionen zur philosophischen Ästhetik, Frankfurt/Main 2002, S. 133-175, hier S. 145f. Die Versimplifizierung der von Wellmer als Missverständnis ausgewiesenen Annahmen macht es ihm leicht, sich von diesen zu distanzieren. Der erste Vorwurf zielt auf den Gedanken, dass eine Partitur bzw. Aufführungspraxis die neue Aufführung eines Musikstücks mitbestimmen könne; der zweite auf die Vermutung, dass auch die Gegebenheit, dass Musikstücke von Komponisten geschaffen werden, die ins Komponieren ihr eigenes Verhältnis zur Welt mit einbringen, einen Einfluss auf die Partitur und somit auch auf deren Interpretation haben könne.

Wirklichen zugleich unwahr. Solange real Entfremdung herrscht, hat alle Einheit einen gewaltsamen Zug:[17]

»Die ästhetische Aufklärung entdeckt in der Einheit des traditionellen Werks wie in der Einheit des bürgerlichen Subjekts ein Gewaltsames, Unreflektiertes und Scheinhaftes; einen Typus der Einheit nämlich, der nur um den Preis einer Unterdrückung und Ausgrenzung von Disparatem, Nicht-Integrierbarem, Verschwiegenem und Verdrängtem möglich ist.«[18]

Diese Art der Infragestellung gewaltsamer, scheinhafter Sinn-Totalitäten verknüpft Adorno wiederum mit einer Infragestellung von Kunstwerken als Repräsentanten einheitlichen Sinns. Er interpretiert daher die geschichtliche Entwicklung der modernen Kunst als Prozess der Auflösung von Sinnzusammenhängen, welche durch Kunstwerke in der Vergangenheit einmal dargestellt wurden. »Die offenen Formen der modernen Kunst sind nach Adorno eine Antwort des emanzipierten ästhetischen Bewußtseins auf das Scheinhafte und Gewaltsame solcher Sinn-Totalitäten.«[19] Mit der »Offenheit der Formen moderner Kunst« ist ein Fragmentarisches und Brüchiges der Kunstwerke selbst gemeint, bezogen sowohl auf ihre materiale als auch auf ihre sinnhafte Dimension; letztere ist vorgestellt als Widerspiegelung einer »Brüchigkeit« und Fragmenthaftigkeit der kapitalistischen Gesellschaft. Nach Adorno spiegeln Kunstwerke diese brüchige gesellschaftliche Realität wider und setzen ihr zugleich den Schein von Versöhnung – wiederum als gebrochenen – entgegen; »gebrochen« deshalb, weil auch die Kunst (wie die Philosophie) über die Wirklichkeit einer ausstehenden Versöhnung bzw. Erlösung nichts aussagen kann. Versöhnung ist kein Programm, sondern eine Utopie – ein Mögliches, dessen Wirklichkeit nicht zeigbar ist wie ein Gegenstand.[20]

---

17 Vgl.: Max Horkheimer/Theodor W. Adorno: Dialektik der Aufklärung [1944], Frankfurt/Main 1997, S. 11.

18 A. Wellmer: »Wahrheit, Schein, Versöhnung«, S. 27.

19 Ebd., S. 27.

20 Adornos Suggestion einer materialen Einheit und totalen Sinnhaftigkeit vormoderner Kunst erscheint insofern nicht plausibel, als Kunstwerke vor dem 20. Jahrhundert nicht in jedem Fall einen einheitlichen Sinn präsentierten, sondern solcher Sinn ebenso durch sie in Frage gestellt werden konnte; unter Umständen vollzogen sogar vormoderne Kunstwerke beide Operationen – die Unterwanderung anerkannter Sinnstrukturen und die Konstruktion neuen Sinns – zugleich. Trotzdem kann man Adornos Beschreibung der Auflehnung moderner Kunst gegen traditionellen Sinn als eine historische Darstellung der Kunst der Avantgarde gelten lassen. Die Erzeugung von Brüchigkeit oder Fragmenthaftigkeit als Infragestellung oder Störung traditionell geltender Regeln und Bewertungen ist eine Stra-

Aber es geht Adorno eben nicht nur um die Sprengung der Einheit des geschlossenen Werks, »vielmehr wird ein Typus der Einheit und des Sinnganzen fragwürdig, für den in der Epoche der großen bürgerlichen Kunst die Einheit des geschlossenen Werks ebenso stand wie die Einheit des individuellen Ich.«[21] Die vereinheitlichende Beschreibungsweise der doppelten Öffnung solch traditioneller Einheit: erstens als ästhetische Öffnung des Werks und zweitens als gesellschaftliche Öffnung, d.h. als »Korrelat einer ansteigenden Fähigkeit zur ästhetischen *Integration* des Diffusen und Abgespaltenen« im Rahmen sprachlicher Kommunikationsprozesse, ist nicht so unproblematisch, wie Wellmer sie verstanden wissen möchte. In beiden Fällen soll der Öffnung eine »Kräftigung ästhetischer Subjektivität« vorangehen.[22] Was kann man sich unter solch einer Kräftigung vorstellen? Bezogen aufs Kunstwerk wäre eine Kräftigung des Subjektiven qua Idiosynkrasie der Künstler dialektisch verbunden mit einer Kräftigung der Objektivität des entsprechenden Werks. Denn in dem Resultat der künstlerischen Aktivität als Werk spiegelt sich der Ist-Zustand der Gesellschaft wider, so Adorno. »Das künstlerische Subjekt an sich ist gesellschaftlich, nicht privat«.[23] Gesellschaftlich, also auch in intersubjektive Kommunikationszusammenhänge integriert, ist das Subjekt der Künstlerin deshalb, weil im Begriff der Idiosynkrasie eine Art Hypersensibilität von Künstlern steckt, die diese dazu befähigt, sozusagen »in der Luft liegende Themen« herauszufiltern und im Kunstwerk darzustellen. Gleichzeitig verstehe ich den Idiosynkrasiebegriff tatsächlich auch als einen der »Kräftigung des Subjekts«, denn es ist die einzelne Künstlerpersönlichkeit, deren Vermögen es ist, idiosynkratisch zu sein. »Jede Idiosynkrasie lebt, vermöge ihres mimetisch-vorindividu-

---

tegie, derer sich viele Künstler bedienten und bedienen. Adorno versteht Brüchigkeit und Fragmenthaftigkeit als Eigenschaften der Kunstwerke, die als fragmentierte die Erfahrung von Brüchigkeit evozieren. »Der Schein der Kunst [...] soll zerbrechen, indem das Werk buchstäbliche, scheinlose Trümmer der Empirie in sich einläßt, den Bruch einbekennt und in ästhetische Wirkung umfunktioniert.« Die Technik der Montage, angewendet vom Impressionismus in der Malerei bis hin zum Film, steht für Adorno vorbildlich als Beispiel für die Zerstörung der Idee des »radikal durchgebildeten Kunstwerks« (vgl. Th. W. Adorno: Ästhetische Theorie, S. 232f.).

21 A. Wellmer: »Wahrheit, Schein, Versöhnung«, S. 27.

22 Ebd., S. 27f.: »Adorno selbst hat eine Kräftigung der ästhetischen Subjektivität als Voraussetzung solcher Öffnung der Kunst zum ›Abhub der Erscheinungswelt‹ gesehen. Insofern sind schon bei Adorno die offenen Formen der modernen Kunst in Relation gesetzt zu einer Form der Subjektivität, die nicht mehr der rigiden Einheit des bürgerlichen Subjekts enspricht, sondern die die flexiblere Organisationsform einer ›kommunikativ verflüssigten‹ Ich-Identität aufweist.«

23 Th. W. Adorno: Ästhetische Theorie, S. 343.

ellen Moments, von ihrer selbst unbewußten kollektiven Kräften. Dass diese nicht zur Regression treiben, darüber wacht die kritische Reflexion des wie immer auch isolierten Subjekts.«[24] Dem idiosynkratischen Künstler-Subjekt ließe sich also durchaus eine »kommunikativ verflüssigte Ich-Identität« zuschreiben, das dazugehörige Kunstwerk ließe sich als ein brüchiges, flexibel organisiertes beschreiben.

Letztere Beschreibungsweise der Idiosynkrasie hat Wellmer jedoch nicht im Sinn, wenn er von der »Kräftigung ästhetischer Subjektivität« spricht. Vielmehr setzt er der Öffnung der Einheit traditioneller Werke die »flexiblere Organisationsform einer ›kommunikativ verflüssigten‹ Ich-Identität« als eine intersubjektive Organisationsform entgegen, die in der sprachlichen Kommunikation keine Ausschlüsse praktiziert. Wellmer möchte also die Parallelität der Entgrenzung von Werk und Subjekt bei Adorno in der Weise überbieten, dass er vorschlägt, »noch einen Schritt weiterzudenken« und den positiven Potentialen der Aufklärung, anders als Adorno es tut, eine Chance zu geben.[25] Das, was Adorno als Eigenheit des modernen Kunstwerks beschreibt, nämlich dessen »Fähigkeit zur ästhetischen *Integration* des Diffusen und Abgespaltenen«[26] überträgt Wellmer auf Situationen gewaltfreien sprachlichen Kommunizierens als Erweiterung bzw. Aufhebung von Grenzen zwischen den Subjekten. Was Wellmer hier positiv als Integrationsvermögen des Diskurses konstruieren will, ist allerdings zugleich der blinde Fleck des Konsensus. Dass sich nämlich innerhalb eines in der Kommunikation vorgegebenen Rahmens ein Schein von Homogenität oder Integration einstellt, bedeutet eben nur, dass das Ausgeschlossene und Abgespaltene unsichtbar geworden ist. Laut Wellmer »verweisen« die neuen Formen ästhetischer Synthesis auf die neuen Formen der psychischen und sozialen: »ein neuer Typus von ›Synthesis‹ wird absehbar – ästhetisch, psychologisch-moralisch und gesellschaftlich – bei dem das Diffuse, Nicht-Integrierbare, das Sinnlose und Abgespaltene eingeholt wird in einen Raum gewaltloser Kommunikation«.[27] Würde Wellmer diesen Raum gewaltloser Kommunikation nicht als »*reale* Utopie« bezeichnen, könnte man solch eine Vorstellung in die Sphäre regulativer

24 Ebd., S. 69.

25 »Was Adorno daran gehindert hat, diesen Gedanken noch einen Schritt weiterzudenken, ist, daß er, was er der modernen Kunst zugestanden hat, der modernen Gesellschaft nicht mehr zugestanden hat: daß nämlich die Aufklärung Potentiale der ›Erweiterung von Subjektgrenzen‹ (G. Schwab) ebenso freigesetzt hat, wie Potentiale von Verdinglichung, daß also das Schicksal der Aufklärung auf dieser Linie noch nicht entschieden ist.« – A. Wellmer: »Wahrheit, Schein, Versöhnung«, S. 28.

26 Ebd., S. 27.

27 Ebd., S. 28.

Ideen verweisen. Jedoch bringt die von Wellmer angesprochene Möglichkeit, dass dieser Zustand eintrete, das Wort »Schein« in seiner negativen Bedeutung zur Geltung. Es scheint nämlich nur so, als ob Ausgeschlossenes und Abgespaltenes integriert wäre – auch in der vorgeblich gewaltfreien Kommunikation der gesellschaftlichen Diskurse. Denn diese Diskurse konstituieren sich bereits durch Vorentscheidungen, die den Ausschluss des einen und den Einschluss des anderen beinhalten.

Liest man Wellmers Begriff der »realen Utopie« nicht so, dass der Zustand gewaltloser Kommunikation schon in der Gegenwart eintritt, so lässt sich »reale Utopie« in einer historischen Lesart als eine Utopie verstehen, die – parallel zu Adornos »Versöhnung« – als ein Versöhnungs-Versprechen gemeint ist, das allem Kommunizieren innewohnt. Der Begriff der Utopie käme in dieser zweiten Lesart wieder zu seiner eigentlichen Bedeutung. Die Integration des Ausgeschlossenen und Abgespaltenen wäre in der historischen Lesart eine, die immer partiell bleibt, d.h. die Inklusion des Exkludierten wäre nie abgeschlossen, sondern sie wäre ein Prozess, der sich im sprachlichen Kommunizieren ständig vollzieht.

Warum es den Teilnehmern eines Diskurses nicht gänzlich möglich ist, die Prämissen des zu führenden Diskurses im Kommunizieren zu verändern und somit im Laufe des Verständigungsprozesses alles Ausgeschlossene zu integrieren (erste Lesart), lässt sich, wie Adorno bereits in der Kopplung gesellschaftlicher und ästhetischer Prozesse intendierte, aus der Verbindung allen sprachlichen Kommunizierens mit Wahrnehmungsprozessen erklären. Denn schon auf der Ebene ästhetischer bzw. aisthetischer Wahrnehmung ist zum Teil entschieden, was im Diskurs thematisiert und wie es thematisiert werden kann. Solche Vorgängigkeit individueller und kollektiver Wahrnehmung gegenüber sprachlicher Rechtfertigung thematisiert Jacques Rancière in seiner Denkfigur der »Aufteilung der sinnlichen Welt«, indem er (mit Adornos Worten) den ästhetischen Schein einerseits auszeichnet als mindestens teilweise sprachunabhängiges Phänomen, welches andererseits zugleich trotz dieser Äußerlichkeit gegenüber dem Diskurs als die Bedingung sprachlichen Kommunizierens wirksam ist.[28]

28 Die Grundfigur aisthetischer Aufteilung der Welt, über die nur auf der Basis eben dieser Aufteilung sprachlich kommuniziert werden kann, führt Jacques Rancière aus in vielen seiner zuletzt erschienenen Bücher, z.B. in: Jacques Rancière: Le partage du sensible, Paris 2000, deutsch: »Die Aufteilung der sinnlichen Welt«, in: Kulturrevolution 41 (2001), S. 122-135; ders.: La mésentente. Politique et philosophie, Paris 1995, deutsch: Das Unvernehmen. Politik und Philosophie, Frankfurt/Main 2002; ders.: Le destin des images, Paris 2003; ders.: Malaise dans l'esthétique, Paris 2004. Vgl. zum Problem des dem Diskurs vorgängigen Ausschlusses (von The-

Wellmer will oder kann weder solch eine systematische Trennung noch ein (gleichzeitiges) Aufeinander-Bezogensein, wie z.B. Rancière sie zwischen einer ästhetischen Aufteilung der Welt und der Kommunikation über diese Welt konstruiert, vollziehen. Ästhetische und gesellschaftlich-kommunikative Synthesis werden zwar von ihm in einem ersten Schritt vorläufig gleichgesetzt. In »den entgrenzten Formen der Kunst *ebenso* wie in den offenen Strukturen eines nicht mehr starren Individuations- und Vergesellschaftungstypus« wird ein »neuer Typ von Synthesis« absehbar [Hervorhebung von mir, J.S.].[29] Bis hierher ließe sich noch ästhetische von nicht-ästhetischer Synthesis unterscheiden, wenn auch beiden ähnliche Eigenschaften zukommen. Problematisch wird es im folgenden Argumentationsschritt, in dem Wellmer ästhetische Synthesis der nichtästhetischen vollends angleicht: Den Kunstrezipierenden kommunizierenden Subjekten wird eine Fähigkeit zugesprochen, die bei Adorno als Eigenschaft des Kunstwerks galt: Die Rezipienten seien es, die durch ihren Diskurs und durch den Diskurs begleitende Handlungen die Synthesis alles Abgespaltenen, also soziale und gesellschaftliche Synthesis vollzögen. Ihre Subjektivität sei es, welche »nicht mehr der rigiden Einheit des bürgerlichen Subjekts entspricht, sondern [eine] flexiblere Organisationsform einer ›kommunikativ verflüssigten‹ Ich-Identität aufweist.«[30] Bereits an dieser Stelle stellt sich für Wellmers Leser die Frage nach der (von Wellmer anfangs behaupteten) Differenz zwischen den Möglichkeiten von Kunst und denen sprachlicher Äußerungen, die als Konsequenz der wellmerschen Adorno-Umformulierung streng genommen als Frage nach der Differenz zwischen Diskursen über Kunstrezeption und anderer sprachlicher Kommunikation gestellt werden muss. War es bei Adorno noch der mimetisch-expressive Überschuss des Kunstwerks, der die Differenz zwischen diesem und einer sprachlichen Äußerungen markierte, so ist es bei Wellmer die Prozessualität sprachlichen Kommunizierens selbst, die auf die eintretende Starrheit und Verfestigung sprachlicher Kommunikation einwirkt, sie wieder verflüssigt, ihre mimetische Dimension wieder zur Geltung bringt: Die Prozessualität des Kommunizierens wirkt also auf die Bedingungen des Kommunizierens, auf sein Medium zurück.[31] Das

men und Teilnehmern) außer Rancière auch noch Bernhard Waldenfels: Ordnung im Zwielicht, Frankfurt/Main 1987, S. 66-69.

29 A. Wellmer: »Wahrheit, Schein, Versöhnung«, S. 28.

30 Vgl. Fußnote 22. Dagegen Adorno: »Strikt zu unterscheiden bleibt die betrachtende Subjektivität vom subjektiven Moment im Objekt, seinem Ausdruck sowohl wie seiner subjektiv vermittelten Form.« – Th. W. Adorno: Ästhetische Theorie, S. 246.

31 Ebd., S. 429f.: »Kunst ist mimetisches Verhalten, das zu seiner Objektivation über die fortgeschrittenste Rationalität – als Beherrschung von Mate-

Nicht-Integrierte der sprachlichen Kommunikation kann in die Kommunikation selbst »hineingeholt« werden, anders gesprochen: der Diskurs thematisiert seine eigenen Schwächen oder wäre zumindest dazu in der Lage, es zu tun. Oder anders: Ein Diskurs korrigiert einen anderen. Es kann also laut Wellmer Situationen geben, in denen der Sprache die ihr von Adorno zugeschriebenen Eigenschaften zukommen: abschneidend, gewalttätig oder bürokratisch verwaltend und ausschließend zu sein. Jedoch handele es sich in solchen Fällen nicht um generelle Eigenschaften des Begriffs oder des sprachlichen Mediums, sondern um die Verfehlung seiner positiven Möglichkeiten. Aber auch wenn man Wellmer zugesteht, dass der begrifflichen Rede eine integrierende Kraft im Grundsatz und in vielen Fällen tatsächlich zukommt, bliebe noch die Frage zu klären, von wo aus die tatsächliche Einlösung des damit verbundenen Anspruchs gültig beurteilt werden kann. Darauf, dass jeder Diskurs von sich aus prozessual zur gewaltlosen Integration tendiert, kann man sich ja nicht verlassen; auch kann das Urteil aus der Teilnehmerperspektive kein endgültiges Kriterium sein, da es ein Urteil aus der Perspektive der Integrierten ist. Die Fehlbarkeit und Gewaltsamkeit der Rede einer Person, die ›die lauteste Stimme hat‹ (oder eine sozial herausgehobene Position), wäre nur in einem Metadiskurs zu thematisieren – und es gibt keinerlei Garantie dafür, dass es zu einem solchen Metadiskurs überhaupt kommt.

Durch die Auflösung der Verbindung zwischen der Synthesis des Kunstwerks einerseits und dem quasi-theologischen Versöhnungsgedanken andererseits, einer Verbindung, die bei Adorno ästhetische Wahrheit (Stimmigkeit) und quasi-theologische Wahrheit (Versöhnung) ineinsfallen ließ, ergeben sich bei Wellmer zwei verschiedene Ebenen der Rede von ästhetischer Wahrheit: erstens die Ebene des Wahrheitsgehaltes eines *konkreten einzelnen* Kunstwerks, zweitens die Ebene der allgemeinen Begriffsanalyse von ästhetischer Wahrheit.[32] Diese Trennung hat

rial und Verfahrensweisen – verfügt. Es antwortet mit diesem Widerspruch auf den der ratio selber. [...] [Sie] bedient [...] sich der ungeschmälerten Rationalität in ihren Verfahrensarten, während sie [...] selber irrational bleibt.« Es muss in der Tat einen Überschuss mimetisch-expressiver Momente im Kunstwerk geben, denn sonst könnte Adorno nicht die Opposition zur herrschenden Rationalität und der bei ihm damit verbundenen Identifikation des Nichtidentischen durch den Begriff aufmachen. Wenn Wellmer die mimetischen Momente in sprachlicher Verständigung betont, verwischt er zwangsläufig diese Differenz zwischen Kunstwerk und diskursiver Sprache und entledigt sich der für Adorno wesentlichen Idee, es gebe im Kunstwerk, anders als in der sprachlichen Äußerung, jenen Überschuss des Mimetisch-Expressiven.

32 »Der Versuch einer Entschlüsselung des im Kunstwerk verrätselten Wahrheitsgehalts ist ja für Adorno nichts als der Versuch, die sonst verlorene

den Vorteil, dass man nun über die Wahrheit einzelner Kunstwerke sprechen kann. Denn was entfällt, ist die Bezugnahme aller Kunstwerke auf eine quasi-theologische Versöhnungswahrheit. Das einzelne Kunstwerk kann nunmehr auf seine je spezifische Wahrheit hin befragt werden. Auch diese spezifische Wahrheit des einzelnen Werkes ist bei Wellmer die Wahrheit des Diskurses über das Werk. Für den Wahrheitsgehalt des Werkes bedeutet dies, dass das Werk zwar noch als formale Adresse der Wahrheitszuschreibung auftritt, sich der Diskurs aber inhaltlich auf konkrete gesellschaftliche Realität bezieht, für deren Thematisierung das Kunstwerk ein Anlass neben anderen möglichen ist.[33]

Versöhnung, die bei Adorno durch die ästhetische Stimmigkeit des »radikal durchgebildeten Kunstwerks« repräsentiert ist, kann nun mit Wellmer als das aufgefasst werden, was sich in der Debatte über ein konkretes Werk und eine durch es evozierte gesellschaftliche Thematik vollzieht und auf diese Weise auf Gesellschaft einwirkt. Auch der Gedanke der Versöhnung ist also von der Seite des Kunstwerks auf die Seite der Kommunikation über das Kunstwerk übergegangen, und zwar nunmehr als die Idee ihrer konkreten Realisierung. Das Versöhnungsszenario wird nun von Wellmer generalisiert als Merkmal schlichtweg jeder Kommunikation. Nicht nur die Kommunikation über Kunst, sondern *jede* Kommunikation besitzt nach Wellmer die Potenz der intersubjektiven Versöhnung und kann durch Merkmale, die bei Adorno für Kunstwerke »reserviert« waren, ausgezeichnet werden: z.B. durch eine

Wahrheit der Kunst durchs Aussprechen zu retten. *Was* hier jedoch durch begriffliche Artikulation gerettet wird, ist der polemisch-utopische Begriff der Kunst als solcher, ist der Versöhnungsbezug der Kunst als etwas Wißbares: es ist eine Wahrheit *über* die Kunst und nicht der Wahrheitsgehalt des je einzelnen Kunstwerks.« A. Wellmer: »Wahrheit, Schein, Versöhnung«, S. 31f.

33 An dieser Stelle ist zu bemerken, dass Wellmer seine ästhetische Theorie nicht im Sinne einer Institutionentheorie als »empirische« deskriptive Theorie verstanden wissen möchte (alles, worüber gut geurteilt wird, ist gute Kunst), sondern dass er mit Adorno versucht, einen »normative[n] Begriff des (gelungenen) Kunstwerks« zu denken. Vgl.: A. Wellmer: »Über Negativität und Autonomie der Kunst«, S. 251. Normativität zu denken müsste m.E. in diesem Zusammenhang heißen, den Begriff des gelungenen Kunstwerks eben nicht allein aus der Zustimmung des Diskurses zu diesem abzuleiten. Normativität bedeutet, ein gelungenes Kunstwerk trage zum Verständnis der Gesellschaft bei, wie Wellmer formuliert. Dabei bleibt aber unklar, worin die spezifische Potenz des Kunstwerks, gesellschaftliches Verstehen zu evozieren, besteht und woher sie kommt. Dass das Kunstwerk ein »fait social« ist, bedeutet ja nur, dass überhaupt etwas Gesellschaftliches in das Kunstwerk eingeht, es erklärt nicht, in welcher Weise Kunstwerke Gesellschaftliches verarbeiten und wie sie ihrerseits in die gesellschaftliche Sphäre hineinwirken.

spezifische Unschärfe des Verstehens wie auch durch die Präsenz nichtrationaler Momente. Der nichtkünstlerischen Sprache kommen nach Wellmer also Merkmale zu, die in vormaligen ästhetischen Theorien der Kunst zuerkannt wurden und so als charakteristische Herausforderung der Philosophie durch die Kunst aufgefasst werden konnten. Kunstwerke besitzen in dieser Theoriekonstruktion den Status von Auslösern oder Anlässen für Diskurse; die spezifische Potenz von Kunsterfahrung ist ununterscheidbar geworden von den Möglichkeiten jeden Prozesses sprachlichen Kommunizierens. Anders als bei Hans Robert Jauß, der von Wellmer zitiert wird, sind bei Wellmer im Zwischen des »Umschlag[s] von ästhetischer Erfahrung zu symbolischer oder kommunikativer Handlung« keine »Identifikationen« mit dem Kunstwerk, von denen sich ästhetische Reflexion und Kommunikation erst noch ablösen müssen, festzustellen.[34] Die »Wirkung« der Kunstwerke auf die »Entgrenzungen der Kommunikation« ist vielmehr eine direkte Wirkung, die von der Wirkung eines Diskurses auf einen anderen qualitativ nicht zu unterscheiden ist.[35]

Im Folgenden sollen die Argumentationsschritte beleuchtet werden, mit deren Hilfe Wellmer die spezifischen Eigenschaften des Kunstwerks nach Adorno in die Charakteristik von Diskursen überführt. Wellmer beginnt seine Überlegung mit der Definition eines nichtästhetischen alltagssprachlichen Wahrheitsbegriffs. Mit Franz Koppe geht er »davon aus, daß von Kunstwahrheit nur geredet werden kann, wenn wir schon wissen, wie davon unabhängig von Wahrheit geredet werden kann«.[36] Alltägliche Wahrheit bestimmt Wellmer im Sinne von »Habermas' sprachpragmatische[r] Differenzierung des alltäglichen Wahrheitsbegriffs« als Überlagerungsfigur der drei Geltungsdimensionen alltäglicher Rede: als Überlagerung von apophantischer Wahrheit, endeetischer Wahrheit (Wahrhaftigkeit) und moralisch-praktischer Wahrheit.[37] Mit Adorno setzt Wellmer weiterhin voraus, dass Kunst irgendetwas mit Wahrheit zu tun habe und schließt daran die Intuition an, dass die all-

34 Vgl. Hans Robert Jauß: Ästhetische Erfahrung und literarische Hermeneutik, Frankfurt/Main 1991, S. 51. Diese Identifikation mit dem Kunstwerk wird bei Jauß auch häufig als »ästhetisches Genießen« und als dessen »primäre ästhetische Erfahrung« beschrieben. Vgl. auch ders.: »Kleine Apologie der ästhetischen Erfahrung«, in: Jürgen Stöhr (Hg.), Ästhetische Erfahrung heute, Köln 1996, S. 15-42.

35 A. Wellmer: »Wahrheit, Schein, Versöhnung«, S. 30.

36 Ebd.; vgl. Franz Koppe: Grundbegriffe der Ästhetik, Frankfurt/Main 1983, S. 88.

37 Wie Habermas selbst Geltungsansprüche alltäglicher Rede ins Verhältnis zu ästhetischen Geltungsanprüchen setzt, stelle ich in Kapitel III.5 dar.

tagssprachliche Bestimmung der Wahrheit mit der Annahme, dass es in der Kunst so etwas wie Wahrheit gebe, zu verbinden sei. »Die Vermutung liegt nahe, daß die ›Kunstwahrheit‹ – wenn überhaupt – sich nur als ein Interferenzphänomen der verschiedenen Wahrheitsdimensionen wird retten lassen.«[38] Diese Vermutung verleitet Wellmer dazu, eine »Umformulierung« vorzunehmen, indem er drei Verschränkungen gleichsetzt, die systematisch nicht viel miteinander zu tun haben. Es handelt sich erstens um die Verschränkung der mimetisch-expressiven Momente des Kunstwerks mit dem von ihm evozierten Sinn, die Adorno ausbuchstabiert, zweitens um den von Adorno konstruierten dialektischen Zusammenhang zwischen der Wahrheit des Kunstwerks, dem ästhetischen Schein (als der Stimmigkeit des Werks) und einer durch das Werk aufscheinenden quasi-theologischen Versöhnung, drittens um die Verschränkung der Geltungsdimensionen alltäglicher Rede im Sinne der habermasschen Diskurstheorie.[39] Dass der Versöhnungsgedanke als »reale Utopie« in die alltägliche Rede eingehen können soll, hatte Wellmer bereits ausgeführt. Doch wie steht es mit dem Überschuss mimetischer Expressivität auf der Seite des Kunstwerks, von dem bei Adorno die Rede war?

Setzte man die Wahrheit alltäglicher Rede im Sinne ihrer drei sich überlagernden Geltungsdimensionen mit den rationalen, also den begrifflichen Momenten, die Adorno im Kunstwerk verortet, gleich, so bliebe der Überschuss des Mimetisch-Expressiven im Kunstwerk bestehen. Eine Umformulierung der ästhetischen Wahrheit in die Wahrheit alltagssprachlicher Rede ginge also nicht auf. Die Verrechnung des Mimetisch-Expressiven des Werks in eine mimetische Expressivität sprachlicher Äußerungen wäre deshalb nicht plausibel, weil Adorno das mimetische Moment an die spezifische *Materialität* des Kunstwerks bindet. Anders gesprochen: Wellmers Gleichsetzung einer Verschränkung mimetisch-expressiver und rationaler Momente des Kunstwerks mit sich überlagernden Geltungsdimensionen alltäglicher Rede geht nur auf, wenn die Prämisse gilt, dass Kunstwerken kein mimetisch-expressiver Überschuss zukommt. Gälte diese Prämisse, ließe sich allerdings

38 A. Wellmer: »Wahrheit, Schein, Versöhnung«, S. 31.

39 »Nun hat auch Adorno das Moment der Interferenz verschiedener Wahrheitsdimensionen in der Kunstwahrheit auf seine Weise immer betont; dies kommt bei ihm zum Ausdruck im Gedanken einer Verschränkung des mimetisch-expressiven mit dem rationalen Moment im Kunstwerk ebenso wie in seiner Konstruktion des Zusammenhangs zwischen Wahrheit, Schein und Versöhnung. Die Interpretation der Kunstwahrheit als Interferenzphänomen verschiedener Wahrheitsdimensionen bedeutet insofern zunächst nur eine sprachpragmatische Umformulierung eines für Adorno zentralen Gedankens.« (Ebd.)

nicht mehr von einer bloßen *Umformulierung* adornoscher Rede über das Kunstwerk sprechen, da Adorno ganz offensichtlich von einem mimetischen Überschuss der Werke ausgeht. Kunstwerke wären dann in einem ganz allgemeinen Sinne sprachlichen Äußerungen äquivalent, wären in sie übersetzbar. Aber empirisch trifft das natürlich nicht zu. Wellmers Umformulierung ist also nicht so harmlos, wie er suggeriert.[40] Kommen wir nun zur zweiten möglichen Gleichsetzung, die Wellmer vorschlägt: zur Umformulierung der ästhetischen Trias »Wahrheit – Schein – Versöhnung« in die Trias der Geltungsdimensionen alltäglicher Rede. Wanderte die Versöhnung als reale Utopie in sprachliche Kommunikation ein, ließe sie sich mit Hilfe der drei interferierenden Wahrheitsdimensionen beschreiben. Denn eine Utopie, der jede transzendente Dimension genommen ist, wäre keine Utopie mehr, und sie wäre demzufolge genauso wie jede alltägliche Kommunikation zu bestimmen. Der ästhetische Schein des Kunstwerks hingegen, von Adorno auch als ästhetische Stimmigkeit seiner Elemente bestimmt, bleibt – ähnlich der mimetisch-expressiven Momente – als ein materialer »Rest« einer nichtgeglückten Umformulierung erhalten, denn er lässt sich eben nicht mit dem ästhetischen Schein sprachlicher Äußerungen gleichsetzen.

Als Konsequenz der behaupteten Umformulierung zeichnet Wellmer alsdann das rezipierende Subjekt als »Instanz der Vermittlung« aus, das zwischen der konkreten Wahrheit eines Kunstwerks und dessen Idee der Versöhnung vermittelt. Vermittelt wird aber nun nicht mehr zwischen der Wahrheit des Kunstwerks und ihrer subjektiven Interpretation, sondern vermittelt wird zwischen einer subjektiven Wahrheitszuschreibung im Medium der sprachlichen Äußerung und anderen Diskursen. Wellmer versucht also, den Gehalt des Kunstwerks aus den rezipientischen Zuschreibungen zu bestimmen. Letzten Endes (wenn vielleicht auch ungewollt) ersetzt Wellmer damit die Annahme Adornos, dass es im Kunstwerk selbst so etwas wie Wahrheit gebe (und zwar eine solche, die die Möglichkeiten sprachlicher Kommunikation überschreite) durch die Annahme, es sei die rezipientische Zuschreibung, in der über die Gelungenheit des Kunstwerks entschieden werde. Diese generelle Auszeichnung der interpretierenden Position der Rezipienten ist Wellmer zufolge aber nicht zu verwechseln mit Adornos Ansicht, Kunstwerke müssten philosophisch gedeutet werden, damit »die sonst verlorene Wahrheit der Kunst durch Aussprechen« gerettet werde.[41] Wenn Adorno schreibe, »genuine ästhetische Erfahrung muß Philosophie werden oder sie ist

40 »Wichtiger als die Umformulierung selbst ist daher die Frage nach den Konsequenzen, die sich aus ihr ergeben.« (Ebd.)

41 Ebd.

überhaupt nicht«[42], so wolle er »den polemisch-utopischen Begriff der Kunst als solche[n]« retten, den »Versöhnungsbezug der Kunst als etwas Wißbares«, so Wellmer. Dies sei die allgemeine »Wahrheit über die Kunst und nicht der Wahrheitsgehalt des je einzelnen Kunstwerks«.[43] Indem Wellmer zudem Adornos philosophische Auslegung von Kunst allein im Sinne der apophantischen Wahrheitsdimension auffasst, verdeutlicht er einerseits implizit, wie problematisch die vorgebliche Umformulierung bzw. die Gleichsetzung künstlerischer und alltagssprachlicher Wahrheit tatsächlich ist; andererseits übergeht er damit die Tatsache, dass Adorno immer betont, dass es philosophischer Auslegung eben niemals gelingen könne, das Kunstwerk zu fassen. Adorno veranschlagt zwei diskursive Bewegungen, die er als gegenläufige definiert: die apophantische »Bewegung« des Kunstwerks nach außen und die gleichzeitige Zurücknahme dieser apophantischen Bewegung durch das Kunstwerk, das dieses selbst erzeugte Apophantische kraft seiner Materialität wieder destruiert und an sich bindet. »Das Kunstwerk muß seine diskursiven Bestandteile seinem Immanenzzusammenhang einbringen in einer Gegenbewegung zu der nach außen gerichteten, apophantischen, die das diskursive Moment entbindet.«[44]

Weil Wellmer diese von Adorno als gegenläufig beschriebene Bewegung nur noch in eine Richtung ausbuchstabiert – in die Richtung, welche von der Rezeption zum Werk führt –, fällt die Möglichkeit, eine Wirkung des Kunstwerks als den Wahrheitszuschreibungen entgegengerichtete bzw. nicht in der Rezeption aufgehende Kraft zu denken, weg. Damit verschwindet systematisch die Idee eines möglichen Einflusses, den Künstler als Hersteller auf das Hergestelltsein des Kunstwerks und damit indirekt auf dessen Rezeption haben können. Eine entscheidende Frage an Wellmer ist somit die Frage danach, *wie* Kunstwerke denn die Wahrheitszuschreibungen hervorrufen. Dies wäre zugleich die Frage nach der signifikanten Differenz zwischen dem Vermögen des Kunstwerks, Diskurse zu provozieren, und der Potenz anderer Gegenstände, Situationen und Handlungen, sprachliche Auseinandersetzung zu evozieren. Im Zusammenhang damit ergibt sich die Frage nach einer möglichen Differenzierung der Eigenschaften verschiedener Diskurse nach Maßgabe ihrer Gegenstände. Zeichnet den wahrheitszuschreibenden Diskurs über Kunst etwas Spezifisches aus? Folgt man Wellmer, so stehen die Aussichten, etwas darüber zu sagen, was Kunstwerke zu Objek-

42 Th. W. Adorno: Ästhetische Theorie, S. 197.

43 A. Wellmer: »Wahrheit, Schein, Versöhnung«, S. 32.

44 Th. W. Adorno: Ästhetische Theorie, S. 152. Dort heißt es ferner: »Usurpiert das diskursive Moment den Primat, so wird das Verhältnis des Kunstwerks zu dem außer ihm allzu unmittelbar und gliedert sich ein…«

ten einer Wahrheitszuschreibung prädestiniert (und darüber, um welche Wahrheit es sich bei der künstlerischen handelt), ungünstig. Wenn er ausführt, dass der Wahrheitsanspruch eines Kunstwerks mit seinem ästhetischen Geltungsanspruch zusammenhänge,[45] dann sagt er nicht viel mehr, als dass ein Kunstwerk, dem Wahrheit zugeschrieben wird, gleichzeitig ästhetisch für gelungen erklärt wird. Erklärt sich aber nun die Wahrheitszuschreibung daraus, dass der Künstlerin das Werk so gut gelang? Oder erklärt sich umgekehrt die Zuschreibung der Gelungenheit aus der subjektiven Wahrheitsfeststellung, bei der der Erfahrungshorizont der Rezipientin und der Kontext der Rezeption eine Rolle spielen?

Die spezifische Differenz von »etwas behaupten« und »etwas zeigen« wird von Wellmer zwar erst genannt, dann aber verspielt. Dass im Kunstwerk Sich-Zeigendes aufgrund einer Vertrautheit mit ihm erkannt wird, muss nicht heißen, dass es sich in jedem Fall sprachlich behaupten lassen muss. Das Moment der Wiedererkennung kann durchaus als ein nicht-sprachliches vorkommen, z.B. wenn Gefühle oder Gerüche erinnert werden. An dieser Stelle wird die Vorgängigkeit der unmittelbaren ästhetischen Erfahrung gegenüber ihrem Diskurs deutlich. Wellmer selbst spricht vom »implizit Gewußten«, das in der »Prägnanz einer sinnlichen Erscheinung geronnen« ist, eine Formulierung, in der freilich noch einmal deutlich wird, dass der sinnlichen Erscheinung kein Eigenwert zukommt; sie ist vielmehr ein abkürzendes Symbol für etwas, das sich als Wissen aussprechen ließe.[46]

Die Tatsache, dass sich in der ästhetischen Erfahrung Wirklichkeit nicht als reine Wirklichkeit, sondern nur vermittelt durch das Kunstwerk zeigt, veranlasst Wellmer, von der Authentizität des jeweiligen Kunstwerks zu sprechen. Jedoch gibt er kein einziges Kriterium dafür an, was unter diesem Authentisch-Sein zu verstehen wäre. Er begnügt sich mit der Feststellung, »daß ein ästhetisches Gebilde mehr oder weniger treffend, mehr oder weniger treu, mehr oder weniger authentisch zur Erscheinung bringt, was in ihm erscheint.«[47] Auch an dieser Stelle lässt sich fragen, ob es am Kunstwerk, an seiner Herstellung oder am Erfahrungs- bzw. Vertrautheitshorizont der Rezipienten liegt, dass etwas treu, treffend oder authentisch erscheint, und was das genau heißen soll. Entscheiden können diese Frage nach Wellmer nur Diskurse über ästhetische Erfahrungen, d.h. solche Befunde gehören nicht in die ästhetische Erfahrung selbst, die dem ästhetischen Diskurs vorgängig ist. Spielt der ästhetische Diskurs solch entscheidende Rolle, so ist es denkbar, dass die Bewertung einer ästhetischen Erfahrung im Diskurs selbst korrigiert

45 A. Wellmer: »Wahrheit, Schein, Versöhnung«, S. 33.

46 Ebd., S. 34.

47 Ebd.

und die Wahrheitszuschreibung eher durch den Diskurs als durch das Kunsterlebnis gesteuert ist. Hier sehe ich auch die Einbruchstelle für andere Einflüsse auf eine Wahrheitszuschreibung, die eher sozialer als künstlerischer Natur sind. So können z.B. Trends oder der Ruf einer Künstlerin im Kunstbetrieb die Interpretation der ästhetischen Erfahrung wesentlich beeinflussen. »In solchen Diskursen geht es um das richtige Verstehen, das richtige Wahrnehmen der ästhetischen Erscheinung.«[48] Über richtiges Wahrnehmen und Verstehen, also über sinnliche und sinnhafte Aspekte zugleich, wird Wellmer zufolge im Sprechen und Schreiben über Kunstwerke verhandelt, und dort wird auch die ganze Werteskala der Beurteilung festgelegt (wenn auch nie endgültig). Das ist Kennerschaft, an der sich natürlich auch Nicht-Kenner beteiligen können, deren Wort dann gegebenenfalls weniger schwer wiegt. Ein ästhetischer Diskurs, wie er bei Wellmer im Mittelpunkt steht, nimmt das Kunstwerk und seine Wirkungen zwar zum Ausgangspunkt; mit sprachlichen Mitteln wird immer genauer zwischen einzelnen Rezipienten abgewogen, warum dieses Werk bestimmte Wirkungen hervorruft. Damit werden Normen für Qualität erarbeitet. Aber wie erklärt sich z.B. aus dieser immer größeren Spezialisierung in der Beurteilung von Kunstwerken ein Gefühl der Gewissheit, dass das einzelne Werk in der ästhetischen Erfahrung Evidenz vermittelt, oder gar das Gefühl der Rezipienten, die Wirklichkeit wiederzuerkennen wie ein vertrautes Gesicht, wie Wellmer schreibt?

Im ästhetischen Streit »über Wahrheit und Falschheit ästhetischer Gebilde, der zugleich ein Streit über deren Stimmigkeit sein soll, müssen die Diskutierenden ihre eigene Erfahrung ins Spiel bringen«.[49] Dabei spielen dann die drei sprachpragmatischen Wahrheitsdimensionen alltäglicher Rede die entscheidende Rolle, wie in jeder Kommunikation. Das, worüber kommuniziert wird, sind aber die Rezipienten-Erfahrungen mit dem Kunstwerk und ihr individueller Hintergrund, auf dem diese wahrgenommen werden. Aus dem Ergebnis dieses Streits, der immer wieder neu geführt werden kann, lassen sich rückwirkend ästhetische Stimmigkeit, d.h. ästhetische Geltung und Wahrheitspotential der Kunstwerke bestimmen.

Wenn Koppe, auf den Wellmer sich bezieht, die Verzahnung des »Sichtbar-Machens« und des »Zum-Ausdruck-Bringens« betont, dann spricht er über allgemeine *Eigenschaften* von Kunstwerken. Diese Verzahnung ersetzt Wellmer durch die Verzahnung der beiden metaphorischen *Zuschreibungen* von »Sich-Zeigen« und »Zum-Ausdruck-Brin-

48 Ebd.
49 Ebd., S. 35.

gen«. Das führt dazu, dass sich bei Wellmer »Sichtbar-Machen« und »Zum-Ausdruck-Bringen« letztlich auf der Ebene des Diskurses, nicht auf der Ebene des Werkes verzahnen.

Zum Schluss bleiben allein die Erfahrungen der Rezipienten, aus denen heraus der ästhetische Diskurs geführt wird, als bestimmbare Kriterien der Wahrheitszuschreibung ans Werk. Es ist nicht möglich, bei Wellmer zu spezifizieren, in welcher Weise die Kunstwerke selbst diese Zuschreibungen beeinflussen, d.h. warum gerade sie als Wahrheitsträger auserkoren werden. Die Auswahlkriterien bleiben opak, sie können genauso gut nichtkünstlerischen Ursprungs sein. Wellmer hat recht, wenn er betont, dass die Künstlerin nicht in derselben Weise durch das Kunstwerk etwas »sagt«, wie wenn sie sprachlich kommunizieren würde. Darauf aufbauend müsste er aber zu erklären versuchen, worin die Differenz zwischen dem Zeigen durch Kunstwerke und sprachlichen bzw. schriftlichen kommunikativen Handlungen liegt. Diese Erklärungsmöglichkeit hat sich Wellmer aber aufgrund seiner sprachpragmatischen Voraussetzungen wesentlich erschwert, denn wenn er Aussagen darüber machen würde, wie Kunstwerke etwas zeigen, würde es sich, seinen eigenen Voraussetzungen nach, immer nur um metaphorische Zuschreibungen handeln. Und Metaphern werden immer im Medium sprachlicher Diskurse angewendet.[50] Gerade dort, wo er die Materialität des Kunstwerks als sein Anderes thematisieren müsste, bleibt also der Diskurs ein selbstreferentielles Zuschreibungsspiel.

Auch die Rede von einem »Ort des Kunstwerks«, welcher »irgendwie *zwischen* einem ›Subjekt‹ und seinem ›Objekt‹« liegt, bringt Wellmer nicht wirklich zu einem veränderten systematischen Befund.[51] So sind auch im Text *Das musikalische Kunstwerk* Kunstwerke weder ihrer Interpretation vorgängig, noch sagt Wellmer, dass es am Kunstwerk selbst, an der Art seiner Herstellung liege, dass diesem Gelungenheit zugeschrieben wird. Auch hier kommt er vielmehr zu dem Schluss, »daß auch die [musikalischen, Anm. von mir, J.S.] Werke im deskriptiven Sinn des Wortes kein objektives Sein haben: ihr ›esse‹ ist, wie das von Sprachtexten, ›interpretari‹...«[52] Interessant ist die Verwendung des Adjektivs »objektiv« deshalb, weil damit bereits die bloß intuitive Gegenposition, Kunstwerke als produzierte Dinge oder Situationen hätten einen Einfluss auf ihre Erfahrung und Interpretation, unter Metaphysikverdacht gerät. Ließe man das Adjektiv, dem die Rolle eines Tabuanzeigers zukommt, weg, so ergäbe sich die Aussage: Das Sein von Kunst-

50 »›Wahrheit‹ läßt sich [...] der Kunst nur metaphorisch zuschreiben.« (Ebd.)

51 A. Wellmer: »Das musikalische Kunstwerk«, S. 151f.

52 Ebd., S. 151.

werken ist ihre Interpretation – eine Behauptung, deren Falschheit empirisch ganz offensichtlich ist, und zwar auch dann, wenn man die Vorgängigkeit des Feldes der Kunst vor der *individuellen* Erfahrung und Interpretation eines Werks annimmt. Der typische Fall der Existenz des Kunstwerks ist nicht der, dass noch niemand ihm als Kunstwerk begegnete, sondern der typische Fall ist der einer individuellen ästhetischen Erfahrung an einem Gegenstand, der bereits als Kunstwerk vorbestimmt ist. Wie anders sollten sonst die Rezipienten auf die Idee kommen, den »Anspruch des Kunstwerks«, von dem Wellmer am Beispiel des Notentextes spricht, überhaupt anhand seiner Rezeption bzw. anhand seiner musikalischen Aufführung zu testen?[53] »Was wir wissen können, ist lediglich, daß dieser Text mit dem *Anspruch* auftritt, Gegenstand einer möglichen Erfahrung zu sein. Ob und inwiefern er das ist, kann sich immer wieder erst in der ästhetischen Erfahrung selbst erweisen.«[54] Wie aber entsteht dieses Wissen über den Anspruch des Werks, auf das Wellmer sich bezieht? Wellmer würde sagen: Dieses Wissen ergibt sich aus der Einigung der rezipierenden Subjekte, dass es sich hier um ein Kunstwerk handelt. Warum haben andere aber solch eine Meinung gerade über diesen und nicht über einen beliebigen anderen ästhetischen Gegenstand?

Anstatt den Prozess der ästhetischen Erfahrung als einen vom Werk evozierten und damit in irgendeiner Form von der Künstlerin mitgestalteten Prozess zu begreifen, operiert Wellmer zunächst verkomplizierend mit dem Begriff der Prozessualität als einer typischen Eigenschaft des künstlerischen Gegenstandes, um dann wieder zum alten Ergebnis zu kommen: Dass aber

»ästhetische Gelungenheit einem Gegenstand nur aus der ›performativen‹ Perspektive der ästhetisch Erfahrenden zugeschrieben werden kann, erklärt, warum das ›Werk‹ im traditionellen, das heißt im oben erläuterten nichtnormativen Sinne, gar nicht der objektive Träger dieser Eigenschaft [der Gelungenheit, Anm. von mir, J.S.] sein kann und weshalb es, wie ich es oben behauptet habe, das *objektiv* vollkommene, in sich geschlossene Kunstwerk gar nicht geben kann.«[55]

53 »Den Notentext, den ich zunächst als den ›Ort‹ des musikalischen Werkes charakterisiert hatte, bezeichne ich jetzt als ›ästhetischen Gegenstand‹ mit ästhetischem *Anspruch*.« Ebd., S. 152.

54 Ebd., S. 153.

55 Ebd., S. 153f. Vgl. auch A. Wellmer: »Über Negativität und Autonomie«, S. 248: »Natürlich kann eine solche Prozessualität der Kunstwerke nicht einem objektivierenden Blick zugänglich sein, sondern nur einer ästhetischen Erfahrung, die diese Prozessualität als ihre eigene erfährt.«

Wellmer schreibt weiter: »Jedoch kann, wenn schon das Werk im deskriptiven Sinne des Wortes kein objektives Sein hat, um so weniger ›Gelungenheit‹ eine objektive Eigenschaft von Partituren oder Aufführungen sein.«[56]

Diese Auffassung teile ich nicht. Gelungenheit kann durchaus eine Eigenschaft eines Kunstwerks sein, ja es lässt sich sagen, dass das eine Werk der Künstlerin gelang, ein anderes wiederum nicht. Es ist nicht die Einigung der Rezipienten, die Kunstwerke als Kunstwerke definiert, sondern der Anspruch der Künstler, ein Kunstwerk geschaffen oder aufgeführt zu haben, der Rezipienten erst dazu veranlassen kann, den »Anspruch des Kunstwerks« zu testen, um im Anschluss an die individuelle ästhetische Erfahrung darüber zu entscheiden, ob es sich hier um ein gelungenes Kunstwerk handelt.

Derjenige Begriff der Gelungenheit, den Wellmer verwendet, geht letztlich zurück auf Kants Begriff des freien Spiels aus der Kritik der Urteilskraft.[57] Dieses Spiel ist nun aber gerade dadurch gekennzeichnet, dass es unendlich ist, weil über die Wirklichkeit des Erfahrungsobjekts nicht endgültig geurteilt werden kann. Wellmer schreibt daher: »[I]m Spiel der ästhetischen Erfahrung [werden] Zusammenhänge ebensowohl gebildet wie aufgelöst«.[58] Aber kann ein unentscheidbares unendliches Spiel als eine gelungene Erfahrung begriffen werden? Ist es nach Wellmer nicht vielmehr das Nicht-Gelingen, das die ästhetische Erfahrung auszeichnet? Denn es ist laut Wellmer ja gerade die Unentscheidbarkeit im Urteil über den ästhetischen Gegenstand, die als Prozessualität der Erfahrung und nicht als Prozessualität des Kunstwerks beschrieben werden muss. »Daß das Prädikat des ästhetisch Gelungenen aus seiner reinen Objektbezogenheit herausgelöst werden muß, heißt zugleich, daß es in die Prozessualität der ästhetischen Erfahrung hineinverlagert werden muß.«[59] Von dort ist es nicht mehr weit zur Feststellung, »daß in der Prozessualität der ästhetischen Erfahrung ein ästhetisches Objekt als Kunstwerk sich konstituiert; wobei die ›Objekthaftigkeit‹ dieses Kunstwerks darin sich zeigt, daß es – das Werk – in einem öffentlichen Raum zwischen ästhetisch erfahrenden Subjekten lokalisiert ist...«[60] Aus dem zuerst genannten »Zwischen« zwischen dem Kunstwerk und seiner Rezipientin ist nun wieder das zweite »Zwischen« zwischen verschiedenen rezipierenden Subjekten geworden. Ungelöst bleibt das Problem, wie sich das Zwischen zwischen Objekt und Subjekt überhaupt denken lässt,

56 A. Wellmer: »Das musikalische Kunstwerk«, S. 151.
57 Vgl. Immanuel Kant: Kritik der Urteilskraft, § 9, AB 28.
58 A. Wellmer, »Das musikalische Kunstwerk«, S. 162.
59 Ebd., S. 152.
60 Ebd., S. 154.

wenn man dem Objekt gleichzeitig jede Art von Einflussnahme auf das Geschehen absprechen möchte. Wellmer problematisiert zwar die eigene Position, wenn er schreibt:

»Daß ein Werk ästhetisch gelungen ist, kann sich nur im Prozeß der ästhetischen Erfahrung erweisen. Es wäre aber offenbar falsch, hieraus den Schluß zu ziehen, daß Gelungenheit etwas ›Subjektives‹ sei, nämlich bloßer Ausdruck einer nicht näher bestimmbaren lustvollen Affektion eines Rezipienten durch ein Werk bzw. dessen Aufführung.«[61]

Diesem eigens formulierten Anspruch kann aber die eigene Systematik nicht genügen, und so ist kein Hinweis darauf zu finden, wie sich denn solch ein Zwischen zwischen einem Kunstwerk und seiner Rezipientin überhaupt aus der sprachpragmatischen Perspektive denken ließe. Wellmer spricht ganz kantisch vom »Subjekt und seinem Objekt«, dem Kunstwerk, welches durch die Wahl und Erfahrung des Subjektes erst zum Kunstwerk gemacht wird.[62] Das sogenannte »partielle Recht des musikalischen Kunstwerks«[63] bleibt so das Recht, Kunstdiskurse zu initiieren, in denen über seine Gelungenheit entschieden wird. Dies entspricht der kantischen Charakterisierung des ästhetischen Gegenstands, Auslöser ästhetischer Erfahrungen und darauffolgender Diskurse zu sein, einer Definition, die ich als Definition des Kunstwerks für nicht ausreichend halte.[64]

Resümiert man die bisher formulierte Kritik an der Rezeptionsästhetik Wellmers, ergibt sich die Frage, ob nicht die Komplexität der ästhetischen Theorie Adornos, insbesondere seine Berücksichtigung der drei philosophischen Kategorien Produktion, Werk und Rezeption, ein guter Grund wäre, der sprachpragmatischen Lesart Wellmers den Rücken zu kehren und sich auf das Original zurückzubesinnen. Der (Rück-)Weg zu Adorno hat sich aber deshalb verschlossen, weil Wellmer darin recht hat, zu sagen, dass Adorno einen gemeinsamen Wahrheitsgehalt für *alle* Kunstwerke veranschlagt, der in die Deutung eines jeden Kunstwerks als eines Trägers immer derselben Versöhnungswahrheit einmündet. Die immergleiche Funktion aller Kunstwerke ist somit für Adorno die *quasi theologische* Widerspiegelung und Überwindung des gesellschaftlichen Ganzen. In einer ästhetischen Theorie muss es jedoch möglich sein (und darin gebe ich Wellmer recht), Kriterien für konkrete Wahrheitszuschreibungen an einzelne Kunstwerke anzugeben, nicht zuletzt deshalb

61 Ebd., S. 151.
62 Ebd., S. 152.
63 Ebd., S. 154.
64 Weiteres dazu in Teil III.

(füge ich hinzu), weil verschiedenen Kunstwerken verschiedene Strategien der Darstellung unterschiedlicher Themen zu eigen sind. Diese Konkretheit der jeweiligen Synthese von Materialität und Bedeutung im einzelnen Werk (und dies ist nun meine These) lässt sich nur bestimmen, wenn man die Perspektive der Produzenten nicht aus einer ästhetischen Theorie ausschließt. Wellmers Bestimmung des ästhetischen Objekts kann so lange nur eine rudimentäre sein, wie er sich philosophisch dem empirischen Befund gegenüber verschließt, dass Kunstwerke von Künstlern hergestellte Gegenstände sind – einem Befund, der sich systematisch auf die Beschreibung ihrer Rezeption auswirken würde.[65]

2. Das Kunstwerk als geschichtliche Wahrheit (Heidegger)

Soweit Kunstwerke als Wahrheitsträger gedacht werden, kann ihnen ihre Wahrheit nicht allein aus einer subjektiven Perspektive zugeschrieben werden; für ihre philosophische Bestimmung ist es vielmehr notwendig, Kriterien dafür zu gewinnen, was an ihnen selbst ist, was diese Zuschreibung von Wahrheit rechtfertigt oder nicht rechtfertigt. Dieser Befund aus dem ersten Kapitel legt es nahe, sich der Bestimmung des Kunstwerks in der Wahrheitsästhetik von Martin Heidegger zuzuwenden. Denn Heidegger definiert das Kunstwerk mit Hilfe des Begriffs der *Erde* als etwas, das in seiner Materialität so erscheint, dass dem Kunstwerk als Wahrheitsprozess eine Bedeutung eignet. Darüber hinaus bestimmt er Kunstwerke sowohl als geschaffene als auch als (durch Rezipienten) bewahrte. In diesem Sinne beginnt Heidegger seinen Aufsatz *Der Ursprung des Kunstwerks* mit einer Ontologie des Kunstwerks.[66] Es gibt aber auch einen zweiten naheliegenden Grund, auf Heidegger und seine Definition des Kunstwerks einzugehen: Heideggers Seinsphilosophie und mit ihr seine Ästhetik richten sich gegen einen ähnlichen Zug, wie Wellmer ihn in seinen Überlegungen zur Ästhetik macht. Dieser verwandte Zug ist Nietzsches Rede von »Einheit, Ganzheit, Wahrheit als ›obersten Werten‹«.[67] Ohne damit die Identität beider ästhetischer Theorien (von Wellmer und von Nietzsche) zu behaupten, kann man von einer Ähnlichkeit beider Theorien in ihrer Akzentuierung des Subjektiven sprechen. Die Sphäre, in der das Subjektive gegen einen metaphysi-

65 Vgl. dazu Teil III.

66 Martin Heidegger: Der Ursprung des Kunstwerks, Frankfurt/Main 1999.

67 Martin Heidegger: Nietzsche: Der europäische Nihilismus [Freiburger Vorlesung II. Trimester 1940]; Gesamtausgabe, Bd. 48, Frankfurt/Main 1986, S. 117.

schen Objektivismus, dann aber auch gleich gegen jede ontologische Selbständigkeit des Objekts zur Geltung gebracht wird, ist bei Wellmer das sprachliche Handeln, bei Nietzsche hingegen das affektive Selbsterlebnis. Es handelt sich um zwei (verschiedene) Ermächtigungsfiguren gegenüber der Materialität des Kunstwerks, einer Materialität, die in Heideggers Systematik dem Sein zugeordnet ist. Heidegger benennt und kritisiert solch eine Denkfigur subjektiver Ermächtigung. Der Wert, so legt es Heidegger in seinen Nietzsche-Vorlesungen dar, »*ist* Wert, weil er gilt; und er gilt, weil er als geltend gesetzt wird«.[68] In seiner Kritik an Nietzsches »Willen zur Macht« als »Gesichtspunkt« und »Wert« wendet Heidegger sich also gegen die Überbewertung des Subjektiven und Intersubjektiven (das Nietzsche freilich anders definiert als Wellmer) gegenüber dem Sein, ähnlich wie sich unsere Kritik an Wellmers Ästhetik gegen subjektive Ermächtigung in der Zuschreibung ästhetischer Wahrheit an das Kunstwerk richtet.

Heidegger kommentiert in seiner Vorlesung Nietzsches ›Ontologie‹ als ganze, es geht ihm also nicht allein um ästhetische Bestimmungen. Zur Debatte steht dabei Nietzsches Darstellung der Geschichte der Metaphysik, die Nietzsche eben nicht – und das ist Heideggers Kritik – als eine Geschichte über »das Seiende im Ganzen« (die Welt) im Verhältnis zum Dasein (den in der Welt lebenden Menschen) schreibt, sondern die er erzählt als eine Geschichte über Werte, die Menschen der Welt seit der Antike zugeschrieben haben, und über Gesichtspunkte, unter denen sie die Welt betrachtet haben. Die Menschen legen (indem sie Kategorien erfinden) der Welt Werte ein, ziehen die Kategorien bei der Bestimmung der Welt wieder aus der Welt heraus und besitzen so die Macht, die Welt als »*wert-los*« zu beschreiben, nachdem sie die Werte aus der Welt ›herausgezogen‹ haben.[69] Das Falsche an den Werten ist Nietzsche zufolge, dass sie »hinausverlegt werden in einen ›an sich seienden‹ Bezirk, innerhalb dessen und aus dem her sie an sich und unbedingt gelten sollen; während sie doch ihren Ursprung und Geltungsbereich nur in einer bestimmten Art des Willens zur Macht haben«.[70] Dieser »Wille zur Macht« ist nun für unsere Frage nach der Be-

68 Ebd., S. 108.

69 »1. Daß wir mit den Kategorien ›Zweck‹, ›Einheit‹ und ›Sein‹ der ›Welt‹ (d.h. dem Seienden im Ganzen) einen *Wert* eingelegt haben. 2. Daß diese der Welt eingelegten Kategorien ›wieder von uns *herausgezogen*‹ werden. 3. Daß nach dieser Herausziehung der Kategorien, d.h. der Werte, die Welt ›nun‹ *wert-los* aussieht.« (Ebd., S. 86)

70 Ebd., S. 95. Fokussierungen auf Werte wie Einheit, Wahrheit und Ganzheit werden von Nietzsche enttarnt als eigentlicher Wille zur Macht, welcher unbewusst in den Werte zuschreibenden Subjekten wirkt. Nietzsches Umwertung dieses Willens besteht in dem Wissen, dass es die früheren

stimmung des Kunstwerks insofern interessant, als Nietzsche der Kunst eine Exemplarizität zumisst, mittels derer sich das Konzept der subjektiven Umwertung solcher Werte wie Einheit, Wahrheit und Ganzheit in den subjektiven Willen zur Macht demonstrieren lässt. Nietzsches Darstellung der Kunst steht laut Heidegger für den »Drang nach *Lebenssteigerung* und Erhöhung, nach Herrschaft, d.h. nach Obenbleiben«.[71] Dieses Obenbleiben bezieht sich auf die Selbstermächtigung und gleichzeitige Selbstwahrnehmung des künstlerischen Subjekts, welches bei Nietzsche der rauschhaft agierende Künstler ist.[72] Da es hier nicht um Nietzsche gehen soll, werde ich den »Willen zur Macht« in seiner metaphysischen und ästhetischen Dimension nicht weiter erläutern. Zentral für *Heideggers* Kunstwerkdefinition ist aber, dass er sie im Kontrast zu Nietzsches Ontologie und Ästhetik entwickelt und dabei gleichzeitig an diese anknüpft. Heidegger kritisiert an Nietzsches ästhetischem bzw. ästhetisierendem Vokabular nämlich dasselbe, was er generell an der Geschichte der Ästhetik als philosophischer Disziplin seit ihrer Begründung durch Baumgarten im 18. Jahrhundert kritisiert: ihre Fokussierung und Beschränkung auf die Beschreibung subjektiver Zustände und deren Wahrnehmung durch die Subjekte. »Den ästhetischen Zustand der Schauenden und Empfangenden versteht Nietzsche ganz in Entsprechung zum Schaffenden. Danach ist dann die Wirkung des Kunstwerkes nichts anderes als die Wiedererweckung des Zustandes des Schaffenden

---

Werte nie unabhängig vom setzenden Subjekt gab, und der Konsequenz, dass man nun bewusst zum eigenen »Willen zur Macht« stehen soll. Das heißt nichts anderes, als diesen bewusst an die Stelle zu setzen, an der er schon immer unbewusst war. Vgl. ebd., § 14: Nietzsches ›moralische‹ Auslegung der Metaphysik, S. 127-133.

71 Ebd., S. 141. Vgl. Martin Heidegger: Gesamtausgabe, Bd. 65: Abt. 3., Unveröffentlichte Abhandlungen, Vorträge – Gedachtes. Beiträge zur Philosophie: (vom Ereignis), Frankfurt/Main 1989, S. 364: »Am tiefsten scheint Nietzsche in das Wesen der Wahrheit hinabzufragen, wo er die Frage aufnimmt: ›Was bedeutet aller Wille zur Wahrheit?‹ und wo er das Wissen um diese Frage als ›unser Problem‹ bezeichnet (VII, 482). Seine Lösung ist: Wille zur Wahrheit ist Wille zum Schein und dieses notwendig als ein Wille zur Macht, Bestandsicherung des Lebens, und dieser Wille am höchsten in der Kunst, weshalb diese mehr wert, als die Wahrheit.«

72 »Damit es Kunst giebt, damit es irgend ein ästhetisches Thun und Schauen giebt, dazu ist eine physiologische Vorbedingung unumgänglich: der *Rausch*. […] Das Wesentliche am Rausch ist das Gefühl der Kraftsteigerung und Fülle. Aus diesem Gefühle giebt man an die Dinge ab, man *zwingt* sie von uns zu nehmen, man vergewaltigt sie…« Friedrich Nietzsche: Götzen-Dämmerung oder Wie man mit dem Hammer philosophirt [1889], Streifzüge eines Unzeitgemässen, 8; Kritische Studienausgabe, hg. v. Giorgio Colli und Mazzino Montinari, München 1999, Bd. 6, S. 116.

in den Genießenden...«[73] Nietzsches Figur der Selbstermächtigung des künstlerischen Subjektes sieht Heidegger als eine Verfallsfigur der Ästhetik.[74] Sie hat zur Folge, dass die Kunst, historisch gesehen, zunehmend als »Stimulans des Lebens« zum Zwecke der Steigerung der Erlebnisfähigkeit, als Reiz und Anreiz zur Selbstwahrnehmung gesehen wird.[75]

In diesem Kapitel ist also zu verfolgen, wie Heidegger aus seiner Kritik an der Geschichte der Ästhetik als einer Geschichte der ästhetischen Subjektivität eine Kunstwerkbestimmung entwickelt, die das Kunstwerk als einen Prozess beschreibt, der sich gerade *unabhängig* von einer subjektiven Selbstermächtigung der Rezipienten und der Produzenten ereignet. Kunst kann in diesem Sinne auch nicht, wie es bei Nietzsche geschieht, auf einen Wert reduziert werden, der vom Menschen in das Kunstwerk hineingelegt wurde. Das entspricht dem Fazit der im ersten Kapitel vorgetragenen Kritik an Wellmers Adorno-Lesart: Das Kunstwerk konstituiert sich nicht allein in der subjektiven Bestimmung dessen, der es erfährt; es ist vielmehr ein reales Gegenüber, auf das ästhetische Subjektivität sich beziehen lassen muss.

Wie verfährt Heidegger nun, wenn er die Brücke schlägt zwischen Nietzsches Beschreibung der Kunst in der Perspektive subjektiver Selbsterhöhung im Rausch und seiner eigenen ästhetischen Bestimmung des Kunstwerks, dass nämlich das Kunstwerk in ausgezeichneter Weise die Unverborgenheit des Seins verkörpere? Heidegger verschiebt zuerst die Bedeutung, die Nietzsche dem rauschhaft Produzierenden verleiht, indem Heidegger die Kunst umdefiniert als ein zwar vom Schaffenden Hervorgebrachtes, jedoch nicht durch den Schaffenden Bestimmtes. Diese Verschiebung erreicht Heidegger, indem er an Nietzsches *Geburt der Tragödie* in einer von Nietzsche selbst abweichenden Weise anknüpft. Die Kopplung zweier Zustände: des Dionysischen und des Apollinischen, zu einem dritten, dem ästhetischen Zustand bei Nietzsche interpretiert Heidegger als ein Zusammentreffen von subjektivem Rausch (dionysisch) mit der materiellen Form als dem »Maßstäblichen«

73 Martin Heidegger: Nietzsche: Der Wille zur Macht als Kunst, Freiburger Vorlesung 1936/37; Gesamtausgabe, Bd. 43, Frankfurt/Main 1985, S. 136.

74 Vgl. Heideggers Hinweis auf die Verbindung zwischen Kants und Nietzsches Ästhetik: »...das, was Nietzsche bezeichnet als das Entzücken, in unserer Welt zu sein, ist jenes, was Kant meint mit der ›Lust der Reflexion‹.« Ebd., S. 131.

75 »Die Kunst ist so eine Art und Weise, wie der ›Wille zur Macht‹ das Leben beherrscht und es selbst zu einer Art Herrschaft macht; die Kunst ist, so gefaßt, ein Stimulans des Lebens.« – M. Heidegger: Nietzsche: Der europäische Nihilismus, S. 135.

(apollinisch).[76] Zugleich behauptet er, dass der Streit und Zusammenschluss beider Seiten nicht mehr (wie noch bei Nietzsche) als ein Gegenüberstehen von Subjekt und Objekt gedeutet werden kann, denn die Denkfigur der Subjekt-Objekt-Unterscheidung ist für Heidegger ein prägnantes Merkmal der Fehlentwicklung neuzeitlicher Philosophie. Diese Ablehnung ist für Heidegger sozusagen Prämisse kraft eigener Setzung.[77]

Das Rauschhafte im Künstler und das Maßvolle im Kunstwerk müssen also, wenn sie denn nicht mehr getrennten Seiten zugeordnet sein sollen, zusammenfallen. Der Ort dieses Zusammenfallens von Rausch und Maß ist für Heidegger das Kunstwerk. Dass dabei der dionysische Rausch in die Bestimmung des Kunstwerks mit einfließt, hat zur Folge, dass ein Kunstwerk nicht mehr schlicht als Ding, d.h. als Objekt gedeutet werden kann, denn eine Definition des Kunstwerks als Ding ließe sich mit jener Prozesshaftigkeit nicht verbinden, die im Rausch, die aber auch im Zusammentreffen der Gegensätze liegt, den Nietzsche es in der *Geburt der Tragödie* beschreibt. Und diese Prozesshaftigkeit soll eingehen in die Ontologie des Werks. Aus solch einem Anschluss an die Ästhetik Nietzsches ergibt sich für Heidegger u.a. die Konsequenz, dass drei bisher existierende Definitionen des Kunstwerks als einem Ding abzulehnen seien. Und mit der Aufzählung und der Distanzierung von diesen drei Ding-Begriffen beginnt der Aufsatz *Vom Ursprung des Kunstwerks*, der auf einer zusammenfassenden Überarbeitung dreier Vorträge beruht, die Heidegger 1935/36 hielt.

Warum kann man Kunstwerke nicht auffassen wie Dinge, denen wir begegnen? Die Annahme, Kunstwerke seien Dinge, denen zusätzlich zu ihrem dinglichen Unterbau noch etwas anderes, etwas Höheres anhaftet, geht von einer oft ungeprüften, aber immer falschen Bestimmung der

76 Der »ästhetische Zustand« als tragisch-dionysischer Zustand ist bei Nietzsche definiert im Sinne von Heraklit als harmonische Entgegensetzung des dionysischen (dunklen) und des apollinischen (sokratischen, klaren) Zustands. (Vgl. unten Fußnote 96 zum ›Streit‹ bei Heraklit.) Das sokratisch Klare als Apollinisches wird von Heidegger in eine Kunstwerksbeschreibung überführt. Mit Hilfe des Begriffs des »großen Stils« bei Nietzsche zeigt Heidegger, dass es in der Kunst, und dies heißt für Heidegger: im Kunstwerk, um »Maßstäbliches« gehen muss. – Vgl. M. Heidegger: Nietzsche: Der Wille zur Macht als Kunst, § 19: Der große Stil. Die Einheit des Wechselbezuges von Rausch und Schönheit, Schaffen-Empfangen und Form; Gesamtausgabe, Bd. 43, S. 145-172.

77 »Was ist fragwürdiger als diese Subjekt-Objekt-Beziehung, als der Ansatz des Menschen im Sinne eines Subjekts und als die Bestimmung des Nichtsubjektiven als Objekt? Die Geläufigkeit dieser Unterscheidung ist noch kein Beweis für ihre Klarheit und dafür, daß sie wahrhaft gegründet sein soll.« (Ebd., S. 142)

Dingheit des Dinges aus. Heidegger ›entlarvt‹ drei Dingbegriffe des »abendländischen Denkens«, die »selbstverständlich geworden und heute im alltäglichen Gebrauch sind«.[78] Es handelt sich erstens um die Vorstellung, ein Ding sei wesentlich Träger von bestimmten Eigenschaften, zweitens um die Bestimmung des Dings als »die Einheit einer Mannigfaltigkeit des in den Sinnen Gegebenen« und drittens um die Denkungsart, »das Ding ist ein geformter Stoff«.[79] Während Heidegger die ersten beiden Dingbegriffe ganz entschieden zurückweist, kann er dem dritten – der das ›Zusammenstehen‹ von Stoff und Form beschreibt, etwas abgewinnen, er schränkt seine Geltung aber auf das »Zeug« ein.

Dass das Begriffspaar *Stoff* und *Form* in der Geschichte der Ästhetik und damit für die Bestimmung der Kunst wichtig wurde, hält Heidegger für eine Fehlentwicklung. Denn die Unterscheidung von Stoff und Form gehört laut Heidegger nicht »ursprünglich in den Bereich der Kunst und des Kunstwerks«.[80] Jedoch wird in der »Dienlichkeit des Zeugs« als dem, was durch seine Benutzung bestimmt ist, eine bestimmte »Anordnung des Stoffes«[81] vorgegeben, für deren Beschreibung Heidegger den dritten Dingbegriff gelten lässt. Diese Anwendung des dritten Dingbegriffs auf das Zeug nimmt Heidegger wiederum zum Anlass, in der Suche nach der Bestimmung des Kunstwerks als einem Ding zunächst einmal vom Zeug und nicht vom Kunstwerk auszugehen. Anknüpfend an seine Bestimmung der Zuhandenheit als einer Seinsart des Zeugs in *Sein und Zeit* macht Heidegger geltend, dass für uns der genuine Zugang zur Welt darin besteht, mit dem zu hantieren, was durch Menschen für Menschen hergestellt wurde: mit dem Zeug.[82] Anstatt von abstrakten und falschen Dingbegriffen bei einem Bestimmungsversuch des Kunstwerks auszugehen, sollten wir bei der Zeughaftigkeit des Zeugs als dem uns Vertrauten ansetzen, wenn es darum geht, eine Differenz zwischen Ding, Zeug und Kunstwerk zu finden. Heidegger gibt im Rahmen seiner überaus geschickten Strategie vor, dass sein Versuch, irgendein Zeug »ohne eine philosophische Theorie einfach zu beschreiben«, misslungen

78 M. Heidegger: Ursprung des Kunstwerks, S. 13.

79 Ebd., S. 18f.

80 Ebd., S. 19.

81 Ebd., S. 20.

82 »Die Seinsart von Zeug, in der es sich von ihm selbst her offenbart, nennen wir die *Zuhandenheit*. Nur weil Zeug *dieses* An-sich-sein hat und nicht lediglich noch vorkommt, ist es handlich im weitesten Sinne und verfügbar. Das schärfste *Nur-noch-hinsehen* auf das so und so beschaffene ›Aussehen‹ von Dingen vermag Zuhandenes nicht zu entdecken. Der nur ›theoretisch‹ hinsehende Blick auf Dinge entbehrt des Verstehens von Zuhandenheit.« Martin Heidegger: Sein und Zeit, § 15, Frankfurt/Main 1999, S. 69.

sei.[83] Scheinheilig ist er überrascht, die Zeughaftigkeit des Zeugs erst bestimmen zu können, wenn wir dieses Zeug (in seinem Beispiel: Bauernschuhe) dargestellt im Kunstwerk betrachten.

Der generelle Zugang zum Zeug und zu dessen Zuhandenheit ist zwar nach wie vor durch dessen Gebrauch bestimmt, wie Heidegger es in *Sein und Zeit* beschreibt; jedoch erfahren wir im Gebrauch des Zeugs nicht, was es als Zeug eigentlich ist. Die Darstellung und gleichzeitige Bestimmung eines Zeugs, so wie es ist, kann nur im Kunstwerk geleistet werden. Das, was uns während des (durchaus wissenden) Hantierens mit dem Zeug verschlossen bleibt, nämlich dass ein Zeug in Wahrheit durch seine Verlässlichkeit bestimmt wird, kann erst in seiner Behandlung bzw. Darstellung im Kunstwerk hervortreten. Das Kunstwerk (Heidegger beschreibt ein Bild Vincent van Goghs, auf dem die Schuhe des Malers zu sehen sind) leistet also etwas, das außerkünstlerisch Begegnendes zunächst nach Heidegger nicht leisten kann – das Kunstwerk stellt etwas dar in dessen ganz spezifischer Seinsweise.[84] Diese Bestim-

---

83 M. Heidegger: Ursprung des Kunstwerks, S. 26.

84 Dass Heidegger die Schuhe van Goghs fälschlicherweise als die einer Bäuerin ausgibt, stört nicht die Idee, die er vom Zeugsein als Verlässlichkeit entwickelt. Geht es ihm doch nicht darum, am Kunstwerk Details von dessen Entstehungsgeschichte und erst recht nicht Informationen über die Benutzer der Schuhe zu rekonstruieren, sondern um Grundsätzliches, das auf der Ebene solch persönlicher Bestimmungen nicht einzuholen ist. Ich würde daher die Frage von Meyer Schapiro: »Is Heidegger's mistake simply that he chose a wrong example?« mit »Yes« beantworten. Das Beispiel der deutschen Bäuerin steht für Heideggers generellen »Provinzialismus«, wie Hauke Brunkhorst es ausdrückt, und damit für Heideggers persönlichen Geschmack. Schapiros Einwand gegen Heidegger, dass Van Gogh eine persönliche Entscheidung traf, als er sich entschloss, seine Schuhe abzubilden, und dass diese Entscheidung ernst genommen werden muss, wenn man sich sein Bild anschaut, ist unvereinbar mit Heideggers Darstellung des Künstlers, dem gerade in Heideggers Theorie kein Entscheidungsspielraum zukommt. Vgl. Meyer Schapiro: »The Still Life as a Personal Object«, in: Marianne L. Simmel (Hg.), The Reach of Mind. Essays in Memory of Kurt Goldstein, New York 1968, S. 203-209, hier S. 206: »Heidegger would still have missed an important aspect of the painting: the artist's presence in the work.« – Vgl. Hauke Brunkhorst: Hannah Arendt, München 1999, S. 17: »Auffällig ist ferner der den sehr verschiedenen Schülern gemeinsame Zug, aus dem vom Meister kunstvoll stilisierten Provinzialismus auszubrechen und die Heideggersche Provinz, wie Habermas es einmal von Gadamer gesagt hat, zu ›urbanisieren‹.«
Zur Debatte um die Schuhe der Bäuerin und des Künstlers ist Derridas Kritik an Schapiro bekannt geworden: »Schapiro täuscht sich also über die erste Funktion der bildlichen Verweisung. […] Denn der ganze Prozeß Schapiros beruft sich dagegen auf wirkliche Schuhe: Vom Bild wird vermutet, daß es sie nachahmt, repräsentiert, reproduziert.« Ich denke, dass Schapiro noch etwas anderes meint, als Derrida hier vermutet. Es geht ihm

mung der Seinsweise des Dargestellten liegt, systematisch gesprochen, über dem alltäglich Begegnenden. So ist ein Kunstwerk nicht ein Ding, dem eine oder mehrere höhere Eigenschaften zukommen, sondern seine Dingheit tritt so weit in den Hintergrund, dass das *ganze Werk* als etwas Höheres, nämlich als ein Entbergen und somit als ein Wahrheitsgeschehen gekennzeichnet werden kann.

Die Bestimmung der dargestellten Schuhe als ein Zeug, in welchem *Welt* und *Erde* »so da« sind, basiert nicht, wie es vielleicht im ersten Moment scheint, in erster Linie auf der bäuerlichen Romantik, die in Heideggers Beschreibungen einfließt. Vielmehr verbindet Heidegger in seiner Beschreibung der Bäuerin und ihrer Schuhe zwei Ebenen, die systematisch voneinander streng getrennt werden müssen: Auf der einen Seite beschreibt er Welt und Erde als zugehörig zur bäuerlichen Erfahrung; auf der anderen Seite sind Welt und Erde philosophische Kategorien.[85] Wenn Heideggers Begrifflichkeit, die er am Beispiel der Schuhe einführt, auf einer systematischen Ebene gelten soll, geht es in *jeder* künstlerischen Darstellung um die Anwesenheit von Welt und Erde, nicht nur in einer bäuerlich anmutenden. Auch hier betont Heidegger in Abgrenzung zu Nietzsche noch einmal: »Das Kunstwerk gab zu wissen, was das Schuhzeug in Wahrheit ist. Es wäre die schlimmste Selbsttäuschung, wollten wir meinen, unser Beschreiben habe als ein subjektives Tun alles so ausgemacht und dann hineingelegt.«[86]

Wie erläutert Heidegger nun das Sich-ins-Werk-Setzen der Wahrheit im Werk und welche Rolle gesteht er der dinglichen Seite des Kunstwerks dabei zu? Einerseits bestreitet Heidegger (wie dargelegt), dass ein sinnvoller Begriff des Kunstwerks allein aus seiner Dinghaftigkeit hergeleitet werden könne, andererseits muss er aber anerkennen, dass »[d]as Dinghafte am Werk [...] nicht weggeleugnet werden« kann; »aber dieses Dinghafte muß, wenn es schon zum Werksein des Werks gehört, aus dem Werkhaften gedacht sein« – es muss also in die Bestimmung des Kunstwerks als etwas Prozesshaften mit einbezogen werden.[87] Mit dem Begriff der Erde, die im Kunstwerk erscheint und sich gleichzeitig in diesem verbirgt, bringt Heidegger diese Ambivalenz gegenüber dem Dinghaften des Werkes zum Ausdruck. Die Erde steht einerseits für die Präsenz des Materiellen, das erst durch seine Verarbei-

um die Verarbeitung eigener Erfahrung des Künstlers im Werk, die nicht unbedingt mit Abbilden zu tun haben muss. Vgl. Jacques Derrida: »Restitutionen. Von der Wahrheit nach Maß«, in: Ders.: Die Wahrheit in der Malerei, Wien 1992, S. 301-442, hier S. 364.

85 Vgl. die Erläuterung von »Welt« und »Erde« im weiteren Verlauf des Kapitels.

86 M. Heidegger: Ursprung des Kunstwerks, S. 29f.

87 Ebd., S. 34.

tung in einem Kunstwerk in seiner spezifischen Charakteristik erscheinen kann; andererseits kommt durch das Materielle Geschichtliches zum Vorschein, nämlich »jenes, worauf und worin der Mensch sein Wohnen gründet.«[88] Die Materialität des Kunstwerks, für die der Erde-Begriff steht, hat so auch eine Komponente, die Sinnbezüge ermöglicht. Im Erde-Begriff ist der Hinweis Heideggers enthalten, dass wir Geschichte nur »verstehen« können, wenn wir akzeptieren, dass sich das, worauf sich Geschichte gründet, generell verbirgt.[89] Es kann nicht durch exaktes Forschen und Messen zu Tage gebracht werden, so wie man auch einen Fels, den man zerschlägt, wiegt und ausmisst, nicht besser »versteht«.

---

88 Ebd., S. 38.

89 Die Erkenntnis, dass das, worauf menschliche Geschichte sich gründet, nicht beherrschbar ist, sich vielmehr immer entzieht, berücksichtigt Heidegger 1933 nicht, als er die Rede zum Antritt seines Rektorats in Freiburg hält, zwei Jahre vor den Vorträgen, aus denen der Aufsatz *Der Ursprung des Kunstwerks* entstand. Heidegger beendet seine Rede mit folgenden zuerst apokalyptischen, dann kämpferischen Ausführungen: »Aber niemand wird uns auch fragen, ob wir wollen oder nicht wollen, wenn die geistige Kraft des Abendlandes versagt und dieses in seinen Fugen kracht, wenn die abgelebte Scheinkultur in sich zusammenstürzt und alle Kräfte in die Verwirrung reißt und im Wahnsinn ersticken läßt. Ob solches geschieht oder nicht geschieht, das hängt allein daran, ob wir als geschichtlich-geistiges Volk uns selbst noch und wieder wollen – oder ob wir uns nicht mehr wollen. Jeder einzelne entscheidet darüber *mit*, auch dann und gerade dann, wenn er vor dieser Entscheidung ausweicht. Aber wir wollen, daß unser Volk seinen geschichtlichen Auftrag erfüllt.« Abgesehen davon, dass man unter dem »geschichtlichen Auftrag des deutschen Volkes« die schlimmsten nationalsozialistischen Verbrechen denken muss, ist an den Ausführungen interessant, dass Heidegger seinen eigenen theoretischen Prämissen der Nicht-Erforschbarkeit und Nicht-Beherrschbarkeit der Geschichte durch die Aufforderung an das Volk, aus eigenem Willen seinen geschichtlichen Auftrag zu erfüllen, widerspricht. Vgl. Martin Heidegger: Die Selbstbehauptung der deutschen Universität, Das Rektorat 1933/34, Frankfurt/Main 1990, S. 19.
Eine andere Darstellung dieses von mir als Selbstwiderspruch gedeuteten Geschichtsverständnisses Heideggers findet sich bei Romano Pocai. Pocai deutet die Angleichung des Kampf-Gedankens an den Begriff der Ohnmacht (die Heidegger in *Vom Wesen der Wahrheit* als modifizierte Verborgenheit des Seienden darstellt) als konsequente Ableitung aus Heideggers Wahrheitsbegriff den er in *Vom Wesen der Wahrheit* entwickelt. »Entsprechend der Radikalisierung der Ohnmacht gegenüber dem Seienden erfolgt diejenige des dagegen gerichteten *Kampfes*, des ermächtigenden heroistischen Dezisionismus.« Romano Pocai: »Heideggers NS-Engagement im Lichte seiner philosophischen Genese«, in: Ders.: Heideggers Theorie der Befindlichkeit. Sein Denken zwischen 1927 und 1933, München 1996, S. 291. Vgl. Martin Heidegger: Vom Wesen der Wahrheit [Freiburger Vorlesung Wintersemester 1931/32]; Gesamtausgabe, Bd. 34, Frankfurt/Main 1988.

Solche und ähnliche Erfahrungen teilen vermutlich alle, die schon einmal versucht haben, sich Geschehnissen der näheren und ferneren Geschichte anhand eines »Materials« zu nähern – die Erfahrung des Sich-Entziehens des zu untersuchenden historischen Gegenstandes, dessen Präsenz unwiderruflich vergangen ist.

Für Heidegger muss es trotzdem einen Moment geben, in dem sich etwas so zusammenfügt, dass man eine Ahnung oder sogar eine (wenn vielleicht auch vorübergehende) Einsicht von dem bekommt, worauf »der Mensch sein Wohnen in der Welt gründet«. Diese Einsicht ist keine allein denkerisch gewonnene, sondern sie basiert auf dem wahrnehmenden Erfassen dessen, was uns als Kunstwerk hier und heute physisch gegenübersteht. Die Erde eröffnet (im Falle gelingender Rezeption) im Werk eine Welt. Und andersherum: »Indem das Werk eine Welt aufstellt, stellt es die Erde her.«[90] Wie ist diese wechselseitige Figur der Welteröffnung und der Erde-Herstellung im Kunstwerk zu verstehen? Heidegger betont, dass er mit dem Begriff Welt »nicht die bloße Ansammlung der vorhandenen abzählbaren oder unabzählbaren, bekannten oder unbekannten Dinge« meint.[91] Welt ist vielmehr »immer das Ungegenständliche, dem wir unterstehen«[92], es ist unser je eigener individueller und auch kollektiver Verstehenshorizont, in den wir durch unsere Geburt und Geschichte gesetzt sind. »Indem eine Welt sich öffnet, bekommen alle Dinge ihre Weile und Eile, ihre Ferne und Nähe, ihre Weite und Enge.«[93] Der Begriff Welt steht somit für das Vermögen zu verstehen, das Menschen von Pflanzen und Tieren unterscheidet. Er steht zugleich für die Geschichtlichkeit des Daseins derart, dass diese immer an ein konkretes individuelles oder kollektives Verständnis geknüpft ist. Wenn Heidegger sagt, dass das Kunstwerk das »Offene der Welt offenhält« meint er damit, dass Kunstwerke all dies, was zum Begriff der Welt gehört, evozieren. In dem Moment, in dem sich die Erde im Kunstwerk als spezifische Materialität auf eine unalltägliche Weise darbietet, verschiebt sich unsere Wahrnehmung – und zwar nicht nur die Wahrnehmung des spezifischen Materials, sondern unsere Weltvorstellung verschiebt sich so, dass etwas, das uns wesentlich betrifft, uns auf einmal in einem anderen Zusammenhang als sonst erscheint. Eine neue Welt ist eröffnet. In diesem bis dahin für uns neuen Horizont spielt nun das Material, das im Kunstwerk verarbeitet (aber nicht verbraucht) wurde, eine andere Rolle, als es sie in unserem früheren Weltbild ein-

90 M. Heidegger: Ursprung des Kunstwerks, S. 43.
91 Ebd., S. 40.
92 Ebd., S. 41.
93 Ebd.

nahm.[94] Der Stein, nicht gemessen und gewogen, sondern in seinem Lasten erfahren und gleichzeitig verstanden, bekommt seinen Platz in der Welt, die uns vom Kunstwerk eröffnet wurde. Zugleich kann das, worauf Geschichte sich gründet (die Erde), von uns nur in unserer je eigenen Welt erfasst werden. Und so schließt Heidegger: »Indem das Kunstwerk uns unsere Welt verstehen läßt, stellt es diese zugleich in die geschichtlichen Bezüge unseres Daseins.«[95] Nur über das Aufstellen einer neuen Welt ist die Erde als spezifische Materialität überhaupt für uns wahrnehmbar; die vom Werk eröffnete Welt ist somit die Voraussetzung für die Herstellung der Erde.

In dem Versuch, das Verhältnis zwischen Welt und Erde im Werk zu klären, sind wir bei einer Zirkelstruktur angekommen – beide erklären einander wechselseitig. Diese Zirkelstruktur ist von Heidegger gewollt. Er konstruiert das wechselseitige Verhältnis von Welt und Erde in einer Streitfigur, die ihrer Struktur nach an den nietzscheschen Streit zwischen dem Dionysischen und dem Apollinischen erinnert, und setzt damit Welt und Erde einander wechselseitig entgegen. Heidegger geht also noch hinaus über die Struktur des Sich-gegenseitig-Bedingens als eines harmonischen Aufeinander-Verweisens und ›überformt‹ den Zirkel durch die Dynamik und Spannung eines Streites. Der »Streit zwischen Welt und Erde« als ein unabschließbarer Streit steht genau für die Prozesshaftigkeit, die Heidegger gegenüber den traditionellen Dingbegriffen und im Rückgriff auf Nietzsches Streitfigur eingeklagt hatte. Heidegger knüpft hier an ein aus der Antike bekanntes Streitmodell an: die »gegenstrebige Fügung«. Beide Streitparteien gelangen jeweils erst durch den Streit und im Streit zu ihrer spezifischen Geltung.[96] Die gegenstrebi-

94 »Zwar gebraucht der Bildhauer den Stein so, wie nach seiner Art auch der Maurer mit ihm umgeht. Aber er verbraucht den Stein nicht. Das gilt in gewisser Weise nur dort, wo das Werk mißlingt. Zwar gebraucht auch der Maler den Farbstoff, jedoch so, daß die Farbe nicht verbraucht wird, sondern erst zum Leuchten kommt. Zwar gebraucht auch der Dichter das Wort, aber nicht so wie die gewöhnlich Redenden und Schreibenden die Worte verbrauchen müssen, sondern so, daß das Wort erst wahrhaft ein Wort wird und bleibt.« (Ebd., S. 44)

95 Ebd., S. 43.

96 Walther Kranz (Hg.): Fragmente der Vorsokratiker [1903], Zürich 1951, Bd. 1, S. 152. Heraklit: »Das widereinander Strebende zusammengehend; aus dem auseinander Gehenden die schönste Fügung. – Unsichtbare Fügung stärker als sichtbare. – Sie verstehen nicht, wie es zwieträchtig mit sich selbst im SINN übereinstimmt: gegenstrebige Fügung wie von Bogen und Leier.« Vgl. Aristoteles: Nikomachische Ethik, EN VIII 1155 b 4: »*Heraklit* sagt, Widerstrebendes tauge zusammen, aus dem Verschiedenen entspringe die schönste Harmonie, und alles entstehe auf dem Weg des Streites.«

gen Bewegungen sind erstens solche, die ein Verdecken bzw. Verbergen des Streitpartners bewirken: »Die Erde [...] neigt dahin, als die Bergende jeweils die Welt in sich einzubeziehen und einzubehalten«[97]; und »[d]ie Welt trachtet in ihrem Aufruhen auf der Erde, diese zu überhöhen. Sie duldet als das Sichöffnende kein Verschlossenes.«[98] Zweitens heben Erde und Welt erst »das eine je das andere, in die Selbstbehauptung ihres Wesen«.[99]

Es ist nun für uns wichtig zu fragen: Ist sich die Bestimmung des Kunstwerks als Streit zwischen Welt und Erde eine mögliche Phänomenologie der Kunst oder muss sie in erster Linie als Kommentar zu Heideggers Ontologie gelesen werden? Diese Frage wird an Heideggers Ästhetik immer wieder herangetragen. Während z.B. Otto Pöggeler und Rüdiger Bubner bestreiten, dass es sich bei Heideggers Kunstwerkaufsatz und auch in seinen späteren Schriften über Kunst um eine Phänomenologie der Kunst handele,[100] vertreten andere, wie z.B. Friedrich Wilhelm von Hermann, die ›phänomenologische‹ Lesart, der zufolge man Heideggers Ästhetik sehr wohl als eine phänomenologische Theorie der Kunst lesen könne, ja müsse.[101] Das Motiv unserer Auseinanderse-

Ein anderes Denkmodell, welches für den Welt-Erde-Streit Pate gestanden haben könnte, ist das der »Bewegung in der Ruhe«. W. Kranz (Hg.): Fragmente der Vorsokratiker, Bd. 1, S. 315f. Empedokles: »Und dieser durchgehende Tauschhandel hört niemals auf: bald sich durch Liebe alles vereinigt zu Einem, bald auch werden wieder die einzelnen Stoffe auseinandergetragen im Hasse des Streites. [...] Insofern nun so Eines aus Mehrerem versteht zu entstehen und wiederum aus dem zergangenen Einen Mehreres hervorgeht, insofern werden sie und das Leben bleibt ihnen nicht fest; sofern aber ihr durchgehender Tauschwechsel niemals aufhört, insofern sind sie stets unerschütterte Wesen während des Kreislaufes.«

97 M. Heidegger: Ursprung des Kunstwerks, S. 46.

98 Ebd.

99 Ebd.

100 Pöggeler beruft sich u.a. auf Heideggers Zusatz zu *Der Ursprung des Kunstwerks*, den Heidegger 1950 in dem Sammelband *Holzwege* veröffentlichte: »Die ganze Abhandlung *Der Ursprung des Kunstwerks* bewegt sich wissentlich und doch unausgesprochen auf dem Weg der Frage nach dem Wesen des Seins. Die Besinnung darauf, was die *Kunst* sei, ist ganz und entschieden nur aus der Frage nach dem *Sein* bestimmt...« Otto Pöggeler: »Heidegger und die Kunst«, in: Christoph Jamme/Karsten Harries (Hg.), Martin Heidegger. Kunst, Politik, Technik, München 1992, S. 59-84. Vgl. auch Rüdiger Bubner: »Über einige Bedingungen gegenwärtiger Ästhetik«, in: Neue Hefte für Philosophie 5 (1973), S. 38-73.

101 Eine Zusammenfassung der sogenannten »Pöggeler-v.Hermann-Kontroverse« zu dieser Frage findet man in Günter Seubolds Auseinandersetzung mit Heideggers Aufzeichnungen zur Kunst nach 1945. Günter Seu-

tzung mit Heideggers ästhetischen Schriften war ja gerade, etwas über seine Bestimmung des Kunstwerks zu erfahren. Deswegen werden wir den Versuch unternehmen, den Kunstwerkaufsatz als eine Theorie zur Kunst und nicht allgemein als Beitrag zur Ontologie zu lesen. Im Folgenden wird sich zeigen, ob diese Lesart sich halten kann. Untersucht wird also, ob Heideggers Beschreibung des Kunstwerks eine der künstlerischen Praxis angemessene Theorie bzw. für eine solche zu verwenden ist.

Um dieser Frage nachzugehen, sollten wir zunächst schauen, wie Heidegger die Aspekte Produktion und Rezeption thematisiert. Heidegger geht davon aus, dass zum Werk sowohl dessen Geschaffensein als auch seine Rezeption (die Heidegger »Bewahrung« nennt) gehört. Heideggers Satz »Der Ursprung des Kunstwerks und des Künstlers ist die Kunst« verweist zunächst auf die Tatsache, dass die Kunst als ein vorgefundenes Feld jeder Kunstproduktion und auch -rezeption vorausliegt.[102] Damit ist jedenfalls nicht gemeint, dass künstlerische Entscheidungen von der Kunstgeschichte oder gar von den Imperativen eines Kunstbetriebs abhängig wären. Dem Kunstbetrieb steht Heidegger vielmehr kritisch gegenüber. Er möchte diesem nicht nur keinen Einfluss auf die Herstellung und Erfahrung wirklich großer Kunst zubilligen, sondern er bescheinigt ihm sogar, dass Werke in seinem Rahmen nicht mehr als Kunstwerke erfahrbar sind. Sie fallen laut Heidegger in den Status von *Dingen* zurück, die aufgeführt, gezeigt und gekauft werden. Wir können also ausschließen, dass Heidegger aus einer bloß empirisch verstandenen Vorgängigkeit der Kunst wesentliche systematische Kriterien zur Bestimmung des Schaffens und Bewahrens von Kunstwerken ableiten will. Er möchte beide – Schaffen und Bewahren – stattdessen im Bezug auf das einzelne Kunstwerk (und das einzelne Kunstwerk im Bezug auf sein Geschaffensein und Bewahrtwerden als Geschichtliches) bestimmen. Soll das Geschaffensein und also das Schaffen »als ein Hervorbringen« bestimmt werden, so ist es nötig, künstlerisches Schaffen von anderen Formen des Hervorbringens abzugrenzen.[103] Heidegger kommt es zunächst auf die Trennung zwischen Kunst und Handwerk an. Diese Differenz ist aber für ihn nur denkbar, wenn die Bestimmung des Kunstwerks als Wahrheitsereignis vorausgesetzt wird. Das künstlerische Schaffen wird also nicht durch die Vorgängigkeit eines Kontextes geleitet, sondern vielmehr durch das Wahrheitsgeschehen des Kunstwerks

bold: Kunst als Ereignis. Heideggers Weg zu einer nicht mehr metaphysischen Kunst, Bonn 1996, S. 41-47.

102 M. Heidegger: Ursprung des Kunstwerks, S. 56.

103 »Das Schaffen denken wir als ein Hervorbringen. Aber ein Hervorbringen ist auch die Anfertigung von Zeug.« (Ebd., S. 57)

selbst. »Obwohl das Werk erst im Vollzug des Schaffens wirklich wird und so in seiner Wirklichkeit von diesem abhängt, wird das Wesen des Schaffens vom Wesen des Werks bestimmt.«[104] Analog redet Heidegger darüber, dass die Bewahrenden der Wahrheit des Werks *entsprechen*. Wir haben also eine geringe Ausbeute bezüglich einer näheren Bestimmung von Produktion und Rezeption zu beklagen, wenn wir Schaffen und Bewahren aus dem Wahrheitsgeschehen des Kunstwerks heraus verstehen, wie Heidegger es vorschlägt. Trotzdem sollte man sich vergegenwärtigen, wie es zu diesem Ergebnis kommt, wie also Heidegger das Wahrheitsgeschehen im Kunstwerk verstanden wissen will.

»Im Werk ist die Wahrheit am Werk, also nicht nur ein Wahres.«[105] Mit diesem Satz macht Heidegger klar, dass es ihm nicht um eine je konkrete Wahrheit eines einzelnen Kunstwerks geht, sondern dass das Wahrheitsgeschehen im Kunstwerk kein geringeres als das *eine* Wahrheitsgeschehen ist, um welches sich die Philosophie in der Bestimmung des Terminus Wahrheit bemühen muss. Heidegger bezieht sich auf einen Wahrheitsbegriff, den er philosophisch auch in anderen Schriften erläutert. Wahrheit ist für ihn nicht die Wahrheit von wahren Aussagen – dieser Wahrheitsbegriff, auch etwa im aristotelischen Sinne der »Übereinstimmung« einer Aussage mit einer Sache, greift für ihn zu kurz.[106] Er führt vielmehr die Aussagewahrheit von Sätzen zurück auf die Unverborgenheit des Seins, die eine Aussagewahrheit erst ermögliche.[107] »Der Satz ist wahr, indem er sich nach dem Unverborgenen, d.h. nach dem Wesen, richtet.«[108] Diese Unverborgenheit kann nur zusammen mit dem Verbergen gedacht werden. Das Wesen der Wahrheit besteht daher nach Heidegger in einem Streit zwischen Lichtung und Verbergung. Der Be-

104 Ebd., S. 59.

105 Ebd., S. 54.

106 »Eine Aussage ist wahr, wenn das, was sie meint und sagt, übereinstimmt mit der Sache, worüber sie aussagt. Auch hier sagen wir: es stimmt. Jetzt aber stimmt nicht die Sache, sondern der Satz.« Martin Heidegger: Vom Wesen der Wahrheit [Vortrag von 1930, zuerst erschienen 1943], Frankfurt/Main 1954, S. 7.

107 Vgl. Brigitte Hilmer: »Die philosophische Auffassung, daß unter Wahrheit die Wahrheit von Aussagen (von Sätzen, Überzeugungen oder Propositionen) zu verstehen sei, wird von Heidegger zurückgeführt auf die in der Erschlossenheit von Welt (später: der Lichtung des Seins) liegende Unverborgenheit (Aletheia), die die Aussagenwahrheit erst möglich mache und deshalb als eigentliche Wahrheit aufzufassen sei.« Brigitte Hilmer: »Die Verbindlichkeit des Strittigen. Wahrheitsmöglichkeiten der Philosophie im Denken Heideggers«, in: Emil Angehrn/Bernard Baertschi (Hg.), Interpretation und Wahrheit / Interprétation et vérité, Studia philosophica Vol. 57, Bern, Stuttgart, Wien 1998, S. 189-207.

108 M. Heidegger: Ursprung des Kunstwerks, S. 49.

griff der Lichtung steht für das Offene, für den momenthaften, fragmentarischen Zugang zum Sein, wie es als Ganzes ist: »Inmitten des Seienden im Ganzen west eine offene Stelle. Eine Lichtung ist. [...] Nur diese Lichtung schenkt und verbürgt uns Menschen einen Durchgang zum Seienden...« »Dank dieser Lichtung ist das Seiende in gewissen und wechselnden Maßen unverborgen.«[109] Aber »[d]ie Lichtung, die in das Seiende hereinsteht, ist in sich zugleich Verbergung.«[110] Heidegger nennt zwei Arten, wie sich Wesentliches verbirgt: Das Verstellen und das Versagen. Das Verstellen ist ähnlich wie die Kategorien »Man« und »Gerede« aus *Sein und Zeit* durch den Modus der Uneigentlichkeit gekennzeichnet, in dem Sinne, dass Wesentliches durch eine Art vordergründige Erschlossenheit verstellt wird: »Seiendes schiebt sich vor Seiendes, das eine verschleiert das andere, jenes verdunkelt dieses, weniges verbaut vieles, vereinzeltes verleugnet alles.«[111] Seiendes versagt sich aber auch unabhängig von diesen Verstellungen, d.h. es bleibt schlicht verborgen und unzugänglich. »Seiendes versagt sich uns bis auf jenes Eine und dem Anschein nach Geringste, das wir am ehesten treffen, wenn wir vom Seienden nur noch sagen können, daß es sei.«[112] Die Erfahrung und Feststellung, dass Seiendes als solches existiert, ist somit laut Heidegger auch ganz generell, unabhängig vom Phänomen des Verstellens, die Erfahrung seines Sich-Versagens. Das Seiende offenbart sich nicht allein in der Tatsache seiner Begegnung und Anschauung. »Zum Wesen der Wahrheit als der Unverborgenheit gehört dieses Verweigern in der Weise des zwiefachen Verbergens.«[113] Eröffnen und Verbergen werden nun von Heidegger in einer formal ähnlichen Streitfigur gegeneinandergesetzt wie der Streit zwischen Welt und Erde im Kunstwerk. »Das Wesen der Wahrheit ist in sich selbst der Urstreit, in dem jene offene Mitte erstritten wird, in die das Seiende hereinsteht und aus der es sich in sich selbst zurückstellt.«[114] Damit hat Heidegger die formale Grundlage dafür geschaffen, beide Streite in einer Figur ihrer gegenseitigen Überlagerung zusammenzuführen.

Dies geschieht, indem Heidegger den Welt-Erde-Streit als eine spezifische Gestalt des Urstreits von Lichtung und Verbergung bestimmt.[115] Aus dieser Klassifizierung des Kunstwerks als einer Gestalt des Wahrheitsgeschehens ergeben sich Konsequenzen für die Bestimmung des

109 Ebd., S. 51.

110 Ebd.

111 Ebd., S. 52. Vgl. M. Heidegger: Sein und Zeit, § 27: Das alltägliche Selbstsein und das Man, § 35: Das Gerede.

112 M. Heidegger: Ursprung des Kunstwerks, S. 51f.

113 Ebd., S. 53.

114 Ebd.

115 Vgl. ebd., S. 64.

Verhältnisses der Kunst zu anderen Gestalten, in denen Wahrheit auftreten kann. Auf diese werden wir gleich zurückkommen.

Zunächst wollen wir aber fragen, was sich für die Kunst selbst aus ihrer Einordnung als eine Gestalt des Wahrheitsgeschehens ergibt. Die Antwort: Jedes (große) Kunstwerk ist ein Wahrheitsereignis, weil der Vollzug des Streits zwischen Welt und Erde ein Prozess des Sich-ins-Werk-Setzens der Wahrheit ist. »Aufstellend eine Welt und herstellend die Erde ist das Werk die Bestreitung jenes Streites, in dem die Unverborgenheit des Seienden im Ganzen, die Wahrheit, erstritten wird.«[116] Kunstwerke sind somit von Heidegger als wahrheitsstiftende Prozesse gedeutet, denen gegenüber die Wahrheit von Aussagen abkünftig ist. Durch die Vermittlung des Kunstwerks zu wissen, »worauf und worin der Mensch sein Wohnen gründet«[117], kann also nicht allein bedeuten, wahre Aussagen über dieses menschliche Wohnen zu treffen. Denn Aussagen sind abgeleitet gegenüber dem Kunstwerk, welches als Wahrheitsstiftung menschliches Wohnen anders evident macht, als es die bloße Richtigkeit sprachlichen Erläuterns vermag. Heideggers großer (und vielleicht zu großer) Anspruch an die Kunst und ihre Werke wird an dieser Stelle deutlich: Es geht ihm nicht darum, dass im Medium der Kunst von Menschen Geschichte gestaltet und ausgelegt wird, sondern es geht ihm um die aktuelle Einordnung bzw. Unterordnung des Einzelnen und des Kollektivs in (und unter) eine überzeitliche geschichtliche Wahrheit, die sich unabhängig von ihnen im Kunstwerk selbst manifestiert. »Die Kunst ist Geschichte in dem wesentlichen Sinn, daß sie Geschichte gründet.«[118] Sie ist nicht allein eine Interpretation der Geschichte, sondern sie selbst ist geschichtliches Geschehen, das sich zu Vergangenem und Zukünftigem ins Verhältnis setzt. Diese Gründung von Geschichte versteht Heidegger im Kunstwerkaufsatz als die »Geschichte eines Volkes«; der späte Heidegger bindet sie an einen allgemeineren, unkonkreteren Geschichtsbegriff.[119] Auch wenn in diesem späten, generelleren

116 Ebd., S. 54.

117 Ebd., S. 38.

118 Ebd., S. 80.

119 Wie Heidegger diese Veränderung seines Geschichtsbegriffs und die Verschiebung der Bestimmung der geschichtlichen Dimension der Kunst an Hegels These vom Ende der Kunst entwickelt, zeigt Günter Seubold: »[A]ls Aufgabe wird der Kunst und Dichtung jetzt nicht mehr zugedacht, eine neue epochale Gestaltung zu eröffnen, Geschichte ›erst und wieder‹ anfangen zu lassen – als Aufgabe wird ihr nun zugedacht, ›vorbereitend‹ zu sein für die Einkehr in den Aufenthalt im Ereignis bzw. Orte zu stiften für das Wohnen der Menschen und das Verweilen der Dinge.« Günter Seubold: Kunst als Enteignis, S. 59f. Vgl. dazu auch Brigitte Hilmer: »Wie ist moderne Kunst möglich? Die Auseinandersetzung Heideggers und Adornos mit Hegels These vom Ende der Kunst«,

Geschichtsbegriff das Volk nicht explizit genannt wird, ist doch für Geschichte das Prinzip konstitutiv, an dem hier, d.h. im vorliegenden Text, explizit Kritik geübt werden soll: Seyn (der späte Heidegger unterscheidet dieses vom ›Sein‹ in *Sein und Zeit* durch die Schreibweise) ist unbedingt als unabhängig vom Seienden (von den Menschen) zu verstehen. Der Kommentar des späten Heidegger zur eigenen Denkfigur des »Entwurfs«, der in Sein und Zeit durchaus als subjektive Aktivität gelesen werden kann, ist ausdrücklich eine Zurücknahme der Möglichkeit eines jeden subjektiven Verhaltens. »Jeder ›Entwurf‹ von Sinn ist schon eingeworfen; es ist daher unmöglich für den Menschen als Subjekt, den Sinn des Seins zu schaffen oder zu bestimmen.«[120] So impliziert der allgemein gehaltene Geschichtsbegriff Heideggers mindestens in dem Maße wie sein früherer völkischer Geschichtsbegriff eine Entmündigung der individuellen Subjekte, suggeriert die Bedeutungslosigkeit ihres subjektiven Verhaltens. Die Subjekte der Kunst sind die Künstler und die Rezipienten. Die Auffassung, dass Künstler und auch Rezipienten *allein* als Medien aufzufassen seien, durch die sich geschichtliche Wahrheit als Schicksal ereigne, ist aus der Perspektive unserer Frage nach dem Anteil und dem Gewicht subjektiven ästhetischen Verhaltens (als eines Verhaltens gegenüber dem Kunstwerk) zumindest irreführend.

In ihrer Lesart des Geschichtsbegriffs des späten Heidegger versucht Brigitte Hilmer Geschichtlichkeit für das Verständnis der Kunst fruchtbar zu machen, indem sie Geschichte nicht als Geschichte eines Volkes interpretiert. Dieser Versuch erscheint mir einerseits richtig, andererseits problematisch. Für angemessen halte ich Hilmers Lesart, soweit sie Heideggers Differenz zwischen Kunstwerk, Zeug und Ding betrifft. Denn an den Weltbegriff der Kunst ist immer die Gründung von Geschichtlichkeit im Sinne des Erschaffens einer Erzählung von der Welt gebunden. (Und jede Geschichte konstruiert eine Vergangenheit, eine Gegenwart und eine Zukunft. Diese Art des Schaffens eines bloßen Zusammenhangs ist allerdings nicht das, was Heidegger unter Geschichte versteht.) Dinge der Natur können solche Geschichtsgründungen nicht vornehmen, wie Hilmer richtig feststellt. Jedoch teile ich nicht ihre Auffassung, dass die durch Kunst gegründete Geschichtlichkeit in jedem Fall eine »eigentliche Geschichtlichkeit« sein muss, die historische Wahrheit als übersubjektives Geschehen stiftet. »Mit [der] Wahrnehmung [der Kunst – J.S.] gehen wir aus der uneigentlichen Geschichtlichkeit, die

in: Hartmut Schröter (Hg.), Technik und Kunst. Heidegger: Adorno, Münster 1988, S. 86-96.

120 Richard Polt: »›Beiträge zur Philosophie (Vom Ereignis)‹. Ein Sprung in die Wesung des Seyns«, in: Dieter Thomä (Hg.), Heidegger-Handbuch, Stuttgart, Weimar 2003, S. 184-194, hier S. 188.

sich an innerzeitlich Vorhandenem orientiert, über in eigentliche Geschichtlichkeit des Daseins, das nicht bloß in der Zeit vorhanden ist, sondern zeitigend existiert, d.h. in seinem Selbstvollzug Vergangenheit, Gegenwart und Zukunft erschließt, wie dies ein vorhandenes Ding niemals kann.«[121] Die durch ein konkretes Kunstwerk gegründete Geschichtlichkeit muss keine »eigentliche«, im Grunde überhistorische sein, sondern kann als an konkrete historische Kontexte gebunden beschrieben werden. Solch historischen Kontext würde ich nicht als übersubjektives Geschehen im Sinne von Heideggers Begriffen Wahrheit und Geschichte auffassen; er ist vielmehr gerade die Sphäre, in der konkrete Subjekte wirksam handeln und sich verhalten. Die Differenzierung dagegen, die Heidegger im Kunstwerkaufsatz vornimmt zwischen (Natur-)Ding, Kunstwerk und Zeug, wird durch Hilmer noch einmal plausibel, somit auch die Konstitutivität des Schaffens, ohne die ein Kunstwerk sich nicht von einem bloßen Ding unterscheiden könnte, sowie die Differenz des Kunstwerks zum Zeug, welches in seinem alltäglichen Gebrauch so wie das »vorhandene« Ding Geschichte nicht zu gründen vermag.

Dem bis hierher Zusammengefassten gibt Heidegger dann zwei Wendungen, die beide unsere bisherige Lesart des Kunstwerkaufsatzes als Phänomenologie der Kunst in Frage stellen: Erstens bestimmt er alle Kunst als Dichtung und zweitens stellt er die künstlerische Wahrheit als eine mögliche Form, wie Wahrheit geschieht, neben andere Wahrheitsformen.

In Heideggers Verhältnisbestimmung der beiden Streite – des Streits zwischen Lichtung und Verbergung als Wahrheitsgeschehen und des Welt-Erde-Streits als einer seiner spezifischen Gestalten – wird die Wahrheit sprachlicher Aussagen als abkünftig bestimmt gegenüber der sich im Materiellen manifestierenden geschichtlichen Wahrheit des Kunstwerks. Wahrheit als Aussagenwahrheit ist demnach abgeleitet aus einem nicht-allein-sprachlichen Wahrheitsgeschehen, das erfahrbar ist als eine sinnlich wahrgenommene Bedeutung, die das materiell erlebte Kunstwerk für seine jeweiligen Rezipienten hat: Die Rezeption ist eine Erweiterung bzw. Verschiebung bisher bekannter »Bahnen und Bezüge« durch das Werk. Genau diese Pointe der Abkünftigkeit des Sprachlichen wird jedoch am Ende des Kunstwerkaufsatzes von Heidegger modifiziert in die Bestimmung aller Kunst als Dichtung. Es liegt nahe, dass es

121 B. Hilmer: »Wie ist moderne Kunst möglich«, S. 89f. Vgl. M. Heidegger: Sein und Zeit, § 73, S. 381. Vgl. ders.: Ursprung des Kunstwerks, S. 73: »Aus dem Vorhandenen und Gewöhnlichen wird die Wahrheit niemals abgelesen.«

zwischen der Sprache als Medium wahrheitsfähiger Aussagen und einer Sprache als Dichtung wesentliche Unterschiede geben muss.

Was also versteht Heidegger unter der Dichtung, die nicht als abkünftig gegenüber dem Kunstwerk existiert (wie etwa Aussagen *über* das Kunstwerk), sondern die als Kunst selbst das »Geschehenlassen der Ankunft der Wahrheit des Seienden« ist?[122] Heidegger stellt zuerst klar, dass er unter Dichtung nicht etwas versteht, das sich im Unterschied zur wahrheitsfähigen Aussage durch Phantasie und stärkere Einbildungskraft auszeichnet: »Dichtung aber ist kein schweifendes Ersinnen des Beliebigen und kein Verschweben des bloßen Vorstellens und Einbildens in das Unwirkliche.«[123] Es »wird fraglich, ob das Wesen der Dichtung [...] von der Imagination und Einbildungskraft her hinreichend gedacht werden kann.«[124] Überdies distanziert sich Heidegger von der Idee, »Dichtung« wäre ein Begriff für die Beschreibung der Sprache als »Urpoesie«: »Die Sprache ist nicht deshalb Dichtung, weil sie die Urpoesie ist, sondern die Poesie ereignet sich in der Sprache, weil diese das ursprüngliche Wesen der Dichtung verwahrt.«[125]

Sprache setzt demnach erst im Moment ihrer künstlerischen, d.h. poetischen Benutzung Dichtung, die sie als Möglichkeit immer beherbergt, frei. Dieses poetische Moment der Sprache ist ein Wahrheitsmoment. Sprache ist für uns dadurch gekennzeichnet, dass sie die Möglichkeit ihrer dichterischen Verwendung als dieses Moment der Wahrheit immer in sich trägt. Dass Dichtung überhaupt möglich ist, ist eine Bedingung dafür, dass poetische Kunst sich ereignet. Die beiden Behauptungen, alle Kunst sei Dichtung und alle Kunst sei Wahrheitsgeschehen, sind in Verbindung mit der Beschreibung der Sprache als Verwahrerin der Dichtung Feststellungen über die »Bedingung unseres Wahrheitsbezugs« durch unser In-der-Sprache-Sein schlechthin, das sich im poetischen Moment in einer angereicherten Form äußert. Das poetische Kunstwerk gibt seinen Rezipienten die dichterische Dimension von Sprache als »Maß«, indem es Dichtung als generelle Potenz von Sprache herausstellt. Diesem Maß fügt sich das Wissen und Verhalten (und sprachliche Auslegen) der Rezipienten.[126]

---

122 »Wahrheit als die Lichtung und Verbergung des Seienden geschieht, indem sie gedichtet wird. *Alle Kunst* ist als Geschehenlassen der Ankunft der Wahrheit des Seienden als eines solchen *im Wesen Dichtung*.« M. Heidegger: Ursprung des Kunstwerks, S. 73f.

123 Ebd., S. 74.

124 Ebd.

125 Ebd., S. 76.

126 Andrea Kern: »›Der Ursprung des Kunstwerkes‹. Kunst und Wahrheit zwischen Stiftung und Streit«, in: Dieter Thomä (Hg.), Heidegger-Handbuch, Stuttgart 2003, S. 162-174, hier S. 172: »Wenn Heidegger

Lässt sich dieses Aufzeigen von Sprache als potentielle Dichtung als die »Bedingung unseres Wahrheitsbezugs« für die Poesie noch nachvollziehen, so wird es doch schwieriger, eine gleiche oder ähnliche Figur auf Kunstwerke anderer Gattungen anzuwenden. Das dichterische Potenzial der Sprache muss, wenn es um Kunst in einem umfassenden Sinne gehen soll, konfrontiert werden mit der faktischen Materialität nichtsprachlicher Kunstwerke, sei diese Faktizität nun durch Töne, Farben oder gestische Handlungen gegeben. Der Begriff der Dichtung ermöglicht es Heidegger zwar einerseits, zwischen den verschiedenen sprachlichen und nichtsprachlichen Kunsttypen systematisch einen Zusammenhang herzustellen. Für die Konstruktion eines solchen Zusammenhangs bedient sich Heidegger der Verbindungen, die dem Anschein nach zwischen der aristotelischen »Poiesis« als schaffendem Hervorbringen, der »Poesie« und der »Dichtung« bestehen. Andererseits ist es dennoch nicht einsichtig, warum es gerade der Begriff Dichtung sein muss, der die Eigenschaft *aller* Kunstwerke, Wahrheit zu eröffnen, zusammenführt. Denn streng genommen – und ich möchte den Begriff an dieser Stelle etymologisch streng nehmen – ist Dichtung ein Begriff, der dem Sprachlichen zugeordnet ist, der deshalb nicht generell mit der Materialität, die in Heideggers Erde-Begriff beschrieben wird, kompatibel gemacht werden kann. Es ist daher auch nicht verwunderlich, dass Heidegger nicht behauptet, ein Bauwerk oder ein Bild seien Dichtungen, sondern dass er formuliert: »Bauen und Bilden dagegen geschehen immer schon und immer nur im Offenen der Sage und des Nennens. [...] Sie sind ein je eigenes Dichten innerhalb der Lichtung des Seienden, die schon und unbeachtet in der Sprache geschehen ist.«[127]

Letztgenanntes Zitat legt ein zweites, ausgeweitetes Verständnis des Begriffs Dichtung nahe: ein Verständnis von Dichtung als einem »Sagen« mit den Mitteln eines Materials. Dieses Material ist selbst nicht sprachlich, aber die Möglichkeit, im Bauen und Bilden zu dichten, beruht auf der Existenz jenes Horizonts, der Produzenten und Rezipienten durch die sprachliche Erschlossenheit der Welt gegeben ist. (Und weil diese Erschlossenheit »immer schon« gegeben ist, kann die Lichtung des Seienden in der Sprache schon geschehen sein, bevor das Bauen und Bilden irgendetwas dichtet.) Heidegger ist damit von der Bestimmung des poetischen Kunstwerks als Dichtung übergegangen zur Bestimmung

[...] sagt, daß eine Sprache die Voraussetzung dafür ist, daß ein Verhalten gegenüber Seiendem auf die Wahrheit als sein Maß bezogen sein kann, dann behauptet er damit nicht eine Wahrheits-Ebene zweiter Ordnung, sondern er legt damit die Bedingung unseres Wahrheitsbezugs frei.«

127 Ebd., S. 76.

der Produktion von Bauwerken und Bildern als einem Prozess des Dichtens, der immer ein schon im Sprachlichen fundierter Schaffensprozess sei. Dieser Übergang von einer spezifischen Bestimmung der Sprachkunst zu einer Bestimmung allen künstlerischen Produzierens aus der Sprachlichkeit der Welterschlossenheit ist als solcher nachvollziehbar, weil es unmöglich ist, sprachliche Dichtung mit materiellen Bauwerken und Bildern *unmittelbar* gleichzusetzen. Eine solche Gleichsetzung kann also nur *mittelbar* vollzogen werden, nämlich vermittelt über ein Drittes, das bei Heidegger »Dichtung« heißt. Die künstlerische Produktion als einen Prozess zu beschreiben, der »im Offenen der Sage und des Nennens« geschieht, heißt zudem, dass den Produzierenden die Möglichkeit der Sprache, zur Dichtung zu werden, generell gegeben ist, unabhängig davon, in welchem Material sich das Dichten konkret vollzieht. »Bauen und Bilden« als künstlerische Produktionsformen werden von dem »Offenen der Sage und des Nennens« »durchwaltet und geleitet«.

Was kann aber dies genau heißen? Jede Produktion von Kunst findet statt vor dem Hintergrund der generellen dichterischen Potenz von Sprache, die dazu führt, dass das als Dichtung Gesagte nicht (wie in alltäglichen Aussagen) als wahr, »sondern als selbst ›Wahrheit‹ in Frage kommt.«[128] Jedoch werden Maler, Architekten und andere Künstler nicht zu Dichtern in ihrer Fähigkeit, die dichterische Potenz der Sprache zu provozieren. Es muss sich also um eine Übertragung handeln, wenn Heidegger meint: »Bauen und Bilden [...] sind ein je eigenes Dichten...« Die Feststellung, jede Kunst sei Dichtung als das Geschehen von Wahrheit, könnte so gelesen werden, dass jedes (gelungene oder wie Heidegger sagt: große) Kunstwerk in der Lage ist, jenen Wahrheitsstreit zwischen Lichtung und Verbergung in Gang zu setzen, der sich in der Dichtung (im engeren Sinne, d.h. als Sprachkunst verstanden) in seiner ursprünglichsten Form manifestiert. Sprache in ihrer dichterischen Potenz wäre jedem Kunstwerk *vorgängig*, weil Künstler und auch Rezipienten schon in der Sprache sind.

Es ergibt sich nun überraschenderweise eine Ähnlichkeit zwischen den ästhetischen Theorien Albrecht Wellmers und Martin Heideggers, was die Zentralität der Sprache speziell für die Bestimmung des Kunst-

128 »Wenn man hier noch von Aletheia als Wahrheit sprechen wollte, so liegt die Wendung, die der anfangs erwähnten Kehre in der Beurteilung des Ausgesprochenen entspricht, darin, daß dessen Wahrheit nicht mehr als Verhältnis zum Worüber beurteilt werden kann, daß das Gesagte nicht als wahr, sondern als selbst ›Wahrheit‹ in Frage kommt. Nur in diesem Fall ist die ›Bewahrung des Werkes‹ die ihm gegenüber angemessene Haltung.« B Hilmer: »Die Verbindlichkeit des Strittigen«, S. 201f.

werks angeht. Bei Wellmer ist die Wahrheit des Kunstwerks diejenige, die ihm von seinen Rezipienten zugeschrieben wird – bei Heidegger hingegen sind die Möglichkeiten der Kunst dadurch bedingt, dass sich Produktion und Rezeption immer schon als »Dichtung« in einem Horizont sprachlicher Erschlossenheit vollziehen. Das Kunstwerk kann zwar durch Aussagen, die über es gemacht werden, nicht wirklich bestimmt werden. Trotzdem ist aber die generelle Vorgängigkeit der Sprache in ihrer Potenz, Dichtung zu werden (d.h. Poesie zu sein) das Maß des Kunstwerks und dadurch gleichzeitig das Kriterium seiner systematischen Beurteilung. Dichtung, die es als kulturelles und geschichtliches Korrelat der Sprache immer schon gibt, ist somit letztendlich das Maß für das Dichten als Produktion und Rezeption. Heidegger entwirft damit, wenn auch erst auf den zweiten Blick erkennbar, die Denkfigur eines totalen Determinismus einer Dichtung, die sich als sprachliche Wahrheit ereignet – eines Determinismus, welcher subjektive Anschauungen und Bewertungen genauso ausschließt wie die Möglichkeit, eigenständiges Handeln zu imaginieren.

Versteht man Dichtung im engeren Sinne als Poesie, so stellt sie zunächst *eine* mögliche Art dar, wie Wahrheit sich als Kunst ereignen kann. Dieser Dichtung als Sprachkunst gibt Heidegger eine herausgehobene Stellung unter den Künsten. Die Sonderstellung beruht darauf, dass Sprache uns überhaupt zuerst ein Weltverhältnis ermöglicht, und zwar dadurch, dass Seiendes benannt wird, im »entwerfenden Sagen«, und so unter Begriffe gefasst werden kann. »Solches Sagen ist ein Entwerfen des Lichten, darin angesagt wird, als was das Seiende ins Offene kommt. [...] Das entwerfende Sagen ist Dichtung: die Sage der Welt und der Erde, die Sage vom Spielraum ihres Streites...«[129] Poesie ist damit die ursprünglichste aller Arten von Dichtung und den anderen künstlerischen Medien vorgeordnet. Dass Bauen und Bilden immer schon und nur »im Offenen der Sage und des Nennens« geschehen, heißt dann: Man kann nur etwas bauen und bilden, wenn das Seiende schon Namen hat und man etwas darüber sagen kann. Heidegger schließt an: »Deshalb bleiben sie [Bauen und Bilden, Anm. von mir, J.S.] eigene Wege und Weisen, wie die Wahrheit sich ins Werk richtet.«[130] Im Zusammenhang mit dieser Behauptung, dass Bauen und Bilden »eigene« künstlerische Weisen seien, gibt Heidegger keinerlei Aufschluss darüber, worin ihre Spezifität denn besteht. Es bleibt unklar, ob Bauen und Bilden allein Sagbares illustrieren, sich ihr ganzer Gehalt also in Sprache rücküberset-

129 M. Heidegger: Ursprung des Kunstwerks, S. 75f.
130 Ebd., S. 76.

zen ließe, oder ob sie Unsagbares »dichten«, oder ob sie etwas »dichten«, was durch sie erst sagbar würde.[131]

Diese philosophische Vorordnung der Sprache gegenüber ihrem subjektiven Gebrauch einerseits und gegenüber den ›Materialitäten‹ aller Kunstwerke andererseits lese ich als Heideggers Relativierung seines phänomenologischen Projekts der Kunstbestimmung.

Mit der Auszeichnung der Sprache vor der Anschauung des Materiellen ist Heideggers nächster Schritt im *Ursprung des Kunstwerks*, welcher zunächst unklar erschien, plausibilisiert: Denken als sprachliches Erkennen wird ausgezeichnet als Anmessung an geschichtliche Wahrheit und somit mit der Dichtung als Ins-Werk-Setzen dieser Wahrheit zusammengeschlossen. Diese Konstruktion hat nicht zuletzt einen strategischen, in heutigen Begriffen: diskurspolitischen Sinn. Sie zielt auf eine Selbstermächtigung des philosophischen Denkens als eines Trägers geschichtlicher Deutungshoheit ab. Heidegger, der von den Dichtern Hölderlin und Rilke Begriffe für seine philosophische Theorie übernimmt, hat eine »Partnerschaft zwischen Kunst und Denken« im Sinn, die er der Wissenschaft und der zeitgenössischen Philosophie entgegensetzt, insofern diese nur mit sprachlicher Aussagenwahrheit, also uneigentlicher Wahrheit zu tun hat.[132] Das dichterische Denken des Philosophen ist nun genuiner Ort menschlicher Geschichte. Auch Kunst muss sich zuletzt auf dieses Denken zurückführen und an diesem messen lassen. »Im Denken des Seins kommt die geschichtegründende Befreiung des Menschen zur Ek-sistenz ins Wort, das nicht erst der ›Ausdruck‹ einer Meinung, sondern je schon das gutverwahrte Gefüge der Wahrheit des Seienden im Ganzen ist. Wie viele für dieses Wort das Ohr haben, zählt nicht.«[133]

Anhand der Prämisse, die das Denken als Ursprung setzt, kommt Heidegger in *Der Ursprung des Kunstwerks* folgerichtig zu dem Schluss, dass es doch nicht die Kunst und auf keinen Fall die Kunst al-

131 Dass der Ton in der Musik etwas anderes ist als das Wort in der Sprachkunst und der Stein in der Baukunst, hatte schon bei Heideggers Entwicklung des Erde-Begriffs keine Rolle gespielt. Den Erde-Begriff (als Bezeichnung für unspezifische Materialität) gibt es nur, weil ohne ihn nicht erklärt werden kann, wieso die Wahrheit nicht unmittelbar da ist: Sie hat eine Gestalt, und in der ist sie eingeschlossen. Aber wenn die Sprache als Sagen und Nennen das ursprüngliche Wahrheitsgeschehen ist, auf dessen Hintergrund sich Kunst als »Dichtung« allererst entfalten kann, ist eine *spezifische* Materialität der Kunst unwichtig; es reicht, wenn es *irgendeine* Materialität gibt, deshalb »Erde« und keine Theorie des Tons, des Bildes, des Baukörpers als inkommensurabler Medien (oder als je eigener Gestalt-Weisen).

132 Vgl. O. Pöggeler: »Heidegger und die Kunst«, S. 51; 66ff.

133 M. Heidegger: Wesen der Wahrheit, Vortrag 1930, S. 27.

lein sein kann, die »unserem geschichtlichen Dasein ein Ursprung ist«.[134] Es ist vielmehr das »Besinnen«, durch welches das künstlerische Wahrheitsgeschehen vorbereitet wird. »[D]ieses besinnliche Wissen ist die vorläufige und deshalb unumgängliche Vorbereitung für das Werden der Kunst. Nur solches Wissen bereitet dem Werk den Raum, den Schaffenden den Weg, den Bewahrenden den Standort.«[135] »Wissen« und »Besinnen« sind nun Begriffe, die sich nicht ohne weiteres mit der Anschauung der Materialität aus dem Erde-Begriff zusammenfügen. Ich lese sie vielmehr letztendlich als zwei Synonyme für Erkenntnis. Auch hier ist eine leitmotivische Auszeichnung des Sprachlichen vor dem Materiellen zu erkennen. Wissen möchte Heidegger nicht so wie Nietzsches eingangs dargestellten subjektiven »Willen zur Macht« verstanden wissen, sondern als ›Geschichte als Denken‹, und damit legitimiert als eine Erkenntnis, in der sich Übersubjektives manifestiert. So bleibt dem wissenden Philosophen auch das letzte Wort über die Kunst, wenngleich er sich noch nicht über ihre letztendliche Bedeutung im Klaren ist: »In solchem Wissen, das nur langsam wachsen kann, entscheidet sich, ob die Kunst ein Ursprung sein kann und dann ein Vorsprung sein muß, oder ob sie nur ein Nachtrag bleiben soll und dann nur mitgeführt werden kann als eine üblich gewordene Erscheinung der Kultur.«[136] Dieser Satz, der den Kunstwerkaufsatz beendet, trägt nur konsequent die Bewegung der Verbergung, von der der Philosoph nicht ausgeschlossen bleibt, in die Denkfigur vom Denken als Wahrheitsgeschehen ein.

Ist das dichterische und das philosophische Denken als Ursprung auch aller (nichtpoetischen) Kunst vorgängig, wird es (wie schon erwähnt) endgültig fragwürdig, ob Heideggers Ästhetik überhaupt als eine Phänomenologie der Kunst lesbar bleibt. Dieser (aus der Perspektive unserer Fragestellung) etwas enttäuschende kunstphilosophische Befund wird noch unterstrichen durch die Aufzählung Heideggers, in welchen unterschiedlichen Weisen Wahrheit sich außerhalb der Kunst ereignet:

»Eine andere Weise, wie Wahrheit west, ist die staatsgründende Tat. Wieder eine andere Weise, wie Wahrheit zum Leuchten kommt, ist die Nähe dessen, was schlechthin nicht ein Seiendes ist, sondern das Seiendste des Seienden. Wieder eine andere Weise, wie Wahrheit sich gründet, ist das wesentliche Opfer. Wieder eine andere Weise, wie Wahrheit wird, ist das Fragen des Denkers, das als Denken des Seins dieses in seiner Fragwürdigkeit nennt.«[137]

134 M. Heidegger: Ursprung des Kunstwerks, S. 80.
135 Ebd., S. 80f.
136 Ebd., S. 81.
137 Ebd., S. 62.

Der privilegierte Zugang zum Sein, den Heidegger dem Denken reserviert, ist an dieser Stelle im Kunstwerkaufsatz noch nicht erkennbar. Unabhängig davon wird aber klar, dass Heidegger, indem er die Kunst in die Reihe der Wahrheitsweisen einordnet, ihre Spezifik vernachlässigt. Es fehlt ein explizites Differenzkriterium, mit welchem die Kunst sich unterscheiden ließe von anderen Weisen, in denen geschichtliche Wahrheit sich ereignet. Die Materialität des Kunstwerks, die Heidegger mit dem Begriff der Erde bestimmt, schien zunächst dessen Spezifität auszumachen. Versteht man aber den Erde-Begriff und damit den Welt-Erde-Streit als für die Differenzbestimmung von Kunstwerken zu anderen Wahrheitsweisen kriteriell relevant, so muss man mit der Schwierigkeit umgehen, dass Heidegger die Relevanz des Erde-Begriffs wenn nicht zurücknimmt, so doch durch den Begriff der Dichtung wesentlich in Frage stellt. Denn dieser Begriff führt von neuem zu einer Auszeichnung des Sprachlichen (Dichtung) vor dem Materiellen (Erde). Die Vorteile, die Heideggers Ontologie des Kunstwerks zunächst bietet, gehen also im Laufe ihrer Einbindung in seine Fundamentalontologie wieder verloren.

Erwogen werden soll nun, ob evtl. Heideggers Bestimmungen des Schaffens und Bewahrens Abgrenzungen der Kunst gegenüber anderen Wahrheitsweisen ermöglichen. Beide können, um das Ergebnis vorwegzunehmen, nicht für die Etablierung genuin künstlerischer Merkmale in Frage kommen. Dies ergibt sich aus der Bestimmung des geschichtlichen übersubjektiven Wahrheitsgeschehens, in dem letztlich beiden, Produzenten wie Rezipienten, kein spezifischer Handlungsspielraum zugestanden wird. Anders gesagt: Das Kunstwerk ist auf der systematischen Ebene aus dem Wahrheitsgeschehen und nicht als Geschaffenes und Bewahrtes bestimmt. Die Abgrenzung zu Nietzsches eingangs behandelter Subjektästhetik veranlasst Heidegger dazu, das Subjekt mit dem Bade auszuschütten. Die Subjekte der Kunst und ihre Entscheidungen sind irrelevant gegenüber dem Wahrheitsgeschehen, wenngleich sie als Medien, in denen Kunst sich ereignen kann, nötig bleiben.

Kunstproduzenten und -rezipienten werden von Heidegger als Medien eines Übersubjektiven, als eines objektiv bestimmten historischen Geschehens charakterisiert. Welche Konsequenzen ergeben sich für eine Phänomenologie der Kunst und des Kunstwerks aus dieser Charakterisierung? Obwohl man das Kunstwerk ohne sein Geschaffensein und sein Bewahrtwerden nicht denken kann, ist unser aller Verhältnis zum Kunstwerk diesem als Stiftung des Wahrheitsgeschehens nachgesetzt. Denn »[w]eil es zum Wesen der Wahrheit gehört, sich in das Seiende einzurichten, um so erst Wahrheit zu werden, deshalb liegt im Wesen der Wahrheit ein *Zug zum Werk* als einer ausgezeichneten Möglichkeit der

Wahrheit, inmitten des Seienden selbst seiend zu sein.«[138] Dass die Wahrheit einen Zug zum Werk aufweist, heißt, dass sie sich aktiv ins Werk setzt, dass sie sich selbst als Maß setzt. Für uns als Schaffende sowie für uns als Bewahrende ist die Wahrheit des Kunstwerks daher zu bestimmen als das »Maß unseres Verhaltens und nicht als eine Eigenschaft dieses Verhaltens«.[139] Als ein »Hervorgehenlassen in ein Hervorgebrachtes«[140] ist das künstlerische Schaffen somit kein Prozess, in dem sich Anschauungen, Gedanken und Handlungen eines Künstlersubjekts manifestieren; sondern es ist die Öffnung der Künstlerin gegenüber dem, was sich anhand ihrer Person ereignet. Das »Maß« der künstlerischen Produktion ist nicht die Künstlerin selbst, sind nicht Entscheidungen, die sie trifft oder verwirft; das Maß ist vielmehr die Wahrheit, durch welche ihre Produktion gesteuert wird. Ganz in diesem Sinne führt Heidegger aus:

»Das Geschaffene soll nicht als Leistung eines Könners bezeugt und dadurch der Leistende in das öffentliche Ansehen gehoben werden. Nicht das N.N. fecit soll bekanntgegeben, sondern das einfache ›factum est‹ soll im Werk ins Offene gehalten werden: dieses, daß Unverborgenheit des Seienden hier geschehen ist und als dieses Geschehene erst geschieht; dieses, daß solches Werk *ist* und nicht vielmehr nicht ist.«[141]

Die Entscheidungen der Künstlerin repräsentieren damit nach Heidegger die Faktizität eines Geschichtlichen, das durch künstlerisches Verhalten geschieht. Dem sprachlichen Sinn dieser Geschichtlichkeit müssen sich alle künstlerischen Handlungen aller künstlerischer Gattungen als Dichtung angleichen. Das heißt, dass jede Art künstlerischen Handelns, sei es das Schaffen von Musik, das Umgehen mit Ideen, die Gestaltung von körperlichen Bewegungsabläufen im Tanz sowie der Entwurf einer Story beim Schreiben eines Drehbuches demselben sprachlich-geschichtlichen Ereignis »gleichwurden«. Wie das auf der Basis der unterschiedlichen künstlerischen Methoden und Materialien möglich sein soll, bleibt im Dunkeln.

Eine alternative Lesart des Produktionsprozesses, in der etwas für die Kunst Spezifisches bestimmt wird, schlägt Brigitte Hilmer anhand der Lektüre des späten Heidegger vor: Hilmer deutet die Abhängigkeit der Produzenten vom Ereignis des Werks als einen Verzicht von Künst-

138 Ebd.
139 A. Kern: »›Der Ursprung des Kunstwerkes‹«, S. 165.
140 M. Heidegger: Ursprung des Kunstwerks, S. 59.
141 Ebd., S. 65.

lern darauf, in geläufigen abgesicherten Weisen zu handeln, und identifiziert diesen Verzicht mit einem Sich-in-Gefahr-Begeben. Sie schreibt:

»Die Risikobereitschaft im Verzicht auf praktisch wirksame Stellungnahmen und damit auf Selbstbehauptung bedeutet, daß sich der [b]etreffende [Künstler] seelischer und geistiger Gefährdung aussetzt. [...] Diese Gefährdung ist nicht als eine bloß subjektive zu denken, sie ist deshalb für die Kunst von Bedeutung, weil sie mit der Gefahr der Verleugnung des Seins in der Technik in einem inneren Zusammenhang steht.«[142]

Die Gefahr der »Verleugnung des Seins in der Technik« ist laut Heidegger die Gefahr, die Verbergung der Wahrheit innerhalb eines instrumentellen Weltverhältnisses nicht zu bemerken. Handelt eine Künstlerin also nicht in zweckrationalen geläufigen Abläufen, setzt sie sich laut Hilmer der Gefahr aus, von anderen Menschen, die gewöhnlich unter den Prämissen der Verleugnung denken und handeln, fallengelassen zu werden. Diese Gefahr, in die sich Künstler begeben, indem sie nicht zweckrational handeln, evoziert auch die Chance der Eigentlichkeit, wie Heidegger unter Verweis auf Hölderlin darlegt: »Wo aber Gefahr ist, wächst / Das Rettende auch«.[143] Hilmer trifft (und dies mit Heidegger) einen Punkt in der Beschreibung künstlerischen Produzierens. Das Risiko mit Heidegger als ein »nicht bloß subjektives« anzunehmen, hieße jedoch, dem oben mit Heidegger geschilderten grundsätzlichen Verhältnis von Werk und Künstlerin zuzustimmen, also anzuerkennen, dass die Produzentin ausführendes Organ eines Wahrheitsgeschehens ist. Es geht bei Heidegger nicht um die einzelne Künstlerpersönlichkeit, sondern die »Gefahr« ist wesentlich von der Kunst, welche historische Wahrheit ist, gedacht. Und umgekehrt könnte gelten: Kunst kompensiert nicht andere Lebensbereiche, sondern gefährdet diese durch Verbergung gekennzeichneten in dem positiven Sinn, dass sie Wahrheit überhaupt erst wieder ermöglicht.[144] Künstler sind in dieser Lesart die Medien solch einer Ermöglichung. Da die Auffassung, künstlerische Produktion sei nur das Medium eines übersubjektiven Geschehens, phänomenologisch unplausibel ist, ergibt sich nun, dass die Lesart Brigitte Hilmers zwar im Sinne

142 B. Hilmer: »Wie ist moderne Kunst möglich?«, S. 92.

143 Friedrich Hölderlin: Patmos (1803), zit. bei Martin Heidegger: »Die Frage nach der Technik«, in: Ders.: Vorträge und Aufsätze. Pfullingen 1954, S. 9-40, hier S. 32; Gesamtausgabe, Bd. 7, Frankfurt/Main 2000, S. 5-36, hier S. 29.

144 »Damit erteilt Heidegger der Kompensationsfunktion der Kunst eine Absage, denn ›vielleicht ist jede andere Rettung, die nicht von dort kommt, *wo die* Gefahr ist, noch im Unheil.‹« – B. Hilmer: »Wie ist moderne Kunst möglich?«, S. 92.

von Heideggers Konstruktion des Wahrheitsgeschehens richtig ist, aus einem eher phänomenologischen Interesse an der Praxis der Kunst jedoch nicht gehalten werden kann. Denn es ist der Künstlerin im Rahmen der Theorie Heideggers und auch im Rahmen von Hilmers Lesart dieser Theorie nicht möglich, Geschichte oder ihre Welt zu interpretieren, da sie keine Möglichkeiten hat, distanzierende Handlungen vorzunehmen. Ihre subjektive Interpretation der Welt könnte mit Heidegger allenfalls als ein Sich-Verschließen und Nicht-Gewährenlassen historischer Wahrheit beschrieben werden, die dann eben ausbleibt oder woanders »geschieht«. Das ist keine attraktive Beschreibung für die Perspektive der Produzenten; es bedeutet nämlich, dass die Künstlerin einer obendrein bei Heidegger national aufgefassten »Geschichte« untergeordnet wird, die sich als geschehene Wahrheit in dieses oder jenes Werk setzt und damit über dessen künstlerische Geltung entscheidet.

Auch die Bewahrenden werden dem Werk und seiner übersubjektiven Wahrheit untergeordnet. Denn »[w]eder in dem zuvor genannten Schaffen, noch in dem jetzt genannten Wollen ist an das Leisten und an die Aktion eines sich selbst als Zweck setzenden und anstrebenden Subjektes gedacht«.[145] Heidegger bestimmt die Rezeption eines Kunstwerks nicht als einen Prozess der Begegnung mit etwas Anderem, sondern als eine Öffnung gegenüber etwas, das jeden, der sich auf es einlässt, ergreift und bestimmt: »Die Inständigkeit der Bewahrung aber ist ein Wissen. [...] Das Wissen, das ein Wollen, und das Wollen, das ein Wissen bleibt, ist das ekstatische Sicheinlassen des existierenden Menschen in die Unverborgenheit des Seins.«[146] An erster Stelle steht bei Heidegger das Werk als Gründung von geschichtlicher Wahrheit und nicht, was Rezipienten einem Kunstwerk an biografischer und gesellschaftlicher Erfahrung entgegenbringen, nicht die individuelle und soziale Perspektive, aus der sie es wahrnehmen, nicht die Modifizierung allgemeiner und geläufiger Wahrnehmung durch individuelle Wahrnehmung des Werks. An dieser Aufzählung, die an Wellmers Darstellung der Kunstrezeption erinnert, wird deutlich, dass unser Fokus weder allein auf der Seite der Subjektivität der Rezipienten noch allein auf der Übersubjektivität bzw. geschichtlichen Objektivität des Kunstwerks liegen kann, dass vielmehr sowohl eine Bestimmung des subjektiven Anteils (der Produzentin wie der Rezipienten) versucht werden muss als auch die Bestimmung der materialen Verfasstheit des Kunstwerks, das zwischen ihnen steht und sich nicht allein aus ihrer subjektiven Perspektive bestimmen lässt.

145 M. Heidegger: Ursprung des Kunstwerks, S. 68f.
146 Ebd., S. 68.

Das Kunstwerk als Instanz der Wahrheit ist bei Heidegger, wie es ist. Seitens seiner Rezipienten kann es allein so, wie es ist, angemessen erfahren und beschrieben werden. Nur zwei Haltungen gegenüber einem Kunstwerk sind nach Heidegger möglich, so wie es auch für die Produzenten allein zwei Möglichkeiten gibt, sich gegenüber ihrem eigenen Werk zu verhalten: Entweder man öffnet sich für geschehende Wahrheit oder man verschließt sich ihr gegenüber. Dem Kunstwerk kommt in seiner Bestimmung als Wahrheitsereignis nicht mehr die Rolle eines Erlebniserregers zu, wie Heidegger es eingangs an Nietzsches Ästhetik kritisiert.[147] Es erfüllt vielmehr die Funktion, kraft der Objektivität seiner geschichtlichen Wahrheit alle Subjekte, die ihm untergeordnet sind, als eine Gemeinschaft, die kollektiv ihrer einen Wahrheit verpflichtet ist, zusammenzubinden. »Die Bewahrung des Werkes vereinzelt die Menschen nicht auf ihre Erlebnisse, sondern rückt sie ein in die Zugehörigkeit zu der im Werk geschehenden Wahrheit und gründet so das Für- und Miteinandersein als das geschichtliche Ausstehen des Da-seins aus dem Bezug zur Unverborgenheit.«[148] Der Zusammenhalt der Menschen, die zu einer Kultur (bzw. zu einer Nation) gehören, bestimmt sich nach Heidegger nicht aus der Summe gemeinsam geteilter Überzeugungen und Gewohnheiten, sondern er bestimmt sich daraus, dass man je einzeln einrückt in dasselbe Wahrheitsgeschehen. Es geht also darum, »gerade unserer Gewöhnlichkeit [zu] entrücken und in das vom Werk Eröffnete ein[zu]rücken«.[149] Die Beschreibung, dass Kunst uns verändern kann, ist eine attraktive Beschreibung, für die es gute empirische Gründe gibt. Die Bestimmung, dass alle Mitglieder einer kulturellen oder nationalen Gemeinschaft in dieser Veränderung vom Gleichen bestimmt werden und sich zum Gleichen ändern, führt hingegen ins Dunkle. Der geschichtliche Wahrheitsbegriff Heideggers scheint, wendet man ihn in seinem Sinne konsequent an, als Zentralbegriff einer Kunstphilosophie ungeeignet. Letztlich ist es die Priorität der Fundamentalontologie vor dem Projekt der Bestimmung der Kunst, die einer phänomenologisch angemessenen Auffassung von Kunst entgegensteht.

Fassen wir das bisher Gesagte noch einmal zusammen: Die Bestimmung des Kunstwerks, die Heidegger eingangs in *Der Ursprung des Kunstwerks* vornimmt, ist eine Bestimmung, die aus einer phänomennahen Perspektive der Beschreibung der Kunst auf den ersten Blick sehr at-

147 »Dieses Wissen, das als Wollen in der Wahrheit des Werkes einheimisch wird […], setzt das Werk nicht herab in die Rolle eines Erlebniserregers.« (Ebd., S. 69)

148 Ebd.

149 Ebd., S. 77.

traktiv ist; denn Heidegger gelingt es – im Unterschied zu Wellmer – die Materialität des Kunstwerks in dem Begriff der Erde und eine Kopplung von Materialität und sinnhafter Dimension des Kunstwerks im Konzept des Streits von Welt und Erde aufzuzeigen. Heideggers Bestimmung des Kunstwerks versprach so zunächst eine Alternative zu sein zur ausschließlichen Bestimmung des Werks aus den Wahrheitszuschreibungen seiner Rezipienten und damit eine Möglichkeit aufzuzeigen, den eigenen Anteil des Werks an seiner Rezeption nachzuweisen. Diese Werkbeschreibung wird von Heidegger selbst in den Rahmen seiner Fundamentalontologie gesetzt. Infolge dieser Einbindung der Philosophie des Kunstwerks ist das Kunstwerk nicht mehr als konkrete Materialität, an die ein konkreter Sinn gebunden ist, deutbar. Denn das Wahrheitsgeschehen, als welches Heidegger den Welt-Erde-Streit deutet, legt Heidegger als übersubjektives geschichtliches Geschehen aus, das die Einzelnen zwar ergreifen kann und muss, das aber absolut unbeeinflussbar durch individuelle Entscheidungen und Handlungen bleibt. Sowie Künstler als auch Rezipienten haben nun keinen Spielraum, sich dem Kunstwerk gegenüber zu verhalten, denn sie sind allein Medien kollektiver Geschichte, in die sie lediglich einrücken, um in ihr aufzugehen. Die einzige (aus der Sicht Heideggers unattraktive) Alternative zu diesem Einrücken wäre, sich der Geschichte als Wahrheit gegenüber zu verschließen und sich somit zu weigern Teil dieser Geschichte zu werden. Gegen Heideggers Szenario des Schaffens und Bewahrens muss phänomenologisch eingeklagt werden, dass den Subjekten ein Entscheidungsspielraum zusteht, wie sie ein Werk produzieren bzw. wie sie als Rezipienten mit einem Kunstwerk umgehen. Ein Entscheidungsspielraum kann aber nicht wie bei Wellmer allein als eine sprachliche Bestimmung der Wahrheit des Kunstwerks definiert werden. Vielmehr muss eine Theorie der Kunst auch den Anteil erklären können, der dem Werk und dessen Materialität bei der Erzeugung des Sinns zukommt, der dem Werk zugeschrieben wird.

Hinzu kommt, dass Heidegger mit dem Begriff der Dichtung die geschichtliche Wahrheit in einer der Kunst vorgängigen Sprachlichkeit der Welterschließung verankert. Mit der Behauptung dieser Vorgängigkeit des Sprachlichen, die letzten Endes auch eine Vorgängigkeit des Denkens vor der Materialität des Werks ist, verspielt Heidegger die phänomenologische Attraktivität seiner Theorie, die an dem Begriff der Erde hängt. Diese Zurücknahme der Rede von der materialen Seite des Werks halte ich deshalb für folgenschwer, weil aus ihr eine sprachanaloge Deutung nichtsprachlicher Kunstrichtungen folgt. Aus diesem und aus dem genannten Grund des Vorrangs der Geschichte vor jeder subjektiven Handlungsbestimmung bleibt die legitime Erwartung, dass in einer ästhetischen Theorie dem Kunstwerk eine angemessene Bestimmung als Träger konkreter Materialität und konkreter Sinnhaftigkeit zukommen müsse, bei Heidegger letztlich unerfüllt.

Im weiteren Verlauf soll aufgrund der Befunde der ersten beiden Kapitel (zu Wellmer und Heidegger) gefragt werden, wie das Zusammenspiel zwischen Produzenten, Kunstwerk und Rezipienten zu beschreiben wäre, wenn man es nicht analog zu sprachlichem Kommunizieren beschreibt. Um einer phänomenologisch angemessenen Bestimmung der Kunst als Verknüpfung ihrer drei »Komponenten« Produktion, Werk und Rezeption näherzukommen, sollen im nächsten Teil Perspektiven untersucht werden, die Künstler hinsichtlich dieser drei Komponenten einnehmen. Ziel der Verhandlung der Perspektive der Produzenten ist es, herauszufinden, welche Konsequenzen möglicherweise eine *philosophische* Bestimmung künstlerischen Handelns aus dieser Perspektive für eine Definition des Kunstwerks und seiner Rezeption haben kann. Der eingeschlagene Weg, den Fokus auf die Produzenten zu richten, ergibt sich u.a. aus der Diagnose, dass gerade die Produzenten von beiden bisher verhandelten Theorien marginalisiert werden.

II. Die Perspektive der Produzenten (Bachmann, Müller, Piper, Rihm, Tarkowskij)

1. Reflexivität und Handlungsspielraum

Überlegungen von Künstlern zum Status künstlerischer Arbeit ernst zu nehmen, bedeutet, Künstler als Subjekte in einem ganz bestimmten Sinn zu verstehen. Sie können nicht allein als Medien aufgefasst werden, durch welche die Natur, eine metaphysische Wahrheit, eine Tradition oder ein Zeitgeist sich ins Werk setzt. Gäbe z.B., wie Kant es beschreibt, »die Natur im Subjekte (und durch die Stimmung der Vermögen desselben) der Kunst die Regel«[1], so wären die Entscheidungen, die Künstler im Produktionsprozess treffen, fremdbestimmt und so wären auch die Ansichten von Künstlern über Produktionen und Kunstwerke ein uninteressantes Nebenprodukt ihrer Tätigkeit. Was Kant meint, wenn er vom »angeborne[n] produktive[n] Vermögen« des Genies spricht, bleibt in einem Ausmaß, das eine Bestimmung individueller künstlerischer Leistung verunmöglicht, dunkel.[2] Auch in den diskursiven Ordnungsprinzipien des Strukturalismus, in denen der Struktur des Diskurses unbedingte Priorität eingeräumt wird, ist die Frage nach gelingender versus nicht-gelingender künstlerischer Produktion nicht als die Frage nach der Gelungenheit der Formulierung bzw. Formung eines Verhältnisses zur Welt beschreibbar.[3]

1 Immanuel Kant: Kritik der Urteilskraft, § 46, A 179 / B 182.
2 Ebd., A 178 / B 181.
3 Roland Barthes: »La mort de l' auteur«, in: Ders.: Œuvres complètes, hg. v. Éric Marty, Bd. 2, Paris 1994, S. 491-495. Michel Foucault : »Qu'est-ce

Eine negative Kontrastfolie auf der anderen Seite bildet der »schöpferische Mythos des selbstherrlichen Künstlers«[4], der in der schillerschen Annahme der »absoluten *Immunität* [der Kunst, Anm. von mir, J.S.] von der Willkür des Menschen« wurzelt.[5] Wenn Schiller schreibt: »Der politische Gesetzgeber kann ihr Gebiet sperren, aber darin herrschen kann er nicht«, so verkennt er gerade die Tatsache der Situiertheit künstlerischer Produktion in (u.a. politischen) Verhältnissen und unterschätzt die Bezogenheit eines jeden Künstlerdaseins auf diese Umstände.[6] Addiert man zur schillerschen Immunität der Kunst noch Sendungsbewusstsein und künstlerisches Prophetentum, ergeben sich hieraus die Ansprüche der Avantgarde in der Moderne, die die Autonomie der Kunst sowohl als deren Eigengesetzlichkeit als auch als normativen, gesellschaftsutopischen Entwurf für die ganze Menschheit verstand. Diese Rolle als Vorreiter kollektiver Prozesse, die Künstlern seit der Romantik angedichtet wurde, erscheint aus heutiger Sicht indiskutabel und überzogen.[7]

Wenn also einerseits der Entwurf eines autonomen Künstlersubjekts in dieser Totalität zurückgewiesen werden muss, so lässt sich andererseits künstlerisches Produzieren wenigstens für die Zeit der Moderne (seit dem 18. Jahrhundert), vermutlich aber bereits für einen längeren Zeitraum, als subjektive Handlungsweise beschreiben. Hier sehe ich eine Parallelität zur Frage nach einem moralischen Handlungsspielraum von

qu'un auteur?« [1969] in: Dits et écrits, hg. v. Daniel Defert/François Ewald, Bd. I, Paris 1994, S. 789-821.

4 Eduard Beaucamp: Der verstrickte Künstler. Wider die Legende von der unbefleckten Avantgarde, Köln 1998.

5 Friedrich Schiller: Über die ästhetische Erziehung des Menschen, Stuttgart 2000, Neunter Brief, S. 34.

6 Ebd.

7 Eine überzeugende Darstellung der ›Schieflage‹, die durch die Entmythologisierung des Führungsanspruchs des Genies bei gleichzeitiger Konservierung seiner Absolutheitsansprüche entstanden ist, findet sich bei Cornelia Klinger. Klinger schreibt: »Ohne den Bezugspunkt in einer künftigen Mythologie, d.h. ohne die Orientierung des Künstlers an einer Aufgabe im Dienste der Allgemeinheit, erweist sich der dessen ungeachtet aufrechterhaltene Anspruch auf den Sonderstatus des Genies als problematisch. [...] In ihrer spezifischen Kombination von absoluten und kontingenten Elementen dient die Genie-Idee zur Sanktionierung einer höchst willkürlichen und zufälligen Subjektivität als einer unantastbaren, der Notwendigkeit von Legitimierung und der Möglichkeit von Kritik entzogenen Instanz. Je stärker die Originalität des Genies betont wird und je schwächer die Hoffnung auf eine für die Allgemeinheit exemplarische und wegweisende Funktion des Künstlers wird, desto weitgehender wird dieser auf seine Besonderheit, aber damit auf Zufälligkeit und Willkürlichkeit reduziert.« Cornelia Klinger: Flucht, Trost, Revolte. Die Moderne und ihre ästhetischen Gegenwelten, München, Wien 1995, S. 148.

Subjekten und ihren Möglichkeiten der reflexiven Bezugnahme auf die sie prägende Welt, wie sie z.B. Judith Butler zu beantworten sucht. Die Spezifik künstlerischer Handlungen im Vergleich zu moralischen soll natürlich nicht geleugnet werden – jene als spezifisch auszuzeichnen ist gerade meine Absicht. Die notwendige Distanz, die eine Handelnde sich schaffen muss, um sich zu ihrer sie konstituierenden Welt zu verhalten, kann aber für künstlerisches und moralisches Handeln ähnlich geschildert werden. »Weder bringt die Norm das Subjekt als ihre notwendige Wirkung hervor, noch steht es dem Subjekt völlig frei, die Norm zu missachten, die seine Reflexivität in Gang setzt; jede Handlungsfähigkeit, auch die der Freiheit, steht in Bezug zu einem ermöglichenden und begrenzenden Feld von Zwängen.«[8]

Performativer Nachvollzug und aktive Anerkennung des Gegebenen birgt laut Butler die Potenz seiner iterativen Veränderung. Diese universell anzuwendende Einsicht gilt auch für die Performativität künstlerischer Arbeit, die sich immer auf die Welt ihrer Produzenten bezieht. »*Jede Setzung ist Anschluß, Fort-Setzung wie auch Ab-Setzung und Unterbrechung*. Sie hat ihren Ort im Kontext und tritt zugleich aus ihm heraus.«[9] Gelungenes künstlerisches Handeln sollte nicht nur als seismographische Präsentation politischer, sozialer und ästhetischer Normen aufgefasst werden, die das zeigt, was sie konstituiert, sondern auch als individuelle (performative) Interpretation dieser Normen. Es bleibt immer verknüpft mit seinem zeitgeschichtlichen und kunsthistorischen Horizont, von dem es sich nicht lösen, den es aber nachvollziehen, parodieren, übertreiben, kommentieren und in vielerlei Weise darstellen kann. Das Künstlersubjekt ist demzufolge sowohl ein durch äußere Bedingungen konstituiertes als auch ein sich reflexiv und habituell auf diese Bedingungen beziehendes. »Ich mag meine Verständlichkeit aufs Spiel setzen und der Konvention trotzen, aber in diesem Falle handle ich in oder an einem sozio-historischen Horizont, den ich zu durchbrechen oder zu verändern suche.«[10] Die Referenz auf eine Gesellschaft, deren Existenz das Ich ermöglicht, schreibt im Gegenzug den dialogischen Charakter in die künstlerische Produktion ein. Dieselbe Gesellschaft, die den Horizont für die Arbeit der Künstler bildet, ist gleichzeitig die Adressatin ihres künstlerischen Handelns. Dieser Gedanke lässt sich im Sinne von Jean Bollacks »doppelter Tradition der Textinterpretation« weiterdenken, in der sich das Verhältnis der Rezipienten zum Kunstwerk dem dialogischen Wechselverhältnis zwischen Künstlerin und Welt ergänzend

8 Judith Butler: Kritik der ethischen Gewalt, Frankfurt/Main 2003, S. 28.

9 Dieter Mersch: Ereignis und Aura. Untersuchungen zu einer Ästhetik des Performativen, Frankfurt/Main 2002, S. 291.

10 J. Butler: Kritik der ethischen Gewalt, S. 121.

zuordnet. Bollack unterscheidet in seiner Theorie der »kritischen bzw. philologischen Hermeneutik« zwischen »zwei Traditionen von Textinterpretation«: derjenigen des Autors und derjenigen des Lesers.[11] Da es sich bei künstlerischen Handlungsweisen immer um Strategien der Werkherstellung handelt, kommen nach Bollack drei Ebenen beim Interpretieren eines Kunstwerks[12] ins Spiel: erstens der Verständnishorizont der Interpretin, der geprägt ist durch ihre eigene Tradition, zweitens »die zum Autor gehörige Interpretationstradition« und drittens die »in den Text eingegangene Interpretation«.[13] Die hier grundlegende Unterscheidung ist folgende: »Wie ist es gesagt und produziert, und worauf bezieht sich das?«[14] Diese Differenz zwischen der Tradition oder der Welt des Autors und ihrer Interpretation im Kunstwerk ermöglicht den Entscheidungsspielraum der Künstlerin, den Bollack näher bestimmt als die Möglichkeit des Zurückgreifens auf »Verfahren von Einschluß oder Ausschluß, die auf Wahl beruhen und demnach als solche interpretiert werden müssen, und nicht als soziale oder kulturelle Vorstellungen einer Gesellschaft, einer Kultur oder einer Zivilisation«. Künstler verfügen daher über *verschiedene* Möglichkeiten der künstlerischen Reaktion auf ein und dieselbe Situation.[15] Die Differenz zwischen der Tradition des Autors und der Interpretation derselben durch den Autor lässt sich demnach durch genaue Beobachtung des vorliegenden Werks – erstens seiner internen Elemente und zweitens seines Verhältnisses zu anderen Werken – finden. »Man hat es immer mit einer Kreuzung von Abhängigkeiten und Unabhängigkeiten zu tun, nämlich mit zu entdeckenden Unterschieden.«[16]

Ist die Möglichkeit einer graduellen Distanznahme des Künstlersubjektes von der eigenen Herkunft im performativen Vollzug und in Verfahren der ausschnitthaften Fokussierung zugestanden, ergibt sich daraus die positive Erwartung, dass Äußerungen von Künstlern über Produktionen und Werke einen Beitrag zur Bildung ästhetischer Theorie leisten

11 Jean Bollack: Sinn wider Sinn. Wie liest man?, Göttingen 2003, S. 19 (Frage von Patrick Llored).

12 Bei Bollack ist es der Text.

13 Ebd., S. 19.

14 Ebd.

15 Ebd., S. 32. Diese Verfahren werden den Autoren teilweise transparent sein, teilweise werden sie unreflektiert (z.B. motorisch, das heißt willkürlich) getroffen und erst später begutachtet. Bollack bezieht sich als Philologe auf historische Texte. Eine Subsumierung aller Kunstwerke unter die Kategorie des Textes wäre allerdings irreführend. Es werden also Unterscheidungskriterien zwischen Kunstwerk und Text im Laufe dieser Arbeit zu entwickeln sein.

16 Ebd., S. 61.

können und sollen. Das bedeutet nicht, dass künstlerische Arbeiten in der sprachlichen Reflexion eingeholt oder gar ersetzt werden könnten oder dass gar Selbsttransparenz von Künstlern begrifflich erzielt würde. Auch ist hiermit nicht implizit ein normativer Anspruch an alle Künstler formuliert, sie sollten sich und ihre Werke kommentieren. Vielmehr stellt sprachliche Reflexion u.a. einen Schritt der Produzenten auf dem Weg hin zum künstlerischen Werk dar: Sie kann dessen Herstellung begleiten, zwischen Werk und Werk eine neue Vermittlung herstellen und die Rezipienten über Motive und Prozesse der Kunstproduktion, die sie an den Werken selbst nicht nachvollziehen können, informieren.

Die Überlegungen seitens der Künstler, auf die ich mich beziehen möchte, sind keine Erläuterungen spezifischer Werke oder konkreter Produktionsbedingungen. Meine Aufmerksamkeit gilt generellen Betrachtungen zum Status und zum Gelingen von künstlerischer Produktion und künstlerischem Werk sowie zum Verhältnis zwischen Produzenten, Werk und Rezipienten. Auch wenn die Auswahl der Künstler nicht im strengen Sinne repräsentativ ist, liegt ihr doch der Gedanke zugrunde, dass es etwas geben muss, das alle Künstler aller Arten von Kunst teilen. Eine etwas weniger anspruchsvolle These wäre die, dass man bei der Untersuchung der Produktionsperspektive in verschiedenen Künsten auf familienähnliche Phänomene stößt, die sich als miteinander zusammenhängend beschreiben lassen. Da diese empirisch gewonnene Überzeugung oft angezweifelt wird, soll sie kurz von philosophisch-begrifflicher Seite aus erläutert werden.

Solange angenommen wird, dass der Begriff Kunst etwas bezeichnet und die Disziplin Ästhetik als eine Disziplin aufgefasst wird, die sich u.a. mit den Phänomenen der Kunst beschäftigt, solange diese beiden Kollektivsingulare einen Referenten besitzen, so lange wird es eine sinnvolle Frage sein, was das Gemeinsame von Kunst ist und was das Gemeinsame ihrer Produzenten ist. Dieses Gemeinsame geht über die Existenz eines sozialpsychologischen und sozio-ökonomischen Milieus, das Künstler teilen, hinaus. Das Auswahlkriterium für die zu untersuchenden Künstlertexte ist damit klar vorgegeben: Es muss jeweils eine quantitativ ausreichende Anzahl schriftlicher Darlegungen der Künstler zur Thematik geben, so dass jeweils eine begrifflich artikulierte »Position« sichtbar wird und theoretisch rekonstruiert werden kann. Dem Einwand, dass andere Künstler sich nicht zur künstlerischen Arbeit äußern und so die ausgewählte Gruppe keine repräsentative sein kann, ist zu entgegnen: Wollen wir Künstlern eine Stimme in der Diskussion über ästhetische Fragestellungen geben, können wir uns nur mit dem Material beschäftigen, das existiert, und uns nicht spekulierend über diejenigen äußern, die keine theoretisch fixierten Zeugnisse hinterlassen. Eine Interpretation der *Werke* an die Stelle schriftlicher Künstler-Statements zu setzen, halte ich für problematisch, weil der eigene Verstehenshorizont des Interpreten bei solch einer Untersuchung in einem stärkeren Maße mit ins Spiel käme als in dem Fall, in dem theoretisch-begriffliche Vorgaben von Künstlern zur Verfügung stehen.

Ein weiteres Kriterium für die Auswahl ist die Vielfalt der Positionen: Sie beruhen auf gegensätzlichen Auffassungen von Kunst, ihre Wahl ist somit unideologisch. Das soll heißen, dass keiner künstlerischen Richtung oder Gattung der Vorzug gegeben ist, sondern dass diese vielmehr im Interesse eines Erkenntnisgewinns kontrastierend gegeneinandergesetzt werden.[17] Auch wird insgesamt keine bestimmte Gruppe von Künstlern repräsentiert, vielmehr handelt es sich um einzelne künstlerische Positionen. Dem Allgemeinheitsanspruch ästhetischer Theorie soll Rechnung getragen werden, indem die Verschiedenheit von Kontexten und Produktionsstrategien nicht verleugnet oder gar theoretisch eingeebnet wird. Der *systematische* Anspruch zielt jedoch auf die Herausarbeitung genereller Beschreibungskriterien für künstlerisches Produzieren und auf deren Konsequenzen für die Definition des Kunstwerks und seiner Rezeption. Klar ist, dass keine qualitative Ableitung auf einer quantitativen Basis von Künstler-Texten vorgenommen werden soll, wie etwa bei einer Auswertung empirischer Daten im Falle der Feldforschung. Die Künstler-Ästhetiken werden vielmehr als Theorien gelesen, so wie andere ästhetische Texte auch. Abgeleitet aus den fünf aufgeführten Künstler-Positionen führe ich das Konzept des Evidenzanspruchs der Künstler ein, ohne dass die Beschreibung künstlerischer Arbeiten illustrierend der ästhetischen Theorie angefügt wäre.

Folgende Schwerpunkte sollen in der nachfolgenden Erläuterung der Künstlertexte gesetzt werden: Zuerst möchte ich darüber nachdenken, welcher Art die Beziehung der Produzenten zur Welt ist, bevor sie mit der Produktion beginnen (2). Im zweiten Schwerpunkt soll die Weise der Ausarbeitung und Umsetzung dieses Weltverhältnisses in der Produktion und im Kunstwerk behandelt werden (3). Dementsprechend werden Produktionsmethoden, Transformationen und das Verhältnis der Kunstwerke zur Realität im Allgemeinen wie zu intendierten Themen im Besonderen zur Sprache kommen. An dritter Stelle möchte ich auf die Wirkung der Kunstwerke, deren Entstehung im ersten und zweiten Schwerpunkt erläutert ist, zu sprechen kommen (4). Hier wird nach der Struktur des Kunstwerks zu fragen sein, weiterhin nach dem Verhältnis der Rezipienten zum Kunstwerk, aber auch nach dem Verhältnis von

17 Die historische Begrenztheit der Wahl erschließt sich aus der oben erläuterten Subjektposition der Künstler, die es in der uns vertrauten Form erst seit der Epoche der Moderne geben kann.

Produzenten und Rezipienten. Abschließend werden der Begriff des Evidenzanspruchs der Künstler (5) und dessen Konsequenzen für die Bestimmung des Kunstwerks (6) aus der Perspektive der Künstlertexte behandelt.

2. Das Befragen des eigenen Weltverhältnisses als Voraussetzung der Produktion

Künstlerische Produktion findet »im Verhältnis zum Rest der Welt« statt[18], in ihr sind die Erfahrungen der Künstler, die als Fragen, Gefühle und als Weltverhältnisse formuliert werden, zunächst die Grundlage für das Beginnen.[19] Das Verhältnis zur Welt ist nach Heiner Müller beeinflusst durch zwei Komponenten: durch die gesellschaftliche Situation und durch die individuelle Biografie der Künstlerin, die oft eine be-

18 Adrian Piper: Adrian Piper seit 1965: Metakunst und Kunstkritik, Wien 2002, S. 148.

19 Der Begriff Welt tritt im II. Teil in zwei verwandten Weisen auf: Erstens verwenden ihn die zitierten Künstler, zweitens verwende ich ihn selbst als systematischen Begriff, insbesondere im Zusammenhang mit dem Weltverhältnis von Produzenten und Rezipienten. Für die zitierten Künstler ist ›Welt‹ der Inbegriff dessen, was außerhalb des Subjekts und vor der Kunst existiert. »Welt« taucht direkt in dieser Verwendung auf bei Bachmann, Müller, Piper und Tarkowskij. Folgende Begriffe können als Synonyme oder als Partiale des Weltbegriffs aufgefasst werden: Realität (Müller), Wirklichkeit (Bachmann, Müller, Tarkowskij), der Rest der Welt (Piper), der Rest der Gesellschaft (Piper), die Gesellschaft (Piper), die Lebensform (Rihm), das ganze Leben (Rihm), menschliches Leben (Tarkowskij), bestehende Gegenwart (Rihm), Werden und Vergehen (Rihm), die Dinge (Tarkowskij), die Erscheinungen (Tarkowskij). – Auch der systematische Weltbegriff geht aus einer durch das (empirische) Subjekt jeweils gesetzten Differenz hervor: Die Welt ist der Inbegriff dessen, was nicht das Subjekt ist, und dieses Außen kann fallweise entweder als Gesamtheit von Dingen oder als Gesamthorizont möglicher Sinnbezüge wahrgenommen werden. Mit Luhmann gesprochen ist diese ›Welt‹ eigentlich ›Umwelt‹; bei ihm bezeichnet ja der Begriff ›Welt‹ eher die *Einheit der Differenz* von System und Umwelt (Niklas Luhmann: Soziale Systeme, Frankfurt/Main 1984, S. 283f.). Beides ist phänomenologisch plausibel, denn die Subjekte sind sowohl »in der Welt« als auch »ihr gegenüber«. Da aber das Der-Welt-gegenüber-Sein für die Kunstproduzenten als beobachtende und agierende Subjekte schärfer hervortritt, genießt auch kunstphilosophisch der Differenzbegriff den Vorzug; das ›Weltverhältnis‹ ist also in erster Linie ein Verhältnis zur dinglichen und sinnhaften Umwelt, und die beunruhigende Allgemeinheit dieses Begriffs ›Weltverhältnis‹ spiegelt nichts anderes wider als die Mannigfaltigkeit der Weisen, wie sich Subjekte zu solcher Umwelt verhalten können.

stimmte Grunderfahrung einschließt.[20] Müller schreibt z.B.: »Meine Grunderfahrung war Staat und Gewalt.«[21] Die Benennbarkeit der eigenen Erfahrungsstruktur ist kein notwendiges Merkmal des Weltverhältnisses der Künstler, d.h. nicht alle müssen sich explizit über die individuelle Strukturiertheit ihrer Erfahrung bewusst sein. Wesentlich ist, dass es keine direkte Umsetzung von *Erkenntnissen* oder *Einsichten* über die eigenen Erfahrungen im Produktionsprozess geben wird, sondern dass das Erfahrungskonglomerat eine motivierende, eine zur Arbeit führende Funktion aufweist. Damit ist auch gesagt, dass nicht formalästhetische Überlegungen am Beginn der Arbeit stehen, sondern das Bedürfnis, sich die Welt interpretativ anzueignen.[22] In den Ausgangsfragen, die sich den Künstlern im Vorfeld der Produktion stellen, geht es um Grundsätzliches im eigenen Leben. Reflexionen über Stil, Talent und fachliches Wissen spielen zum Beginn der Arbeit eine untergeordnete Rolle.[23] Wenngleich das Nachdenken über diese formalen Dinge sicherlich das Künstlerleben begleitet und immer wieder in die Gesamtheit der Reflexionen von Produzenten eingebunden ist, kann es laut Bachmann das Wiederaufrufen eigener Erfahrung nicht ersetzen. Dieses Wiederaufrufen bezeichnet Bachmann als den »ausgezeichneten Ort« der Bezugnahme auf die Welt und das Leben. Allein aus ihr ergeben sich in der

20 Heiner Müller: Gesammelte Irrtümer. Interviews und Gespräche, Frankfurt/Main 1996, Bd. 1-3. – »Erstens befindet sich (jeder Autor) in einer bestimmten gesellschaftlichen Situation« und zweitens ist er Träger einer individuellen Biografie, die eine »Grunderfahrung« (d.h. Ereignisse, aus denen sich eine spezifische Sozialisierung speist) mit einschließt. Vgl. Bd. 1, S. 31 und Bd. 3, S. 154.

21 Ebd., Bd. 3, S. 154.

22 Andrej Tarkowskij: Die versiegelte Zeit. Gedanken zur Kunst, zur Ästhetik und Poesie des Films, Frankfurt/Main, Berlin 1989. Das Bedürfnis, sich die Welt interpretativ anzueignen, wird von Tarkowskij zunächst als allgemein menschliches Bedürfnis – und damit als »allgemeine Notwendigkeit« (S. 15) bestimmt. Erst durch eine »ethische ideelle Zielsetzung« (S. 30) und damit durch die Einordnung der eigenen Arbeit in Zusammenhänge, die der »Willkür« (S. 30) eines Künstlers übergeordnet sind, bekomme die Produktion einen genuin künstlerischen Status.

23 Ingeborg Bachmann: »Frankfurter Vorlesungen: Fragen und Scheinfragen«, in: Werke, hg. v. Christine Koschel, Inge von Weidenbaum und Clemens Münster, München 1978, Bd. 4: Essays, Reden, Vermischte Schriften, Anhang; S. 182-199. (Im Folgenden zitiert als FuS.) Fragen, die Schriftsteller laut Bachmann zum Schreiben bringen, sind nicht etwa solche, die sich auf die Weise, in der Geschriebenes verfasst werden sollte, beziehen, sondern es sind vor allem diejenigen, die »scheinbar außerhalb der literarischen liegen« (FuS, S. 184), die in unbequemer Intensität Grundsätzliches im eigenen Leben thematisieren: Die Rechtfertigung der eigenen Existenz wäre die erste und schlimmste in der Literatur zu beantwortende Frage (ebd.).

Produktion überzeugende formale Einsichten. Der umgekehrte Weg von technisch Gewolltem zu einem Weltbezug ist nicht gangbar. Die eigene Erfahrung, »wie gering sie auch sein mag«, wird von Bachmann über »ein Wissen, das durch so viele Hände geht« gesetzt.[24] So unterschiedlich die Zielsetzungen auch von verschiedenen Künstlern definiert werden, ob es sich um eine »ethisch ideelle Zielsetzung« in einem sehr allgemeinen Sinn handelt[25] oder um konkretere Absichten z.B. in gesellschaftlichen Handlungsfeldern: Die Ziele sind in keinem Fall als klare Ideen formuliert, die lediglich einer technisch-formalen Realisierung bedürften. (Deswegen sei es für Rezipienten auch unwichtig, welche Ideen manche Dichter hatten, schreibt Bachmann.)[26] Am Anfang der Produktion stehen aber nicht allein konkret und präzise formulierte Ideen, sondern Frage-, Themen- und Aufgabenstellungen, auch Gefühle und Einstellungen, die in vager, offener Weise formuliert werden. Diese Formulierungen haben nicht den Charakter einer mitzuteilenden Botschaft oder einer in der Rezeption wieder zum Vorschein kommenden Intention. Sie leiten vielmehr jene Arbeit der Umsetzung, Transformation, Neufassung und Verschiebung in einem geeigneten Material ein, bei der der eigent-

24 Ingeborg Bachmann: »Rede zur Verleihung des Anton-Wildgans-Preises«, in: Werke, Bd. 4, S. 294-297. (Im Folgenden zitiert als AWP.) Die Dichotomie zwischen äußerlich angeeigneten Formalien und innerlich erlebtem Weltverhältnis konstruiert Bachmann immer wieder: Technisch Gewolltes unterscheidet sie von selbst Erfahrenem und Verarbeitetem, ein »leerer« Stilbegriff als das Durchexperimentieren von Stilen davon, »eine neue sittliche Möglichkeit zu begreifen und zu entwerfen« (FuS, S. 191), das bloße literarische Talent von der Fähigkeit, »den Charakter auf der Höhe des Talents zu halten« (AWP, S. 297). Die eigene Erfahrung kann sich die Schriftstellerin nicht anders aneignen als durch ein Hindurchgehen durch schwierige Situationen. Schwierig ist nicht nur der Prozess des Schreibens selbst, sondern das, um dessentwillen geschrieben wird. Unsicherheit und Orientierungslosigkeit, Wozu- und Warumfragen stehen am Anfang der Produktion, nicht eine klare Idee, die ihrer Umsetzung harrt.

25 Vgl. A. Tarkowskij: Die versiegelte Zeit, S. 30.

26 I. Bachmann, AWP, S. 295: »Es ist unwichtig, zu wissen, welche skurrilen oder noblen, weltfremden [...] Ideen manche Dichter hatten...« Das Werk ist der Ort des Wiederhervortretens des Weltbezugs seines Produzenten, seine Bedeutung ist nicht mit der Bedeutung gelegentlich geäußerter Meinungen des Schriftstellers zu verwechseln, die laut Bachmann ungleich geringer einzuschätzen sind als gelungene Literatur. Denn es handelt sich bei den Statements der Literaten um Gedachtes, das von ihnen eins zu eins wiedergegeben wird, nicht um in Literatur umgesetzte Erfahrung. Eine Nichtbeachtung dieser Differenz zwischen literarischem Werk und persönlicher Meinung erzeugt nach Bachmann »das idiotische Gerede von [der] Rolle des Schriftstellers gestern, heute und morgen« (AWP, S. 297); dahinter verberge sich das Missverständnis, ein Weltverhältnis könne in Gedanken, die über die Welt geäußert werden, angemessen zum Ausdruck kommen.

liche Evidenzanspruch der Künstlerin zum Tragen kommt. Zum Beispiel können unterschiedliche Gefühlszustände am Anfang der Produktion stehen: Müller nennt das Gefühl der Schadenfreude »über die gebrechliche Einrichtung der Welt«[27], Bachmann beschreibt Gefühle der Unsicherheit und Orientierungslosigkeit. Anders als in der wissenschaftlichen Arbeit wird von den Künstlern im Wesentlichen keine argumentative Strukturierung und Präzisierung, sondern eine Intensivierung von Weltverhältnissen angestrebt. Das subjektive Weltverhältnis wird nicht nur thematisiert, sondern durchlebt und »seismographisch notiert«.[28] Nun könnte ein Einwand lauten, dass es konzeptuelle künstlerische Arbeitsweisen gibt, in denen es sehr wohl zur Umsetzung präzise vorformulierter Weltverhältnisse kommt, ja in denen eine Verschiebung oder Transformation der künstlerischen Ideen eine Minderung der konzeptuellen Ausgangsabsicht bedeuten würden. Aber auch wenn dergleichen als bewusste Strategie vorkommen mag, gibt es keine direkte Umsetzung der Intention in die Tat. Auch wenn Künstler im Vorfeld bis in die ersten Phasen ihrer Arbeiten hinein ihr Thema genau reflektieren, kommt im Moment der Umsetzung der Idee das Material bzw. das Medium, in dem gearbeitet wird, hinzu, das die Ausgangsabsicht modifiziert. Selbst in dem (Sonder-)Fall, in dem die Künstlerin es anstrebt, ihre sprachlich vorformulierten Reflexionen und Erkenntnisse so präzise wie möglich zu vermitteln, werden sich diese im Verlauf der Realisierung des Kunstwerks durch die Weise der Darstellung ändern. Versteht man die Intensivierung des Weltverhältnisses so, dass künstlerisches Arbeiten den Künstlern keine methodische Absehung von der eigenen Person bzw. vom eigenen Leben erlaubt (wie wissenschaftliche Methoden sie in der Regel verlangen), so lässt sich die Differenz zwischen Kunstproduktion und wissenschaftlicher Arbeit auch im Vergleich zwischen konzeptueller künstlerischer und wissenschaftlicher Arbeitsweise noch wiedererkennen.[29]

---

27 H. Müller: Gesammelte Irrtümer, Bd. 1, S. 115.

28 Wolfgang Rihm: Offene Enden. Denkbewegungen um und durch Musik, hg. v. Ulrich Mosch, München, Wien 2002. Im Moment des Komponierens wird das Sich-ins-Verhältnis-Setzen des Komponisten zur Welt nicht aufgehoben oder ausgeblendet, sondern im Gegenteil: es wird intensiviert. »Krisenschnittpunkte des Lebens« (S. 29) – also Momente hoher Intensität – werden im Prozess des Notierens in »geronnene Lebenszeit« (S. 27) verwandelt. Das heißt, das subjektive Weltverhältnis wird nicht nur thematisiert, sondern durchlebt und »seismographisch notiert« (S. 29).

29 Dieses Kriterium der Differenz zwischen künstlerischem und wissenschaftlichem Arbeiten schlägt auch Dieter Henrich vor: »…die Erkundung einer möglichen Stabilität im Leben. Auch sie geschieht in der Kunstpraxis – in jeweils einem Metier –, ist aber nicht zu verstehen als Beherrschung dieses Mediums und als seine Strukturierung zu der in ihm mögli-

Übereinstimmend und selbstverständlich gehen Künstler von der Bedeutung eines der Produktion vorgelagerten Weltverhältnisses der Künstler für die Produktion aus. Ebenso formulieren sie einen Weltbezug der Kunstwerke, der im Verhältnis zur Realität einer der Verarbeitung von Realität ist.

Diese Differenz zwischen der von Künstlern vorgefundenen Wirklichkeit und der Wirklichkeit, die sich in der Produktion bildet, wird sowohl als eine Übertreibung der Realität als auch als deren mögliche Negation beschrieben.[30] Die Strategie der Übertreibung lässt sich dem

chen Richtigkeit und Dichte. Es ist diese Tatsache, die Künstler zu so sensiblen Individuen macht in ihrer Zeit, und sie erklärt auch zu einem guten Teil, warum viele Künstler, im Unterschied zu dem Durchschnitt der Wissenschaftler, nicht nur in ihrer Arbeit, sondern auch im persönlichen Verhältnis zu ihrer Arbeit einen spezifischen Ernst zeigen. Wohl erklärt er sich auch daraus, dass der Künstler mit seinem Werk in ganz anderer Weise als der Forscher allein steht und […] etwas von sich selbst preisgibt.« Dieter Henrich: »Kunstphilosophie und Kunstpraxis«, in: Ders.: Fixpunkte. Abhandlungen und Essays zur Theorie der Kunst, Frankfurt/Main 2003, S. 265-299, hier S. 296.

30 Heiner Müller konstruiert drei verschiedene Modelle des Verhältnisses von künstlerischer Produktion zur Welt: ein Differenzmodell, eines der Negation und gleichzeitigen Entgegensetzung und eines der Überhöhung. Das von mir so genannte Differenzmodell definiert er folgendermaßen: »Mich interessiert Verarbeitung von Realität und nicht die Realität selbst.« (Gesammelte Irrtümer, Bd. 1, S. 64) Wenn Schreiben »Lebensausdruck« (Bd. 2, S. 102) ist und »eine Methode, die eigenen Erfahrungen neu zu verarbeiten« (Bd. 2, S. 132), ergibt sich daraus, dass verarbeitete Realität nicht mehr der (ursprünglich) vom Autor wahrgenommenen Realität gleichen kann. Welt kommt über das (sowohl bewusste als auch unbewusste) Agieren des Künstlers mit ins Spiel und wird als konstruierte bzw. neu organisierte im Prozess ihrer Verarbeitung von realer Welt differenziert. Dieses Differenzmodell bleibt implizit in den folgenden zwei Modellen enthalten; die Art der Differenz wird aber in beiden jeweils anders bestimmt: Im zweiten Modell, dem der Negation, entwirft Müller die Differenz zwischen der unmittelbaren Wirklichkeit und einer anderen Wirklichkeit, die sich in der Produktion bildet, als eine zwischen Realität und Unmöglichkeit. Diese dem Werk zugeordnete Wirklichkeit ist im Verhältnis zur Realität eine Unmöglichkeit. Sie bekommt den Charakter einer Utopie, die der Wirklichkeit des Lebens entgegengehalten ist. »Wirklichkeit unmöglich zu machen« (Bd. 2, S. 13), sie zu negieren, ist die »einzige Möglichkeit, mit Wirklichkeit umzugehen« (ebd.). Diese Strategie der Verunmöglichung erläutert Müller sehr oft in Interviews. Dies hindert ihn aber nicht daran, einen dritten Fall von Weltverhältnis zu etablieren, in dem er künstlerisches Produzieren als eine Verstärkung vorgefundener Wirklichkeit versteht. »Alles, was man in Deutschland macht, muß kriegerisch sein, muß als Krieg verstanden werden. Und Theater ist nicht möglich in Deutschland außer als Krieg gegen das Publikum…« (Bd. 2, S. 20). In diesem dritten Modell wird das Produzierte nicht in Richtung auf eine unmögliche Wirklichkeit entwickelt, sondern vorhandene und vom Autor

butlerschen Performativitätsmodell zuordnen, sie beinhaltet eine Auswahl und Betonung bestimmter, bereits existierender Perspektiven auf die Realität zuungunsten anderer möglicher Darstellungsweisen. Die Strategie der Negation kann im Sinne Bollacks als ein Verfahren des Ein- und Ausschließens von Versatzstücken bekannter Realität, als ein Verfahren, in dem sich auf diese Weise Neues bildet, gedeutet werden. In beiden Fällen – der Übertreibung und der Negation – entsteht etwas von der Ausgangssituation Verschiedenes. Das Verfahren der Negation enthält den Verweis auf das »Imaginäre«, welches in seiner Als-ob-Struktur »das Faszinosum der ästhetischen Fiktion, ihre Erfahrung im eigentümlichen Oszillieren zwischen dem Realen und dem Irrealen [...] zu erklären vermag.«[31] So wird das fiktive Andere der negierten Wirklichkeit als Imagination und somit als Utopie der vorgefundenen Wirklichkeit entgegengehalten. Piper nennt dies einen »eigenen individuellen Weltbezug«, der bereits vorhandenen Darstellungen eines gesellschaftlich Wirksamen angefügt wird, der sich durch das »Hinzufügen eines neuen Gebildes oder Ereignisses« vollzieht und dessen Vollzug eine Veränderungswirkung hat.[32] Beide Verfahren, Übertreibung und Negation, existieren als Möglichkeiten nebeneinander. Es besteht, philosophisch gesehen, kein Widerspruch zwischen ihnen, wenn man annimmt, dass sowohl die eine als auch die andere zum Einsatz kommt. In beiden Fällen ist die Befragung eigener Weltverhältnisse durch die Künstler die Voraussetzung für die Anwendung der Verfahren. Ebenso wie sich das Weltverhältnis der Rezipienten künstlerischer Gebilde oder Ereignisse verändert, verändert sich das Weltverhältnis ihrer Produzenten in der

analysierte Wirklichkeit wird hier so verstärkt, dass sie sich durch diese übertreibende Überhöhung des Vorgefundenen von der nichtkünstlerischen Wirklichkeit unterscheidet. Alle Methoden der dramatischen Darstellung politischer und sozialer Realität gehören ins dritte Modell.

31 Hans Robert Jauß: Ästhetische Erfahrung und literarische Hermeneutik, Frankfurt/Main 1991, S. 304. Den Zusammenhang zwischen der Abkunft des Imaginären von dem Realen und der Weise der Aufrufbarkeit dieses Imaginären, die die Machbarkeit des Fiktiven überbietet, bestimmt Jauß als anthropologisches Bedürfnis nach Vollkommenheit. »In dem zu erwägenden Modell bleibt das Fiktive nicht mehr nur kontrafaktisch bestimmt, sondern gewinnt eine vermittelnde Funktion hinzu: indem es bestimmte Realität negiert, gibt es ineins damit dem Imaginären Prägnanz und Gestalt...« (Ebd., S. 303)

32 Künstlerische Arbeit verändert laut Piper die Welt, indem sie »eine neue Präsenz schafft, »die irgendwie in die Weltsicht der wahrnehmenden Person integriert werden muß« (A. Piper: Metakunst und Kunstkritik, S. 147). Präsenz entsteht durch »Hinzufügen eines neuen Gebildes oder Ereignisses« (S. 159) zum Bestehenden, sie entsteht aber auch dann, wenn die Künstlerin vorhandenen Objekten einen Kunststatus zuerkennt.

Produktion, wie Piper, Müller, Bachmann und Tarkowskij übereinstimmend behaupten.

Die von den Künstlern favorisierte Darstellung des Vollzugs von Weltverhältnissen in der Verarbeitung einer von ihnen wahrgenommenen Realität (einer Verarbeitung, die umgekehrt auch die Künstler verändert), schließt bereits eine Definition künstlerischen Produzierens als eines reinen Abbildens der Realität aus. Somit wird es bereits systematisch unmöglich, Kunstproduktionen als »geschichtliche Notwendigkeiten« aufzufassen[33] und die Künstler reduzierend als Medien zu bestimmen, durch die hindurch beispielsweise ein »Naturzustand fixiert« wird[34] oder durch die sich Gesellschaftliches ereignet. Vielmehr macht die Beschreibung Pipers, dass Künstler beeinflusst sind durch ein »Spektrum unbestimmbarer Kräfte«, wie durch »das Soziale, Politische, Psychologische, Physiologische, Ästhetische, Philosophische usw.«, erst dann Sinn, wenn dem Zum-Ausdruck-Bringen sozialer, ästhetischer und anderer Tendenzen der Gesellschaft die Individualität der Weltformulierung durch die Künstler hinzugefügt wird. Piper zieht also den Schluss, dass Künstler diesen Reflexionsprozess der Gesellschaft leisten müssen.[35]

Ich fasse das 2. Kapitel zusammen: Die Fragen, die von Künstlern in ihrer Arbeit behandelt werden, sind wesentliche, existentielle Fragen in dem ausgeweiteten Sinn, dass sie, anders als Alltagsfragen oder wissenschaftliche Fragen, das eigene Weltverhältnis oder mögliche Teilaspekte desselben berühren. Die expliziten oder impliziten Fragestellungen, die am Anfang der künstlerischen Arbeit stehen, initiieren den Versuch, einen Weltbezug exemplarisch zu formulieren – und zwar dezidiert im Gestus des Noch-nicht-Wissens. Bereits im Vorstadium zur Produktion richtet sich das Begehren der Künstler darauf, je verschieden wahrgenommener Realität eine individuelle Verarbeitung derselben hinzuzufügen.

---

33 W. Rihm: Offene Enden, S. 220. Rihm lehnt die Beschreibung des Produktionsmoments als Moment, in dem der Künstler zum Medium »geschichtlicher Notwendigkeiten« wird, ab.

34 A. Tarkowskij: Die versiegelte Zeit, S. 194. Dass Tarkowskij eine Charakterisierung des Künstlers als Medium, durch das sich Realität formuliert, ablehnt, belegt sein Einwand gegen einen »Naturalismus«, in dem durch die Filmkamera objektivistisch ein »Naturzustand fixiert« werden soll. Denn den gebe es nicht; die »jeweilige Weltsicht« des Autors sei nie vom Gefilmten trennbar, bleibe also immer relevant.

35 A. Piper: Metakunst und Kunstkritik, S. 160. Vgl. ebd.: »[D]er Künstler / die Künstlerin muß dies umso mehr tun«.

3. Die Ausrichtung auf das evidente Werk

3.1 Produktionsmethoden

Wiewohl Künstler (im weiten Sinne) von begrifflich formulierten Weltverhältnissen ausgehen, hat die Herstellung eines Kunstwerks nichts mit der direkten Setzung einer Idee in die Materialität des Werks zu tun. Es ist komplizierter. Zwei Dimensionen sind nach der übereinstimmenden Auskunft der Künstler mit im Spiel: die bewusste und die unbewusste Aktivität der Künstlerin auf der einen Seite und eine Art Vorhandenheit des Materials auf der anderen Seite. Das Material existiert einerseits unabhängig von den Künstlern, ist ihnen äußerlich, andererseits wird es bereits aus ihrer Perspektive wahrgenommen. Zum Material gehören nicht nur Meta-Medien wie Sprache und Tonalität, sondern auch deren konkrete Existenzformen als »Ideen, Träume, Politik und Philosophie«[36] oder als schon vorhandener »großer Musikblock, der in mir ist«[37]. Die Künstler selbst sind der Ort komplexer Prozesse, in denen sich Nachdenken und unbewusstes, zum Teil auch motorisches, d.h. willkürliches Reagieren abwechseln. Diese beiden großen Zuordnungen von Reflexion und Handlung als Methoden der Produktion teilen alle zitierten Künstler in ihren Beschreibungen. Sie unterscheiden sich aber in den Gewichtungen und in der Darstellung des Verhältnisses von Reflexion und Handlung: Während Bachmann dem Denken im Prozess des Schreibens als reflexiver Vergegenwärtigung sowohl von Gefühlen als auch von moralischen Werturteilen eine herausgehobene Stellung gibt und es dezidiert auf eine qualitativ höhere Stufe stellt als die anfänglichen Intentionen des Schriftstellers, betont Müller die »Freiheit im Umgang mit dem Material«, die Treffsicherheit und Genauigkeit von »Willkür« und »blinde(r) Entscheidung«.[38] Beide unterstreichen die Intensität der Pro-

---

36 Vgl. H. Müller: Gesammelte Irrtümer. Im Prozesscharakter (Bd. 1, S. 50) gelingender Produktion, der eine ganz und gar geplante Vorgehensweise unmöglich macht, ist die Differenz des künstlerischen Produkts zum in ihm verarbeiteten Material begründet. Ideen, Träume, Politik und Philosophie (Bd 2, S. 142f.; Bd. 3, S. 150), wie sie im Künstler vorliegen, sind nicht Resultate künstlerischen Vorgehens, sondern dessen Ausgangsmaterial.

37 W. Rihm: Offene Enden, S. 11.

38 Statt des Sprachexperiments stellt Bachmann einen moralischen Antrieb »vor aller Moral« (FuE, S. 192) dem Schreiben voran. Ich interpretiere diesen Antrieb als einen moralischen Anspruch, der sich mit bestehenden moralischen Regeln nicht zufriedengibt. Dieser ist die »Stoßkraft für ein Denken, das zuerst noch nicht um Richtung besorgt ist«. Der Übergang vom Antrieb zum Denken, »das Erkenntnis will« und »eine philosophische Richtung einschlägt«, geht einher mit der reflexiven Vergegenwärti-

duktionssituation, Bachmann spricht von Zwang und Obsession, Müller von Hochspannung und Magnetfeldern.[39] Erst in der Bewegtheit dieses Augenblicks gehen Gedachtes und Ausgeführtes eine Synthese ein, durch die Neues erzeugt wird. Die Logik des Vollzugs bringt es mit sich, dass Gedachtes und Beabsichtigtes modifiziert, ja sogar destruiert wird. »Aber wenn man Stücke schreibt, ist der Hauptimpuls wirklich Destruktion, bis man, aber das klingt furchtbar metaphysisch, vielleicht auf einen Kern stößt, mit dem man dann wieder etwas bauen kann.«[40]

Die Verschränkung von »Denkprozessen« mit der Komplexität künstlerischen Agierens wird von Piper als eine auch theoretisch nicht

gung sowohl von Gefühlen als auch von moralischen Werturteilen (FuS, S. 192). Das, was dabei jeweils zum Gegenstand des Bedenkens wird, hängt vom spezifischen Weltverhältnis des Autors ab. Die Differenz seiner Fragen zu wissenschaftlichen Fragen besteht darin, dass sie übergreifend und komplex gestellt sind und nicht so schnell ins Konkrete des Details aufgelöst werden. Allein im Umgang »mit der Sprache und durch die Sprache hindurch« (ebd.) versucht der Schriftsteller zu Erkenntnis zu kommen. Weil diese Erkenntnis immer speziell die seine ist, wird die jeweilige Richtung, in die er sich entwickelt, »immer eine andere sein« (FuS, S. 193) als die anderer Autoren.

H. Müller, Gesammelte Irrtümer: Die »Freiheit im Umgang mit dem Material« (Bd. 1, S. 50), »Willkür« und »blinde Entscheidung« (Bd. 3, S. 163) sind nach Müller Methoden, die bei begabten Autoren zu Werken führen, die (auch als fragmentarische) ihre eigene Genauigkeit im Verhältnis zum Kontext des jeweiligen Künstlers und zum Material aufweisen. »Die Differenz ist die wichtige Qualität, und nicht die Ähnlichkeit oder die Gleichheit oder die Einheit.« (Bd. 2, S. 161) Die im Stück zu gewinnende Differenz ist eine von Müller gegen »vereinheitlichendes Denken« (Bd. 2, S. 161) gesetzte. Also kann künstlerisch blind Gesetztes unter den Umständen seines Gelingens sich präzise zu Außerkünstlerischem verhalten, kann Perspektiven eröffnen. Wie ist dies zu erläutern? Die »Hochspannung von einem Arbeitsprozeß« (Bd. 2, S. 147), die Entstehung eines »Magnetfeld(es), was sehr viel anzieht« (Bd. 2, S. 147), »so ein Wahn, so eine Obsession, die Revolution oder Sexualität heißen kann« (Bd. 1, S. 58), bringen die Ideen des Künstlers, seine Träume, seine Ansichten über Politik und Geschichte auf eine Weise in Bewegung, wie es bloßes Nachdenken oder bloßes Handeln nicht vermögen. Im Fluss dieser Bewegung trifft der Künstler Entscheidungen; Gedachtes und Erlebtes wird miteinander in einen Prozess der Synthese gebracht. »Verantwortungslos« ist das Produzieren insofern, als der Künstler im Moment der Produktion keine Rücksicht auf Menschen oder Tatsachen nehmen kann, die außerhalb dieses Prozesses liegen. Es herrscht eine eigene Logik des Vollzugs, die sich ab der ersten Entscheidung entwickelt, »...der erste Satz erzwingt den letzten« (Bd. 2, S. 89). »Es ist ein Material, in dem und mit dem ich mich bewege und das mich bewegt.« (Ebd.)

39 I. Bachmann: AWP, S. 295. H. Müller: Gesammelte Irrtümer, Bd. 2, S. 147.

40 Ebd., Bd. 3, S. 193.

zu lösende Verknüpfung dargestellt,[41] während Rihm das Verhältnis von Reflexion und Handlung als ein durch und durch dialektisches begreift. Rihm bestimmt die Planmäßigkeit des künstlerischen Vorgehens als geplante Ungeplantheit, als absichtsvolle Absichtslosigkeit.[42] Ebenso wie Rihm bestreitet Tarkowskij die totale Souveränität der Künstlerin, die mit etwas experimentiert, über das sie aus einer überlegenen Position

---

41 A. Piper: Metakunst und Kunstkritik, S. 137: »Das wohlversiegelte, in sich geschlossene Kabinett formalistischer Ästhetik erstickt uns alle.« Piper meint damit, dass eine einseitige Konzentration auf formale ästhetische Fragen den künstlerischen Produktionsprozess lähmt, ihn behindert. In der Produktion müssen immer beide Seiten im Spiel sein: das Ästhetische und das Außerästhetische. Denkprozesse – eng mit der Kunstproduktion verknüpft – bekommen von Piper eine hervorgehobene Stellung zugesprochen; auch diese Hinwendung zum Denken lässt sich als eine Absage an formale Kenntnis und innerbetriebliche Orientierung im System der Kunst auslegen. Piper beschreibt Denkprozesse als in verschiedenen Richtungen und Spielarten auftretend: Eine Idee von der Gestalt des noch zu schaffenden Kunstwerkes kann beispielsweise aus dem Unterbewussten »plötzlich […] zu Bewußtsein kommen« (S. 157), d.h. es ist »zu erklären, was bereits geschehen ist« (S. 177). Das Werk kann ferner »in einem Denkprozeß« (S. 177) geschaffen werden, anders formuliert, den Gedanken der Künstlerin kann eine zentrale Rolle im Prozess der Produktion zukommen. Spielarten solcher Reflexionstätigkeit gibt es viele: Künstler »schließen […] von Problemen, denen [sie] im letzten Werk begegnet sind, auf mögliche Lösungen im nächsten, oder werden […] durch die Betrachtung der Werke anderer oder einen zuvor nicht wahrgenommenen Aspekt [ihres] eigenen Werkes ›inspiriert‹, oder [sie] lesen […] etwas, erfahren etwas, unterhalten [sich]…« (S. 157). Mit der Darstellung künstlerischer Verfahrensweisen schließt Piper darüber hinaus organisatorische und finanzielle Überlegungen in den Produktionsprozess ein und betont so, dass künstlerische Entscheidungen auch im Hinblick auf diese Bedingungen getroffen werden. Sie widerspricht demzufolge einer (auch in der philosophischen Ästhetik) weit verbreiteten Gepflogenheit, den Vorgang der künstlerischen Produktion von allem Technischen und allem Banalen zu »reinigen«, um ihn so in seiner Wesentlichkeit zu erfassen. In dieser Reinheit existiere Kunstschöpfung nicht (S. 158).

42 W. Rihm: Offene Enden, S. 112. Es kommt nun darauf an, sich in einen »überhellen Zustand« (S. 45) zu versetzen, ein Spiel zu beginnen, bei dem man nicht mit den Dingen spielt, sondern in dem man »sich aufs Spiel setzt« (S. 22). Dieses Spiel beginnt absichtsvoll, es »erscheint im Vorfeld eindeutig methodisch planbar« (S. 97); der Spieler (Künstler) nimmt die Prämissen des Spiels als Voraussetzung der Produktion zur Kenntnis. Dann wird aber das, wovon ausgegangen wurde, »einer großen Erosion« ausgesetzt. Ein dialektischer Prozess zwischen »Bruch und Bogen«, ein »Spalt- und Modelliervorgang«, der »Bild und Negativbild« gleichzeitig hervorbringt, beginnt (S. 11). Seine relative »Voraussetzungslosigkeit« (S. 17) ergibt sich aus der Heterogenität des zu Bearbeitenden, aus der »Offenheit für Einflüsse von außen« (S. 31) und aus der Krisenhaftigkeit der Arbeitssituation.

heraus entscheiden könnte. Wenn die Künstlerin »dem Leben folgt«, bildet sie nicht schlicht eine gedankliche Absicht im Material ab. Vielmehr hat man es mit einem Wechsel zwischen Aktivität und Passivität zu tun, den Tarkowskij als eine Verschränkung des Konzepts mit der Reaktion auf Situationen, mitarbeitende Personen (z.B. Schauspieler) und Materialien begreift. Im Prozess scheint der Künstler erst »ein für ihn selbst wesentliches Problem zu entdecken«. Ideen, von denen Künstler ausgehen, modifizieren und konkretisieren sich also im Produktionsprozess.[43]

An dieser Stelle bietet sich ein kurzer Exkurs zu Hegels Darstellung der Kunstproduktion an. Hegel beschreibt das Produzieren auf den ersten Blick ähnlich, nämlich als die künstlerische Ausgestaltung eines Gehaltes in einem Material. Die wesentliche Differenz zwischen der hier vorgenommenen Beschreibung der Produktion und der ›Setzung des Schönen‹ bei Hegel (die auch von ihm zunächst als Formulierung eines Weltverhältnisses definiert ist), liegt in der dargelegten Nichteinlösbarkeit der anfänglichen Ideen; und die Ursache dieser Nichteinlösbarkeit besteht darin, dass der Bearbeitungsprozess ein Transformationsprozess ist, in dem sich auch die Ideen transformieren.[44] Weil die Kunst nach Hegel die Bestimmung hat, »das Dasein in seiner Erscheinung als *wahr* aufzufassen«[45], und die Wahrheit eines Gegenstandes bedeutet, dass dieser seinem Begriff entspricht,[46] ist die Produktion von Kunstwerken

43 Tarkowskij grenzt sich entschieden von Künstlern ab, die schlicht eine gedankliche Absicht im Material abbilden. Anhand des filmischen Bildes vom Zaun, der das Liebespaar trennt – eines Bildes, das unmissverständlich zu verstehen gibt, wie es gedeutet werden muss – kritisiert Tarkowskij die Banalität des Illustrativen (Die versiegelte Zeit, S. 77f.). Es kommt darauf an, solch banalisierende Umsetzungen zu vermeiden, zu denen es kommt, wenn ein Regisseur einen schon gewussten, bereits sprachlich ausbuchstabierten Subtext einer Szene »unmittelbar« durch das Bild »zum Ausdruck bringen will« (S. 27). Trotzdem gibt es ein »Ideenkonzept«, das am Anfang der Arbeit steht. Die »künstlerische Grundhaltung« in der Sache bildet sich aber im Arbeitsprozess noch einmal anders heraus, wenn »neue Gesichtspunkte« ins Spiel gebracht werden – nicht durch den Regisseur, sondern durch das, womit er umgeht: durch das Material, durch die Situation, vielleicht durch andere an der Filmproduktion beteiligte Personen (S. 81). Erst dann scheint der Künstler »ein für ihn selbst wesentliches Problem zu entdecken« (ebd.; Hervorhebung von mir, J.S.).

44 Georg Wilhelm Friedrich Hegel: Werke [in 20 Bänden]. Auf der Grundlage der *Werke* von 1832-1845 neu edierte Ausgabe, Redaktion: Eva Moldenhauer und Karl Markus Michel, Bd. 13: Vorlesungen über die Ästhetik I, Frankfurt/Main 1986, S. 52: »Das allgemeine Bedürfnis zur Kunst also ist das vernünftige, daß der Mensch die innere und äußere Welt sich zum geistigen Bewußtsein als einen Gegenstand zu erheben hat, in welchem er sein eigenes Selbst wiedererkennt.«

45 Ebd., S. 205.

46 Ebd., S. 150.

nach Hegel als Gestaltung dieses Begriffs in der »äußeren sinnlichen Welt« zu verstehen. Da im Hegelschen Begriff das Besondere unter das Allgemeine gebracht sein soll, wäre die künstlerische Produktion also die Ausführung eines schon vorhandenen Objektiven, das somit im Prozess der Gestaltung keiner wesentlichen Transformation mehr unterliegen kann, sondern sich nur im Kunstwerk wieder zeigt. Dass dabei Unmittelbarkeit, Natürlichkeit und Begeisterung als Antriebsmomente wirken, welche laut Hegel nicht erworben werden können, sondern speziell Künstlern naturgegeben zur Verfügung stehen, ändert nichts an der Beschreibung der Kunstproduktion als eines Vorgangs, in dem »die an und für sich seiende Wahrheit und Vernünftigkeit des Wirklichen [...] zur äußeren Erscheinung gelangen soll«.[47]

Spricht Hegel über die produktive Tätigkeit der Künstler als eine Aktivität, die diese auf Grund ihres herausgehobenen Talents vollziehen, so trennt er zwischen einem aktiven Künstler und seinem passiven Material, welches zum Träger der künstlerischen Setzung wird. Nach der Ansicht der zitierten Künstler ist eine solche Trennung zwischen dem »Disponieren des Künstlers« und der »Disposition des Materials« nicht möglich. Das Verhältnis zwischen Künstler und Material ist komplexer: Der Komponist muss sich auf den Zufall dessen, was ihn beim Komponieren erreicht, einlassen – aber um diesen Zufall im Prozess dennoch zu »setzen«. Er überlässt sich also nicht gänzlich Material und Situation, versucht aber auch nicht, sie vollends in den Griff zu bekommen.

3.2 Transformation: Der Umschlag ins Kunstwerk

Eine »Konzeption erscheint immer durch das Werk« und ist nicht mit dem gleichzusetzen, was ein Künstler antwortete, würde er nach seinen Ansichten gefragt.[48] Es müssen also transformatorische Prozesse stattge-

47 Ebd., S. 364. Vgl. S. 367: »Dies künstlerische Schaffen schließt deshalb, wie die Kunst überhaupt, die Seite der Unmittelbarkeit und Natürlichkeit in sich, und diese Seite ist es, welche das Subjekt nicht in sich selbst hervorbringen kann, sondern als unmittelbar gegeben in sich vorfinden muß. Dies allein ist die Bedeutung, in welcher man sagt, das Genie und Talent müsse angeboren sein.«

48 Ingeborg Bachmann: »Frankfurter Vorlesungen«, in: Werke, Bd. 4, S. 181-271 (im Folgenden zitiert als FV); dies.: »Zur Entstehung des Titels ›In Apulien‹«, in: Werke, Bd. 4, S. 305-306 (im Folgenden zitiert als ETA). – Das schriftstellerische Werk ist laut Bachmann Ergebnis transformatorischer Prozesse, »denn eine Konzeption erscheint immer durch das Werk, immer tut sich der Anspruch kund, die Position« (FV, S. 202; Hervorhebung von mir, J.S.). Ein Anspruch, der ins Werk hineingearbeitet wurde, ist aber nicht gleichzusetzen mit dem, was ein Schriftsteller, nach seinen Ansichten gefragt, explizit äußern würde. Bachmanns Hinweis auf »die

funden haben, die zur »erfundenen Form« des Kunstwerks, seiner Formel, wie Bachmann sagt, geführt haben.[49] Es handelt sich um Prozesse, in denen laut Müller aus Willkür Genie wurde (mit Genialität meint er die Überlegenheit des Produkts über die in ihm verarbeitete Meinung) und die ein aus sich selbst heraus wirkendes Kunstwerk zum Ergebnis haben, das an seinen Wirkungen gemessen werden kann.[50] Jener Moment des Umschlags von Gedanken, Aktionen und Reaktionen im Zusammenspiel mit dem Material in das Neue – ins Kunstwerk –, den Rihm mit dem Begriff »Mutation« als einen transformativen Sprung umschreibt, ist auch theoretisch der interessanteste Moment der Kunstproduktion. Leider bleibt genau dieser Moment im Dunklen. Alle Künstler bestätigen, dass nur nachträglich festgestellt werden kann, *ob* diese Transformation stattgefunden hat. Nachträglich entscheiden sie darüber, dass es eine solche gab und ob sie als eine gelungene Transformation bewertet werden soll. Die Feststellung, »dass es stimmt«, ist nach Rihm die nachträgliche Feststellung: Hier ist etwas Ernstzunehmendes entstanden.[51] Transformationen werden in ihrer Chronologie

Interferenzen zwischen Autor und Ich« (FV, S. 221) des Textes belegen das. Wir wissen von »allen möglichen Ich in der Dichtung, dem fingierten, verkappten, dem reduzierten, dem absoluten lyrischen, dem Ich als Denkfigur…« (ebd.). Bachmann kommt es auf die Differenz zwischen dem schreibenden und dem im Schreiben konstruierten Ich an, letzteres ist Repräsentant einer eigenen Position des literarischen Textes. Auf welchem Weg kann es zu diesem Ich des Textes, zu seiner Eigenständigkeit kommen? Wie verläuft der Prozess der Verwandlung und wie der »Weg vom Prozeß zur Formel« (ETA, S. 306)? Die Autorin deutet das Verhältnis von Schreiben und Denken als einen Wechselwirkungsprozess. Darin werde die reflexive Vergegenwärtigung des Denkens, die am Anfang der literarischen Produktion stehen muss, in den Schreibfluss hineingebracht und dieses Denken in ihm und durch ihn verändert. Zwischendurch, zwischen Schreiben und Schreiben, werde das Geschriebene wieder kontrollierend zu den Gedanken ins Verhältnis gesetzt.

49 Vgl. I. Bachmann: ETA, S. 306. – W. Rihm: Offene Enden, S. 28. Das Kunstwerk (bei Rihm die Komposition als Partitur) hat eine Form angenommen. Seine Form ist das »unvermeidbare Ergebnis […] von Erfindung«. Erfundene Form ist aber nicht allein künstlerische Setzung, sondern Rihm schreibt etwas kryptisch, »daß jeder in Musik erfundene Gedanke sich seine Form schon selber ›schafft‹«. Die künstlerische Setzung bringt also einen Formbildungsprozess in Gang, an dem das Material nicht nur passiv beteiligt ist.

50 H. Müller: Gesammelte Irrtümer, Bd. 3, S. 163.

51 Vgl. W. Rihm: Offene Enden, S. 162 zum Begriff der Mutation. Der Mutationsbegriff markiert genau den transformativen Sprung, in dem sich Formbildung ereignet. Die Form muss fast gleichzeitig vom Künstler als »das Wirkliche« erkannt und somit in den Status des Kunstwerks bzw. in den Status eines seiner Elemente gehoben werden, um im Prozess nicht

von allen Künstlern gleich beschrieben: Weiß die Künstlerin, »daß es stimmt«, ist der Moment der Transformation Vergangenheit. Ebenso können Künstler diesen Moment nicht erzwingen, sie können ihn aber situativ provozieren; sie können ihm ihre Gedanken »bereitstellen«.[52] Wenn sich laut Tarkowskij in einer Bildstruktur des Films Gedankensysteme darstellen, so ist Transformation bereits geschehen.[53] Wenn nach Müller die Intentionen des Künstlers verbrannt sind im Entstehungsprozess des Werks, ist die Transformation in das Stück beendet, das der Autor selbst im Moment seiner Entstehung nicht kennen kann. »Ich schreibe mehr als ich weiß.« »Wenn ich damit fertig bin, dann kann ich darüber nachdenken…«[54] Der exakte Moment der Transformation des Gedachten, das vom Autor zum Einsatz gebracht wurde, in den literarischen Text kann laut Bachmann nicht nachträglich dezidiert nacherzählt werden, es lässt sich lediglich bestätigen, dass er stattfand.[55] Und

---

wieder verlorenzugehen. Das ist der subjektive Akt der Entscheidung (ebd., S. 43).

52 Ebd., S. 28. Auch wenn der Autor später für die gefundene Form mit seinem Namen zeichnet, kann er nicht die Transformationen erzwingen, die das Kunstwerk erst zum Kunstwerk machen. Er kann sie wollen, er kann sie situativ provozieren, er kann den Gedanken ›bereitstellen‹. Aber ob dieser »Gedanke sich seine Form […] schafft«, ob dieser kurze Moment des Transformierens stattfindet, das liegt in letzter Konsequenz außerhalb seines Einflusses.

53 A. Tarkowskij: Die versiegelte Zeit, S. 64. Das Konzept eines Films ist sein Drehbuch. Das Drehbuch bietet laut Tarkowskij noch nicht das, was den »Regisseur auch tatsächlich« zu einem »Künstler« und die »Kinematographie« zu einer »Filmkunst« macht. Der Regisseur kann aber zunächst vom Drehbuch ausgehen. Die künstlerische Arbeit am Film beginnt allerdings dann, wenn eine »eigene unverwechselbare Bildstruktur aufkommt«. Solche ist Darstellung des »eigenen Gedankensystems« des Künstlers. Wenn sich in einer Bildstruktur ein Gedankensystem darstellt, so ist einerseits bereits Transformation geschehen – Transformation von Gedachtem in Gesehenes –, andererseits kann man sich einen Film nach Tarkowskij nicht zuerst erdenken und ihn dann drehen, ist also die Verwandlung von Gedachtem in Bilder auf direktem Weg gar nicht möglich.

54 H. Müller: Gesammelte Irrtümer, Bd. 1, S. 100. Die Intentionen des Künstlers sind seine gedanklichen Vorhaben. Gelingt die Transformation im Schreibprozess, verbrennen in ihm laut Müller alle Intentionen. »Schreibend bin ich sie losgeworden.« (Bd. 1, S. 95) Das Zusammenspiel von Raumvorstellung (der Vorstellung von den »Positionen der Figuren des Stücks im Raum und zueinander«; Bd. 2, S. 41), Körpern und Ideen bringt etwas hervor, das der Autor selbst im Moment der Entstehung nicht kennen kann. »Deshalb bin ich immer in einer schwierigen Lage, wenn ich gezwungen bin, meine eigenen Texte zu interpretieren. Ich schreibe mehr als ich weiß.« (Bd. 1, S. 100)

55 Den unbewussten Anteil im Schreiben gibt Bachmann in einem Bild wieder: »Das Wasser, mit dem ein Fluß mündet, erinnert sich nicht an die

auch laut Piper bleiben sowohl der »kreative interne Prozeß« als auch das in ihm entstehende Kunstwerk »opak«.[56] Die Künstlerin ist die einzige Person, die über die Entstehungsgeschichte des Werks Auskunft geben kann, sie allein kann Vorgefallenes erinnern. Aber auch damit wirft sie nicht das entscheidende Licht auf den Moment des Umschlags.[57]

3.3 Die Vergegenwärtigung von Realität im Kunstwerk

Den Ausspruch »Kunst ist Kunst« zu akzeptieren, »käme einer Bankrotterklärung gleich«.[58] Denn darüber, *dass* Kunstwerke sich in irgendeiner Form auf außerkünstlerische Realität und nicht bloß selbstreferentiell auf Kunst beziehen, besteht unter den zitierten Künstlern (und über sie hinaus vermutlich bei den meisten) ein Konsens. Von Kunstwerken lassen sich allerdings keine tagespolitischen Lösungen oder wissenschaftlich Verwertbares erwarten, denn dieser vordergründige Anspruch an Kunstwerke beinhaltet eine falsche Vorstellung von ihrem Realitätsbezug. Bei Bachmann ist es nicht die vom Schriftsteller *dargestellte*, sondern die »*gesuchte* und manchmal gewonnene Wirklichkeit«, die das Kunstwerk im Falle seines Gelingens enthält, eine Realität des Werks,

---

Quellen, die Zuflüsse, die Ufer, die es berührt, an das Gras, über das es schäumte, und die Wurzeln und Stämme, die es mitriß.« (ETA, S. 306) Diese allegorische Darstellung umschreibt genau den eigentlich interessanten Moment im Produktionsprozess – den der Transformation des Gedachten, das vom Autor zum Einsatz gebracht wurde, in den literarischen Text. Dieser Moment könne nicht nachträglich dezidiert nacherzählt werden, es lasse sich lediglich bestätigen, dass es ihn gab. Die Transformation sei aber anwesend – im lyrischen Text selbst, denn »ein genaues Bild für Prozeß und Formel, das fällt mit dem Gedicht selbst zusammen« (ETA, S. 306).

56 A. Piper: Metakunst und Kunstkritik. – Das Kunstwerk ist nach Piper dann »in seiner höchsten Potenz« (S. 133), wenn es sich noch im Kopf der Künstlerin befindet. Dieses (noch) nicht kommunizierbare Stadium des Werkes ist zugleich dasjenige, in welchem es die Künstlerin »am meisten interessiert und am meisten beschäftigt« (ebd). Dieses Vorstadium ist bestimmt von dem Impuls, »Erfahrung zum Ausdruck [zu] bringen« (S. 160). Um diesen inneren Prozess für andere zugänglich zu machen, ist es nötig, dass die Künstlerin »Kommunikationsmethoden als separate Form(en)« (S. 133) erfindet. Sowohl der »kreative interne Prozeß« (ebd.) als auch das durch ihn entstehende Kunstwerk sind mit Pipers Worten »opak« (S. 159). Das heißt, die Produktion und das in ihr entstehende Kunstwerk sind auch für die Produzierende »unzugänglich gegenüber begrifflicher Erklärung« (S. 160).

57 Ebd., S. 131.

58 I. Bachmann: FuS, S. 198f.

die sich unterscheidet von der Realität, in der das Werk entstand.[59] Müller betont das Geschaffensein als eine formale Bestimmung des Kunstwerks. Das Geschaffensein ist die Voraussetzung der Existenz und der Eigenständigkeit einer künstlerisch gestalteten Wirklichkeit, die Müller die »andere Wirklichkeit« des Werks nennt. Der vorgefundenen Wirklichkeit wird sie etwa in Theaterstücken Heiner Müllers als Utopie entgegengehalten.[60] Sie lässt sich aber nicht für jedes Kunstwerk als Utopie bestimmen. Kunstwerke, die lediglich Versatzstücke vorgefundener Wirklichkeit als dem Leben entnommene Ausschnitte präsentieren, zeigen »ihre« Realität als zeitliche und räumliche Begrenzungen im Gegensatz zur außerkünstlerischen Realität. Sie sind als eine Auswahl und Neuzusammenstellung vorhandener Realität in der Lage, ihre eigene »totale Besetzung mit Gegenwart« zu verzögern oder sogar zu stören, und offenbaren schon deshalb die Differenz zu dieser Realität.[61] Hier

59 I. Bachmann: AWP, S. 294f.; Hervorhebung von mir, J.S. – Dass Wirklichkeit manchmal gewonnen werden kann, deutet darauf hin, dass sie erst im Schreibprozess entsteht und nicht nur durch diesen vermittelt wird.

60 Ingeborg Bachmann und Heiner Müller nähern sich der Frage nach der Darstellung von Realität in Kunstwerken von jeweils entgegengesetzter Seite. Während Bachmann dafür plädiert, Kunstwerke an ihren außerkünstlerischen Wirkungen zu messen, betont Müller die formale Seite des Kunstwerks als eine Differenz dargestellter Realität zur vorgefundenen, außerhalb des Kunstwerks existierenden. Mit der Form des Kunstwerks steht und fällt »ein Moment von Utopie«, repräsentiert in dieser Form. Müller betont also gerade die Künstlichkeit der Kunstwerke, die formale Bestimmung ihres Geschaffenseins im Verhältnis zu ihrer Umgebung, und definiert die »wichtige politische Funktion von Theater« als Resultat der »anderen Wirklichkeit« des Kunstwerks (Gesammelte Irrtümer, Bd. 2, S. 47). Dabei ist ihm das Anliegen Bachmanns, Kunstwerke müssten nach ihren außerkünstlerischen Wirkungen befragbar sein, selbstverständlich. Müllers Kommentare sind von der Sorge getragen, dass die Rezipienten dem Irrtum unterliegen könnten, Realität stelle sich so in Kunstwerken dar, wie sie uns andernorts auch entgegenkommt. Die eigenständig gestaltete künstlerische Wirklichkeit im Werk nennt Müller eine »andere Wirklichkeit« (ebd.).

61 Müller hebt an mehreren Stellen in den Interviews die Differenz seines Werkbegriffs zu dem von Botho Strauß hervor, den man als einen Künstler beschreiben könne, der lediglich Versatzstücke aus der Realität präsentiere: »Botho Strauß ist ein Fotograf. Er fotografiert die Bundesrepublik, das ist in Ordnung. Mehr sehe ich da nicht. Man kann sich darüber streiten, ob das Dramatik ist.« (Gesammelte Irrtümer, Bd. 1, S. 148) Kann die Form in Strauß' Kunstwerken – und in allen ähnlich erzeugten – ebenfalls die Rolle spielen, dass durch sie ein Moment von Utopie hergestellt wird, wie Müller das für seine eigenen Stücke in Anspruch nimmt? Zumindest spielt das Formale auch in dieser Gruppe von Kunstwerken eine Rolle: »Es gibt in seinen Texten manchmal etwas seltsam Schillerndes.« (Bd. 3, S. 219) Wenn Künstler mit Wirklichkeitsausschnitten arbeiten, so

bietet es sich an, an Pipers Definition von Kunstwerken zu erinnern, diese müssen nicht mehr hergestellt sein im klassischen Sinn, sondern können ebenso gut von Künstlern einfach ausgewählt werden. Auch diese Gegenstände oder Situationen haben nach Piper ihre »eigene Realität«, die sich von der Realität anderer Gegenstände bzw. Situationen unterscheidet.[62] Spricht Rihm von der Abbildung des Lebens »auf anderer Ebene«, meint er Ähnliches, nämlich dass Planung und künstlerische Setzung, die sich in der Dramaturgie der Produktion vollziehen, die Ursachen dafür sind, dass das Werk durch seine Eigenschaften der Länge und der Gestalt erfassbar wird im Unterschied zum Erleben der Komplexität und Unendlichkeit und damit Nicht-Erfassbarkeit unspezifischer Wirklichkeit. Er begründet so die Differenz zwischen der im Kunstwerk vergegenwärtigten und der ungestalteten Wirklichkeit. Letztere bleibt ansonsten als »nonfunktionale Peristaltik von Werden und Vergehen« nicht-fassbar; durch das Kunstwerk als Begrenztes kann sie spürbar gemacht werden. So spiegelt das Werk laut Rihm nicht allein die subjektive Willkür seines Urhebers wider, sondern ist geeignet, außerkünstlerische Realität in einem generellen Sinn zu verdeutlichen.[63] Als Wieder-

liegt schon in der bloßen (durch Auswahl bestimmten) zeitlichen und räumlichen Begrenzung dieser Ausschnitte ein Moment der Differenz zur außerkünstlerischen Wirklichkeit. Müllers Beschreibung der Arbeitsweise des Theaterautors Botho Strauß entspricht der Beschreibung Jean Bollacks vom künstlerischen Produzieren als »Verfahren von Einschluß oder Ausschluß, die auf Wahl beruhen«, sehr genau. Siehe oben, Kap. II.1: Reflexivität und Handlungsspielraum.

62 A. Piper: Metakunst und Kunstkritik, S. 58: »Indem ich [als Künstlerin, Anm. von mir, J.S.] diese objektifizierten Wahrnehmungen mit Bedacht als Produkte eines ästhetisch informierten Bewußtseins registrierte, wurden sie zur Kunst. Ich funktionierte somit als aktive Kunst-Sortiererin, die vermöge ihres Kunstbewusstseins bestimmten Objekten der Umgebung (darunter menschlichen) Kunststatus zuerkannte.«

63 W. Rihm übt scharfe Kritik am immer wieder anzutreffenden Urteil, Kunstwerke spiegelten allein die subjektive Willkür ihrer Autoren wider und seien daher nicht in der Lage, Realität darzustellen. Seiner Ansicht nach bilden Kunstwerke Realität ab, aber nicht in einem direkten Sinn, sondern sie sind die Abbildung des Lebens »auf anderer Ebene« (Offene Enden, S. 156). Da es sich bei Musik immer um einen Vorgang handelt, der in einer Zeit abläuft, werden die Rezipienten von der Musik zur »eigenen Verlaufsform: zum Leben« (S. 167) geführt. Realität als »nonfunktionale Peristaltik von Werden und Vergehen« (S. 229) wird durchs Kunstwerk spürbar gemacht. Denn sie wurde im Produktionsprozess einer »gestaltenden Dramaturgie« (S. 229) unterworfen. Die Planung und künstlerische Setzung, die sich in der Dramaturgie der Produktion vollzieht, begründet die Differenz der im Kunstwerk gestalteten Wirklichkeit zur ungestalteten. Sie ermöglicht es Rezipienten, Nicht-Verstehbares »nachzuverstehen« (S. 229), und dies nicht allein begrifflich.

gabe der Realität mit poetischen Mitteln bezeichnet Tarkowskij das Kunstwerk, dem durchaus eine Genauigkeit der »Wiedergabe von Empfindungen«, von »subjektiven Vorstellungen« und »seelischen Zuständen« seiner Urheberin zukommen. Dieser »Reflex der Wirklichkeit«, der laut Tarkowskij nicht mit der Wirklichkeit selbst verwechselt werden soll, beruht auf einem intuitiven Erfassen der Welt, das durch Unschärfe gekennzeichnet ist. Denn Wirklichkeit selbst ist laut Tarkowskij in ihrer reinen Form nicht darstellbar, wenngleich ihrer Beobachtung eine entscheidende Rolle für die Produktion zufällt.[64] So beruht auch hier die Differenz zwischen der »anderen Wirklichkeit« des Kunstwerks und einer vorgefundenen Wirklichkeit auf der Art der Auswahl bzw. Wiedergabe durch die Produzentin.[65]

So wie sich die eigene Realität des Kunstwerks von der vorgefundenen Realität unterscheidet, zu der sie eine vergegenwärtigende Beziehung (wie oben beschrieben) unterhält, so lässt sich zudem die spezifische Realität der Rezipienten in dieses Verhältnis eintragen. Die andere Wirklichkeit des Werks ist nach Müller die Grundlage dafür, dass Bezüge der Rezipienten zum Kunstwerk nicht aufgehen in der Wirklichkeit, »aus der Zuschauer kommen und in die sie gehen«.[66] Dies bedeutet, dass sich die Wirklichkeit des Kunstwerks nie allein aus der Wirklichkeit seiner Rezipienten, sondern als Differenz zu ihrer Realität konstitu-

64 A. Tarkowskij: Die versiegelte Zeit. – Weil uns bereits alltägliche Wahrnehmung Sinneseindrücke ohne »scharf umrissene Konturen« (S. 26) vermittelt, kann die Wiedergabe der Realität nur »mit poetischen Mitteln adäquat« (S. 34) erfolgen. Poetische Mittel sind das Gegenteil von »dokumentarischer Authentizität« (S. 159), die es laut Tarkowskij unmöglich im Kunstwerk geben kann, denn in jedem filmischen Kunstwerk spiegelt sich die spezifische Unschärfe der Wahrnehmung eines jeweiligen Autors wieder. Eine Genauigkeit bei der Darstellung von Wirklichkeit gibt es dennoch: Es ist die »Getreue der Wiedergabe von Empfindungen« (S. 26), »subjektiven Vorstellungen« und »seelischen Zuständen« (S. 31), die vom Autor im Kunstwerk gestaltet sind. Das Kunstwerk ist somit ein Gegenstand, der eine »unverwechselbare und komplexe Welt errichtet« (S. 36), Tarkowskij bezeichnet es als »Reflex des Wirklichkeitsbildes« (ebd.). Dieser Reflex ist also nicht zu verwechseln mit der Wirklichkeit selbst. Jedoch spielt die »unmittelbare Beobachtung« (S. 101) dieser Wirklichkeit eine entscheidende Rolle, ist sie doch die Grundlage für das »intuitive Erfassen« der Welt, ja sogar »sämtlicher Gesetzmäßigkeiten der Welt« (S. 43), die im Kunstwerk vermittelt zur Darstellung kommen.

65 Ich werde an dem Terminus der »anderen Realität des Kunstwerks«, den ich von Heiner Müller übernommen habe, im Folgenden festhalten. Mit ihm wird lediglich die Differenz zwischen einer Realität, auf der das Kunstwerk gründet, und einer neuen, im Kunstwerk entstandenen Realität erklärt, ohne dass damit die Idee eines Über- oder Unterordnungsverhältnisses beider Realitäten verbunden wäre.

66 H. Müller: Gesammelte Irrtümer, Bd. 1, S. 109.

iert. Die Veränderung der Rezipientenrealität, die Adrian Piper anführt, beruht auf der verändernden Wirkung, die Kunstobjekte ausüben. Als »katalytische Agenten« seien Kunstwerke laut Piper in nahezu allen Ästhetiken beschrieben, die Betonung liege aber meistens auf dem, was Rezipienten am Kunstwerk und mit diesem erfahren. Piper kommt es indessen darauf an, Kunstwerke als *intentionale* Auslöser der Veränderungen bei Rezipienten zu beschreiben.[67] Über die Weise, wie Kunstwerke Veränderungen bedingen, ist etwas bei Bachmann zu erfahren: Während das Unfertige des Kunstwerks, seine »toten Stellen«, einerseits die Unmöglichkeit der Erfüllung rezipientischer Ansprüche demonstriert und so die Sehnsucht der Rezipienten nach Dialog und Verstehbarkeit aktiviert, provozieren seine gelungenen Stellen andererseits die Hoffnung, vom Werk »den ganzen Ausdruck für den [...] Menschen und die Welt« gezeigt zu bekommen und somit den künstlerischen Anspruch des Werks einzulösen.[68] Systematisch festzuhalten ist also zunächst, dass die »eigene Realität« des Werks nicht seine Unschärfe, ja eine Ambivalenz seiner internen Elemente ausschließt. Die Ambivalenz bzw. Opazität des Kunstwerks wiederum ist eine Ursache für seinen Bedeutungsüberschuss, der gegenüber den Kunst-Erlebnissen und Interpretationen der Rezipienten bestehen bleibt. Ein Kunstwerk, das mit einem Anspruch geschaffen wurde, etwas zu bedeuten, kann also gleichwohl als ambivalent erfahren werden.

Wie hängen Erfahrung der Ambivalenz und Erfahrung der Evidenz genau mit dem Werk selbst zusammen? Die Erfahrung einer Evidenz des Werks muss sich nicht auf *direktem* Wege des »Einleuchtens« einer offenkundigen Klarheit und Übersichtlichkeit seiner Struktur (als einer Ordnung, die sich stringent vermittelt) einstellen. Sowohl die Störungs- als auch die Evidenzerfahrung ist etwas, das durch das Kunstwerk selbst verursacht wird. Im Zusammenspiel des Werks und der Rezipienten evoziert das Werk eine Sehnsucht nach Realitätsverständnis. Da es aber

67 Was auf den ersten Blick wie ein selbstverständlicher Fetischismus der Veränderung aussieht, ist aus der Perspektive der Künstler eine Bedingung der Möglichkeit außerkünstlerischer Bezugnahme. Es ist für Künstler ein Unterschied ums Ganze, ob eine Veränderung der Rezipienten überhaupt vorgestellt werden kann oder nicht. – A. Piper: Metakunst und Kunstkritik, S. 127ff.: »Das Werk ist ein katalytischer Agent, da es eine Veränderung in einer anderen Entität (dem/der BetrachterIn) fördert, ohne selbst irgendeine dauerhafte Veränderung zu erfahren.« »Die Vorstellung von einem Kunstobjekt als Potential oder katalytischem Agenten ist in nahezu jeder Ästhetik vorhanden, wenn auch nur implizit. In den meisten Fällen ist dieser Aspekt jedoch eher eine Frage des Betrachters oder der Betrachterin und des Kritikers oder der Kritikerin als eine des Künstlers oder der Künstlerin...«

68 I. Bachmann: FV, S. 268.

etwas Nicht-ganz-Vollkommenes anbietet, bemühen sich die Rezipienten, das teilweise widerständige Werk in den eigenen Wahrnehmungs- und Sinnhorizont einzugliedern.

»Wenn Wahrnehmung immer schon *dialogisch* funktioniert, indem die Sinne auf Angebote oder Ansprüche der Umwelt *antworten*, zugleich aber auch eine Disposition dafür aufweisen, das Mannigfaltige allererst zu einer Wahrnehmungstextur zusammenzufügen, es also als Einheit zu konstituieren, so bieten ästhetische Praxisformen die Chance, diese synthetisierende, leibliche Aktivität sinnlicher Erfahrung gerade auf dem Weg ihrer gezielten Erschwerung zu intensivieren und als Suche, Enttäuschung, Entzug und Wiederfinden bewußt werden zu lassen.«[69]

Die Unmöglichkeit der Konstitution einer Wahrnehmungs- und Sinneinheit des Werks durch seine Rezipienten, von der Hans-Thies Lehmann hier spricht, ist offenbar keine absolute, sondern gleichsam bloß eine partielle Unmöglichkeit. Nicht nur die Störung der Erfassbarkeit des Werks durch seine Ambivalenz, sondern auch ein *Wiederfinden* eigener Realität im Arrangement des Kunstwerks sind nämlich für die Charakterisierung rezipientischer Realitätsvergegenwärtigung von Bedeutung. Anders gesprochen: Die Störung der Rezipienten durch die Ambivalenz des Werks gehört zu seiner Evidenz, denn das Wiederfinden des Eigenen einerseits und dessen Modifizierung durch die ambivalente bzw. mangelhafte Struktur des Werks andererseits verbinden sich in der gelingenden Rezeption als eine Evidenzerfahrung *am* Kunstwerk, die als Evidenz *des* Kunstwerks erlebt wird. Die spezifische Weise der Evidenz-Erzeugung, an die eine spezifische Wahrnehmung von Realität geknüpft ist, ist jeweils ein Effekt des konkreten Kunstwerks und seiner spezifischen Materialität

3.4 Das künstlerisch intendierte Thema

Die intendierte Thematik sollte niemals unmissverständlich aus dem Kunstwerk hervorgehen – dieser Meinung Tarkowskijs schließen sich die anderen Künstler an.[70] Wofür steht der Terminus »unmissverständ-

69 Hans-Thies Lehmann: Postdramatisches Theater, Frankfurt/Main 1999, S. 144.

70 A. Tarkowskij: Die versiegelte Zeit, S. 52. Am Beispiel der Sixtinischen Madonna von Raffael, deren natürliche Haltung zu ihrem Kind sehr oft in der Kunstgeschichte als ein Zeichen für das seinerzeit neu entstehende Selbstbewusstsein des Bürgertums gedeutet wurde, demonstriert Tarkowskij die Gefahr, die in der Erwartung liegt, im Kunstwerk könne sich die Absicht des Künstlers, einen Gedanken zu klären, realisieren.

lich«? Sicher nicht dafür, dass es missverständlich sein müsse, womit sich ein Kunstwerk beschäftigt, welche Aspekte der Welt und der Lebenswelt in ihm thematisiert werden. Doch bildete das Werk nur die Intention der Produzentin illustrierend ab, so wäre es als thematische Darstellung überflüssig, denn es gliche seiner sprachlichen Vorformulierung. Es fehlte der transformierende Prozess, in dem die intendierte Thematik sich verwandelt. Kein gelungenes Kunstwerk kann allein aus einem gedanklich formulierten Thema bestehen, sagt auch die Konzeptkünstlerin Adrian Piper.[71] *Eine* Möglichkeit der Modifizierung von Themen ist deren Destruktion, so wie Müller sie beschreibt: Konkrete Ideen des Autors werden laut Müller im gelungenen Werk nicht illustriert, sondern im Prozess ihrer Hineinarbeitung in die andere Wirklichkeit des Werks in ihrer ursprünglichen Form zerstört. Fragen, die das Theaterstück selbst stellt, entsprechen nicht mehr den Fragen, welche die Person des Autors formuliert – vor und nach der Arbeit am Stück: »Ich habe mit meinen Kommentaren nie das Niveau meiner Stücke erreicht.«[72]

Auch Tarkowskij bewertet das künstlerische Produkt, den Film, höher als die individuellen Reflexionen seines Autors: So sind »Gedanken und Ideen« des Films »stets mehr, als die, die der Autor [...] bewußt in ihm angelegt hat.« Der gelungene Film besitzt laut Tarkowskij nämlich das Merkmal, »typisch« zu sein; er existiert als ein Überschuss, der über die bewussten Intentionen seiner Produzentin generalisierend hinausgeht. Bereits im Vorfeld der Arbeit übersteigt nach Tarkowskij der unbewusste Anteil der Beschäftigung der Künstlerin mit dem Thema ihre bewusst formulierbaren Intentionen, und auch dieser unbewusste Teil geht in den Prozess der Werkherstellung mit ein.[73] Der formulierten

71 A. Piper: Metakunst und Kunstkritik, S. 83. Den Begriff der »Idee«, der zweifelsohne der zentrale Begriff in Pipers Darstellung von Kunstwerken und deren Herstellung ist, fasst sie so weit, dass sich nicht allein gedanklich Reformulierbares in ihm findet. »Der Spielraum einer guten Idee ist zu weit, um direkt formuliert zu werden...« Sinnliche Phänomene und Materialeigenschaften gehören daher für Piper zum Referenzbereich des Begriffs »Idee«.

72 H. Müller: Gesammelte Irrtümer, Bd. 3, S. 157.

73 Bereits bei der Findung des Themas gehen Künstler laut Tarkowskij nicht allein systematisch vor. »Das Thema reift [...] wie eine Frucht heran...« (Die versiegelte Zeit, S. 48), d.h. es gibt einen großen Anteil von Gefühlen und Assoziationen, die schon im Vorfeld der Arbeit wirken. Vor dem Beginn der Arbeit ist das Verhältnis des Künstlers zu seinem Thema ein sprachlich vorerschlossenes. Im Arbeitsprozess kommt die Ebene der sinnlichen Bearbeitung hinzu – der Film wird komplexer und unüberschaubarer als die Ausgangsabsicht. So sind »seine Gedanken und Ideen stets mehr, als die, die der Autor des Filmes bewußt in ihm angelegt hat« (S. 125). Es hat also eine Transformation des »Einmaligen und Unwiederholbaren«, des an die Individualität des Künstlers Geknüpften in »Typi-

Absicht des Künstlers folgt laut Rihm in der Chronologie des Produktionsprozesses eine *Handlung*. Für diese Handlung erstrebt der Künstler paradoxerweise einen Zustand der »Absichtslosigkeit«. Um Absichtslosigkeit herzustellen, bedarf es der absichtsvollen Planung, »erst in einem Punkt fortgeschrittenster Absicht« kann der Künstler »von aller Vorplanung absehen«.[74] Nun ist klar, dass *viele*, aber nicht klar, ob *jede* Künstlerin die Absichtslosigkeit als ein angestrebtes Merkmal der Produktion beschreiben würde. Eines demonstriert die Schilderung Rihms aber genau, nämlich dass (beschreibbare) Absichten präsent sind, die im Verlauf der Handlung modifiziert werden. Nach Piper ist es auch möglich, dass der unbewusste Anteil an der Produktion sich als eine von der Autorin selbst nicht gekannte Absicht erst nach der Beendigung des Werks erweist. Künstlerische Absichten, die Müller und Bachmann als Leitgedanken bzw. als zum Scheitern verurteilte Utopien beschreiben, sind konstitutiv für die Entstehung der Werke einer Künstlerin.[75]

Ich fasse das 3. Kapitel zusammen: Die Versuche der Künstler, ein Weltverhältnis oder einen spezifischen Wirklichkeitsbezug zu formulieren, müssen mit angemessenen Materialien auf angemessene Art und Weise »ausgearbeitet« werden, so dass etwas von der Wirklichkeit Verschiedenes und eigenständig Evidentes entsteht, das einen Bezug zur ihm äußerlichen Wirklichkeit verkörpert. Den Terminus »ausarbeiten« verstehe ich so, dass Sichtweisen adäquat, d.h. in nichtbeliebiger Weise, zugleich aber auch transformatorisch ins Werk gesetzt werden und dabei etwas grundsätzlich Neues entsteht, das weder mit der (prinzipiell begrifflich fassbaren) Ausgangsfragestellung noch mit einem beliebigen sinnlich erscheinenden nichtkünstlerischen Gegenstand oder einer nichtkünstlerischen Situation ohne Weiteres vergleichbar ist.

sches« (S. 118), dessen Geltung über die Individualität des Künstlers hinausgeht, stattgefunden. Die Komplexität des gelungenen Kunstwerks bietet vielseitige Möglichkeiten zur Rezeption, die über die »Klärung eines Gedankens« weit hinausgehen (S. 52).

74 W. Rihm: Offene Enden, S. 112.

75 Vgl. A. Piper: Metakunst und Kunstkritik, S. 133. – H. Müller: Gesammelte Irrtümer, Bd. 2, S. 22f.: »Ich glaube, da ist von Anfang an ein Konzept, ein Entwurf da, und der wird, so lange die Zeit reicht, ausgeführt.« – I. Bachmann: FuS, S. 194. Eine Thematik, die der Schriftsteller seinem Werk als eine Art Leitgedanke überordnet, nennt Bachmann eine zum Scheitern verurteilte Utopie. Aber trotz des vorprogrammierten Scheiterns machen »alle Denkversuche das Buch erst zu dem, was es ist«.

4. Das Werk und die Rezipienten

4.1 Die Beschaffenheit des Kunstwerks

Was lässt sich über die Beschaffenheit von Werken sagen, wenn man von der Prämisse ausgeht, dass Kunstwerke sich nicht durch eine Aufzählung einzelner formalästhetischer Merkmale charakterisieren lassen? Obwohl Rihm und Tarkowskij einen dialektischen Gegensatz im Kunstwerk selbst konstruieren, der durch die Spannung zwischen Struktur und Unstrukturiertheit, zwischen »unkontrollierter Organik des Wuchses« und »strukturbildender Setzung« konstituiert wird, fassen die beiden das Werk zum Schluss doch als eine Einheit,als übergeordnete Struktur, als eine »Gesamtheit« auf.[76] Hier besteht ein Dissens zu Müller, der nicht

76 W. Rihm: Offene Enden. – In die Komposition wird einerseits die künstlerische Bewegung eingeschrieben, deren Intention nach Rihm die Auflösung von Strukturen ist. Andererseits konstatiert Rihm einen Hang »unserer Geistigkeit« zur Strukturiertheit, die sich ebenfalls im Kunstwerk niederschlägt: »[W]enn wir [...] Strukturen auflösen, finden wir stets die nächstübergeordnete Struktur« (S. 124). In einem vergleichbaren Verhältnis, so Rihm, stehen der »Wuchs« (S. 126) des Kunstwerks und die künstlerische Entscheidung. Die Zuordnung von Struktur und Unstrukturiertheit scheint aber in diesem Verhältnis gerade umgekehrt zu sein: Die künstlerische Entscheidung steht in diesem Fall im Kontrast zur unkontrollierten Organik des Wuchses, sie steht für strukturbildende Setzung. Aus einer »Versuchsanordnung« (S. 75), die der Künstler einrichtet und die eine »Eigengesetzlichkeit« (S. 166) des Kunstwerks provoziert, entsteht Identität. Diese beschreibt Rihm dialektisch auch als Unentschiedenheit, »weil die Antinomien in Auflösung begriffen sind«. So ist am Ende doch die Einheit das übergeordnete Merkmal musikalischer Kunstwerke – wenngleich immer im Kontrast mit der Dynamik seiner uneinheitlichen Elemente. »Bei offensichtlicher Unbezogenheit der Teile fügt sich alles dennoch, als hätte es Bezug.« (S. 124)
Tarkowskij zufolge ist ein Film eine Einheit, die aus »Filmteilen« besteht (Die versiegelte Zeit, S. 125). Die Filmteile stehen zueinander in einem inhaltlichen, aber auch in einem zeitlichen Spannungsverhältnis. Der Sinn des ganzen Films ergibt sich nicht durch die Sinnhaftigkeit einzelner Elemente, sondern erst aus der Weise ihrer Montage. Die Montage wird von Tarkowskij als »Form der Vereinigung von Filmteilen unter Berücksichtigung des in ihnen herrschenden Zeitdrucks« (ebd.) beschrieben. Der »filmische Rhythmus« steht nicht nur für die Spieldauer der einzelnen Filmteile und für das Verhältnis dieser Teile untereinander, sondern auch für den »Spannungsbogen der in ihnen ablaufenden Zeit« (ebd.). Vermutlich meint Tarkowskij damit den Grad der Raffung von dargestellter Lebenszeit, z.B. die Darstellung von Situationen, die synchron zur Zeit der Zuschauer verlaufen oder das Zusammenfassen eines langen biografischen oder historischen Zeitabschnitts, aus welchem Episoden mitgeteilt werden. In jedem Fall müssen die einzelnen Teile des Films durch das Verhältnis, in das sie zueinander gesetzt sind, eine »Gesamteinheit« (S. 122) bilden.

mehr von der Einheit des Werks sprechen würde, der die Idee der Einheit eher im »Widerschein der Möglichkeit einer Überwindung« sieht. Überwunden werden sollen Prozesshaftigkeit und Fragmentarität, die beide an erster Stelle durch das Werk präsentiert sind. Müller setzt beides parallel zur menschlichen Erfahrung außerkünstlerischer Wirklichkeit und gelangt so zur Idee der Einheit als einer utopischen Idee, die durch die Offenheit des Werks nur mehr aktiviert, nicht aber selbst präsentiert wird.[77] Es sind die Fehler, das Nicht-Perfekte für Müller, bei Tarkowskij die Weise der Montage der einzelnen Teile, die einen Anknüpfungsanlass für die Rezipienten bilden. Hier soll zunächst festgehalten werden, *dass* es unter anderem die Struktur des Kunstwerks ist, die einen Einfluss auf die Weise seiner Rezeption ausübt.

Schreiben Künstler über die Beschaffenheit des Kunstwerks, so meinen sie – auch das gilt es festzuhalten – die des gelungenen Kunstwerks. Das, was Rihm, Tarkowskij als tatsächliche Einheit und Müller als Vorgriff auf die Idee der Einheit des Kunstwerks bezeichnen, könnte man in den Begriff der Evidenz des Kunstwerks einbeziehen. Die Künstler verwenden den Evidenzbegriff zwar nicht, aber sie erläutern im Einzelnen und konkret die Aspekte, aus denen sich ihr eigener Anspruch, ein gelungenes Kunstwerk zu schaffen, zusammenfügt. Diese Aspekte lassen sich unter dem Titel einer Evidenz des Kunstwerks und eines Evidenzanspruchs der Produzentin (phänomenologisch und hermeneutisch) auf

77 Brechts Gedanke, dass die Fehler das seien, »was den Kunstwerken die Dauer verleiht« (H. Müller: Gesammelte Irrtümer, Bd. 1, S. 35), lässt sich sowohl auf die geschriebene als auch auf die inszenierte Fassung eines Theaterstücks anwenden. »Solange sie Fehler haben, solange sie nicht perfekt sind, kann man sie gebrauchen, kann man etwas mit ihnen machen.« (Ebd.) Die so von Brecht eingeforderte Prozesshaftigkeit und Offenheit des Werks erscheint bei Müller in vielfältigen Spielarten der Beschreibung wieder: Er gibt Stücken mit drei und vier Handlungsabläufen, die sich überlagern, den Vorzug vor solchen mit einem einzigen Verlauf der Handlung; er interessiert sich für das Fragmentarische aller Arbeiten: »Nichts ist fragmentarischer als eine runde Sache, als ein geschlossenes Stück; da muß man viel mehr abhacken und weglassen, um etwas scheinbar Geschlossenes herzustellen.« (Bd. 1, S. 113) Er fordert Lebendigkeit, die dadurch entsteht, »daß ein Element immer das andere in Frage stellt« (Bd. 2, S. 47), und verlangt, dass »etwas Unauflösbares« da sein muß »bei aller analytischen Anstrengung« (Bd. 2, S. 44). Auch im Verlauf der Aufführungsgeschichte eines Stückes ist »mal die eine Schicht an der Oberfläche [...] und in einer anderen Situation und Generation eine andere« (Bd. 2, S. 54). Leerstellen und Lücken sind konstitutive Elemente von Werken. In der Form, von deren »Eleganz« und »Schönheit« er trotz aller Prozessualität und Fragmenthaftigkeit spricht, liegt »das utopische Moment« des Kunstwerks, »der letzte Widerschein der Möglichkeit einer Überwindung«, eine Andeutung, »daß Überwindung möglich ist« (Bd. 1, S. 180).

den Begriff bringen. Deshalb schlage ich vor, die von den Künstlern konzipierte Einheit des gelungenen Werks, die sich (wie bei Bachmann dargestellt) unter anderem aus ambivalenten Werkstrukturen ergibt,[78] als eine angestrebte Evidenz und die künstlerische Absicht, ein gelungenes Werk zu schaffen, als Künstler-Evidenzanspruch zu bezeichnen. Die formale Einheit des Kunstwerks, auf der die Künstler trotz der erläuterten Ambivalenz seiner Elemente bestehen, interpretiere ich als ein »Mehr« des Kunstwerks gegenüber seiner Rezeption. Diese Einheit (und folglich dieser Bedeutungsüberschuss) ist nach der Auskunft der Künstler immer gekoppelt an das (nicht nur formal zu beschreibende) Weltverhältnis des Kunstwerks, wie im dritten Kapitel dargelegt wurde.

4.2 Das Verhältnis von Kunstwerk und Rezipienten

In diesem Abschnitt wird nach dem Anteil des Kunstwerks im Verhältnis zum Anteil seiner Rezipienten im Prozess der ästhetischen Erfahrung gefragt, und zwar zunächst aus der Perspektive der zitierten Künstler. Dazu trage ich zuerst die Bestimmungen des Kunstwerks, wie sie von den Künstlern vorgenommen werden, zusammen. Anschließend charakterisiere ich die Disposition der Rezipienten. In einer Art Synthese versuche ich zuletzt, aus dem Zusammenspiel von beidem eine Bestimmung der Situation der ästhetischen Erfahrung abzuleiten.

Es lässt sich nach Ansicht Ingeborg Bachmanns keine Liste von Merkmalen erstellen, die Literatur zu guter Literatur machen würden, denn suchten wir in den Werken »nach glücklichen Merkmalen von Qualität«, kämen wir zu keiner »Gewähr für Authentizität«.[79] Verallgemeinert bedeutet das: Gelungene Kunstwerke sind nicht als eine Gruppe von wahrnehmbaren Gegenständen und/oder Situationen beschreibbar, die durch bestimmte aufzählbare formale Eigenschaften gekennzeichnet wären. Auch der Erfolg in einer vom Zeitgeschmack geprägten Öffentlichkeit oder wissenschaftliche Analysen einzelner Werke können laut Bachmann keine Qualitätskriterien literarischer Texte sein.[80] Versucht man dennoch, Kunstwerke näher zu bestimmen, muss man von formalästhetischen Erläuterungen im Sinne allgemeiner Bestimmungen ihrer äußerlichen Form absehen. Abseits solcher Bestimmungen lassen sich aber Dispositionen finden, die Kunstwerke als Kunstwerke charakterisieren und Bedingungen ihrer Gelungenheit indizieren. Das Wie der

78 Zu Bachmann vgl. Kap. II.3.3: Die Vergegenwärtigung von Realität im Kunstwerk.

79 I. Bachmann: FuS, S. 193.

80 I. Bachmann: FV, S. 259f.

Umsetzung dieser Dispositionen bleibt freilich im Einzelfall verschieden.

Zuerst lässt sich sagen, dass jedes Kunstwerk nach dem Prozess seiner Herstellung getrennt von den Ausgangsideen seiner Produzenten, getrennt auch vom Herstellungsprozess und von der Erfahrung seiner Rezipienten existiert.[81] Dies scheint mir auch auf Musik, Theater oder partizipatorische situationsorientierte Arbeiten zuzutreffen. Denn gleichsam in dem Moment, in welchem das Werk durch eine Handlung, z.B. eine Aufführung oder eine aktive Beteiligung seiner Rezipienten vollständig wird, ist es bereits von seiner Produktion getrennt. Die konkrete Realisierung des einzelnen Werks ist eine Tatsache, mit der sich Rezipienten auseinanderzusetzen haben. Es gibt kein Dahinter, kein Eigentliches, das *durch* das Stück dargestellt werden kann.[82] Geht man mit Müller davon aus, dass Kunstwerke »Erfahrenes und nicht Begriffenes« behandeln,[83] ergeben sich die zwei Ebenen des Kunstwerks, die Müller etabliert: die der »Information« und die des »Ausdrucks«. Beide sind nicht voneinander getrennt, sondern das Kunstwerk ist in seiner Komplexität eine Synthese der informativen Aspekte in der konkreten unverwechselbaren formalen Art und Weise, in der sie erscheinen. Das heißt, die Ausdrucksebene des Werks hängt untrennbar zusammen mit seiner Form, mit seiner Konstruktion, mit der Art seines Gemachtseins.[84] Rihm sagt, das Kunstwerk besitzt eine »Gestalt«. Während die Ebene der Information bei jedem einzelnen Kunstwerk unterschiedlich präsent ist, lässt sich auf die Gestalt im Sinne des Wie des Gemachtseins des Kunstwerks nie verzichten.[85] Eine Gestalt, und sei sie noch so unspektakulär, muss ein Kunstwerk immer haben. Sie ist die Bedingung der Möglichkeit seiner Existenz. In Bezug auf den spezifischen Kontext der Rezeption schreiben Künstler Kunstwerken ein Moment der Aktivität

81 A. Piper: Metakunst und Kunstkritik, S. 127.

82 H. Müller: Gesammelte Irrtümer, Bd. 1, S. 108.

83 Ebd., Bd. 3, S. 161.

84 Ebd., Bd. 1, S. 99. »Information« steht laut Müller für die Verstehbarkeit des Theaterstücks.

85 Nach Rihm initiiert die Tatsache, dass Musik, obwohl sie situationistisch ist, eine »Gestalt« besitzt (Offene Enden, S. 29), die Möglichkeit ihrer Fassbarkeit, ja sogar die ihrer Begreifbarkeit. »Das Nichtbewältigbare in schöner Gestalt« (S. 232) tritt an den Menschen heran und berührt ihn. Das soll wohl heißen, dass das, was im Hörer durch die musikalische Situation aktiviert wird, durch eine Situation, die einerseits fassbar und so bewältigbar bleibt, weil sie in begrenzten räumlichen und zeitlichen Dimensionen gegeben ist, andererseits nicht von ihm allein bestimmt werden kann. Das Ausgeliefertsein besteht darin, eben nicht wählen zu können, welche Gedanken, Emotionen und biografischen Erinnerungen im Moment des Musikhörens wachgerufen werden.

ein, etwas Evokatorisches, das in den Werken selbst liegt. Was wird als Ursache dieses evokatorischen Charakters der Werke genannt? Nach Bachmann enthalten Kunstwerke Voraussetzungen in sich selbst, »die sich jeder endgültigen Absprache und Einordnung entziehen«. Ungeschliffene Bruchstellen im Werk, seine Fragmenthaftigkeit, Mängel und Fehler, die es enthält, seine Lücken und Leerstellen, seine Organisation der Unordnung bedingen das, was Tarkowskij als ein Merkmal »großer Meisterwerke« (also gelungener Werke) bestimmt: Sie weisen eine »Ambivalenz« auf, eine Nicht-Festgelegtheit.[86] Dieses strukturelle Merkmal gilt laut Müller auch für sogenannte vollendete, also nicht nur als Fragment existierende Werken. Es läßt sich auch unter dem Begriff des Unfertigen fassen.[87] Im Begriff des Unfertigen steckt ein Plan, ein Ziel, ein Ideal, wie das Kunstwerk sein *könnte.* Dieses Ideal oder Versprechen ist die Ursache der »dialogischen Potenz« des Kunstwerks. Das bedeutet nach Rihm nichts anderes, als dass das Kunstwerk einen »Anspruch [...] auf allgemeine Verstehbarkeit aus eigener Kraft« erhebt.[88] Diese allgemeine Verstehbarkeit kann (nach müllerschem Vokabular) nur im Sinne eines »Verstehens« der Synthese von Information und Ausdruck im Kunstwerk gedeutet werden; sie unterscheidet sich somit von begrifflichen Sinnunterstellungen an nichtliterarische sprachliche Aussagen kraft der Präsenz der Ausdrucksebene; übersetzt aus Müllers Vokabular heißt dies: kraft der Materialität des Kunstwerks. Die Art, wie das Kunstwerk seine Mängel präsentiert, bezeichnet Müller gelegentlich als eine »präzise Formulierung«.[89] Dies scheint mir darauf zu verweisen, dass die Organisation der spezifischen Unordnung im einzelnen Kunstwerk keine beliebige sein kann.

Eine Beschreibung der grundlegenden Rezipientendisposition, die sozusagen verantwortlich dafür ist, dass Rezipienten zu solchen werden, gibt Wolfgang Rihm: Rezipienten müssen körperlich anwesend sein, sie müssen eine innere Aufmerksamkeit besitzen, sie dürfen im Moment der Rezeption nicht bedroht sein, sondern sie müssen frei sein, sich einer Sache zuzuwenden. Anders formuliert: Sie müssen »Muße haben«.[90] In der gelingenden Rezeption dürfen sie sich nicht hinter einer Kennerschaft verschanzen, die Rihm als »eigenes Vorwissen und kluges Nachverstehen« charakterisiert.[91] Denselben Sachverhalt artikuliert Tarkows-

86 H. Müller: Gesammelte Irrtümer, Bd. 2, S. 64; I. Bachmann: FV, S. 260 und S. 271; A. Tarkowskij: Die versiegelte Zeit, S. 115.

87 H. Müller: Gesammelte Irrtümer, Bd. 2, S. 64.

88 W. Rihm: Offene Enden, S. 18.

89 H. Müller: Gesammelte Irrtümer, Bd. 1, S. 108.

90 W. Rihm: Offene Enden, S. 230.

91 Ebd., S. 178.

kij etwas pathetischer, indem er bestimmt, die Rezipienten brauchten eine »wache, sensible Seele, die [...] fähig zu unmittelbarem ästhetischen Erleben ist«.[92] Nach Bachmann ist der Umgang der Rezipienten mit dem Kunstwerk durch eine Wechselseitigkeit von Aktivität und Passivität gekennzeichnet. Die Rezipienten nehmen eine ästhetische Haltung gegenüber dem Werk ein, die von Bachmann als Erwartung einer »Veränderung durch die Kunst« – und zwar einer Veränderung ihrer selbst, der Rezipienten – charakterisiert wird.[93] Müller und Piper definieren falsche ästhetische Haltungen von Rezipienten gegenüber dem Werk, die erfahrungsgemäß oft vorkommen: Nach Müller konzentrieren sich die Rezipienten häufig allein auf die Informationsebene des Werks, unterstellen also dem Werk einen Geltungsanspruch, der sich allein auf das Begreifen seines sprachlichen Sinns bezieht. »Die dümmste Haltung ist ja überhaupt, wenn man was verstehen will.«[94] Nach Piper stilisieren Rezipienten fälschlicherweise »KünstlerInnen auf unangenehme Weise zu biografischen Objekten« und respektieren damit nicht die Getrenntheit der privaten Person der Künstlerin von ihrem Werk, betrachten das Werk also als Kommentar zum Leben der Künstlerin.[95]

Wenn nun der Prozess der Rezeption zur Sprache kommt, fließt das bis hierher zur Disposition von Werk und Rezipientin Gesagte konstitutiv mit in die Überlegungen ein. Rezipienten zeigen keine einmütigen Reaktionen auf Kunstwerke. Diese Feststellung veranlasst Andrej Tarkowskij zu der Aussage, man könne aus der Beurteilung eines Werks nicht auf seine Qualität oder Gelungenheit schließen. Der Einmütigkeit

92 A. Tarkowskij: Die versiegelte Zeit, S. 177f.

93 Bachmann beschreibt den Moment des Lesens als eine Interaktion zwischen Text und Leser, in der die Leser sowohl passive als auch aktive Phasen durchlaufen. Die Leser werden dabei in eine Bahn geschleudert, »in der von Worten und Dingen nichts Zufälliges mehr Zufall hat« (FuS, S. 193), sie werden von Werken verändert »zu neuer Wahrnehmung, neuem Gefühl, neuem Bewußtsein« (FuS, S. 195f.), sie erfahren, wo sie stehen oder stehen sollten, sie werden von den Werken angetrieben, »mit der Literatur als eine Utopie zu verfahren«, sie begreifen sich »aufatmend darin als zur Sprache gekommen« (FV, S. 270f.) bzw. es gehen ihnen die Augen auf. Es gibt aber auch einen aktiven Umgang der Leser mit dem Text: Sie wollen die »Veränderung durch die Kunst« (FuS, S. 196), sie sind »gnad- und rücksichtslos« mit dem Text, sie »zitieren [diesen] triumphierend oder verdammend, als wären die Werke nur dazu da, um etwas [...] zu beweisen« (FV, S. 259); sie beheben die Mängel der Werke dadurch, dass sie diesen »eine Chance geben«, sie halten auf der »Zeitschwelle« an, um dem Anrücken der Literatur zu begegnen (FV, S. 259f.), sie begreifen, was sie doch nicht sehen können.

94 H. Müller: Gesammelte Irrtümer, Bd. 2, S. 170. Anders gesagt: »Die erste Wirklichkeit im Theater ist der Text, nicht der Stoff.« (Ebd., Bd. 2, S. 63)

95 A. Piper: Metakunst und Kunstkritik, S. 163.

der Reaktionen kommt bei Tarkowskij derselbe Stellenwert zu wie bei Bachmann der Wirkung eines Werks in der Öffentlichkeit, die sie dem Zeitgeschmack, nicht dem Eigenwert des Kunstwerks zuordnet.[96] Unterschiedliche Reaktionen auf ein und dasselbe Kunstwerk führen laut Tarkowskij zu verschiedensten Beurteilungen. Daraus leitet Tarkowkskij zuerst ab, dass ein permanentes Misstrauen gegen die Bewertung eines jeden Kunstwerks geboten ist, denn die könnte auch eine unangemessene Reaktion sein.[97] Es lassen sich also mit Tarkowskij Kunstwerke vorstellen, deren Qualität in ihrer öffentlichen Wirkung nicht genügend gewürdigt wird, so wie man sich umgekehrt Werke vorstellen kann, deren Qualität überschätzt bzw. ganz falsch beurteilt wäre.

Worin liegt nun das Kriterium der Angemessenheit der Bewertung? Möchte man nicht unterschiedliche Einschätzungen von Qualität und Gelungenheit von Kunstwerken grundsätzlich gleichberechtigt nebeneinander stellen, so muss man laut Tarkowskij im Werk selbst nach Kriterien seiner angemessenen Rezeption suchen: Auch wenn Kunstwerken ein ›Mehr‹, das sich als »Ambivalenz« zeigt, eingeschrieben ist, gibt es doch angemessene und unangemessene Weisen der Reaktion auf sie.[98] Diesen Gedanken der relativen Vorgabe von Rezeptionsmöglichkeiten durch das Werk verfolgt auch Heiner Müller: Wenn Müller den dramatischen bzw. literarischen Text als eine Autorität bestimmt, an der die Rezipienten nie ganz vorbeikommen, auf die sie sich einzulassen haben, dann lassen sich richtige von falschen Arten der Interpretation dieses Textes unterscheiden. Dies demonstriert Müller am Beispiel zweier fehlgeschlagener Lektürearten von Texten aus der DDR, die Müllers Ansicht nach »nie richtig gelesen wurden«.

»Früher wurden sie gelesen als Beweis, daß auch in der DDR ein paar intelligente Menschen begriffen haben, daß dieses System nicht funktioniert – also als dissidentische Texte. Heute werden sie als affirmative Texte denunziert. Beides sind sie nicht, weder das eine noch das andere. Die Texte sind nie kon-

96 A. Tarkowskij: Die versiegelte Zeit, S. 49f. u. S. 93; I. Bachmann: FV, S. 259.

97 A. Tarkowskij: Die versiegelte Zeit, S. 93. Allein die Messlatte der Rezipientenbeurteilung (und sei es eine kollektiv und diskursiv gewonnene) an einen Film anzulegen, erscheint dem Regisseur Tarkowskij paradox. Die von Tarkowskij angeführte Tatsache, dass »heutzutage [...] eine einmütige Reaktion auf ein [...] Kunstphänomen schlicht unvorstellbar geworden ist«, zeigt m.E. die Paradoxie einer Annahme von der Art, man könne von der Wirkung des Kunstwerks direkt auf seine Bedeutung (im Sinne seiner Wichtigkeit und Qualität) schließen.

98 Ebd., S. 115.

kret gelesen worden. Man hat immer nur Meinungen über die Texte gehabt, aber man hat sie nie gelesen.«[99]

Diese Äußerung verweist uns darauf, dass der Moment der Begegnung zwischen Kunstwerk und Rezipient nicht ganz von Meinungen, Kennerschaft (Rihm) oder dem Wissen über öffentliche Wirkung (Bachmann) bestimmt sein darf. Dass Vorurteile immer eine konstitutive Rolle im Prozess der Annäherung an das Werk spielen, wissen wir.[100] Im Falle gelingender Rezeption werden sie aber nach einiger Zeit fallengelassen oder durch Beobachtungen ersetzt. »Meistens verfolgt man eine Spur und gibt sie dann zugunsten einer anderen auf, die zu einer besseren Interpretation führt. In anderen Fällen gibt man sie auf, weil man entdeckt, dass ein ›guter‹ Gedanke zu ›gut‹ war.«[101] Änderungen vorgefasster Urteile werden verursacht durch die Beschäftigung mit dem Werk, die Verfasstheit des Kunstwerks beeinflusst seine Rezeption mit. Alle Arten des Insistierens der zitierten Künstler auf der Aktivität des Kunstwerks fallen unter diese Beschreibung. Müller spricht davon, dass Stücke »gegen das Publikum durchgesetzt werden« müssen.[102] Piper schreibt: Die Künstlerin »setzt der Reaktion des Betrachters oder der Betrachterin auf das Werk Grenzen«.[103]

Zusammenfassend lässt sich sagen, dass die jeweilige Art des Gemachtseins des Kunstwerks falsche Weisen des Reagierens, der ästhetischen Erfahrung und ihrer Reflexion – des Interpretierens – ausschließt. Damit ist nicht eine einzige Art des Reagierens auf das Kunstwerk oder eine stark eingeschränkte Auswahl möglicher Reaktionen ausgezeichnet. Deren Vielfalt bleibt »potentiell unendlich«. »Zu sagen, daß ein Text potentiell unendlich sei, bedeutet nicht, daß *jeder* Interpretationsakt gerechtfertigt ist. Selbst der radikalste Dekonstruktivist akzeptiert die Vorstellung, daß es Interpretationen gibt, die völlig unannehmbar sind. Das bedeutet, daß der interpretierte Text seinen Interpreten Zwänge auferlegt. Die Grenzen der Interpretation fallen zusammen mit den Rechten des Textes (was nicht heißen soll, sie fielen zusammen mit den Rechten des Autors).«[104] Die Autoren haben kein Recht auf ein letztes Wort, geht es um die Erfahrung und Interpretation ihrer Werke. Ihr Recht beginnt

99 H. Müller: Gesammelte Irrtümer, Bd. 3, S. 161.

100 Über Vorurteile als Konstitutive vgl. Hans-Georg Gadamer: Wahrheit und Methode. Gesammelte Werke, Bd. 1, Tübingen 1990, S. 270 ff.

101 J. Bollack: Sinn wider Sinn, S. 70.

102 H. Müller: Gesammelte Irrtümer, Bd. 1, S. 11.

103 A. Piper: Metakunst und Kunstkritik, S. 128.

104 Umberto Eco: Die Grenzen der Interpretation, München 1992, S. 22. Das, was Eco für alle Arten von Texten behauptet, interessiert uns hier in einem auf Kunstwerke bezogenen Sinn.

schon vorher, nämlich im Produktionsprozess, wo sie entscheiden, in welcher Form das Kunstwerk existieren wird.

Wenn ein Kunstwerk seine Rezeption beeinflusst, warum ist dann seine Verkennung im Sinne Tarkowskijs überhaupt möglich? Dies führt zur Frage nach der Weise, in der Rezipienten an ästhetischen Urteilen beteiligt sind. Zwei Gruppen, in die Tarkowskij die Zuschauer seines Films »Der Spiegel« anhand von Leserpost einteilt, demonstrieren zwei verschiedene Arten, an besagten Film heranzugehen. Während es der ersten Gruppe gelungen war, eigene Erfahrung in die »Ambivalenz« des Films einzutragen, sich mit ihren Emotionen und Erinnerungen an die Kindheit in den Lücken und in der »Unordnung« des Films anzusiedeln, misst die zweite Gruppe den Film an ihrer Meinung, wie ein Film generell konstruiert sein sollte, und scheitert so bereits, bevor ästhetische Erfahrung beginnen könnte. Tarkowskij spricht von der »gedanklichen Formel«, die, wenn sie als Ansicht oder Theorie Ausgangspunkt ästhetischer Erfahrung sein soll, diese nurmehr behindert und sogar verhindert. Die reflexive Kommentierung der ästhetischen Erfahrung scheint Tarkowskij erst *nach* dem Prozess dieser Erfahrung sinnvoll zu sein. Es handelt sich dann um einen Akt der Synthese von Erfahrenem und Gedachtem.[105] Wie lässt sich nun dieses von Tarkowskij positiv ausgezeichnete Interagieren von Rezipienten mit dem Werk prozessual beschreiben?

105 Eine Auswahl der Briefe von Filmzuschauern, die Tarkowskij in der Einleitung seines Buchs *Die versiegelte Zeit* vorstellt, vermittelt einen Eindruck, wie unterschiedlich ein Kunstwerk (hier ist es der Film Der Spiegel) rezipiert werden kann. Während Zuschauer, die ihre Entrüstung über die schlechte Qualität des Films äußern, diesen an eigenen Forderungen, wie ein Film generell konstruiert sein soll, messen (handelnde Personen, Ereignisse und Erinnerungen sollen in einer bestimmten Weise verknüpft werden), und Rechenschaft »von den für das Filmwesen verantwortlichen Leitungskadern« (Die versiegelte Zeit, S. 9) fordern, zeigen die lobenden Briefe, dass es den Zuschauern gelungen ist, eigene Emotionen und Erinnerungen in den Film einzutragen: »Ganz genauso sah meine Kindheit aus… Nur – wie haben Sie davon erfahren können?« (S. 11) Anhand der Zuschauerpost zeigt Tarkowskij sehr deutlich, worauf es ihm ankommt – auf eine »Unmittelbarkeit lebendiger Wahrnehmung« (ebd.), die nicht durch Ansichten oder Definitionen, was ein guter Film sei, ersetzt werden könne. Ein entscheidender Punkt für das rezeptive Gelingen scheint der Zeitpunkt zu sein, an dem eine »gedankliche Formel« (S. 115) in der Rezeption zum Tragen kommt. Ist diese theoretische Formel Ausgangspunkt, scheint sie das Eingehen aufs Kunstwerk nahezu zu verhindern. Denn der Rezipient ist nicht mehr zur Unmittelbarkeit lebendiger Wahrnehmung fähig. Er misst das Kunstwerk an den Regeln, von denen er ausgeht. Er verkennt das, was das Kunstwerk ihm an Ambivalenz anbietet.

Die Situation des Ausgesetztseins an das Kunstwerk besteht laut Rihm aus der Perspektive der Rezipienten darin, nicht wählen zu können, *welche* Gedanken, Emotionen und biografischen Erinnerungen im Moment der Rezeption aufgerufen werden. Erst in dieser Situation, in der der Rezipient dem Kunstwerk ausgesetzt ist, kann er »mit allen seinen Sinnen und intellektuellen Fähigkeiten diese Berührung erwidern oder es auch lassen«. Dies ist nach Rihm der zweite Teil der Rezeption, der beeinflussbare.[106] Man kann sich also nicht vollständig einem Stück entziehen, um dann das in es einzutragen, was einen gerade beschäftigt. Vielmehr ist die Art, wie das Publikum »zwischen den Blöcken seinen Platz findet« oder wie es »sich auf Inseln der Unordnung im Stück ansiedelt« (Müller), erstens von der materialen Struktur des Werks mitbestimmt, zweitens vom Reagieren seiner Rezipienten. Das bestätigt auch Müller, wenn er konstatiert, dass jedes Gelingen im Theater auch auf der Art des Reagierens und Agierens der Zuschauer beruht. Die Erfahrung bzw. das Erlebnis dieser materialen Gegebenheit führten im günstigen Fall zu einem neuen Realitätsverständnis.[107]

Auch die gelingende rezipientische Reaktion, die aus der Konfrontation mit einer Unordnung, mit einem konstitutiven Mangel des Werks erwächst, lässt sich, wie oben dargelegt, als das Erlebnis der Evidenz beschreiben. In der Erinnerung an die utopische Idee des gelingenden Schreibens (und auch die des gelingenden Sprechens), die laut Bachmann durch das Defizitäre des literarischen Textes in uns aktiviert wird, fühlen wir uns durch den literarischen Text bestätigt. Wir suchen, was wir niemals finden werden – eine Potenz, unser Verhältnis zur Wirklichkeit in Gänze auszudrücken. Die Fragmenthaftigkeit des Werks verweist uns auf diesen Anspruch.[108]

Ich stimme mit Bachmann darin überein, dass es um unser Verhältnis zur Wirklichkeit geht, die Idee der Ganzheit möchte ich indessen nicht als unser Verhältnis zum ganzen der Wirklichkeit verstanden wis-

106 W. Rihm: Offene Enden, S. 232. Kunstrezeption muss, so Rihm, über dieses individuelle Empfinden jedes Einzelnen stattfinden – selbst eine Wirkung der Musik auf Menschenmassen ist die Summe vieler angerührter Empfindungen Einzelner. Man kann diese Feststellung als gute Erklärung dafür lesen, warum mit Kunst niemals gesellschaftliche Utopien durchgesetzt werden können – weil Kunst in ihrer Rezeption den Weg über die Gestimmtheit vieler Einzelner gehen muss. So kann sie nicht in gleicher Weise für alle Menschen, auch nicht ein und desselben kulturellen Hintergrundes, verbindlich sein. Auch wenn Kunstwerke, wie Rihm betont, Kommunikation aktiv fordern, erzeugen sie doch in verschiedenen Rezipienten Verschiedenes.

107 H. Müller: Gesammelte Irrtümer, Bd. 2, S. 64ff.

108 I. Bachmann: FV, S. 271.

sen; sondern gegen Bachmann möchte ich die Darstellungen anderer Künstler geltend machen, die eher eine Evidenz des Werks als etwas anstreben, das auf konkrete Ausschnitte vorgefundener Wirklichkeit bezogen ist. Auch die Produktion eines Kunstwerks, das sich partiell auf Wirklichkeit bezieht, ist mit dem Evidenzanspruch als einem Anspruch der Ganzheit des Werks konstitutiv verbunden. Die von den Rezipienten laut Bachmann gesuchte »Potenz unser Verhältnis zur Wirklichkeit in Gänze auszudrücken« betrachte ich als einen Sonderfall konkreter Evidenzerwartung.

Nur im Verhältnis zu einer Idee und zu einer Sehnsucht nach Ganzheit lassen sich Fragment, Mangel und »potentielle Durchstreichung« definieren. Nur im Verhältnis zum Anspruch auf die Darstellung eines Weltbezugs kann Verunsicherung, ob er sich denn wirklich durchs Kunstwerk vollziehe, aufkommen. »Theater durchsetzt alle Darstellung mit der Verunsicherung, ob etwas dargestellt wurde; jeden Akt mit der Ungewißheit, ob es einer war; jede These, jede Position, jedes Werk, jeden Sinn mit einem Schwanken und potentieller Durchstreichung.«[109] Auch nach Ansicht Wolfgang Rihms ist der rezeptiven Situation die Möglichkeit der Nicht-Bestätigung eigenen Wissens und Selbstverständnisses eingeschrieben. Die dialogische Potenz des Theaters und der Musik, die nicht-begrifflich an ihre Hörer herantritt, fordert eine neue Suche nach Sinn ein, die zum Schluss sprachlich reflektiert werden kann.[110] So ist nicht das evident, was im Zustand der Rührung einen schnellen Erfolg beim Publikum hervorruft, um schnell wieder vergessen zu sein,[111] sondern Evidenz wird erlebt im Akt der Synthese von Defizitärem, Fragmenthaftem mit einer gegenüber dem Werk eingenommenen Haltung.[112] Die Evidenz des Kunstwerks bedeutet somit nicht das Einleuchten von etwas gänzlich Gekanntem, sowieso schon Offensichtlichem, sondern die Aktivierung von Gekanntem und seiner gleichzeitigen (wenn auch nicht totalen) Verunsicherung, ja Veränderung durch das Werk. Evidenz heißt nach dem Gesagten auch, dass es einleuchtet, *wie* das Kunstwerk die Veränderung provoziert. Dasselbe markiert Piper mit ihrer Bezeichnung des Kunstwerks als »katalytischem Agenten«, mit der sie die Veränderung meint, die sich in der Betrachterin durch das Kunstwerk vollzieht.[113] *Dass* Rezipienten mit einem solchen ästheti-

109 H.-Th. Lehmann: Postdramatisches Theater, S. 460.
110 W. Rihm: Offene Enden, S. 180ff.
111 H. Müller: Gesammelte Irrtümer, Bd. 2, S. 88.
112 I. Bachmann: FV, S. 127.
113 A. Piper: Metakunst und Kunstkritik, S. 127.

schen Anspruch auf eigene Veränderung durch die Kunst an Kunstwerke herantreten, davon gehen die zitierten Künstler aus.[114]

Was den Rezipienten am Werk und durch das Werk einleuchtet, ist selbstverständlich nicht identisch mit den Ausgangsüberlegungen, von denen die Künstler ausgingen; keiner der Künstler behauptet das. Auch wurde es nicht gewonnen in einem synchronen Mitvollzug mit dem Kunstwerk, sondern in Prozessen ausschnitthaften Reagierens auf das konkrete und konkret gemachte »Versprechen« des Werks, evident in Bezug auf etwas zu sein, das mit dem Weltbezug und der Erfahrung der Künstlerin zusammenhängt. Einleuchtendes wird gewonnen in Prozessen des Reagierens auf die Fragmenthaftigkeit der Darstellung in ihrer konkreten unverwechselbaren formalen Art und Weise. Weil Künstler davon ausgehen, auf die Art und Weise des Gemachtseins des Werks Einfluss nehmen zu können, gehen sie davon aus, einen bedingten Einfluss auszuüben – nicht darauf, was in der ästhetischen Erfahrung der Rezipienten geschieht, sondern darauf, wie viele und wie gute Angebote ein Werk seinen Rezipienten machen kann. Wenn Piper auf der theoretischen Ebene zwei Versionen der Bestimmung des Kunstwerks als eines »katalytischen Agenten« vorschlägt, versucht sie den beabsichtigten Einfluss, der Künstlern wichtig ist, in die Theorie hineinzutragen: »Die Vorstellung von einem Kunstobjekt als Potential oder katalytischem Agenten ist in nahezu jeder Ästhetik vorhanden…« »In den meisten Fällen ist dieser Aspekt jedoch eher eine Frage des Betrachters oder der Betrachterin und des Kritikers oder der Kritikerin als eine des Künstlers oder der Künstlerin.« »Er [der Aspekt des katalytischen Agenten – J.S.] repräsentiert eher eine reflexive als eine engagierte Vision des Werkes.«[115] Die »engagierte Vision des Werkes«, die erst noch ausgearbeitet werden müsste, stellt ans Kunstwerk normative Ansprüche: nämlich die, dass es die Betrachter in einer jeweils bestimmten, von der Künstlerin beeinflussten Weise verändern soll.

114 Das heißt: Künstler erklären die Erwartungen, die Rezipienten an das Werk haben, anders als der Diskurs der ästhetischen Erfahrung, der von einer rein diskursiven Sinn- bzw. Wahrheitsunterstellung an Kunstwerke ausgeht. Die Erwartung der Rezipienten, vom Kunstwerk verändert zu werden, ist immer die Erwartung, mit beiden Dimensionen des Kunstwerks konfrontiert zu sein: mit dem, was evident werden soll, und mit der Art und Weise, wie es evident sein soll.

115 A. Piper: Metakunst und Kunstkritik, S. 129.

4.3 Das Verhältnis von Künstlern, Interpreten und Rezipienten

Das Dialogische der Kunst ist im Prozess ihrer Herstellung enthalten, künstlerische Arbeit ist ihrem Wesen nach auf die Rezipienten ausgerichtet, egal ob es sich um ein »Du« in der Einzahl handelt oder ums ganze Publikum.[116] Produzenten gehen aus von einer »zutiefst kommunikativen Funktion« der Kunst (Tarkowskij), auch wenn fast immer nur eine ausgewählte Minderheit durch sie erreicht wird. Nur ein kleines, von Tarkowskij aristokratisch genanntes Publikum ist in der Lage, das, was Kunst der Realität entgegenhält, zu erkennen und anzuerkennen. Obwohl sich Künstler mit ihrer Arbeit auf die Rezipienten orientieren, wollen sie sich dennoch nicht nach diesen richten, wollen sie keine Erwartungen erfüllen. »Es ist sicher kein Widerspruch, wenn ich einerseits nichts Besonderes dafür tue, um meinem Zuschauer zu gefallen, und andererseits doch mit zitternder Seele darauf hoffe, daß er meinen Film annimmt und liebt.«[117]

Leser und Zuschauer stellen auch für Müller den Bezugspunkt in der Produktion dar, selbst wenn die Stücke nach ihrer Herstellung in der Schublade verschwinden. »Auch in der Schublade ist das Publikum in irgendeiner Weise anwesend.«[118] Aber Bedürfnisse der Rezipienten sollen nach Müller auf keinen Fall einfach befriedigt werden, sie müssen vielmehr in einen Prozess der Auseinandersetzung gezwungen werden.[119] Denn der Grund, Kunst zu produzieren und zu präsentieren, ist für die Künstler nicht, dem Publikum gefallen zu wollen, sondern der, »eine Reaktion oder eine Veränderung bei dem/der BetrachterIn« bewirken zu wollen.[120] Die Kontaktaufnahme zwischen den Produzenten und den Rezipienten über das Kunstwerk verläuft nicht als eine lineare Mitteilung oder als das Aufzeigen von etwas durch die Produzenten für die Rezipienten. Als Ursachen für die Komplexität des Kommunikationsverhältnisses sind erstens transformative Prozesse bei der Herstellung

116 Vgl. W. Rihm: Offene Enden, S. 256. Das Dialogische der Musik beginnt bereits im Prozess ihrer Herstellung, denn die Selbstreflexion des Komponisten beim Komponieren ist zugleich »ein Angebot sozialer Kommunikation«. Vgl. auch Ingeborg Bachmann: »Die Wahrheit ist dem Menschen zumutbar«, in: Werke, Bd. 4, S. 275-277 (im Folgenden zitiert als Wz), hier S. 276.
H. Müller: Gesammelte Irrtümer, Bd. 1, S. 11: »Man schreibt immer für ein Publikum.«

117 A. Tarkowskij: Die versiegelte Zeit, S. 46; 171; 176.

118 H. Müller: Gesammelte Irrtümer, Bd. 1, S. 12.

119 Ebd., Bd. 2, S. 20.

120 A. Piper: Metakunst und Kunstkritik, S. 127.

des Werks und zweitens die Struktur ästhetischer Erfahrung als eine von den Rezipienten mitgestaltete anzuführen. Trotzdem ist der Begriff Kommunikation für die Produktion und Rezeption angemessen, weil es ein Ausgerichtetsein auf Kommunikation auf beiden Seiten des Kunstwerks gibt. »Der Schriftsteller – und das ist seine Natur – ist mit seinem ganzen Wesen auf ein Du gerichtet, auf den Menschen, dem er seine Erfahrung vom Menschen zukommen lassen möchte…«[121] Ein Künstler ist während der Arbeit darauf ausgerichtet, »seine Idee so aufrichtig wie möglich auszudrücken« und sich mit dem Publikum zu verständigen.[122] Von der Seite der Rezipienten wird dagegen ein Anspruch auf Verständigung an das Werk – und nicht an den Künstler – herangetragen. Auch Produzenten richten sich natürlich in ihrer Arbeit *am Werk* an ihr Gegenüber, die Rezipienten. Ein Urteil über die Künstlerin bilden sich Rezipienten durch die Konfrontation mit deren Arbeiten, und (meistens) nicht in der Auseinandersetzung mit ihrer Person. Rezipienten finden mehr und anderes im Werk, als Künstler erwarten können, denn die »Doppelgesichtigkeit« des Kunstwerks wird von seiner Produzentin nicht vollständig überblickt.[123] Die Voraussetzung dafür, mehr und anderes als die Künstlerin im Werk zu finden, ist nach Tarkowskij dennoch »die Bereitschaft und Möglichkeit, einem Künstler zu vertrauen, ihm zu *glauben*«. Das Vorschussvertrauen des Rezipienten kann im Fall der Enttäuschung, also im Falle des Nicht-Gelingens, zurückgezogen werden. Die Rezipientin vertraut der Künstlerin nicht deshalb, weil sie davon ausgeht, diese sei klüger als sie, sondern weil sie nach Tarkowskij der Künstlerin Fähigkeiten unterstellt, ihre Weltsicht im Kunstwerk (hier mit Hilfe von Bildern) zu organisieren.[124] Rihm zufolge macht das Kunstwerk den Rezipienten das Angebot, fremde Gestimmtheit und Wahrnehmung aufzunehmen und wirken zu lassen; Musik wird gehört als das »Hören des anderen«. Besonders viele »Kommunikationswechselbeziehungen« ergeben sich, wenn Interpreten an der Aufführung des Werks beteiligt sind und Aufführungsrituale die Gestimmtheit und die Art der Wahrnehmung der Interpreten mit ins Spiel bringen. Geht es zwar im ästhetischen Diskurs um die sprachliche Deutung der ästhetischen Erfahrung, so sind Aufführung und Rezeption des Werks laut Rihm gleichwohl nicht mit einem Gespräch gleichzusetzen. In jedem Fall meint einer (der Produzent, aber auch der Interpret), dass sich mit Musik »etwas sagen lasse«, und meint auch einer (der Empfänger), »daß die Musik etwas sage«. Aber es kann nicht sprachlich wiederholt wer-

121 I. Bachmann: Wz, S. 276.
122 A. Tarkowskij: Die versiegelte Zeit, S. 164.
123 Ebd., S. 172.
124 Ebd., S. 47.

den, »was […] der Komponist sagen wollte«: »[M]an müßte als Antwort das Stück nochmals spielen.« Sprachliche Formulierung ist ebensowohl potentiell durch Musik gefordert, wie sie auch immer wieder durch den Vorgang des Hörens überboten wird.[125]

Erläutern Künstler Rezipienten ihre Intentionen, führen diese Erläuterungen nicht zwangsläufig zum »richtigen« Umgang mit dem Kunstwerk oder zu seiner schlüssigen Erklärung: »[A]us einer Offenlegung meiner Intentionen [folgt] ebenso wenig eine rationale Theorie oder eine Erklärung der Arbeit…«[126] Das richtige Verstehen der Arbeiten kann also von den Künstlern nicht vorgegeben werden. Genauso ist der institutionalisierte ästhetische Diskurs mit seinen systemimmanenten Regeln laut Piper keine Gewähr für das Finden der richtigen Rezeptionsart.[127] Ungeachtet dieser »Opazität«, die Piper nicht nur den Werken, sondern auch ihren Produzenten bescheinigt, gibt es aber eine Möglichkeit für Künstler, »ihre Bezüge« »erfolgreich, wenn auch unvollständig« zu artikulieren, so dass Rezipienten sich einen verbesserten Zugang zu noch nicht beurteilten oder falsch beurteilten Kunstwerken verschaffen können. Dies geschieht etwa, wenn Künstler nicht allein über ihre Intentionen sprechen, sondern über den Produktionsprozess, in den ihre Intentionen eingegangen sind. Denn am Kunstprodukt lassen sich die Bedingungen seiner Herstellung nicht unbedingt nachvollziehen, aber »in den Personen, die es hergestellt haben« gibt es das Wissen über den Verlauf des Produktionsprozesses.[128] Die Auseinandersetzung mit Produktionsstrategien und -kontexten verhindert es, dass die Produkte seitens der Rezipienten nur nach Gesetzen des Marktes oder nur nach eigenen Geschmackskriterien beurteilt werden. In diesem Sinne gilt die Aufforderung Pipers, Rezipienten möchten über künstlerische Tätigkeit und nicht nur über deren Produkte nachdenken. Denn es sind die Künstler, die Produkte herstellen, und um Produkte dreht sich »alles im kapitalistischen System«. Betrachtet man ein Kunstwerk *nur* noch als Ware oder *nur* aus der Perspektive des Geschmacks, hat man die Erwartung, es solle (im nicht nur informativen Sinne) vestehbar sein, verloren.[129]

Auch der umgekehrte Fall kommt vor: Rezipienten nehmen Kontakt auf mit Produzenten: »Wenn es Argumente gibt, die mich überzeugen, dann muss ich sie berücksichtigen«.[130] »Wenn es einen Zuschauer gibt,

125 W. Rihm: Offene Enden, S. 173; 236; 239.
126 A. Piper: Metakunst und Kunstkritik, S. 180.
127 Ebd., S. 145.
128 Ebd., S. 63.
129 Ebd., S. 163.
130 H. Müller: Gesammelte Irrtümer, Bd. 2, S. 20.

für den es wichtig und fruchtbar ist, in einen Dialog mit mir zu treten, dann kann das ein großes Stimulans für meine Arbeit sein«.[131]

Ich fasse das 4. Kapitel zusammen: Der Anspruch der Künstler ist es, dass die Evidenz des Kunstwerks sich vermittelt, d.h. das Kunstwerk soll von seinen Rezipienten als evident wahrgenommen werden. Den Rezipienten soll sowohl einleuchten, *was* durchs Kunstwerk vermittelt wird, als auch *wie* es sich vermittelt. Das konstitutive Merkmal der Unfertigkeit des Kunstwerks steht zu der Möglichkeit, Evidenz in ihm zu suchen und zu erfahren, nicht im Gegensatz; die Unfertigkeit fördert vielmehr synthetisierende Aktivitäten der Rezipienten. Im Weltbezug der Rezipienten – das ist ein Ziel der Produzenten – soll eine Veränderung stattfinden.

5. Der Evidenzanspruch der Künstler

Aus den Produzenten-Intentionen, die am Beginn der künstlerischen Arbeit stehen, lassen sich keine Regeln für die Rezeption von Kunstwerken ableiten. So sehen das auch die Produzenten. Perspektiven von Künstlern auf Prozesse der Herstellung von Kunstwerken sind dennoch unverzichtbar für die Konstituierung einer ästhetischen Theorie. Denn Künstler sind weder nur Medien, durch die sich übergeordnete Instanzen ins Werk setzen, noch sind sie allein Seismographen, die Situationen anzeigen. Es muss von künstlerischen Entscheidungen und von Leistungen gesprochen werden, die Künstler erbringen oder nicht erbringen. Welche Kriterien definieren die Leistungen der Künstler? Was beabsichtigen die Künstler selbst?

Die künstlerische Absicht, Sinnlichkeit und Sinnhaftigkeit so miteinander zu verzahnen, dass etwas Neues entsteht, richtet sich auf das Kunstwerk und darauf, dass dieses Neue (und jene Verzahnung) in der Rezeption präsent wird. Diese Absicht, die von mir Evidenzanspruch der Künstlerin ans Kunstwerk genannt wird, ist entscheidendes Merkmal zur Bestimmung des Werks als Kunstwerk. Denn der Evidenzanspruch der Künstler wird damit zum Kriterium, anhand dessen Kunstwerke von anderen Wahrnehmungsgegenständen unterschieden werden können.[132]

131 A. Tarkowskij: Die versiegelte Zeit, S. 180.

132 Den Begriff »Kunstwerk« fasse ich sehr weit. Demzufolge verstehe ich unter Herstellen auch Tätigkeiten des Hinstellens, (wie z.B. bei Readymades), der Darstellung (wie z.B. Theater und Performance) sowie Strategien des künstlerischen Eingriffs in vorgefundene Situationen im Gegensatz zur klassischen Herstellung eines Kunstwerks. Auch neuere

Daraus folgt aber, dass auch bei der näheren Bestimmung des Kunstwerks als eines Gegenstandes, der zwischen seiner Produzentin und seinen Rezipienten steht, auf die Einbeziehung der Produzentenperspektive nicht verzichtet werden kann. Sie ist notwendig für die Gewinnung eines Begriffs ästhetischer Kommunikation, der es ermöglicht, ästhetisches Verstehen von sprachlichem Verstehen zu unterscheiden.

Die Vielfalt der geschichtlich gegebenen Benutzungsweisen des Evidenzbegriffs bringt Konkretisierungsprobleme mit sich, da sich mittels eines weiten Evidenzbegriffs gar nicht mehr zwischen subjektiven Projektionen und dem Gegenstand innewohnenden Eigenschaften unterscheiden ließe. Aus diesem Grund entscheide ich mich, Evidenz als eine Eigenschaft von Kunstwerken aufzufassen und die Frage nach der Psychologie projizierender Subjekte zurückzustellen. Zwar beinhaltet Evidenz immer eine Übersubjektivität ihrer Erkennbarkeit, ich gehe aber davon aus, dass diese Offenkundigkeit vom Kunstwerk selbst verursacht wird und nicht allein in der Subjektivität der Rezipienten gesucht werden darf. Eine Evidenz des Kunstwerks, so wie sie von den Künstlern angestrebt wird, deute ich als die Eigenschaft des Kunstwerks, den Rezipienten etwas offenkundig werden zu lassen. Die ästhetische Erfahrung am Kunstwerk bezöge sich sodann einerseits auf das Wiederfinden eigener Erfahrung als auch auf deren Infragestellung durch das Werk – und auf den Wechsel zwischen beidem; das eine wie das andere ist Effekt einer Evidenz des Kunstwerks, d.h. in beiden Hinsichten leuchtet das Kunstwerk ein. Mit dem Begriff der Evidenz ist also nicht gemeint, dass ein Kunstwerk überhaupt als Kunstwerk erkannt wird; es geht auch nicht allein um die Evidenz eines vom Kunstwerk vermittelten Gehalts im Sinne einer Botschaft. Evidenz soll heißen, dass Kunstwerke sich in einer Weise vermitteln können, die sowohl ihr Gemachtsein betrifft als auch ihren jeweiligen »Gehalt«, der nur verknüpft mit dem »Wie« des Gemachtseins zur Wirkung kommen kann. Es ist also sowohl »etwas« evident *durchs* Kunstwerk, wie auch andererseits *das Kunstwerk selbst* evident ist. Ein Kunstwerk, an dem der Evidenzanspruch seiner Produzentin eingelöst werden kann, muss immer ein gelungenes sein, jedoch erschöpft sich der Begriff der ästhetischen Evidenz nicht in der Gelungenheit, sondern geht über diese hinaus. Evidenz beinhaltet die Verbindlichkeit des Aufgefassten. Es geht mir darum, dass dieser Offenkundigkeitscharakter unter anderem auf das Kunstwerk selbst zurückgeführt werden kann und dass es eine Absicht der Produzenten gibt, diese Evidenz im Kunstwerk herzustellen, genauso wie Rezipienten das

künstlerische Strategien, die auf Wirkungszusammenhänge und das »Auslösen von Erfahrungsprozessen mittels Vorrichtungen und Objekten« zielen, sind im Begriff des »Kunstwerks« mit gemeint.

Kunstwerk auf seine mögliche Evidenz als Einlösung des künstlerischen Evidenzanspruchs testen.

Die Absicht der Künstler richtet sich auf die *Transformation* des subjektiv Gewussten und Gewollten in ein Werk, das heißt: auf dessen Hineinarbeiten in ein sinnlich wahrnehmbares Material und seine Modifizierung durch den Prozess der Hineinarbeitung. Ob dem Produkt dieser Tätigkeit Evidenz tatsächlich zukommt, ob es also künstlerisch ›gelungen‹ ist – dies zu entscheiden ist dann allerdings nicht mehr Sache der Produzenten selbst. Das Wissen der Rezipienten über den Evidenzanspruch der Produzentin gestaltet aber die Motivation künstlerischer Rezeption, die eine Überprüfung des künstlerischen Anspruchs am Gegenstand ist, mit. Selbst wenn es das explizite Ziel einiger Künstler ist, sich mit Wahrnehmungsphänomenen auseinanderzusetzen, besteht ihr Bemühen darin, diese mit Hilfe des Materials so zu bearbeiten, dass dabei etwas Evidentes, Zwingendes entsteht, dessen Evidenz sich auch die Betrachter nicht entziehen können.

Das Konzept des Evidenzanspruchs lässt sich als Fazit der vorherigen drei Kapitel (Kapitel 2 bis Kapitel 4) in drei Punkten zusammenfassen:

1. Die Fragen, die von Künstlern in ihrer Arbeit behandelt werden, sind wesentliche, existentielle Fragen in dem ausgeweiteten Sinn, dass sie, anders als Alltagsfragen oder wissenschaftliche Fragen, das eigene Weltverhältnis oder mögliche Teilaspekte desselben berühren. Die expliziten oder impliziten Fragestellungen, die am Anfang der künstlerischen Arbeit stehen, initiieren den Versuch, einen Weltbezug exemplarisch zu formulieren – und zwar dezidiert im Gestus des Noch-nicht-Wissens. Bereits im Vorstadium zur Produktion richtet sich das Begehren der Künstler darauf, je verschieden wahrgenommener Realität eine individuelle Verarbeitung derselben hinzuzufügen.

2. Die Versuche der Künstler, ein Weltverhältnis oder einen spezifischen Wirklichkeitsbezug zu formulieren, müssen mit angemessenen Materialien auf angemessene Art und Weise »ausgearbeitet« werden, so dass etwas von der Wirklichkeit Verschiedenes und eigenständig Evidentes entsteht, das einen Bezug zur ihm äußerlichen Wirklichkeit verkörpert. Den Terminus »ausarbeiten« verstehe ich so, dass Sichtweisen adäquat, d.h. in nichtbeliebiger Weise, zugleich aber auch transformatorisch ins Werk gesetzt werden und dabei etwas grundsätzlich Neues entsteht, das weder mit der (prinzipiell begrifflich fassbaren) Ausgangsfragestellung noch mit einem beliebi-

gen sinnlich erscheinenden nichtkünstlerischen Gegenstand oder einer nichtkünstlerischen Situation ohne Weiteres vergleichbar ist.

3. Der Anspruch der Künstler ist es, dass die Evidenz des Kunstwerks sich vermittelt, d.h. das Kunstwerk soll von seinen Rezipienten als evident wahrgenommen werden. Den Rezipienten soll sowohl einleuchten, *was* durchs Kunstwerk vermittelt wird, als auch *wie* es sich vermittelt. Das konstitutive Merkmal der Unfertigkeit des Kunstwerks steht zu der Möglichkeit, Evidenz in ihm zu suchen und zu erfahren, nicht im Gegensatz; die Unfertigkeit fördert vielmehr synthetisierende Aktivitäten der Rezipienten. Im Weltbezug der Rezipienten – das ist ein Ziel der Produzenten – soll eine Veränderung stattfinden.

Im Folgenden sollen diese drei Punkte, die den Künstler-Evidenzanspruch konstituieren, näher erläutert werden. Die existentiellen Fragen der Künstler, die im *ersten Punkt* genannt werden, lassen sich als die Suche nach zunächst verbal Formulierbarem beschreiben. Daraus hervorgehende Aussagen sind aber als Beschreibungen konkreter künstlerischer Projekte und ihrer konkreten Themen zu verstehen. Von wissenschaftlichen und journalistischen Äußerungen unterscheiden sich solche Artikulationen erstens durch eine größere Allgemeinheit der Umschreibung und zweitens zumeist durch eine unpräzisere sprachliche Formulierung. Dieses unpräzise Formulieren muss kein Makel sein, sondern eröffnet die Möglichkeit des »kreativen« und spontanen Umgangs mit den aufgeworfenen Fragen, in denen Zufälligkeit eine größere Rolle spielen kann als in stärker formalisierten Formen des Sprechens und Schreibens. Zum Beispiel wäre es solch eine Artikulation, wenn die Künstlerin sich entscheidet, sich mit Phänomenen der räumlichen Wahrnehmung zu befassen und diese in ihrer Arbeit zu thematisieren. Auch in solch einem Fall könnte sie ihr Interesse und die Art und Weise, wie sie bestimmten Phänomenen nachgehen und dies mit anderen Fragen verbinden möchte, in sprachlicher Form thematisieren. Unpräzise sprachliche Formulierungen verweisen gleichzeitig darauf, dass die Künstlerin sich die Welt nicht auf eine sie befriedigende Art und Weise argumentativ »zurechtinterpretieren« kann. Dies wirkt sich motivierend bei der Suche nach anderen, d.h. nach künstlerischen Erschließungsversuchen der Welt aus. Die graduell größere Offenheit bzw. Vagheit der Künstlerfragen stellt letztlich die Motivation dar, sich des Themas in einem anderen – dem künstlerischen – Medium anzunehmen. Das Fragen der Künstler ist begleitet von der Gestik des Nicht-Wissens bzw. des Noch-nicht-Bescheidwissens. Die Einforderung sprachlicher präziser Analyse bzw. abschließender Darstellungweisen an dieser Stelle – vor der Produktion –

hätte, anders als in der Wissenschaft, einen hemmenden Charakter. Oft wird die gewählte Thematik auch durch das eingesetzte Medium ganz entscheidend modifiziert, ein Effekt, den wir später unter dem Begriff der Alterität des Kunstwerks subsumieren werden. Am Anfang der künstlerischen Arbeit aber steht der Versuch, »Welt« zu verstehen:

»Der Künstler beabsichtigt weder eine Welt zu erschaffen, noch ein Werk zu kreieren, nein er will grundsätzlich die Welt und durch diese sich selber verstehen. Sein Verstehen-Wollen ist eine Lebensnotwendigkeit, fast ein Schicksal, dessen er sich rühmt. Was gemeinhin als Werk bezeichnet wird, ist in Wahrheit weiter nichts als die Spur seiner Auseinandersetzung mit der Welt und mit sich selber.«[133]

Dieses weit gefasste »Verstehen-Wollen« ist die im ersten Punkt dargestellte Ausgangsbasis für die künstlerische Arbeit. Das Produzieren hat demzufolge immer etwas mit einem Anspruch auf Sinnhaftigkeit im Sinne einer Positionierung der Künstler in der Welt zu tun. Zum Anspruch auf Sinnhaftigkeit rechne ich auch die Vorführung von existentieller (also nicht grammatischer) Sinnlosigkeit oder die Störung von vorhandenem Sinn. Denn auch solche Bewegungen werden vollzogen zu dem Zweck, etwas vorzuführen, das über die Störung hinausgeht, das anhand der Störung demonstriert wird. Selbst wenn ein Kunstwerk in den Rezipienten Fragen hinterlässt und auch hinterlassen soll, ist dies als ein Umgehen mit Sinnhaftem aufzufassen.

Die der Produktion vorgängige Fragestellung (von der angenommen wird, dass sie nicht immer sprachlich formuliert wird, wohl aber immer formulierbar wäre), ist deswegen bedeutend, weil sich durch sie oft das Medium oder Material oder die konkrete Vorgehensweise der Ausführung ergibt. Hier ist der erste Punkt der Verzahnung der Ausgangsfrage und der Produktion im wahrnehmbaren Medium zu markieren. Durch die Ausgangsfragestellung wird eine erste Eingrenzung vorgenommen, die schon die Art der Rezeption des erst herzustellenden Kunstwerks im Sinne einer Einschränkung von Möglichkeiten mitbestimmt. Auch Künstler, denen es um Wahrnehmungsphänomene geht, können ihr Interesse sprachlich artikulieren, wie der Künstler Folke Hanfeld meint: »Es geht mir um den absichtslosen Blick, um die Wahrnehmung von Zwischenräumen. [...] Wie verbinden sich Raum und flächenhafte Darstellung miteinander?«[134] Es ist aber offensichtlich keine Voraussetzung der

133 Rémy Zaugg: Gespräche mit Jean-Christophe Ammann. Portrait, Ostfildern 1994, S. 30f.

134 Folke Hanfeld: Vortrag im Neuen Berliner Kunstverein am 23. November 2000.

Produktion, dass Künstler die sprachliche Explikation auch tatsächlich vornehmen.

Die Idee, sich mit optischen Phänomenen zu beschäftigen, kann aus optischen Erlebnissen gewachsen sein. Der Entschluss, sich mit diesen Wahrnehmungsphänomenen künstlerisch zu beschäftigen, beruht aber dann auf einer Vorformulierung oder zwischenzeitlichen sprachlichen Formulierung der eigenen Aufgabenstellung. Anders gesagt: Es ist möglich, dass die Künstlerin zunächst durch wahllosen Umgang mit und durch Ausprobieren von irgendwelchen Materialien diese zu verändern oder zu kombinieren beginnt. Jedoch ist der entscheidende Punkt des Beginns der Kunstproduktion erreicht, wenn zu dem beliebigen Spiel eine Interpretation von der Künstlerseite hinzukommt. Denn erst jetzt weiß die Künstlerin, womit sie sich beschäftigen möchte. Die Aufgabenstellung, die Richtung der künstlerischen Bemühungen ist dann gefunden – und ab diesem Zeitpunkt beginnt die Arbeit, d.h. beginnen die Bemühungen, etwas besser und präziser zu gestalten. Die Strategie des Experimentierens mit dem Material kann dann im Prozess immer wieder dazwischengeschaltet werden, aber sie bleibt immer ein Mittel zu dem Zweck, ein evidentes Kunstwerk herzustellen.

Im *zweiten Punkt* soll gezeigt werden, dass die künstlerische Organisation des Kunstwerks nicht mit Formulierungen, die die Arbeit der Künstler begleiten, auf eine Stufe gestellt werden kann. Das Ziel der Künstler ist es, passende Materialien und überzeugende künstlerische Strategien zu finden. Für die Beschreibung dieses Bearbeitungsprozesses ist der Wahrheitsbegriff kein Leitbegriff, denn die Arbeit an der Wahrnehmbarkeit des Kunstwerks ist nicht kommensurabel mit Wahrheitszuschreibungen gleich welcher Herkunft. Das bearbeitete Material bzw. das Medium, in dem gearbeitet wird, oder die bearbeitete Situation sind dann auch nicht mehr einfach die Träger formulierbarer Künstlerintentionen, sondern etwas, das mit den Intentionen konfrontiert wird. Die Aufmerksamkeit der Künstler richtet sich also nicht darauf, die von ihnen gewählte Thematik immer präziser mit sprachlichen Mitteln zu erfassen, sondern sie ist eine Neufassung im jeweiligen Medium, im jeweiligen Material oder in der jeweiligen Situation. Diese neue Erarbeitung soll niemals nur Ausgangsformulierungen oder Überzeugungen illustrieren (das geschieht allenfalls bei schwachen, also nicht gelungenen Kunstwerken), sondern sie ist eher als ein ständiges Umgehen mit dem anvisierten Themenfeld zu verstehen, so wie es im 3. Kapitel dargelegt wurde.

Um die materiale Umsetzung der Ausgangsfragen im Produktionsprozess des Kunstwerks näher zu erläutern, möchte ich diese zuerst mit der gesprochenen und textlichen Umsetzung von Weltverhältnissen vergleichen. Anders gefragt: Was ist das Besondere an der Umsetzung ins Material, das schon das Kunsthafte des Kunstwerks ausmacht im Vergleich zu einer nichtliterarischen sprachlichen Darstellung? Zunächst erscheint es nämlich so, als ob es auch schon bei gewöhnlichen sprachlichen Artikulationen erforderlich wäre, dass sie das »verkörpern«, wovon sie reden. Ein Beispiel dafür wäre das Evozieren von Geschocktheit der Zuhörer oder Leser durch eine bestimmte Anordnung der Teile eines Satzes, eine Anordnung, die selbst den Schock, den sie beschreibt, repräsentiert. In diesem Fall stellt die Sprache das Material dar für die Umsetzung eines Sinngeschehens.

Das wesentliche Kriterium für die Unterscheidung künstlerischer und nichtkünstlerischer Artikulation ist die Art und Weise, in der die Verkörperung vollzogen wird. Als Beschreibungen eines Schocks, die selbst Schockhaftigkeit evozieren, lassen sich z.B. kurzatmige Sätze und das kaskadenartige Anordnen von Satzteilen nennen. In solch einer »Verkörperung« hat die Sprache, die den Schock erfahrbar macht, eine illustrierende Funktion. Genau gesagt, kommt zu der Beschreibung, dass ein Schock erlitten wurde, die Erlebbarkeit für die Zuhörer/Leser durch Spracheigenschaften wie Tonfall, Lautstärke, Gestik, aber auch Satzlänge und Satzbau hinzu. Die »Verkörperung« der Ausgangsfragestellung in Kunstwerken dagegen geht in jedem Fall eines gelungenen Kunstwerks über die illustrierende Funktion hinaus. Denn durch das bearbeitete Material kommt etwas zum Sinnverstehen hinzu, das den Sinn nicht nur verstärkt, illustriert und präsentiert, sondern etwas, das ihn transformiert. Auch im Fall gelungener literarischer »Verkörperung« von sprachlich vorformulierbarem Sinn passiert mehr als eine Verstärkung dieses Sinns durch einen illustrierenden Einsatz von Sprachelementen. Vielmehr arbeitet die Autorin mit (sinnlich wahrnehmbaren) Elementen des Klangs von Sprache, die sprachlich Beschriebenes nicht nur verstärken, sondern seinen Sinn verändern. Gefühle, Stimmungen und Querverweise, die nicht implizit im Dargestellten gegeben sind, werden erzeugt, dessen Sinnhaftigkeit wird infolgedessen moduliert, verschoben oder in Frage gestellt, so dass sie über die bloße Mitteilung des Sachverhalts hinausgeht. Die kaskadenartigen Sätze, in denen ein Schock sich beim Sprechen oder im nichtliterarischen Schreiben verkörpert, sind im Gegensatz dazu eine bloße Verstärkung des Geschehens. Es fehlt eine Mehrbödigkeit bzw. auch Mehrdimensionalität im Sinne einer »Musikalität«, die z.B. literarischer Sprache eigen ist und in der der unmittelbare Sinn ebenfalls Verwandlungen und Verfremdungen unterzogen wird. Diese Unterscheidung markiert z.B. den Unterschied zwischen einem Interview mit einer Schriftstellerin über ihr Buch und ihrem Buch selbst. In der künstlerischen Verkörperung von Sinn zeigt sich also jeweils ein Sinnüberschuss, der es unmöglich macht, den Vorgang des Ausarbeitens und der Umsetzung als bloße Illustration eines sprachlich formulierbaren Sinns aufzufassen.

Dieses Ergebnis kann als Basis dienen für die Beschreibung des zweiten Punktes: der Verkörperung intendierten Sinns mit »richtigen Materialien« auf »richtige Art und Weise«. Zunächst zur ersten Bezeichnung: zum »richtigen Material«. Zwei Fälle sind hier vorstellbar: Erstens ist es möglich, dass eine Ausgangsfrage als sprachliche Formulierung entwickelt wurde, bevor die Künstlerin die Frage nach ihrer materialen Umsetzung überhaupt gestellt hat. Zweitens kann es auch sein, dass die Künstlerin bereits das Material, in dem sie arbeiten wird, kennt – etwa wenn sie eine Malerin ist, die nicht in Erwägung zieht, mit anderen Methoden und anderem Material zu arbeiten.[135] Im ersten Fall, in dem der Künstlerin das Material der Umsetzung noch nicht bekannt ist, liegt es auf der Hand, dass es der erste (auch wieder korrigierbare) Schritt ist, nach Material zu suchen, in dem sich der intendierte Sinn am besten ausarbeiten lässt.

Im zweiten Fall scheint es zunächst nicht so, als ob die Künstlerin die Wahl des Mediums und der zu verwendenden Materialien direkt aus der Fragestellung ableiten würde. Wie gesagt, bleibt z.B. eine Malerin beim Material Farbe und auch bei der Methode des Malens – auch wenn es für sie eine neue thematische Wendung in ihrer Arbeit gibt. Trotzdem existieren auch dort verschiedene Strategien. So muss z.B. die Art des Untergrunds, die Grundierung, der Charakter der zu verwendenden Farben (Öl oder Acryl), der brachiale oder vorsichtige Anfang, die Größe des Bildes usw. entschieden werden. Der Spielraum, in dem diese Entscheidungen getroffen werden können, ist begrenzt, trotzdem gibt es unendlich viele Möglichkeiten der Entscheidung. Eine Wahl der »richtigen Materialien« findet also auch dann statt, wenn Künstler sich darauf spezialisiert haben, in bestimmten Medien zu arbeiten: auch wenn das für Außenstehende nicht so ersichtlich ist wie im ersten Fall, in dem Künstler sich je nach Themenwahl für jeweils andere Materialien und Vorgehensweisen entscheiden. In allen Fällen werden Material-Entscheidungen von den Künstlern getroffen. Die Suche nach den passenden Materialien ist vom intendierten Sinn her bestimmt und wird sowohl experimentell als auch gegebenenfalls gedanklich von den Künstlern vorangetrieben. Eigenschaften des Materials und Zwischenergebnisse seiner Bearbeitung transformieren das, was ans Material herangetragen

135 Dass das Material, in dem gearbeitet wird, auch die Sprache selbst sein kann, wurde schon erwähnt. Auch dann ist zwischen einer explikativen sprachlichen Darstellung eines intendierten Sinns und der künstlerischen Arbeit am sprachlichen Material zu unterscheiden.

wurde. Entsteht aus intendiertem Thema und dem Material im transformatorischen Prozess etwas Neues, bei dem die Künstlerin den Eindruck der Gelungenheit gewinnt, nämlich dann, wenn sie zur Überzeugung gelangt, »daß es stimmt«, so kann man davon sprechen, dass das Werk »auf die richtige Art und Weise« ausgearbeitet ist.[136] Dieser Begriff von »Stimmigkeit« kann nicht nur das Verhältnis einzelner Teile des Kunstwerks zueinander bezeichnen, sondern betrifft auch den Bezug des Kunstwerks zur wahrgenommenen Realität. Nicht nur die Abgrenzung einer Form von einer anderen Form innerhalb des Werks, wie es z.B. Luhmanns differenztheoretischer Formbegriff nahelegt,[137] muss »stimmen«, sondern als »richtig« muss der Künstlerin auch das Verhältnis erscheinen, das das Kunstwerk zur außerkünstlerischen Realität aufbaut. Sozusagen in Übereinstimmung mit Heiner Müllers Rede von einer »anderen Wirklichkeit«[138] schreibt Luhmann:

> »Das Kunstwerk etabliert demnach eine eigene Realität, die sich von der gewohnten Realität unterscheidet. Es konstituiert, bei aller Wahrnehmbarkeit und bei aller damit unleugbaren Eigenrealität, zugleich eine dem Sinne nach imaginäre oder fiktionale Realität. Die Welt wird […] in eine reale und eine imaginäre Realität gespalten.«[139]

Diese »Realitätsverdopplung, von der aus die Welt, wie sie vorgefunden wird, als Realität bezeichnet werden kann«, basiert nach Luhmann auf »Ordnungsmöglichkeiten«, die Kunstwerke als »formfest fixierte« Dinge anbieten.[140] »Wir halten fest, daß es auf die Erzeugung einer Differenz zweier Realitäten ankommt, oder anders gesagt: auf die Ausstattung der Welt mit einer Möglichkeit, sich selbst zu beobachten.«[141] Wie diese »Realitätsverdopplung« in der künstlerischen Arbeit zustande kommt, würde ich allerdings anders erläutern als Luhmann. Eine Fixierung auf Ordnungsprinzipien der Form findet sich in jeder künstlerischen Gattung, auch in der Literatur. Jedoch ist Literatur gerade die Art von Kunst, aus der sich sprachlicher Sinn am wenigsten heraushalten lässt. Nicht nur aus »formalen Mitteln« und einem »Sinn für Passendes« ergibt sich der *Nachweis von »*Ordnungszwängen im Bereich des nur

136 W. Rihm: Offene Enden, S. 44.

137 Niklas Luhmann: Die Kunst der Gesellschaft, Frankfurt/Main 1995, S. 49.

138 Siehe Kapitel II.3.3: Die Vergegenwärtigung von Realität im Kunstwerk.

139 Luhmann: Kunst der Gesellschaft, S. 229.

140 Ebd., S. 229f.

141 Ebd., S. 235.

Möglichen«,[142] sondern auch aus der Beschäftigung der Produzenten mit sprachlich artikuliertem oder artikulierbarem Sinn, aus ihrem Weltbezug und aus der Konfrontation desselben mit der Eigenlogik des Materials. Die »richtige Art und Weise«, in der intendierter Sinn in einem Kunstwerk präsent wird, ist nicht allein aus dem formalen Experiment »Formenkomplexität« entstanden. Anders gesprochen: Nicht nur aus der Beschäftigung mit formalästhetischen Fragen der Mittel und Methoden (Luhmann nennt dies »implizites Wissen«) und mit Fragen des Zueinanderpassens einzelner Formen des Kunstwerks entsteht die »formfest fixierte Differenz« zur Realität der Welt. Diese Differenz ist auch für einige Kunstwerke aus dem 20. Jahrhundert, die sich in ihrer Form nicht von den gewöhnlichen Dingen unterscheiden, nicht mehr gegeben, wie Luhmann selbst einräumt.[143] Die Formkomplexität des Kunstwerks wird erst zur Rezeptionsherausforderung, wenn ihre Konfrontation mit außerkünstlerischer Realität nicht allein auf formalen Vergleichen, sondern auf der Synthese von Formalem und Sinnhaftem im Produktionsprozess und im Kunstwerk beruht. Die Charakterisierung des autopoietischen Systems der Kunst als eines, in dem kontingente Wahrnehmungen verarbeitet werden und diese Verarbeitungen des Zufalls wiederum andere kontingente Wahrnehmungen erzeugen, die sich sprachlicher Sinngebung entziehen, liefert für Luhmann das Abgrenzungsmerkmal vom zweckdienlichen Wahrnehmungsgebrauch anderer Systeme. Kontingenz im luhmannschen Sinne, die durch die Eigenlogik des Materials erzeugt wird, muss der Vollständigkeit halber – das ist die These – um ihren Gegenpart ergänzt werden, um die künstlerische Absicht zur Sinnerzeugung. Aus der Verschränkung beider Tatsachen ergibt sich die Evidenzabsicht der Produzenten. Kontingenz ist aus der Künstlerperspektive nicht zu vermeiden, ja Zufälliges wird als künstlerisches Mittel provokativ gesucht und in der Produktion »eingesetzt«. Die Entstehung der Form des ganzen Werks ist dann aber nicht kontingent, so wie Luhmann es nahelegt, so dass »[d]er Künstler [...] nur sehen [kann], was er gewollt hat, wenn er sieht, was er gemacht hat.«[144] Vielmehr taucht ein Wollen, dass sich auf die Erzeugung von Weltinterpretation richtet, nicht erst *nach* formalästhetischen Überlegungen und Handlungen auf, sondern es kommt viel eher *im Produktionsprozess* mit ins Spiel, wie uns die Ausführungen der in den zurückliegenden Kapiteln zitierten Künstler zeigen.

Die Äquivalenz von Kunst- und Sprachsystem beruht nicht auf einer Äquivalenz der Formen der Kunstwerke und der Struktur der Sprache

142 Ebd., S. 238.
143 Ebd., S. 233.
144 Ebd., S. 44.

als zweier miteinander vergleichbarer Ordnungssysteme. Sinnstruktur ist als eine sprachliche Vorerschlossenheit der Welt gründend im System der Kunst enthalten, auch wenn Kunst sich von nichtliterarischer sprachlicher Kommunikation unterscheidet. Auf die Differenz zwischen sprachlicher Kommunikation und der Kommunikation im System der Kunst werde ich im 6. Kapitel des II. Teils zurückkommen. Überzeugen müssen eben nicht nur die künstlerischen Mittel, sondern auch die Gegenstände.[145] Denn die Ausarbeitung des Gewollten »auf die richtige Art und Weise« richtet sich auf eine mögliche Evidenz des Gegenstandes und nicht (nur) auf die Virtuosität der künstlerischen Mittel.

Im *dritten Punkt* wird die Tatsache, dass das Kunstwerk von einer Künstlerin hergestellt ist, als Anlass dafür ausgegeben, dass Rezipienten sich mit dem Werk in der Weise der Kunstrezeption und nicht in einer anderen Art beschäftigen. Eine Rezipientin braucht die Information, dass es sich im gegebenen Fall um ein Kunstwerk handelt; sonst würde sie es nicht als solches rezipieren. Dies lässt sich am negativen Beispiel erläutern: Im »Theater der Unterdrückten«, einer Theaterform, die von dem Brasilianer Ernesto Boal entwickelt wurde, bekommen die Zuschauer des jeweiligen Theaterstücks Gelegenheit, mit auf die Bühne zu gehen und aktiv in gespielte Unterdrückungssituationen einzugreifen. Das soll sowohl die Schauspieler als auch die Zuschauer befähigen, Wege zu finden, solchen Situationen, wie sie auf der Bühne vorgespielt werden, im Leben anders zu begegnen. Diese Form des Theaterspielens funktioniert so lange, wie das Theater, das manchmal auch auf öffentlichen Plätzen aufgeführt wird, als Theater angekündigt wird und also auch für die Rezipienten als Kunst erkennbar bleibt. Es gibt jedoch auch eine Variante der boalschen Konzeption, in der die Schauspieler unerkannt in Situationen in der Öffentlichkeit agieren und den teilnehmenden Beobachtern unklar ist, dass sie sich in einer gespielten Situation befinden. In dem Moment der Unwissenheit der Rezipienten über den Kunstcharakter der ablaufenden Handlung verliert die Darstellung in ihren Augen den Status des Theaters. Die Information, dass Theater gespielt wird, fehlt, und somit geht das Spiel der Schauspieler über in die Alltagsrealität und *ist* somit auch Teil dieser Realität. Das ist ein Beispiel dafür, dass Kunstwerke anders als reale Situationen wahrgenommen werden. Ein Kunstwerk wird von Rezipienten zum einen wahrgenommen, zum anderen wird diese Wahrnehmung zugleich auf ihre Sinnhaftigkeit befragt. Diese Sinn-Befragung findet gegenüber Alltagssituationen normalerweise nicht statt: Solche Situationen treten ein, ohne dass mit ihnen etwas »gemeint« sein könnte. Für eine mögliche Befragung solcher Situatio-

145 Vgl. ebd., S. 237.

nen und Gegenstände unter Sinngesichtspunkten fehlt also die Erwartung, dass diese mit einem Anspruch auf Evidenz, d.h. ihrerseits als interpretierende Handlung geschaffen worden seien. Für die Rezeption von Kunstwerken ist umgekehrt gerade die Tatsache von Bedeutung, dass sie von Künstlern hergestellt wurden. Das gilt zunächst einmal für alle Kunstwerke – für die gelungenen und für die nicht gelungenen.

Künstler berücksichtigen Rezipientenwahrnehmung, wenn sie sich im Herstellungsprozess immer wieder in die Rezipientenperspektive zu versetzen suchen: Das heißt, dass es Künstlern nicht um eine introvertierte künstlerische »Privatsprache« gehen kann, sondern dass es ihnen um Vermittlung und Veränderung durch das Kunstwerk gehen muss. Denn Künstler streben es an, die eventuellen Reaktionen der Rezipienten in den Produktionsprozess mit einzubeziehen. Das bedeutet nicht, dass sie die Reaktionen der Rezipienten genau vorherbestimmen können oder dass Rezipienten in einer vorherbestimmbaren oder gar gewünschten Weise reagieren müssen. Es heißt lediglich, dass von den Künstlern eine Eingrenzung der Möglichkeiten, wie ein Kunstwerk rezipiert werden *kann*, vorgegeben wird als ein randunscharfes Feld von Möglichkeiten. Durch das Sosein der Arbeit wird eine absolute Beliebigkeit der Rezeption ausgeschlossen. Das Kunstwerk bietet Rezipienten die Möglichkeit, auf viele Weisen (aber nicht beliebig) daran anzuschließen. In einem weiten Sinn lässt sich hier von Wiederholbarkeit sprechen. Denn der Rezeptionsvorgang besteht aus zwei Momenten: aus dem, was das Kunstwerk kraft seines »So-gemacht-Seins« evoziert, und aus dem persönlichen Erfahrungshorizont der einzelnen Rezipienten, innerhalb dessen die vom Kunstwerk vorgegebene, im weiten Sinn wiederholbare Reaktion wirksam wird und der im selben Zuge den Interpretationsspielraum des Kunstwerks modifiziert. Die Bemühungen der Produzenten um die Evidenz des Kunstwerks können sich nur auf das erste Moment, sein So-gemacht-Sein beziehen. Auf den persönlichen Erfahrungshorizont der Rezipienten können Künstler keinen unmittelbaren Einfluss nehmen. Andererseits ermöglichen gelungene Kunstwerke besonders viele und besonders interessante Projektionen; je gelungener ein Kunstwerk ist, desto mehr Anschlussmöglichkeiten bietet es seinen Rezipienten. Es muss daher eine Ambivalenz (wie Tarkowskij es nennt), eine Mehrschichtigkeit im guten Kunstwerk sein, die Projektionen erlaubt. Das würde bedeuten, dass die Künstler einen indirekten Einfluss auf die Projizierbarkeit von rezipientischer Erfahrung haben, wenn sie auch nicht auf die konkreten Projektionen einwirken können. Die Materialität des Kunstwerks, die Projektionsflächen bietet, übt einen so starken Einfluss auf die Rezeption aus, dass man in einem eingeschränkten Sinn davon sprechen kann, dass die Wahrnehmung der Rezipienten durch das

Kunstwerk »gesteuert« wird. Hier geht es um eine Wiederholbarkeit im Sinne einer ständigen Variation. Rezipientische Erfahrung wird einerseits durch das Werk aufgerufen, andererseits wird sie von ihm gestört. Diesem Prozess von Aktivierung und Störung, in dem Wahrnehmung zugleich auch die »Antwort« auf Wahrgenommenes im Sinne seiner Ergänzung, Vervollkommnung und Fortführung bedeutet, gilt das Interesse der Künstler. Im Idealfall (aus Produzentensicht) verändert das Kunstwerk das Weltverhältnis der Rezipienten. Diese Veränderung kann ganz unterschiedliche Bereiche des Weltverhältnisses der Rezipienten betreffen, sie kann sich allein auf einen Ausschnitt sinnlicher Weltwahrnehmung beziehen, sie kann aber auch z.B. auf der Ebene politischer Realität oder kunstgeschichtlichen Wissens oder in anderen Bereichen des Lebens vollzogen werden. Aber auch in diesem Fall wäre die ästhetische Erfahrung des Kunstwerks kein Äquivalent begrifflicher Argumentation. Dass sich aus der ästhetischen Erfahrung Konsequenzen für die begriffliche Beschreibung der Welt ergeben, ist vielmehr nur eine ihrer möglichen Wirkungen.

Auf den Gebieten der Literatur und des Theaters scheint es nahezuliegen, dass es Produzenten um die Darstellung eines Weltverhältnisses geht. Hingegen könnte es so scheinen, als ob Malerei, insbesondere abstrakte, den Produzenten eher eine Selbstgenügsamkeit und ein Bezogensein aufs Material, nicht auf die Welt, abverlange. Deshalb gehe ich im Folgenden kurz auf den Evidenzanspruch zweier Maler ein. Ein anderer Einwand könnte sein, dass bestimmte Künstler in ihrer Arbeit mit Unsinn und Ironie umgehen und deswegen nur Brechung und Störung und eventuell Zerstörung, nicht aber Ansprüche affirmativer Art ans Kunstwerk haben. Dass auch diese Arbeitsweise eine ist, die sich auf die Erzeugung eines evidenten Kunstwerks richtet, soll ebenfalls anhand eines Beispiels erläutert werden.

Zunächst komme ich zu der These, dass es auch im Medium der Malerei um die Darstellung eines Weltverhältnisses, repräsentiert in einem evidenten Werk, geht: »Ich schulde Ihnen die Wahrheit in der Malerei, und ich werde Sie Ihnen sagen.« Dieser Satz von Cézanne, aus dem Derrida den Titel seines gleichnamigen Buches »Die Wahrheit *in* der Malerei« [Hervorhebung von mir, J.S.] ableitet, lässt sich verschieden interpretieren.[146] Will Cézanne Wahrheit künstlerisch darstellen? Dagegen spricht das Wort »sagen«, das wohl sonst durch das Wort »zeigen« ersetzt worden wäre. Was meint Cézanne also mit dem Ausdruck »Wahrheit in der Malerei«? Vergegenwärtigt man sich den Kontext des

146 Jacques Derrida: La vérité en peinture, Paris 1978, dtsch.: Die Wahrheit in der Malerei, Wien 1992.

Briefes an Émile Bernard, in dem der Satz geäußert worden ist, in einer anderen Übersetzung, konkretisiert er sich ein wenig.

»Ich habe mich durchaus erinnert, daß sie in Tonnerre waren, aber der ganze Umstand, mich wieder zu Hause einzurichten, macht es mir zur Pflicht, daß ich mich uneingeschränkt der Verfügungsgewalt meiner Familie überantworte. [...] Ich schulde Ihnen die Wahrheit *über* [Hervorhebung von mir, J.S.] die Malerei, und ich werde sie Ihnen sagen.«[147]

Es gab also einen Austausch über die Malerei zwischen den beiden Malern, in dem Bernard offensichtlich die Rolle des Schülers spielte. Dadurch wird klar, dass Cézanne mit dem Wort »Wahrheit« das meint, was er Bernard erklären wird, und keine künstlerische Darstellung der Wahrheit. Die spezifische cézannesche Wahrheitsunterstellung bezieht sich auf seine Idee von der Funktion der Malerei und der Funktion des Malers, der als ein Organ des Sehens bemüht sein sollte, das Sichtbare immer genauer darzustellen. Je sensibler es der Maler schafft, die »Werkzeuge« Auge, Palette, Pinsel etc. zum Einsatz zu bringen, desto mehr nähert er sich der Idee der Transformation des Gesehenen in ein spezifisches Farb- und Formensystem. Das von Cézanne entwickelte Programm der Modulation der Farben, in dem die wahrgenommenen Farbtöne so weit wie möglich auseinanderdividiert und per Pinselstrich miteinander in ein neues Verhältnis gesetzt werden, hat nichts mit einer einfachen Abbildung der Wirklichkeit im Sinne der Abbildung ihrer Komplexität zu tun. (Psychologische Aspekte bleiben z.B. unbeachtet, wie man an den cézanneschen Portraits sehen kann. Es gibt, aus einer psychologischen Sicht, keinen Unterschied zwischen Cézannes Darstellung seiner Frau und derjenigen des Berges, den er immer wieder malte.) Trotzdem ist es Cézannes erklärtes Ziel, zu einem umfassenderen »Verständnis« zu gelangen.[148] Es handelt sich um eine geistige Struktur, die Cézanne in seiner Malerei aufzuzeigen versucht; um die »Einsicht, daß das Individuelle und Einmalige die einzig mögliche Form darstellt, in der das Überpersönliche und Allgemeine erscheint und in der es sich darstellen läßt. [...] Gegenstände werden zu formalen und farbigen Elementen einer bildnerischen Ordnung, in der die Gesetzmäßigkeit allen

147 Paul Cézanne: Ein Traum von Kunst, Berlin 1984; S. 164. »Je vous dois la vérité en peinture, et je vous la dirai.« Das französische »en« lässt sowohl die Übersetzung »in« als auch »über« zu. Ich beziehe mich auf: J. Derrida: La vérité en peinture, S. 6.

148 Dem Wort Verständnis gebe ich eine sprachliche Konnotation. Es geht um ein Verstehen seiner selbst und der Welt. Die Mittel, um zu ihm zu gelangen, können aber auch Mittel der Wahrnehmung sein.

Seins zutage tritt.«[149] Der nächste Auszug (ebenfalls aus einem Brief an Bernard) spricht von diesem »Verständnis« und markiert so die spezielle Verknüpfung der Wahrheitsunterstellung mit dem Finden der richtigen Methoden ihrer Realisation.

»Der Louvre ist das Buch, in dem wir lesen lernen. Wir dürfen uns freilich nicht damit zufrieden geben, die schönen Formeln unserer erlauchten Vorgänger beizubehalten. Machen wir uns doch frei davon und studieren wir die schöne Natur, versuchen wir ihren Geist herauszuheben, suchen wir uns doch so auszudrücken, wie es unserm persönlichen Temperament entspricht. Im übrigen, auch die Zeit und das Nachdenken verändern so nach und nach unser Sehen, und am Ende finden wir zum Verständnis.«[150]

Hier geht es Cézanne um die Richtigkeit der Mittel und Methoden. Das Naturstudium wird vor dem Studium und Kopieren der alten Meister im Louvre ausgezeichnet. Dass das Studium von Cézannes Vorgängern im Louvre nicht in jedem Fall hilfreich sein kann, leuchtet unmittelbar ein, wenn man sich klarmacht, dass diese ganz andere Konzeptionen künstlerischen Arbeitens verfolgten. Sie schufen nach dem Modell und Vorbild des Künstlergenies ihre ganz eigenen Welten. Auf diesen genialen Gestus verzichtet Cézanne. Er schafft nicht mehr eine Welt aus sich heraus, sondern interpretiert Vorhandenes neu.[151] So sehr auch das Sehen als optische Wahrnehmung der Dreh- und Angelpunkt der cézanneschen Methode ist, so handelt es sich doch bei der Idee der cézanneschen Farbmodulation um ein geistiges Konzept. Es ist eine Sichtweise der Welt in dem Sinne einer bestimmten Haltung, die erstens der Künstler und zweitens das Kunstwerk der Welt gegenüber einnehmen. Deswegen kann Cézanne am Ende vom »Verständnis« sprechen.

Auch dem Maler Paul Klee, der für sein abstraktes Spiel mit Farben, Formen, Flächen und mit den dadurch entstehenden Bildräumen bekannt

---

149 Sandro Bocola: Die Kunst der Moderne. Zur Struktur und Dynamik ihrer Entwicklung, München, New York 1997, S. 138ff. »Formal« verstehe ich als eine Bezeichnung, die die Art und Weise des Gemachtseins der Elemente umschreibt und zunächst (theoretisch) absieht von inhaltlichen Gesichtspunkten. Farbe ist auch ein formales Element. Insofern ist das »und« in dem Ausdruck »formale und farbige Elemente« nicht ganz passend. Vermutlich denkt Bocola z.B. an die Form in einem konkreten, z.B. geometrischen Sinn im Unterschied zu Farbe.

150 P. Cézanne: Ein Traum von Kunst, S. 162.

151 Vgl. Dieter Daniels: Duchamp und die anderen. Der Modellfall einer künstlerischen Wirkungsgeschichte in der Moderne, Köln 1992, S. 213: »Der Künstler wechselt die Seite, er wird vom Schöpfer zum Betrachter, der – anstatt etwas Neues zu schaffen – eine neue Sichtweise für schon Vorhandenes findet.«

ist, ging es um ein Verständnis im Sinn einer Weltinterpretation und um die materielle Evidenz dieses Weltverständnisses. Im Gegensatz zu Cézanne, dessen Idee die Transformation des Sichtbaren war, ging es Klee eher darum, zum »Urgrund« allen Seins vorzudringen. In archaischen Symbolisierungen versucht er, dem näherzukommen, was dem menschlichen Leben zugrunde liegt. »Vom Vorbildlichen zum Urbildlichen! Anmaßend wird der Künstler sein, der dabei bald irgendwo steckenbleibt. Berufen aber sind die Künstler, die heute bis in einige Nähe jenes geheimen Grundes dringen, wo das Urgesetz die Entwicklungen speist.«[152] Eine Totalität der künstlerischen Idee liegt hier besonders auf der Hand. Die Leidenschaft des Künstlers bezieht sich natürlich nicht allein auf die Idee, das Verstehenwollen, das Erforschen, sondern auch auf die Qualität ihrer künstlerischen Ausarbeitung. (»Anmaßend wird der Künstler sein, der dabei bald irgendwo steckenbleibt.«) Der künstlerischen Produktion steht als Vorbild die »große Natur« Pate, der man sich in einer nachahmenden Bewegung nähern soll.

»Also befaßt sich denn der Künstler mit Mikroskopie? Historie? Paläontolgie?
Nur vergleichsweise, nur im Sinne einer wissenschaftlichen Kontrollierbarkeit auf Naturtreue!
Nur im Sinne der Freiheit.
Im Sinne einer Freiheit, die nicht zu bestimmten Entwicklungsphasen führt, welche in der Natur einmal genauso waren oder sein werden oder die auf andern Sternen (dereinst vielleicht einmal nachweisbar) genauso sein könnten, sondern im Sinne einer Freiheit, die lediglich ihr Recht fordert, ebenso beweglich zu sein, wie die große Natur beweglich ist.«[153]

Die von Klee hier angedeutete Methode der künstlerischen Auseinandersetzung mit naturwissenschaftlichen Arbeitsweisen erlaubt es den Künstlern, »freier«, also ungeregelter mit den naturwissenschaftlichen Methoden und mit naturwissenschaftlichem Bildmaterial umzugehen als die Naturwissenschaftler, und hat daher den Status einer Handlungsanweisung, ähnlich wie Cézannes Empfehlung, eher Naturstudien zu betreiben als die alten Meister zu kopieren. Es lässt sich bereits hier von fundamentalen Unterschieden zwischen der cézanneschen und der kleeschen Methode sprechen. Diese Unterschiede verweisen auf eine Individualität der jeweiligen künstlerischen Sichtweise, die hier nicht bestritten werden soll. Systematisch geht es aber darum, dass in allen Fällen Fragen des Weltverhältnisses mit künstlerischen Arbeitsstrategien verknüpft werden.

152 Paul Klee: Kunstlehre, Leipzig 1987, S. 83.
153 Ebd.

Wie verhält es sich nun mit dem Evidenzanspruch, wenn Künstler mit den Methoden seiner Brechung, mit Ironie oder mit Unsinn arbeiten? Auch in diesen Fällen kann der künstlerische Evidenzanspruch weiterhin geltend gemacht werden. Dazu eine Äußerung des Konzeptkünstlers Ilya Kabakow über Absurdität als künstlerisches Mittel:

»Das Absurde unterscheidet sich äußerlich in nichts von der Dummheit; man braucht nur an Beckett oder Charms zu denken. Doch absurde Texte zeigen, daß sie keinerlei echten Inhalt haben – und das verleiht ihnen einen enormen Inhalt. Eine von einem Dummkopf geäußerte Dummheit im Beisein eines klugen Menschen aber erweist sich als äußerst sinnreich. So kann man davon ausgehen, daß die ›Kultur‹ ein solches Bündnis von ›Eingeweihten‹ oder ›Verstehenden‹ ist, die allerdings weit davon entfernt sind, ihr Wissen preiszugeben.«[154]

Kabakow interpretiert das stilistische Mittel der Absurdität als eines, das in der Lage ist, für etwas anderes zu stehen, d.h. etwas vorzuführen. Dass das Fehlen eines Inhalts von Kabakow als ein »enormer Inhalt« bezeichnet wird, deutet darauf hin, dass er der Absurdität letztlich wieder Sinn zuspricht. Die getätigte Aussage ist in dem Sinne evident, dass sie auf Grunderlebnisse des menschlichen Daseins verweist. Dass die Darstellung von Absurdität von Kabakow als eine Form der Sinnerzeugung interpretiert wird, zeigt auch seine Beschreibung des Rezipientenverhaltens gegenüber absurden Äußerungen. Würde die Unterstellung von Sinn völlig fehlen, käme es nicht zum »Bündnis von Eingeweihten«. Verstehbarkeit kommt sozusagen durch die Hintertür wieder ins Spiel. Indem nämlich der absurden Äußerung Wahrheit in einem existentiellen Sinne unterstellt wird, muss sie »verstehbar« sein. Diese »Verstehbarkeit« wird nach Kabakow von den Interpreten hergestellt und unterscheidet sich dann nicht mehr von der Verstehbarkeit anderer Äußerungen.

Kabakow sagt hier nichts zu einer eventuellen Differenz zwischen absurden Äußerungen und absurden Kunstwerken, denn beide können von den sogenannten »Eingeweihten« richtig verstanden werden. Der Unterschied zwischen einer absurden Äußerung und einem Kunstwerk, das aus absurden Äußerungen besteht, liegt darin, dass im Kunstwerk eine Materialbearbeitung stattfand, eine materielle Umsetzung des Dargestellten im Sinne seiner Transformation vollzogen ist, zusammengefasst: dass es hergestellt wurde. Die Information über das Hergestelltsein des Kunstwerks ändert das Verhalten der Rezipienten. Die absurde

154 Ilya Kabakow/Boris Groys: Die Kunst des Fliehens, München, Wien 1991, S. 30.

Äußerung eines Dummkopfs hingegen, die dieser nicht einmal bewusst gemacht haben muss, ist in keinem Material, auch nicht im Material der Sprache, hergestellt. Sie ist vielmehr passiert. Selbst wenn sie sich wie eine künstlerische Äußerung anhört, ist das nur Zufall und keine künstlerische Absicht. Wissen die Rezipienten aber, dass die Absurdität von einer Künstlerin stammt, suchen sie den von Kabakow beschriebenen »enormen Inhalt«, sie testen also ihrerseits den Evidenzanspruch des Künstlers am Kunstwerk. Es ist wichtig, dass die Rezipienten ein Reflexionsvermögen mitbringen, um die Absurdität in den Kunstwerken zu erkennen und zu deuten. Auf diesen Horizont der Rezipienten hoffen Künstler, die mit absurden Elementen arbeiten. Im Produktionsprozess projizieren sie selbst »enorme Inhalte« in die Absurdität hinein, wenn sie zu ihrem Kunstwerk Rezipientenperspektiven einnehmen, um dessen Wirkung zu prüfen.

Unsere These, dass jede Kunstproduktion mit einem Evidenzanspruch verbunden ist, wirft die Frage auf, wie und durch wen die Einlösung dieses Anspruchs beurteilt werden kann. Gerade wenn der Anspruch, Evidentes zu schaffen, jede Kunstproduktion begleitet, ist es schwer vorzustellen, dass die Produzenten bei der Bewertung der eigenen Arbeit von ihrem Anspruch hinreichend abstrahieren können, um seine Einlösung zu beurteilen. Da sie selbst in den Produktionsprozess involviert sind, fehlt ihnen die Distanz. Ein Effekt dieser Distanzlosigkeit ist, dass die Bewertung der eigenen Arbeiten oftmals weit entfernt ist von der Einschätzung durch »andere Rezipienten«. Das gilt oft auch für die Bewertung einzelner Kunstwerke innerhalb eines Gesamtwerks.

Es wurde bereits ausführlich dargelegt, dass der anfänglich intendierte Sinn nur in transformierter Form in das Kunstwerk eingeht und dass dieser Sinn in der Konfrontation mit dem Material eine Umarbeitung erfährt, die unter dem Kriterium der Gelungenheit evaluativ thematisiert werden kann. Der Anspruch, diese Transformation im Sinne einer angemessenen und »gekonnten« Bearbeitung zu vollziehen, ist Teil des Anspruchs der Künstler, im Kunstwerk etwas zur Evidenz zu bringen. Infolgedessen kann die Einlösung dieses Anspruchs auch nur auf die Weise bewertet werden, dass intendierte Thematik und materiale Qualitäten der Bearbeitung konkret aufeinander bezogen werden. Die bloße Gegebenheit des Evidenzanspruchs kann allein noch kein Maßstab für die Gelungenheit des Kunstwerks sein, gerade weil sie für alle Kunst gilt – und weil es viele Arbeiten gibt, in denen der künstlerische Anspruch offensichtlich nicht eingelöst werden konnte.

Auch wenn es Kunstwerke gibt, bei denen laut Künstlerauskunft der Prozess des Entstehens wichtiger ist als das, was als Produkt übrigbleibt (wenn der Prozess zum Beispiel ein interaktiver gewesen ist), oder auch wenn gar kein Produkt übrigbleibt, muss das dokumentiert werden, d.h. die Künstlerin ist in einer Bringschuld gegenüber den Rezipienten. Sie muss den Prozess in irgendeiner Weise glaubhaft machen können. Auch in diesem Fall lässt sich die Art und Weise der Umsetzung qualitativ bewerten.

An dieser Stelle möchte ich auf den Anspruch des »Vaters der Konzeptkunst« Joseph Kosuth eingehen, der behauptet hat, Kunst und Idee, letztendlich sogar Kunst und analytisches Denken in seinen Arbeiten gleichgesetzt zu haben und der damit indirekt auf das Ende der Geschichte künstlerischer Transformation von Ideen in wahrnehmbare Entitäten verweisen wollte.

»So I referred to the physical material of the blow-up as the works ›form of presentation‹, and referring to the art entity as a proposition – a term I borrowed from linguistic philosophy. At about the same time I began thinking of art propositions while considering the [...] analogy between language and art. So that in my mind I began to equate linguistic propositions with artistic propositions.«[155]

Als Joseph Kosuth Anfang der 70er Jahre die Gleichsetzung von analytischem Denken und Konzeptkunst verkündete, stand er am Anfang seiner Karriere in Kunstinstitutionen, in denen Kunstwerke und andere Leistungen nicht nach analytischen Kriterien beurteilt wurden und werden. Kosuths Karriere im Kunstbetrieb beruht eher auf spekulativen Zuschreibungen und Veränderungen der Wahrnehmungsgewohnheiten der Betrachter als auf Anerkennung seines analytischen Scharfsinns. Kosuth hat zwar für seine Schriftinstallationen lediglich dekontextualisierte Zitate gängiger theoretischer Autoren (etwa Benjamin und Derrida) verwendet. Die aufwendige grafische Gestaltung (etwa in weißer Schrift auf schwarzem Grund, wofür z.B. der gesamte Innenraum des Stuttgarter Kunstvereins geschwärzt werden musste) belegt aber ebenso wie das Unverständnis des Kunstpublikums für den Inhalt der Zitate, dass eine Sinnverschiebung vollzogen worden ist, die nicht in den Äußerungen des Künstlers, wohl aber in der Rezeption des Kunstwerks sichtbar wird. Auch wenn Kosuths Anspruch der einer absoluten Gleichsetzung von Kunst und Idee gewesen ist, so zeigt seine Rezeption, dass andere Aspekte bedeutender waren: z.B. die Tatsache, dass der Künstler Kosuth eine Neuheit etablierte oder dass neue Wahrnehmungsweisen mit seinen Arbeiten für den Kunstkontext erschlossen wurden. Bloße Zitate, auf eine Wand gebracht, galten bis dahin nicht als Kunst. Ich nehme an, dass

155 Joseph Kosuth: »Three Answers to Four Questions«, in: Domus, May 1971, S. 54.

Kosuth mit seiner provokanten These der Analogie zwischen linguistischen und künstlerischen Propositionen nicht bekannt geworden wäre, hätte er seine Sätze auf kleinen Zetteln an die Wände geklebt. Das Anbringen von Zitaten aus wissenschaftlichen Publikationen auf Gebäuden, Brücken und Bahnhöfen oder ihre Publikation in Tageszeitungen ist eher als eine Kontextverschiebung denn als philosophische These zu beschreiben. So wie das Kochen in einer renommierten Galerie als Kunst und nicht nur als Kochen definiert und akzeptiert wird, so muss ein Satz aus der »Grammatologie« von Derrida, der im Kunstverein über eine ganze Wand verteilt neben einem Benjamin-Zitat prangt, anders wahrgenommen werden als innerhalb des Kontextes der »Grammatologie«. Das soll aber nicht heißen, dass die sprachliche Bedeutung des Satzes völlig gleichgültig für die Rezeption der Arbeit ist. Vielmehr besitzt er eine andere Bedeutung als im Buch. Also handelt es sich bei Kosuths Zitaten nicht um Propositionen, wie er es behauptet, um gleiche semantische Gehalte, die durch unterschiedliche Sätze ausgedrückt werden können, sondern um eine Inhaltsveränderung, die durch eine Kontext- und Präsentationsverschiebung ein und desselben Satzes verursacht wird. Der semantische Gehalt des Zitates wird von Kosuth durch diese Verschiebung verändert, aber nicht beseitigt. Denn erst durch das Zusammenspiel von sprachlichem Satzinhalt und der vom Künstler festgelegten Präsentation ensteht das ganze Kunstwerk. Es lässt sich weder auf den Satzinhalt noch allein auf die sinnliche Wahrnehmung der Buchstaben reduzieren.

Für dieses Kapitel lässt sich abschließend sagen: Auf die Perspektive der Produzenten, die durch einen Evidenzanspruch geleitet sind, kann in philosophischen Überlegungen über Kunst nicht verzichtet werden. Sie ist neben anderen Kriterien konstitutiv für die Bestimmung der Kategorie des Kunstwerks. Es geht nicht darum, subjektive Sichten und spezielle künstlerische Strategien einzelner Künstler zu verdeutlichen, sondern auf einer Metaebene muss der übergreifende Anspruch der Künstler, ein evidentes Kunstwerk zu produzieren, mit berücksichtigt werden. Dieser Anspruch erfordert eine bestimmte Art von Engagement und Können, welches sich von dem Können anderer Tätigkeitsfelder und von der Beherrschung sprachlicher Präzision im wissenschaftlichen Formulieren unterscheidet. Es geht also um eine Fähigkeit oder Fertigkeit, Fragestellungen, die sich von Alltags- und wissenschaftlichen Fragestellungen unterscheiden, mit künstlerischen Mitteln und Strategien zu bearbeiten. Die Entwicklung einer neuen Form der Organisation des Materiellen, die evident ist und Evidenzerlebnisse verursacht, markiert die besondere künstlerische Leistung.

6. Die Bestimmung des Begriffs Kunstwerk

Die Perspektive der Produzenten, so war meine Behauptung, muss in einen philosophischen Beschreibungsversuch des Spezifischen von Kunstwerken mit eingehen. In diesem Kapitel geht es um die Frage, wie dies zu verstehen wäre. Zunächst soll dargelegt werden, warum sich eine Bestimmung des Kunstwerkbegriffs aus der Berücksichtigung künstlerischer Produktion ergeben sollte und inwiefern künstlerische Arbeit nicht allein in Begriffen wie Performativität, Ereignis oder Präsenz gefasst werden kann.[156] In Bezug auf das Werk wäre dann der Begriff seiner Autonomie als der eines eigenen Verständnisses seiner Gelungenheit zu präzisieren. Zwei Differenzen werden in einem nächsten Schritt im Rahmen der Bestimmung des Kunstwerks akzentuiert: erstens die Differenz zwischen Kunstwerken, die mit einem Anspruch auf Evidenz produziert sind, und Gegenständen, die mit anderem Anspruch geschaffen werden; zweitens die Differenz zwischen Gegenständen, die geschaffen werden (gleich mit welchem Anspruch), und solchen, die nicht geschaffen, sondern vorgefunden werden. Unter Berücksichtigung der dialogischen Struktur des Kunstwerks wird daran anschließend (im III. Teil) ein Begriff der ästhetischen Kommunikation zu entwerfen sein, der von einem sprachlichen Kommunikationsbegriff zu unterscheiden ist.

Sieht man Kunstproduzenten, wie im ersten Kapitel dieses II. Teils erläutert, nicht allein als selbstbestimmte, ja selbstherrliche Subjekte, so sind »Grundsätze der Freiheit und Souveränität des Schaffensprozesses«, »Ideale der phantasia, der Einbildungskraft und der Originalität« bzw. der »Erfindung (creatio)« unzureichende Grundlagen der Beschreibung künstlerischen Tätigseins.[157] Aus den Erläuterungen des Produktionsverlaufes im dritten Kapitel des II. Teils ergibt sich, dass künstlerisches Produzieren weniger mit der souveränen Setzung einer Idee der Autorin in die Materialität des Werks zu tun hat, auch nicht mit subjektiver Kreativität, die geniale Erfindung ermöglicht, sondern dass vielmehr das Material, dessen Eigenschaften sowie die Herkunft und die Geschichte der Produzenten (wie im Kapitel II.3 beschrieben) in diesem

156 Vergleiche z.B. D. Mersch: Ereignis und Aura, S. 168: »Treffender wäre es, stattdessen von der ›Auflösung des Kunstbegriffs‹ in dem Sinne zu sprechen, daß die werkästhetische ›Ontologie‹ untergegangen sei – jenes strukturelle System von Bestimmungen, das Kunst aus den Prinzipien der Originalität, der Form, der energeia als schöpferische Leistung und als ›Werk‹, ergon, und folglich den Künstler als ›Werkmeister‹ (Hegel), als ›Genie‹ hervorgehen ließ.« Dass sich mit der Verabschiedung des Künstlers als Genies nicht der Werkbegriff mit verabschiedet, geht aus meinen bisherigen Überlegungen zur Subjektivität der Künstler hervor.

157 Ebd., S. 173.

Prozess eine entscheidende, aber auch nicht allein die entscheidende Rolle spielen. Falsch ist es also, Künstlern die »Autorität eines Ursprungs« zuzusprechen und aus dieser die »Einheit und die Dauer einer Bedeutung« der Werke abzuleiten.[158] Offenbar ist es auf eine banale Wiese richtig, dass eine Künstlerin der Ursprung ihres Werkes ist, denn ohne sie würde es das Werk nicht geben; dies ist aber nicht (wie Dieter Mersch uns nahezulegen versucht) gleichzusetzen mit der Absolutheit ihrer subjektiven Freiheit im Prozess seiner Produktion. Hegels Bestimmung des Genies als einer Person, die »das ins Bewusstsein hebt, was in der Arbeit aller [...] geschichtlich erreicht wurde«, verknüpft den »Auftrag« an die Künstler mit einer konkreten Bestimmung des Werks als eines Repräsentanten der Gesellschaft in einer Kulturgeschichte.[159] Eine Behebung des Irrtums, dass Geschichte sich durch die Künstler als Medien und ohne ihr Zutun ereigne, ist kein Anlass für die Verabschiedung vom Werk. Die Definition künstlerischer Arbeit als Handlung ist es auch nicht. Mersch schreibt: »Die Grundlage von Kunst bildet jetzt der Akt, die Handlung [...] Nichts anderes bedeutet Performativität. Das Performative betrifft den Vollzug, seine Zeitlichkeit, das Ereignis der Setzung.«[160] Vollzug, Zeitlichkeit und Ereignis der Setzung sind aber immer schon Konstitutive im Produktionsprozess, wie die im Kapitel II.3 dargestellten Künstler-Reflexionen über Produktion und Transformation gezeigt haben. Auch das »Denken über Kunst« ist ein wesentlicher Bestandteil ihrer Herstellung und nicht als »performatives Projekt« einer neuen Systematik ohne Werk zuzuordnen.[161] Eigenschaften, durch die Mersch das Kunstwerk an sich charakterisiert, waren noch nie dessen alleinige Spezifika: »Dort der Gegenstand, das Werk, die Dauer und die Geschlossenheit.« Werke waren immer auch Situationen und nicht nur Gegenstände, sie »dauerten« noch nie zwangsläufig, sondern nur, wenn sie nach ihrer Produktion rezipiert und diskutiert wurden, selbst das geschlossenste Werk ist ein fragmenthaftes, wie Heiner Müller richtig bemerkt, und auch nach Brecht und Bachmann wäre das Werk u.a. durch den Begriff des Mangels oder der Leerstelle zu charakterisieren.[162] Auf der anderen Seite wirbt Mersch mit neuen Qualitäten aktuellen künstlerischen Vorgehens: »...hier das Flüchtige, die »Bricolage«, das Risiko, die Situierung im Augenblick, ›die Konfiguration im hic et

158 Ebd., S. 174.

159 Annemarie Gethmann-Siefert/Bernadette Collenberg-Plotnikov: »Georg Wilhelm Friedrich Hegel«, in: Julian Nida-Rümelin/Monika Betzler (Hg.), Ästhetik und Kunstphilosophie. Von der Antike bis zur Gegenwart in Einzeldarstellungen, Stuttgart 1998, S. 363-377, hier S. 367.

160 D. Mersch: Ereignis und Aura, S. 217.

161 Ebd.

162 Vgl. Kap. II.4.1: Die Beschaffenheit des Kunstwerks.

nunc‹.«[163] Jedes Werk ist in – seinem – Hier und Jetzt verortet, nämlich im Kontext seiner Entstehung, zu dem ein gelungenes Werk zugleich eine darstellende wie auch eine distanznehmende Position bezieht; diese beiden Aspekte wurden im Kapitel II.1 nach Jean Bollack als die Tradition des Autors und deren Interpretation durch den Autor im Kunstwerk geschildert.[164] Wenn aktuelle konzeptuelle Kunstpraxis in der bildenden Kunst, neue Musik und postdramatisches Theater als flüchtig, partizipatorisch, fragmentarisch, als Situierung im Augenblick und teilweise als Eingriff in der Kunst bis dahin verschlossene Räume beschreibbar sind, so ist nicht einzusehen, warum sich dies alles nicht unkompliziert unter den Begriff des Werkes subsumieren lassen sollte. Denn alle diese »Maßnahmen« werden von Autoren bzw. Produzenten veranstaltet, auch wenn keine festen Materialien in Bearbeitung sind, auch wenn keine Partituren geschrieben werden. Selbst wenn der Zufall die Situation steuern soll, bleibt sie doch eine konzipierte Situation, deren Entwicklung beobachtet werden muss. Ich plädiere daher für eine Erweiterung des Werkbegriffs in dem Sinne, dass sich die Begriffe Ereignis, Performativität und Präsenz als dem Werkbegriff *untergeordnete* Kategorien zu seiner näheren Bestimmung anbieten.[165]

Nun »klebt« an dem Werkbegriff in der Philosophie der Moderne der Begriff seiner Autonomie, einer Eigenschaft, die wechselweise als ein Charakteristikum des Werks selbst oder der an ihm zu vollziehenden ästhetischen Erfahrung gedeutet wird. Dementsprechend ist Autonomie entweder als die Eigengesetzlichkeit der Kunst im Sinne des Bestands eigener Regeln ihrer Gelungenheit oder als die Eigengesetzlichkeit der an ihr vollzogenen Erfahrung im Unterschied zu anderen Handlungen und Diskursen erörtert worden. Der bereits eingangs erwähnte Autonomiebegriff Schillers, demzufolge die Kunst immun sein soll gegenüber der Willkür der Menschen, den Schiller einführt als Fundament für den

163 D. Mersch: Ereignis und Aura, S. 223.

164 Diese Differenz benennt Jauß speziell für Literatur: »Aus alledem ist zu folgern, daß die spezifische Leistung der Literatur im gesellschaftlichen Dasein gerade dort zu suchen ist, wo Literatur nicht in der Funktion einer darstellenden Kunst aufgeht.« Hans Robert Jauß: »Literaturgeschichte als Provokation der Literaturwissenschaft«, in: Rainer Warning (Hg.), Rezeptionsästhetik. Theorie und Praxis, München 1993, S. 126-162, hier S. 154.

165 Vgl. Harald Lemke: »Gute Kunst macht Sinn. Ein Interview mit Harald Lemke«, in: infection manifesto. Zeitschrift für Kunst und Öffentlichkeit, Nr. 5 (2004), S. 25-30: »Man kann […] den Werkbegriff erweitern und auch werklose Kunstpraxis als Werke bezeichnen. Damit habe ich im Grunde genommen auch keine Schwierigkeiten. Denn jede künstlerische Arbeit, die sich mitteilen will, wird eben für etwas, das als Mitteilung funktionieren kann, ins Werk gesetzt.«

Gebrauch der schönen Kunst als Werkzeug zur chrakterlichen Veredelung der Menschen, wurde bereits als fragwürdige Variante kritisiert.[166] Eine im Kapitel II.1. eingeführte Voraussetzung für den Autonomiebegriff in der Kunst ist die Autorschaft der Künstler. Die Produzenten können zwar als Repräsentanten ihrer Zeit verstanden werden, nicht aber als Medien für andere, der Zeit übergeordnete Instanzen. Infolgedessen entfällt die Möglichkeit, dass Kunstwerke dermaßen über ihre Produzenten hinausragen, dass sie immun wären gegenüber aller menschlichen Willkür. Adorno berücksichtigt das. Er bestimmt den Begriff der Autonomie des Kunstwerks als einen dialektischen, der die Heteronomie der Werke, ihre gesellschaftliche Abhängigkeit, in sich birgt.[167] Das Moment der Fremdheit des Werks gegenüber anderen Gegenständen und Situationen, seine Eigengesetzlichkeit, die seine Autonomie ausmacht, der die »Idee der Freiheit [...] verschwistert« ist, »hat an Herrschaft sich geformt, die sie verallgemeinerte«.[168] So ist auch die Autonomieerwartung eine, die sich aus geschichtlichen und gesellschaftlichen Zuschreibungen an Kunst und Kunstwerke ergibt, und mutet als Erwartung der Freiheit der Kunst somit gar nicht mehr so autonom an, wie sie zuerst erschien. Je nach dem, was als Funktion von Kunst gilt, ist die Autonomie der Werke in der ästhetischen Debatte eine höher oder niedriger bewertete, je nach philosophischer Perspektive wird ihr Verhältnis zu Situationen und Gegenständen, die der Kunst äußerlich sind, verschieden bestimmt.

Christoph Menke nennt zwei Bestimmungen ästhetischer Erfahrung als zwei Varianten der Beschreibung ästhetischer Autonomie: die Kompensation und die Subversion. »Stabilisierende Folgen hat – oder kompensierend bzw. entlastend ist – die ästhetische Erfahrung, wenn sie als verortet gedacht wird; destabilisierende Folgen hat – oder subversiv ist – die ästhetische Erfahrung dagegen, wenn sie als potentiell ubiquitär gedacht wird.«[169] Letztendlich versteht Menke auch die Kompensationsfunktion der Kunst als Subversion: »Entlasten oder kompensieren kann nur, was die Geltung dessen, von dem es entlasten oder das es kompensieren soll, suspendiert.«[170]

166 Vgl. F. Schiller: Über die ästhetische Erziehung des Menschen, S. 33-37.

167 Th. W. Adorno: Ästhetische Theorie, S. 14 und 16.

168 Ebd., S. 34.

169 Chr. Menke: Souveränität der Kunst, S. 202; vgl. dazu Odo Marquard: »Kompensation. Überlegungen zu einer Verlaufsfigur geschichtlicher Prozesse«, in: Karl-Georg Faber/Christian Meier (Hg.), Historische Prozesse, München 1978, S. 330-362; ders.: »Kunst als Kompensation ihres Endes«, in: Willi Oelmüller (Hg.), Kolloquium Kunst und Philosophie, Bd. 1: Ästhetische Erfahrung, Paderborn 1981, S. 159-199.

170 Chr. Menke: Souveränität der Kunst, S. 201.

Adorno gibt dem Begriff der Autonomie einen negativen Beigeschmack, wenn er konstatiert: »*Konsumiert* wird an den Kunstwerken ihr abstraktes Füranderessein…«[171] Auf den ersten Blick erscheint daher das bei Menke angenommene Nebenordnungsverhältnis zwischen der Autonomie *ästhetischer Erfahrung* und dem pluralen Gefüge der Vernunft als Alternative zur adornoschen Instrumentalisierung des Autonomiebegriffs, die mit der gesellschaftliche Vordefinition dessen, was von Kunst zu erwarten sei, operiert. Problematisch wird aber die Konsequenz, die Menke aus der Eigengesetzlichkeit der Kunstrezeption in Bezug auf nicht-ästhetische Diskurse ziehen möchte: »Wie und was wir ästhetisch erfahren, hat keinerlei bestreitende oder bejahende Kraft für das, was Gegenstand unseres nicht-ästhetischen Erfahrens und Darstellens ist.«[172] Dass sich dies aus einer Nebenordnung ästhetischen Erfahrens neben andere Formen des Erfahrens und Reflektierens ergeben muss, ist nicht einzusehen, zumal Künstler (wie in den ersten fünf Kapiteln dargestellt) nichts anderes bezwecken, als durch die Evidenz ihrer Arbeit die (inner- und außerästhetischen) Wahrnehmungen, Erfahrungen und Reflexionen von Rezipienten durch eine Konfrontation mit dem Werk zu verändern. Was Menke als Konsequenz aus der Autonomie ästhetischen Erfahrens ansieht, käme einer Verfehlung künstlerischer Absichten gleich. Nun ist das Argument, dass die Künstler nicht einverstanden sind, keines, das den Fall abschließend entscheiden könnte. Ein gelungenes Werk entzieht sich tatsächlich einerseits den Ansprüchen, die an andere Entitäten außerhalb der Kunst gestellt werden, zum Beispiel dem Anspruch, es solle im Sinne einer begrifflichen Information verstehbar sein; aber es entzieht sich, um die Rezipienten sozusagen rückwendend mit ihren Ansprüchen an die Vollkommenheit eines gelungenen Werkes zu konfrontieren. Laut Ingeborg Bachmann ist die Bereitschaft, sich verändern zu lassen, die normale rezipientische Haltung gegenüber dem Werk. Gehen wir probehalber davon aus, dass nicht alle Rezipienten diese Auffassung Bachmanns teilen, so ergibt sich die Frage nach anderen Motivationen der Kunstrezeption. Wäre die autonome ästhetische Erfahrung am Kunstwerk tatsächlich die Konfrontation mit einer »totale[n] Negativität« die »weder wie die der skeptischen Einwände in die diskursive Ordnung eingeschlossen werden, noch wie die des Wahnsinns ausgeschlossen« werden kann,[173] warum sollten Rezipienten sich dann dieser nicht zu bewältigenden Gefahr aussetzen? Eine Konfrontation mit der Negativität ästhetischer Erfahrung ist eine, die sich nur aus einer positiven Erwartung ans Kunstwerk ergeben kann. Ob eine

171 Th. W. Adorno: Ästhetische Theorie, S. 33; Hervorhebung von mir.

172 Ebd., S. 9.

173 Ebd., S. 273.

ins Kunstwerk und in seine Erfahrung gesetzte Erwartung dieselbe oder eine andere ist als die, die wir in eine diskursive Ordnung setzen – in jedem Fall muss die Erwartung zuerst eine Unterstellung von etwas sein, um überhaupt enttäuscht werden zu können. Die primäre, sozusagen naive Gelungenheitsunterstellung an das Kunstwerk wird einerseits – und da ist Menke recht zu geben – enttäuscht. Aufgrund der Autonomie des Werks, das heißt der eigengesetzlichen Regeln seines Gelungenseins, ist die Erfahrung immer eine andere als die zu erwartende. Andererseits ist diese Enttäuschung als ein Erlebnis der Alterität bzw. ›Mangelhaftigkeit‹ des Kunstwerks zugleich der impulsgebende Grund dafür, dass Rezipienten eigene Erfahrung in die vorgefundene Werkstruktur eintragen. Wie im Kapitel II.3 erläutert, bemühen sich nämlich die Rezipienten, das teilweise widerständige Werk in den eigenen Sinn- und Wahrnehmungshorizont einzugliedern. Die Dialogizität dieser Interaktion mit dem Werk ist der rezipientischen »Disposition, das Mannigfaltige [...] zu einer Wahrnehmungstextur zusammenzufügen, es also als Einheit zu konstituieren«, geschuldet.[174] So muss die Erfahrung des Wiederfindens außerästhetischer Realität der Rezipientin die Erfahrung des Entzugs und der Enttäuschung komplementieren.

Die Autonomie der Kunst liegt also nicht in einer Entziehung, d.h. in einer umfassenden Negation von sinnhaften Bezügen auf außerkünstlerische Wirklichkeit, sondern in einer Eigengesetzlichkeit der Kunst hinsichtlich der Art, wie das Kunstwerk mit seinen Rezipienten ›interagiert‹, wie es Erfahrungsprozesse initiiert und wie seine Gelungenheit von seiner konkreten Beschaffenheit abhängt. Der damit vorgeschlagene Autonomiebegriff geht zunächst aus von einer Eigengesetzlichkeit der Werke, die bestimmte Erwartungen verursachen, und ordnet die Eigengesetzlichkeit ästhetischer Erfahrung systematisch als eine am Kunstwerk vollzogene zu. »Die moderne Kunst ist in einem operativen Sinn autonom. Niemand sonst macht das, was sie macht.«[175]

Es gehört zum Begriff des Kunstwerks, geschaffen zu sein. Insofern heißt, etwas als Kunstwerk zu erfahren, auch, es als durch eine Produzentin geschaffen zu sehen. Diese Angabe ist zunächst formal; insbesondere folgt daraus nicht, dass Rezipienten zum Verständnis dessen, *was* im Kunstwerk geschieht, sich im Einzelnen auf die Produzentin des konkreten Werks beziehen müssten. Weil Kunstwerke mit einem Anspruch auf Evidenz geschaffen sind, gestaltet jedoch dieser Anspruch die Motivation künstlerischer Rezeption mit. Etwas als Kunstwerk zu erfah-

174 H.-Th. Lehmann: Postdramatisches Theater, S. 144. Vgl. Kap. II.3.3: Die Vergegenwärtigung von Realität im Kunstwerk.

175 N. Luhmann: Kunst der Gesellschaft, S. 218.

ren heißt also, es als geschaffen zu erfahren – und zwar geschaffen in einer spezifischen, nämlich künstlerischen Weise. Diese künstlerische Weise des Geschaffenseins aber lässt sich gar nicht verstehen, ohne sich auf den Evidenzanspruch der Produzenten zu beziehen. Etwas als Kunstwerk zu erfahren, heißt demnach, es als etwas zu erfahren, das von einer Produzentin mit einem künstlerischen Evidenzanspruch hervorgebracht wurde. Anknüpfen lässt sich hier an Martin Seels Definition der Kunstwerke als

»*konstellative Darbietungen* [...], deren Sinn an eine nichtsubstituierbare (durch keine andere Kombination von Elementen ersetzbare) Ausführung ihres Materials gebunden ist. Der entscheidende Unterschied zu anderen Formen der sprachlichen oder sonstigen Darbietung liegt darin, daß es hier auf eine genaue, individuelle Anordnung der Zeichenelemente ankommt«.[176]

Diese Definition des Kunstwerks legt die Eintragung des Evidenzanspruchs der Produzenten geradezu nahe. Denn wer ordnet die Elemente des Werks so an, dass es unverwechselbar wird, und warum? Seel bezieht sich meines Erachtens implizit auf den zweiten Aspekt der Bestimmung des Evidenzanspruchs der Künstler – ausgeführt im Kapitel II.5 –, nämlich auf jenen Vorgang, den wir als transformierendes Hineinarbeiten eines intendierten Sinns in ein angemessenes Material beschrieben haben. Dass es richtige und falsche, damit gelungene und nicht gelungene Versionen der Ausarbeitung geben muss, ergibt sich aus der Nichtbeliebigkeit der Konstellation der Elemente des Werkes, die die Unverwechselbarkeit des einzelnen Kunstwerks garantiert. Seel spricht von »Zeichenelementen« des Werks. Mit dem Begriff des Zeichens, das für etwas steht, konstruiert er den Bezug der im Kunstwerk hergestellten Wirklichkeit zur außerästhetischen Realität. Es lässt sich also festhalten, dass Rezipienten das Geschaffensein des Werks berücksichtigen und dass sie es in der Weise berücksichtigen, dass sie das Werk als eine »konstellative Darbietung« seiner Produzentin erfahren. Und das heißt wiederum, dass sie ihre Aufmerksamkeit auf die individuell verursachte, unverwechselbare Anordnung der Elemente richten, aus denen das Kunstwerk besteht. Da mit Adrian Piper davon ausgegangen werden kann, dass Kunstwerke sich ihrer Form nach in nichts von nichtkünstlerischen Gegenständen unterscheiden müssen, ergibt sich an dieser Stelle die Frage, wie Rezipienten erkennen sollen, wann sie einen Gegenstand oder eine Situation unter dem Gesichtspunkt seines Geschaffenseins rezipieren können, wann also eine solche Rezeption eine dem Gegenstand angemessene ist. Aus der Unendlichkeit der ästheti-

176 M. Seel: Ästhetik des Erscheinens, S. 157.

schen Erfahrung lässt sich nämlich noch nicht auf die Bestimmung eines Objektes oder einer Situation schließen, ein Kunstwerk zu sein, wenn man diesem Objekt oder jener Situation irgendwie und irgendwo begegnet und die Erfahrung irgendwie beginnt. Die Bereitschaft, sich auf ein Kunstwerk einzulassen, erklärt sich vielmehr aus dem Wissen, dass es sich hierbei um ein Kunstwerk handelt.[177] In unserer Erziehung, unserer kulturellen Sozialisation, durch Vorinformationen, aus kulturellen Debatten und im institutionellen Diskurs erfahren wir, welche Gegenstände und Situationen Kunstwerk genannt werden. Aus diesem Vorwissen ergibt sich zunächst die Wahrnehmung des Kunstwerks als Kunstwerk. Kollektiv vermittelte Erwartungen, die sich ans Kunstwerk richten, seine Wahrnehmung als »konstellative Darbietung« und der subjektive Horizont der einzelnen Rezipientin verschränken sich im Fall des Gelingens in der ästhetischen Erfahrung. Die Annahme in der Kunsterfahrung ernst zu nehmen, die Künstlerin sei im Prozess der Produktion von einem Evidenzanspruch geleitet worden, bedeutet demnach, dass die Evidenz des Werks in der ästhetischen Erfahrung von den Rezipienten getestet wird. Dass hierbei auch Enttäuschung und das Erlebnis der Negativität konstitutive Funktionen erfüllen können, wurde bereits geschildert. Nicht das Gemachtsein eines Sinns allein ist die formale Struktur des Werks, sondern eine »Nichtbeliebigkeit der Versammlung von Elementen«[178], der die Rezipienten die Nichtbeliebigkeit der Welterfahrung einer Produzentin zuordnen. Künstler sind von daher in der Lage, die Anschluss-, d.h. auch Verstehens- und Interpretationsmöglichkeiten der Rezipienten zu *begrenzen*, wenn auch nicht, sie vorherzusehen. Und sie können andererseits durch spezifische Strategien Projektionen provozieren. Projektionen der Interpreten und das Wiederfinden eigener Erfahrung im Kunstwerk sind also kein Einwand gegen das Gelingen des künstlerischen Evidenzanspruchs, sondern eher ein Verweis auf dessen Einlösung. Dass aus der gelungenen oder der nichtgelingenden Erfahrung heraus der Diskurs, der uns lehrte, was man ein Kunstwerk nennen soll und was nicht, immer ein anfechtbarer Diskurs bleibt, ist selbstverständlich. So rechtfertigt sich das Misstrauen Andrej Tarkowskijs gegen unangemessene Reaktionen und falsche Beurteilungen von Werken auch systematisch. Denn obwohl der Vielfalt, wie Rezipienten ihre Erfahrungen ins Spiel bringen, keine Grenzen gesetzt sind, gibt es doch unange-

177 Es kommt vor, dass Künstler diese Tatsache experimentell in Frage stellen, zum Beispiel, wenn sie Kunstwerke, ohne sie als solche zu kennzeichnen, im öffentlichen Raum installieren. Zum Schluss werden auch diese Werke wieder im Rahmen des Kunstbetriebs präsentiert, zum Beispiel als Dokumentationen von Installationen und Ereignissen.

178 R. Sonderegger: Für eine Ästhetik des Spiels, S. 316.

messene ästhetische Beurteilungen, die anhand ihrer Überprüfung am Werk zurückgewiesen werden können.

Kunstwerke unterscheiden sich folglich erstens von natürlichen Gegenständen durch ihre formale Eigenschaft, geschaffen zu sein. Zweitens unterscheiden sie sich von anderen geschaffenen Gegenständen durch ihre Eigenschaft, von Produzenten mit einer Evidenzabsicht hervorgebracht worden zu sein. Das Vorwissen der Rezipienten, dass ein Kunstwerk vorliegt, beeinflusst den Prozess der Rezeption dergestalt, dass sich aus der Kenntnis, dass es sich bei einem Gegenstand oder einer Situation um ein Kunstwerk handelt, eine Prüfung des Evidenzanspruchs der Produzentin im Prozess seiner Wahrnehmung ergibt. Das Wissen um das Geschaffensein des Kunstwerks und die Überprüfung des Evidenzanspruchs der Künstler sind also wesentliche Kriterien für die Unterscheidung zwischen Kunstwerken und anderen Gegenständen der Wahrnehmung, mit denen anders umgegangen wird.[179]

Setzt man das Dialogische voraus, das im Kunstwerk durch die Künstler angelegt ist – und dass es angelegt ist, war die im Kapitel II.4 entwickelte These –, so muss von einer Kommunikation durch das Kunstwerk gesprochen werden. Auch bei der Herausarbeitung eines ästhetischen Kommunikationsbegriffs, der ästhetisches Verstehen von sprachlichem Verstehen unterscheidet, ist demzufolge die Produzentenperspektive notwendig zu berücksichtigen. Einer Darstellung der Kunst im Rahmen eines Modells ästhetischer Kommunikation muss ein Kommunikationsbegriff zugrunde liegen, der erstens Kommunikation nicht auf den Austausch von Argumenten reduziert und der zweitens das projektive Streben der Kommunizierenden in einer ganz bestimmten Weise darlegt. Weder darf dieses Streben als ein willkürliches Verfahren erscheinen, noch soll es als Kriterium zur Bestimmung des Kunstwerks absolut gesetzt werden. Das impliziert, dass Wahrnehmungsprozesse, die oftmals als ein Pendant zur Rationalität dargestellt werden, so beleuchtet werden müssen, dass sie in bestimmten Grenzen steuerbar und auf eine bestimmte, auf eine eigene Art und Weise rational sind. Denn

179 Demzufolge wären Bezüge auf begrifflich Fassbares auch in der Wahrnehmung von Kunstwerken, so wie in anderen Wahrnehmungsarten, Voraussetzung und in ihr enthalten. Der Unterschied liegt somit nicht in der Spezifik des Wahrnehmens, sondern in der Unterstellung, die sich mit dieser Wahrnehmung verbindet. Man kann daher mit Seel zwar sagen, dass es ästhetisches Wahrnehmen auch in nichtkünstlerischen Zusammenhängen gibt, aber diese ästhetische Wahrnehmungsform ist nicht ausreichend, um die Situation der Kunstwahrnehmung zu bestimmen, wie Seel selbst einräumt, wenn er Kunstwerke als »konstellative Darbietungen« (von etwas) bezeichnet. Vgl. hierzu auch M. Seel: Ästhetik des Erscheinens, S. 51f.

geht es ums Kunstwerk, kann mit Hilfe seiner wahrnehmbaren Struktur etwas »auf den Punkt gebracht« werden, das zwar unterschiedlich interpretierbar ist – und keine Interpretation ist die einzig richtige –, aber nicht deswegen schon als irrational dargestellt werden kann. Das wahrnehmende Erfassen des Kunstwerks, welches die Möglichkeiten, wie es rezipiert werden kann, einschränkt, muss näher bestimmt werden als Evidenzerlebnis im Sinne der Ausprägung eines Verständnisses. Das Erfassen des Kunstwerks ist ein Reagieren auf die Konstitution des Kunstwerks, so wurde es bereits ausgeführt. In einem Modell ästhetischer Kommunikation müsste es – das folgt aus dem bis hierher Gesagten – um die Anschlussmöglichkeiten des Kunstwerks gehen, um Provokation von Projektionen, zugleich aber um die Begrenzung der Interpretation und um deren Überprüfbarkeit am Kunstwerk.

III. Die Evidenz der Kunstwerke: eine systematische Perspektive

Im folgenden III. Teil geht es darum, Kunstwerke sowohl aus rezeptionsästhetischer als auch aus produktionsästhetischer Sicht zu definieren, verschiedene Begriffe der ästhetischen Kommunikation zu prüfen und einen alternativ gewonnenen Begriff ästhetischer Kommunikation ins Verhältnis zum Begriff der Evidenz des Kunstwerks zu setzen.

1. Kunstrezeption als Evidenzerlebnis und als Einlösung des Evidenzanspruchs der Künstlerin

Künstler produzieren mit einem Anspruch darauf, evidente Werke herzustellen, so lautete eine These des II. Teils. Kann auch solch ein *Anspruch* auf die Produktion eines evidenten Kunstwerks nicht mit der Behauptung seiner Evidenz gleichgesetzt werden, so ergibt sich doch die Notwendigkeit, zu klären, was denn unter dem *Ideal* des evidenten Kunstwerks zu verstehen wäre, somit die Notwendigkeit der Bestimmung des Evidenzbegriffs und seines Verhältnisses zum Begriff der Wahrheit im philosophischen Allgemeinen und im kunstphilosophischen Besonderen. Aus einem Anspruch allein lässt sich keine Verwirklichung dieses Anspruchs ableiten. Einem Kunstwerk kommt nur dann die Eigenschaft der Evidenz zu, wenn es Evidenzerlebnisse seiner Rezipienten verursachen kann. Erforderlich ist daher eine genaue Bestimmung des Verhältnisses von Anspruch und Erlebnis: Wie verhält sich der Anspruch der Produzentin, ein evidentes Kunstwerk zu produzieren, zu den

Erlebnissen der Rezipienten, in denen das Kunstwerk und das, was es zeigt, als evident erlebt wird? Im Rahmen dieser Fragestellung muss erstens das vom Kunstwerk verursachte Erlebnis der Rezipienten im Zusammenhang gesehen werden mit der Disposition der Rezipienten; zweitens ist es zwingend, die nichtbeliebige Verschränkung auszubuchstabieren, die zwischen der Materialität des Kunstwerks und der Erfahrung und Deutung dieser Materialität besteht.

Um das Werk als »Vermittler« zwischen Produzenten und Rezipienten zu konstituieren, muss die Materialität des Kunstwerks so beschrieben werden, dass sie das Weltverhältnis der Künstler mit dem Evidenzerlebnis der Rezipienten verbindet. Andernfalls wäre der Begriff der ästhetischen Kommunikation lediglich ein Begriff, der Potentiale des Werks zur Auslösung von Projektionen, nicht aber eine wirkliche Kommunikation bezeichnete. Die Differenz der ästhetischen Kommunikation zur sprachlichen liegt in der Materialität des Kunstwerks begründet, welches sich durch seine Gegebenheit als bearbeitetes Material von nichtkünstlerischen sprachlichen Äußerungen unterscheidet. Das Kunstwerk steht als materialer Träger von Bedeutungen *zwischen* den Kommunizierenden. Diese Bedeutungen entsprechen nicht den Intentionen der Künstler vor der Produktion, sondern sie entstehen in der transformierenden Konfrontation der Künstler mit dem Material. Vonseiten der Rezipienten wird Bedeutung nicht allein ins Material »eingetragen«, sondern liegt auch gebunden an die Materialität des Kunstwerks als Alterität des Werks vor. Diese Alterität des Kunstwerks ist dadurch gekennzeichnet, dass sie sich nicht ohne Weiteres in den Bedeutungshorizont der Rezipienten eingliedern lässt.

Die Evidenz des Kunstwerks wird von den Künstlern beansprucht. Evidenz zu beanspruchen heißt, sie zu fordern, sie zu verlangen, aber auch, sie zu brauchen, wenn es darum geht, ein gelungenes Kunstwerk zu produzieren. Wie ist diese Forderung zu verstehen? Zwei Dinge sind wichtig: Ansprüche, die im Spiel sind, verweisen erstens darauf, dass es um ein Ziel geht, das durch irgendeine Art von Handeln erreicht werden kann. Das Kunstwerk entsteht nicht allein, indem sich Künstler in Situationen bringen, sondern als konkretes Produkt künstlerischer Bemühungen und Leistungen. Von der künstlerischen Leistung spricht man dann, wenn sich das Kunstwerk als ein evidentes herausstellt, also als eines, das Evidenzerlebnisse verursachen kann.

Wesentlich am Evidenzanspruch ist zweitens, dass Evidenz und nicht nur eine spezifische Bedeutung des Kunstwerks beansprucht wird. Die so beanspruchte Evidenz kann nur als (teilweise nichtsprachliche) Wirkung des Werks geprüft, sie kann nicht allein gedanklich vollzogen werden. Der mit dem Werk verknüpfte Evidenzanspruch ist somit kein

Anspruch auf Geltung, auf hermeneutische Wahrheit oder auf Richtigkeit eines sprachlichen Gehaltes. Mit dem Vergleich dieser verschiedenen Ansprüche beschäftigt sich das fünfte Kapitel des III. Teils.

Ist das Kunstwerk ein evidentes, bewirkt es Evidenzerlebnisse seiner Rezipienten in dem Sinn, dass diese Erlebnisse von dem Kunstwerk, so wie sie sind, also nichtbeliebig verursacht werden. Es handelt sich damit um eine Verursachung in einem starken Sinn; d.h. das Kunstwerk ist nicht nur Auslöser für das Erlebnis seiner Evidenz, sondern es verursacht genau die Evidenzerlebnisse, in denen es als evident erlebt wird, und es thematisiert somit das, was es evident macht. Wie ist diese Nichtbeliebigkeit der Kunsterfahrung nun zusammenzudenken mit der Vielseitigkeit und Unterschiedlichkeit aller ästhetischen Erfahrungen, die an einem konkreten Kunstwerk gemacht werden können? Die Frage drängt sich auf, denn empirisch ist davon auszugehen, dass von verschiedenen Rezipienten an ein und demselben gelungenen Kunstwerk unendlich viele unterschiedliche Erfahrungen zu machen sind. Anders gesprochen, ein und dasselbe Kunstwerk kann Rezipienten auf verschiedene Weise evident sein und – damit verknüpft – Verschiedenes evident machen. Obwohl die Möglichkeiten der Kunsterfahrung unendlichsind, lassen sich nicht völlig beliebig alle möglichen Erfahrungen an einem Kunstwerk machen (die der jeweiligen Rezipientin momentan gerade »passen«), sondern es lässt sich nur Bestimmtes am Werk erfahren. Dieses Bestimmte ist durch das Werk, durch seine konkrete Materialität und durch die mit seiner Materialität verschränkte Bedeutung vorgegeben – ist also durch das Kunstwerk, so wie es produziert ist, verursacht. Die Materialität des Kunstwerks hatte ich im II. Teil dieser Arbeit beschrieben als das Produkt der Konfrontation künstlerischer Intentionen mit dem Material, einer Konfrontation, in der sich sowohl die Intentionen der Produzentin als auch die Bedeutung des Materials verändern. Dass die biografische und gesellschaftliche Erfahrung der Künstlerin für den Prozess der Produktion von großer Bedeutung ist, liegt auf der Hand; philosophisch bedeutend ist jedoch, wie die Verarbeitung der Erfahrung der Künstlerin systematisch bewertet wird. Ich habe vorgeschlagen, sie nicht allein als Resultat überindividueller gesellschaftlicher Praxis zu deuten, sondern sie auch als künstlerische subjektive Entscheidung zu verstehen, die auf Ein- und Ausschlüssen von Themen und Materialien beruht. Nur so ist der Künstlerin systematisch die Rolle eines Subjektes zuerkannt, das zwar in einer Geschichte und einem Kontext steht, das aber trotzdem einen Handlungsspielraum hat, sich so oder so beim Produzieren zu verhalten. Die zweite große Rolle spielt (wie bereits gesagt) das jeweils zu bearbeitende Material, das dem Bestreben der Künstlerin einen Widerstand entgegensetzt. Einen Widerstand nicht etwa nur derart, dass die reibungslose Hineinarbeitung eines Gehaltes ins Material verhindert würde, sondern einen Widerstand derart, dass das Material Begriff und Praxis, mit denen es konfrontiert wird, einerseits in etwas Neues transformiert, und sich andererseits selbst in der Konfrontation mit beiden so verändert, dass es nun u.a. neue Eigenschaften und Bedeutungen aufweist, die ihm zuvor nicht zugekommen waren. Diese Beschreibungsweise erlaubt es, das Kunstwerk in der spezifischen Gestaltetheit seines Materials als Träger bewusster und unbewusster künstlerischer Entscheidungen aufzufassen, die immer auch als die (nicht allein sprachliche) Artikulation eines Verhältnisses der Künstlerin zur sie umgebenden Welt zu beschreiben sind.

Der Erfahrungsbegriff auf der Produktionsseite soll nicht auf eine Medialität des künstlerischen Subjekts verweisen, *durch das* etwas zum Ausdruck kommt. Beschriebe man allerdings umgekehrt die Produktion bloß als ein individuelles Sich-Ausdrücken der Künstlerin im Kunstwerk, wäre das Werk bestimmt als eine Art »Abdruck« ihres persönlichen inneren Erlebnisses. Ich ziehe an dieser Stelle die Beschreibung künstlerischer Arbeit als einer, in der etwas ausgewählt und arrangiert wird, der Beschreibung als eines »Sich-Ausdrückens« der Künstlerin vor. Der Grund dafür ist der, dass sich im Begriff des Ausdrucks die Verbindung zwischen innerem subjektivem Erleben und äußerer Wahrnehmung nur auf eine unklare Weise konstruieren lässt, während die Beschreibung künstlerischer Entscheidung – als Auswahl aus, Wiederholung oder Paraphrasierung von Vorgefundenem – auf der Ebene des Wahrnehmbaren verbleibt. Dass die von Künstlern getroffenen Entscheidungen jedoch immer mit den Erfahrungen der jeweiligen Künstler zusammenhängen, liegt als Minimalbestimmung künstlerischen Handelns auf der Hand. Das ausgewählte und bearbeitete Material ist indes nicht nur eines, in dem sich die Künstlerin ausdrückt, sondern es wirkt sich auf die künstlerische Strategie in dem Sinn aus, dass die Entscheidungen der Künstlerin selbst modifiziert werden und das Ergebnis dieser Konfrontation mit dem Material gegenüber den Intentionen der Künstlerin als etwas Differentes definiert werden muss. Die Alterität des Kunstwerks ist also nicht nur (erstens) eine Alterität des Werks gegenüber der Wahrnehmung durch seine Rezipienten; sie ist (zweitens) auch zu denken als Alterität des Werks gegenüber den Intentionen seiner Produzentin.

Gleichwohl verstehe ich den Alteritätsbegriff nicht im Sinne einer vollständigen Ablösung des Werkes von den Intentionen seiner Produzentin und von den Erlebnissen seiner Rezipienten. Auch wenn das verarbeitete Material die Intentionen der Künstler verändert, bleibt das Kunstwerk von den Künstlern hergestellt, mindestens arrangiert. Die

Entscheidung, dass »es passt«, die das Werk aus der Produzentenperspektive als ein gelungenes ausweist, gibt das Kunstwerk frei für die Öffentlichkeit. Es ist dann etwas entstanden, von dem die Künstlerin glaubt, es vertreten zu können – von dem sie glaubt, dass es teilweise ihre (im Prozess modifizierten) Intentionen *präsentiert.* Im Falle des Gelingens *repräsentiert* daher das Werk tatsächlich »mehr oder weniger« die Ausgangsfragen und -intentionen der Künstlerin – wenn auch nie in der Weise, die ihr zu Beginn des Produktionsprozesses vorschwebte. Und dieses Kunstwerk, von dem die Künstlerin entschied, dass es (mindestens vorläufig) so zu belassen sei, ist identisch mit dem, welches der jeweiligen Rezipientin so begegnet, wie es produziert wurde.

Dass das Werk im Modus seiner Alterität begegnet, bedeutet nun, dass es ganz bestimmte individuelle Erfahrungen und Deutungen sind, die in den Rezipienten von diesem einen Werk aufgerufen werden; ein anderes Kunstwerk verursacht wiederum andere Erfahrungen und andere Interpretationen. Die Deutungen des Kunstwerks durch Kunstrezipienten unterscheiden sich von den Deutungen anderer wahrgenommener Gegenstände dadurch, dass die Rezipienten wissen, dass es sich bei Kunstwerken um Gegenstände handelt, in deren Entstehung immer der Anspruch, ein evidentes Kunstwerk zu produzieren, eine Rolle spielt. Anders gesprochen: Die *bestimmte Alterität* des Kunstwerks, dem in der Rezeption begegnet wird, liegt bereits implizit in dem Verweis auf seine konkrete Produziertheit. Diese Tatsache des Produziertseins definiert die Erwartungen der Rezipienten an das Werk und bestimmt so die Rezeptionssituation mit. Damit meine ich nicht, dass den Rezipienten in jedem Fall spezifische Informationen über die jeweilige Künstlerin oder über von ihr verwendete Verfahren gegeben sein müssen. Vielmehr ist hier die »intersubjektive Vereinbarung«, die für den Kontext der Kunst gilt, gemeint, nach der es zum »Bewandtniszusammenhang« der Kunst gehört (um einen heideggerschen Terminus zu gebrauchen), dass Kunstwerke von Künstlern hergestellt werden. Das Kommunikationsversprechen der Kunstwerke beruht auf der Tatsache ihres Produziertseins, und man kann davon ausgehen, dass die Information, dass Kunstwerke von Künstlern produzierte Objekte und Situationen sind, allen Rezipienten zur Verfügung steht. Dies Versprechen, dass das Kunstwerk nicht nur unsere eigene Erfahrung aufruft, sondern dass die Konfrontation mit ihm zugleich eine Begegnung mit einer ins Werk transformierten Erfahrung der Produzentin ist, aus der sich neue Konstellationen eigener Erfahrung ergeben, ist das Merkmal, welches die Kunstrezeption von anderen ästhetischen Rezeptionsarten unterscheidet.

Die Disposition einer einzelnen Rezipientin, als ihre allgemeine psychische und physische Verfassung, die geprägt ist durch ihren biografischen und kulturellen Hintergrund, wird vom Kunstwerk nicht in ihrer Gesamtheit aufgerufen. Das Kunstwerk aktiviert vielmehr bestimmte einzelne Erfahrungen und Erinnerungen der Rezipienten, die auf den unterschiedlichsten Ebenen liegen. Es kann sich hierbei ebenso um Gedanken wie auch um Gefühle oder um die Erinnerung physischer Zustände oder um bestimmte physische Zustände selbst (z.B. um Ekel) handeln – je nachdem mit welchen Mitteln, Materialien und in welchen Konstellationen ein Kunstwerk gestaltet ist. Das Evidenzerlebnis der Rezipientin ist aber nie allein der Verweis auf ihre eigenen Gefühle oder Gedanken, die in der Wahrnehmung aktiviert werden, sondern es handelt sich immer um die Konfrontation des Aktivierten mit dem Wahrgenommenen.

Wie kann aber das innerlich Aufgerufene mit einem äußeren Prozess konfrontiert sein? Es kann dies nur, indem die äußere Wahrnehmung des Werks untrennbar verschränkt ist mit einer zeitgleichen individuellen Interpretation der Wahrnehmung. Dabei wird aber nicht allein diese Interpretation des Wahrgenommenen mit der Deutung eigener (nichtkünstlerischer) Erfahrungen abgeglichen, sondern Bild- oder Tonerlebnisse werden ebenso in Vergleich gesetzt mit innerlich gespeicherten Vorstellungsbildern oder innerlich imaginierten Melodien oder Geräuschen.[1] Natürlich liegen begegnende und aufgerufene Bilder oder Klänge nicht als reines Material vor, sondern sind immer gebunden an ihre Interpretationen, sowohl im Moment ihrer Begegnung als auch im Moment der Erinnerung. So wird die materiale Seite des Kunstwerks immer schon als eine wahrgenommen, die etwas meint, aber die Wahrnehmung des Kunstwerks geht nicht auf in der sprachlichen Beschreibung dieses Meinens. Es gibt immer alternative begriffliche Beschreibungen und Bestimmungen des Wahrzunehmenden als Korrekturen der bereits geleisteten.

Entscheidungen über die Gestaltung des Kunstwerks werden von Künstlern auf der Wahrnehmungsebene und nicht allein als Entscheidungen über einen Sinn, den das Kunstwerk haben soll, getroffen. Jedoch ist die Selbstdeutung, die auf die spezifische Gestalt des Kunstwerks »passt«, mithin eine, von der die Künstlerin glaubt, dass sie durch die Materialauswahl und die Gestaltung des Materials bzw. der Situation präsentiert wird – genauso wie die Deutungen der Wahrnehmung des gestalteten Werks durch Rezipienten solche sind, die auf dieselbe spezi-

1 Vgl. dazu W. Rihms Bemerkung zum »inneren Musikblock« (Offene Enden, S. 11; s.o. Kap. II.3.1).

fische Gestaltetheit desselben Kunstwerks »passen«.[2] Obwohl es nicht dieselben Deutungen sind, gehen beide Deutungsvarianten, sowohl auf der Seite der Produktion als auch auf der Seite der Rezeption, eindeutig von der Gestalt des Werks aus. Denn beide Deutungsversuche sind wesentlich verschränkt mit derselben Materialität, die als Kunstwerk vorliegt. Sie sind jeweils individuell vorgenommene Verschränkungen zwischen sinnlich Erfahrenem und einer Bedeutung dieses Erfahrenen.

Evidenz bedeutet Offenkundigkeit, Vehemenz des Einleuchtens, nicht allein auf der Ebene der Interpretation, sondern genauso meint Evidenz Offen*sichtlichkeit*. Die Gestalt des Kunstwerks, die *augenscheinlich* etwas meint, leuchtet ein. Gadamer benennt die eine Hälfte einer Kommunikation zwischen dem Werk und seiner Rezipientin, wenn er zum einen über die hermeneutische »Identität des Werks« sagt, »daß seine Identität eben darin besteht, daß etwas daran ›zu verstehen‹ ist, daß es als das, was es ›meint‹ oder ›sagt‹ verstanden werden will. Das ist eine von dem ›Werk‹ ergehende Forderung, die auf ihre Einlösung wartet.«[3] Zum anderen kennzeichnet Gadamer die sinnlich-materiale Seite des Kunstwerks als eine »Faktizität«, die »zugleich ein unüberwindlicher Widerstand gegen alle sich überlegen glaubende Sinnerwartung« sei.[4] Beiden Feststellungen stimme ich zu. Ausgespart bleibt allerdings bei Gadamer, *wie* diese beiden Phänomene zusammenhängen. Denn die Alterität der materialen Seite des Werks gegenüber jedem sprachlichen Beschreibungsversuch, die von Gadamer »Faktizität« oder »das Faktische« genannt wird, hängt mit der »Forderung des Werks«, verstanden zu werden, derart zusammen, dass diese Forderung nur begriffen werden kann, wenn sie als eine gedacht wird, die genau mit der sinnlichen Gestalt des Werks, mit seiner Faktizität, verschränkt ist. Daher müssen beide Dispositionen, die Kunstwerken zukommen, sowohl die Tatsache, dass sie immer in einer *konkreten* Gestalt vorliegen als auch die, dass ihnen eine sinnhafte Dimension zu eigen ist, als zwei Seiten ein und derselben Medaille gedacht werden.

2 Vgl. Hans-Georg Gadamer: Die Aktualität des Schönen, Stuttgart 1977, S. 33: »Ich identifiziere etwas als das, was es war oder was es ist, und diese Identität allein macht den Werksinn aus. Wenn das richtig ist [...], dann kann es gar keine mögliche Kunstproduktion geben, die nicht in der gleichen Weise immer das *meint*, was sie produziert, als das, was es ist. Selbst ein Flaschenständer –, das da plötzlich mit so einem großen Effekt als ein Werk angeboten wurde, bestätigt das.«

3 Ebd., S. 34: »...daß seine Identität eben darin besteht, daß etwas daran ›zu verstehen‹ ist, daß es als das, was es ›meint‹ oder ›sagt‹ verstanden werden will. Das ist eine von dem ›Werk‹ ergehende Forderung, die auf ihre Einlösung wartet.«

4 Ebd., S. 45.

Es ist nicht richtig, dass das, was von der Künstlerin als Kunstwerk an die Öffentlichkeit gebracht wurde, nichts mehr mit ihren künstlerischen Absichten zu tun haben soll, wie Gadamer die Abgelöstheit eines jeden Kunstwerks von seiner Produzentin verstanden wissen möchte. Dass das Kunstwerk »da ist« (seine Faktizität), ist das Ergebnis künstlerischer Bemühung, die von dem Anspruch geprägt ist, ein Werk zu schaffen, welchem genau diese Eigenschaft zukommt, nämlich »da zu sein« (um mit Gadamers Worten zu sprechen).[5] Ein Kunstwerk mit Absicht oder mit einem Anspruch zu erzeugen, heißt eben nicht nur (wie Gadamer annimmt), den absoluten unveränderlichen Sinn dieses Kunstwerk zu beabsichtigen. Beabsichtigt ist nicht allein eine Botschaft oder Mitteilung, die das Kunstwerk machen soll; beabsichtigt ist genau seine »Faktizität«, auf die jene »Forderung« des Kunstwerks, dass es »verstanden werden will«, zurückgeht. Beabsichtigt wird gerade von den Künstlern die Verschränkung der Materialität des Kunstwerks, welche seine »Faktizität« ausmacht, mit den Möglichkeiten der Interpretation dieser Materialität, die untrennbar an diese Materialität selbst gebunden sind, ja von dieser selbst erst ermöglicht werden. Ermöglichung der Evidenzerlebnisse in der Rezeption durch die materiale Seite des Werks und generelle Alterität der Evidenzerlebnisse gegenüber der sprachlich artikulierten Deutung müssen hier zusammen und als eine Einheit gedacht werden.

Die Differenz zwischen Kunstwerken und nichtkünstlerischen Gegenständen, die wahrgenommen und gedeutet werden, ist (wie bereits gesagt) die, dass Kunstwerke mit einer spezifischen Absicht, d.h. mit einem Evidenzanspruch geschaffen sind, der sich wesentlich von anderen Absichten, die es bei der Produktion nichtkünstlerischer Gegenstände geben kann, unterscheidet. Evidenz muss also hier im Zusammenhang der Kunstrezeption bedeuten, dass etwas in seiner sinnlich erfahrbaren Materialität so präsent wird, dass es bestimmte Deutungen und Verständnisse seiner selbst evoziert. Evidenzerlebnisse verweisen auf die Evidenz des Kunstwerks als das Vermögen zur Evokation von Evidenzerlebnissen. Diese Eigenschaft der Evidenz des Werks ruft ganz verschiedene Evidenzerlebnisse hervor, anders gesagt: Ich kann als Rezi-

5 Ebd., S. 44: »Der Sinn eines Kunstwerks beruht vielmehr darauf, daß es da ist. Um jede falsche Konnotation zu vermeiden, sollten wir daher das Wort ›Werk‹ durch ein anderes Wort ersetzen, nämlich durch das Wort ›Gebilde‹. [...] Das ›Gebilde‹ ist vor allen Dingen nichts, von dem man meinen kann, daß es jemand mit Absicht gemacht hat (wie das mit dem Begriff des Werkes noch immer verknüpft ist). Wer ein Kunstwerk geschaffen hat, steht in Wahrheit vor dem Gebilde seiner Hände nicht anders als jeder andere. [...] Nun ›steht‹ es, und damit ist es ein für allemal ›da‹, antreffbar für den, der ihm begegnet, und einsehbar in seiner ›Qualität‹.«

pientin anderen Rezipientin *nicht* genau mein eigenes Evidenzerlebnis unterstellen. Gadamer schreibt dazu richtig über die »von dem »Werk« ergehende Forderung, die auf ihre Einlösung wartet. Sie verlangt eine Antwort, die nur von dem gegeben werden kann, der die Forderung angenommen hat. Diese Antwort muss seine eigene Antwort sein, die er selber tätig bringt.[6]

Obwohl das so ist, kann das Verstehen eines Kunstwerks nicht als eine Arbeit dargestellt werden, die Rezipienten »allein« und zur Gänze leisten. Die Art und Weise, *wie* rezipientische Eigenbeteiligung beim Kunstverstehen stattfindet, ist vielmehr durch die Weise, in der das Kunstwerk seine Rezipienten konfrontiert, durch seine spezifische Art, in der es Verstehen fordert, vorgegeben.[7] Evidenzerlebnisse haben nichts zu tun mit einem Nachvollzug des Kunstwerks in dem Sinne, dass es nur *ein* richtiges Auffassen des Augenscheinlichen und *ein* richtiges Verstehen des Offenbaren gäbe. Das Gerichtetsein der Rezipienten sowohl auf die eigene sinnliche Anschauung des Werks als auch auf den Sinn, der sich verbunden mit dessen sinnlicher Anschauung erschließt, zielt nicht nur darauf, Thematisierungen oder Aussagen des Werks als evidente zu verstehen, sondern ebenso darauf, die Wahrnehmung der Gestaltetheit des Kunstwerks als evidente Wahrnehmung zu erleben. Beides fällt zusammen und kann nicht voneinander getrennt werden – höchstens in nachträglichen Reflexionen ist es überhaupt möglich, Verstandenes und die Weise, in der Verstandenes wahrgenommen worden ist, auseinanderzudividieren.[8] Die Rede von der »ästhetischen Seite des Kunstwerks«, von seinem So-oder-so-Gemachtsein ist also immer eine defizitäre Rede, die in der Distanz der Reflexion zwar geführt werden kann, die aber, was das Erfassen und Erfahren des Werks betrifft, immer unvollständig bleibt, dem Werk nicht gerecht wird. Das Testen, ob sich ein Evidenzanspruch im gelungenen Kunstwerk erfülle, muss immer ein Sich-der-Wirkung-des-Werks-Aussetzen sein, in dem Wahrnehmen immer ein

---

6 Ebd., S. 34.

7 Ebd., S. 37: »Die Identität des Werkes ist nicht durch irgendwelche klassizistischen oder formalistischen Bestimmungen garantiert, sondern wird durch die Weise, in der wir den Aufbau des Werkes selbst als eine Aufgabe auf uns nehmen, eingelöst.« Im Unterschied zu Gadamer würde ich diesen Vollzug als Reaktion auf das Werk (auf seine Identität) bezeichnen, nicht (wie Gadamer) als seine Identität selbst.

8 Das bestätigt auch Gadamer: »Ich meine damit, daß es eine sekundäre Verhaltensweise ist, wenn man von dem abstrahieren sollte, was einen durch ein künstlerisches Gebilde bedeutsam anspricht, und man sich gänzlich darauf beschränken wollte, es ›rein ästhetisch‹ zu würdigen.« (Ebd., S. 38.)

verstehendes Wahrnehmen ist und in dem Verstehen immer in Verschränkung mit sinnlicher Wahrnehmung vollzogen wird.

Dass es nun viele Möglichkeiten gibt, ein Kunstwerk zu verstehen, hat mit dem Anteil zu tun, der dem Horizont der jeweiligen Rezipientin zukommt. Ihre Reaktion auf das Kunstwerk ist sowohl durch das Kunstwerk geleitet als auch durch den Erfahrungshorizont, den sie mitbringt. Die Verschmelzung der Horizonte, so wie sie von Gadamer in *Wahrheit und Methode* beschrieben wird, ist im Prinzip ein geeignetes Erklärungsmodell, um die Begegnung der Rezipientin mit dem Werk darzustellen.[9] Gadamer schreibt richtig über die Flexibilität rezipientischer Horizonte: »In Wahrheit ist der Horizont der Gegenwart in steter Bildung begriffen, sofern wir alle unsere Vorurteile ständig erproben müssen.«[10] Es geht jedoch nicht allein um das Verstehen der *Wahrheit* eines Kunstwerks, eines Gehalts, der sich sprachlich bestimmen ließe. Eine Verschmelzung der Horizonte müsste vielmehr so beschrieben werden, dass die materiale Weise, wie das Kunstwerk gemacht ist, darüber hinaus im Prozess der Begegnung Wahrnehmungsvorurteile konfrontiert und verändert. Das Kunstwerk kann nicht allein an dem gemessen werden, was es zu verstehen auffordert. Wäre zum Beispiel seine *Message* oder sein Gehalt einer, der Rezipienten sehr richtig und wichtig erscheint, so kann es immer noch misslungen sein, nämlich wenn es seine Botschaft auf eine schlecht gemachte Weise vorträgt. Solch ein Kunstwerk bezeichnen wir häufig als »gutgemeint«. Das, was unsere Vorurteile in der Rezeption herausfordert, ist also kein Verständnis einer Sache, keine Wahrheit im Sinne einer Theorie, kein allein hermeneutisch zu entziffernder Sinn des Kunstwerks. Sondern unser Horizont, unsere Vorurteile sind auch Horizont von und Vorurteile über Wahrnehmungsweisen, an die immer ein Sinn gebunden ist. Gadamers Beschrei-

9 Der Vorwurf Manfred Franks gegen Gadamers Darstellung der hermeneutischen Verschmelzung der Horizonte von Text bzw. Kunstwerk und Rezipientin in der Kunst- und Textrezeption betrifft die Vorrangstellung der »Tradition«, aus der das Zu-Verstehende kommt und die es sich als Verstandenes eingliedert. »Über die Alterität des Anderen wird [...] erst entschieden, wenn er im Horizont des Interpreten integriert oder wenn dessen Horizont in den des Interpretanden ›eingerückt‹ oder allenfalls: wenn die fusionierenden Horizonte über eine höherstufige Dyade Reflektierender-Reflex spekulär identifiziert sind – dann freilich ist's zu spät für ein Urteil über die Differenz beider.« »Das Sein des Anderen qua Anderen bleibt auf der Strecke.« Dieser Gefahr einer Verwischung der Andersheit entgehen wir hier, denn das Kunstwerk ist gerade gegenüber seinen Rezipienten durch seine Alterität, die sich nicht durch sprachliche Auslegung einholen lässt, charakterisiert. Manfred Frank: Das individuelle Allgemeine, Frankfurt/Main 1977, S. 32f.

10 H.-G. Gadamer: Wahrheit und Methode, S. 311.

bung der Verschmelzung der Horizonte des Kunstwerks und der Rezipientin muss also erweitert werden um die Weise, die Welt *wahrzunehmen*, die in der Begegnung mit dem Kunstwerk ebenso auf dem Spiel steht wie unser *Verständnis* der Welt. Beides ist untrennbar miteinander verbunden. Der Anspruch der Künstler, evidente Werke zu schaffen, ist also zugleich ein Anspruch darauf, dass die Werke aufgrund ihrer Evidenz die Wahrnehmung und das Verständnis ihrer Rezipienten verändern.[11]

2. Evidenz als Werkeigenschaft

Warum nenne ich nun ein Kunstwerk, welches in der Lage ist, Evidenzerlebnisse zu verursachen, ein evidentes Kunstwerk? Andersherum gefragt: Warum genügt es nicht, gelungenen Kunstwerken zu attestieren, dass sie Evidenzerlebnisse auslösen; warum ist es notwendig, das Kunstwerk ausdrücklich als evidentes Kunstwerk zu definieren? Unter Evidenz als einer Eigenschaft des Kunstwerks verstehe ich einerseits seine sprachlich nicht einholbare materiale Alterität gegenüber den Deutungen derer, denen das Werk evident wird bzw. für die etwas durch dieses Werk evident wird. Andererseits gehört wesentlich zur Evidenz des Werks die Tatsache, dass seine Materialität nur als sinnhaft erschlossene vorliegt.[12] Die Deutung des Kunstwerks in der Rezeption, die an das Wahrnehmungserlebnis geknüpft ist, rekurriert genau auf diese Eigenschaft der Evidenz, die dem Kunstwerk zukommt, d.h. sie rekurriert auf die Gegebenheit einer ursprünglichen Verschränkung der materialen und der sinnhaften Seite des Werks als seiner Evidenz. Dass die Materialität des Werks selbst andere, wenn auch nicht beliebige Deutungen evozieren kann, ist kein Indiz gegen diese vorliegende Verschränkung von Material und Interpretation, sondern es handelt sich dann um verschiedene Variationen der Deutung des einen immer gleich Gegebenen. Immer gleich gegeben ist ein Kunstwerk deshalb, weil es das Resultat des Handelns einer Künstlerin ist, in dessen Folge das Kunstwerk, so wie es ist, entstand.

Gadamers Beschreibung der Relation zwischen einem Kunstwerk und seiner Rezipientin ist, wie schon dargestellt, attraktiv für unsere Fragestellung nach der Werkevidenz, weil Gadamer mit dem Begriff der

11 Vgl. entsprechende Textstellen zur Veränderung der Rezipienten im Kap. II.2.

12 Dass und wie sich eine solche Sinnhaftigkeit des Kunstwerks mit Erfahrungen seiner Ambivalenz zusammendenken lässt, ist ausgeführt im Kapitel II.3.3.

Verschmelzung der Horizonte von einer Beeinflussung der Rezipientin durch ein Kunstwerk und zugleich von einer Historizität der Auslegung des Kunstwerks durch die Rezipientin ausgeht. Richtig formuliert er ferner, dass zwischen dem, was auf der Ebene einer sprachlichen Beschreibung über das Kunstwerk gesagt werden kann, und dem ›So-sein‹ des Kunstwerks eine Verbindung besteht. In vielen Aufsätzen erläutert Gadamer diesen Zusammenhang am Beispiel des Klangs von Gedichten; er ist »Gebilde« im Verhältnis zum Wort als »Bürgschaft für das Ding«.[13] Über Musik sagt Gadamer: »Es bleibt ein unaufhebbarer Zusammenhang zwischen der wortlosen Sprache der Musik, wie man zu sagen liebt, und der Wortsprache unserer eigenen Rede- und Kommunikationserfahrungen.«[14] Ich habe jedoch den Eindruck, dass Gadamer, auch wenn er den genannten Zusammenhang in einer ursprünglichen Verschränkung konzediert, vorzugsweise aus der Perspektive der sprachlichen Bestimmung dessen, was am Kunstwerk *verstanden* wird, redet.

Es sind beispielsweise in *Wahrheit und Methode* zwei hermeneutische Charakterisierungen, denen nach Gadamer die Brückenfunktion zwischen Werk und Rezipientin zukommen: die Verstehensforderung des Kunstwerks und die Unterstellung der Rezipientin an das Kunstwerk, dass es verstehbar sei. Dem »So-Sein« des Kunstwerks, das Gadamer in *Die Aktualität des Schönen* dessen »Faktizität« nennt, ist systematisch gesehen nicht die Funktion gegeben, das Verständnis des Kunstwerks in einem starken Sinn zu verursachen, klarer: Es ist der Faktizität bei Gadamer nicht zuerkannt, selbst Bedeutung zu sein und trotzdem als Faktizität auf ihre eigene Weise wirksam zu werden. Der Punkt, auf den es mir ankommt, ist dieser: »Verstehen« der Dimension der Faktizität des Kunstwerks ist nicht allein als sprachliches Auslegen zu bestimmen. Bei Gadamer ist dagegen alles Verstehen an Auslegung gebunden.[15] Mit dem Begriff der Auslegung lässt sich nun nicht erläutern, was ich mit dem Begriff einer Evidenz des Kunstwerks zeigen möchte. Denn Auslegung ist erstens eine sprachliche Operation an einem Text, in der »die Sache, von der der Text spricht, sich zu Worte bringt«[16], und zweitens ist die Auslegung die Angelegenheit der jeweiligen Auslegenden, sich sprachlich zu äußern. Die »Sache, von der der Text spricht« (die Sache, von der das Kunstwerk spricht, müsste es ja übertragen auf

13 Hans-Georg Gadamer: »Hilde Domin, Dichterin der Rückkehr«, in: Gesammelte Werke, Bd. 9, Tübingen 1993, S. 321-328.

14 H.-G. Gadamer: Die Aktualität des Schönen, S. 51.

15 Gadamer stellt in *Wahrheit und Methode* dar, dass Verstehen und Auslegen auf eine unlösliche Weise ineinander verschlungen sind. Vgl. H.-G. Gadamer: Wahrheit und Methode, S. 402ff.

16 Ebd., S. 402.

die Kunst heißen) ist meines Erachtens etwas anderes als die Weise, wie das Kunstwerk etwas vorführt oder zeigt. Ersteres ist das Dargestellte als das, was das Werk thematisiert, während es sich beim Zweiten um die Darstellungsart dieses Dargestellten handelt, das heißt, wie dieses Zeigen im Werk realisiert ist. Nun werden von Gadamer aber beide Seiten, die am Kunstwerk verortet werden können: sein Dargestelltes und seine Darstellungsart, gleichermaßen unter dem Begriff der sprachlichen Auslegung subsumiert. Gadamer bestimmt zuerst den Begriff der Auslegung als einen Begriff sprachlichen Äußerns, um dann in einem zweiten Schritt alle Arten des Darstellens als eine solche Art sprachlicher Äußerung zu bestimmen:

»Sprachliche Auslegung ist die Form der Auslegung überhaupt. Sie liegt daher auch dort vor, wo das Auslegen gar nicht sprachlicher Natur, also gar kein Text ist, sondern etwa ein Bildwerk oder ein Tonwerk. Man darf sich nur nicht durch solche Formen der Auslegung beirren lassen, die zwar nicht sprachlich sind, aber in Wahrheit die Sprachlichkeit doch voraussetzen.«[17]

Die Schwierigkeit, die sich daraus ergibt, dass dem Kunstwerk auf der systematischen Ebene ästhetischer Theorie ein sprachlicher Gehalt als das, was in der Rezeption begegnet, zugesprochen wird, ist das Resultat der Annahme, dieser Gehalt würde als ein Gehalt von Bildern, Klängen und Texten immer den Gehalten sprachlicher Äußerungen sogar nichtkünstlerischer Texte äquivalent oder sogar gleich sein. Die Faktizität des Kunstwerks wäre in Gadamers Modell bestenfalls das, was den Gehalt des Kunstwerks ermöglicht, aber nicht das, was in der Rezeption frei begegnen kann. Es ist die Vernachlässigung der Tatsache, dass Kunstwerke immer hergestellte Gegenstände oder Situationen sind (deren Konstellationen Künstler verfertigten), die zur Vernachlässigung der Wirkung dieser künstlerischen Entscheidungen führt – als Entscheidungen, die sich nicht allein auf Gehalte beziehen. In dem Agieren der Künstler ist zwar eine Deutung ihrer eigenen Handlung enthalten. Diese Deutung muss nicht mit der Deutung der Rezipienten übereinstimmen. Jedoch sind Erlebnis und Deutung in der Rezeption nicht beliebige, durch die Gestalt des Kunstwerks vorgegeben. Das Verstehen des Kunstwerks kann daher nicht nur ein Prozess einer Auslegung seines Gehaltes sein, sondern muss an die Handlungen der Künstler in irgendeiner Weise gebunden bleiben. Die Kunstproduktion unterscheidet sich von dem Schreiben eines nichtkünstlerischen Textes dadurch, dass in ihr eben nicht allein auf der Ebene sprachlichen Bedeutens gehandelt wird. Es ist vielmehr die künstlerische Aktion, die zwar darauf abzielt, ge-

17 Ebd., S. 402.

deutet zu werden, aber nicht in dieser Deutung aufgeht. Gadamers Präferenz *sprachlicher* Auslegung, die er gleichermaßen für Kunst und Nichtkunst geltend macht, ist die Ursache dafür, dass er eine Differenz zwischen der Auslegung von nichtkünstlerischen Texten und der von Kunstwerken nicht zu konstruieren vermag.

In der von mir hier vorgeschlagenen Bestimmung des Begriffs der Evidenz des Kunstwerks liegt die Gewichtung zwischen der materialen Seite und der Verstehensforderung des Kunstwerks dagegen anders: Die materiale Seite ist nicht nur eine Voraussetzung für dessen sprachliche Bestimmung, sondern sie ist ein Mehr, das durch den Begriff der Evidenz ausgedrückt werden soll. Man kann sich sprachlich auf das Kunstwerk beziehen, und die Wahrheit in diesem sprachlichen Bezug muss in der Tat am Kunstwerk gerechtfertigt werden. Man kann sich zweitens im Modus des Evidenzerlebnisses auf Kunstwerke beziehen, und dieser Bezug ist der wesentliche Bezug für Kunstwerke. Sowohl auf den Zusammenhang zwischen diesen beiden Möglichkeiten – der sprachlichen Äußerung über das Werk und dem Erlebnis seiner Evidenz, mit dem sprachliches Deuten verschränkt ist – als auch auf ihre Abweichung voneinander werde ich zurückkommen. Die Differenz zwischen beiden Fällen muss, nicht zuletzt mit Hilfe der Differenz zwischen den Begriffen Evidenz und Wahrheit, gewahrt sein.[18]

Das evidente Werk ist, insofern es materieller Gegenstand ist, mehr als eine hermeneutisch zu interpretierende Mitteilung der Produzentin, und zugleich ist es qua Kunstwerk für die Rezipienten etwas anderes als irgendein nichtkünstlerischer materieller Gegenstand in der Welt. Es unterscheidet sich deswegen von allen nichtkünstlerischen Gegenständen, weil Rezipienten den materialen Gegenstand ›Kunstwerk‹ bereits als einen ›im Kunstkontext von jemandem hergestellten‹ intendieren. Die Tatsache, dass der künstlerische Gegenstand von einer Künstlerin produziert ist, die auf der Grundlage ihrer eigenen Erfahrung handelte, verweist darauf, dass in der Bezeichnung des evidenten Kunstwerks zugleich die Setzung enthalten ist, dass die vorliegende Materialität auf Deutungsakten der Künstlerin (Auswahl und Bearbeitung eines Materials) beruht. Die Differenz zu anderen intentional hergestellten Gegenständen (welche z.B. mit der Intention eines spezifischen Gebrauchs produziert werden) ist der Anspruch auf Sinnhaftigkeit, der im Evidenzanspruch der Künstler enthalten ist als ein Anspruch, der das Kunstwerk als eine Interpretation der Welt auffasst, die von der Künstlerin der Welt hinzugefügt wurde. Dass die Rezipienten ein Kunstwerk als Kunstwerk rezipieren, heißt jedoch gerade nicht, dass sie es als (bloßes) Zeichen

18 Diesem Thema widmet sich Kap. III.3.

wahrnehmen, sondern das Wissen vom Evidenzanspruch fokussiert die Aufmerksamkeit auf die Verschränkung oder Ungeschiedenheit von Materialität und Zeichenhaftigkeit. ›Ungeschiedenheit‹ bedeutet hier gerade nicht, dass die Materialität des Kunstwerks in einer materialen Zeichenhaftigkeit aufgeht bzw. sich in einer solchen erschöpft. Die Wahl des Evidenzbegriffs zeigt dabei zugleich an, dass der doppelte ›Überschuss‹ des materiellen Werks gegenüber der Mitteilung und des Kunstwerks gegenüber dem nichtkünstlerischen Gegenstand nicht im Sinne eines ›Sich-Entziehens‹ des Kunstwerks, sondern im Sinne einer Mehrbedeutung zu verstehen ist, auf die sich das Wahrnehmungserlebnis als Evidenzerlebnis mehr oder weniger adäquat beziehen kann. Das Kunstwerk unterscheidet sich außerdem durch die material fundierte Struktur seiner Evidenz von nichtkünstlerischen Texten, deren Evidenz sich als ihre begriffliche Bedeutung vermittelt. Diese Differenz lässt sich mit Gadamer nicht mehr konstruieren.

Der Begriff der doppelten Alterität des Kunstwerks (gegenüber seinen Produzenten und seinen Rezipienten), in den die Alterität der materialen Dimension des Werks gegenüber dessen sprachlicher Deutung eingeschrieben ist, leuchtet noch mehr ein, wenn man ihn für die verschiedenen Fälle verschiedener Kunstwerke ausbuchstabiert. Denn das Mehr der Materialität des Werks, das die Alterität des Werks gegenüber seiner Interpretation ausmacht, ist für je unterschiedliche Materialien ganz verschieden. Bei sprachloser Kunst wie Malerei und Musik tritt es stärker in Erscheinung als beispielsweise in Literatur und Theater, dies leuchtet zunächst intuitiv ein. Angesichts der gegenwärtigen Auflösung von Gattungsgrenzen in der Kunst ist jedoch fragwürdig, ob die materiale Alterität des Kunstwerks überhaupt noch gattungsspezifisch dargestellt werden kann. Nicht für jede Art der Malerei ist z.B. die Alterität der Farbe gegenüber der Beschreibung und Deutung des Werks in derselben Art und Weise gegeben. Insbesondere werden die Differenzen zwischen figürlich und abstrakt gemalten Werken, zwischen konzeptuell und sinnlich angewendeten Malstilen fast in jeder malerischen Arbeit neu gezogen bzw. verschoben. So scheint es sinnvoller, davon zu sprechen, dass jedes *einzelne* Kunstwerk seine eigene Materialität besitzt, die dessen Alterität in je unterschiedlicher Weise begründet. Trotz dieser Skepsis gegenüber einer fest umgrenzbaren Gattungsspezifik leuchtet es unmittelbar ein, dass bestimmten Materialitäten (z.B. musikalischen) eine größere Sprachferne zuzuordnen ist als anderen (z.B. literarischen).

Gerade die Dialektik von sprachlicher Deutung und Materialität führt uns jedoch auf den Evidenzbegriff. Das lässt sich an der Art und Weise nachvollziehen, wie der Komponist Wolfgang Rihm die Verbindung von gesprochenem Wort und gespieltem Ton thematisiert. »Der

Klang ist also schon beim Wort-Text ein eigenständiger Mitteilungswert, voll Information für den, der ›Ohren hat zu hören‹ [...]. Ähnliches geschieht in der Musik.«[19] Rihm weist auf ein weiteres systematisch verbindendes Merkmal hin: »Zu fragen ›Was sagt Musik?‹ heißt auch, daß wir die Musik im Bereich jener Erscheinungen ansiedeln, die sich in eine bereits interpretierte Welt hineinäußern.«[20] Diese Beschreibung, die prinzipiell auf alle Kunstwerke zutrifft, verweist darauf, dass wir u.a. mit Deutungsabsichten an Kunst herantreten.

Unabhängig von der Sprachnähe oder Sprachferne des Kunstwerks oder der Gattung gilt aber systematisch, dass das Materielle in der Sprache nicht aufgehen kann. Rihm formuliert das so: »Etwas, das ist und nicht sich nennen läßt – das ist ein Skandal! Aber was ist es? Sprechen wir es als Namen aus, haben wir es schon verfehlt; schweigen wir davor [...] entzieht es sich nur noch weiter.«[21] Das, was hier als Skandal erscheint, ist gerade die Alterität des Kunstwerks. Natürlich würde ich nicht von einem Skandal sprechen. Meine Verwendung des Evidenzbegriffs zielt gerade darauf ab, die Negativität, die sich in der Verfehlungs- und Entziehungsfigur zeigt, zu überwinden. Mit der materiellen Alterität des Kunstwerks ist der Mehrwert gemeint, den das Kunstwerk gegenüber seiner sprachlichen Bestimmung immer hat. Es entzieht sich nicht, sondern leuchtet ein, daher der Begriff der Evidenz.

Der Aufweis der Differenz zwischen künstlerischen und wissenschaftlichen bzw. alltagssprachlichen Kommunikationsformen geht damit einher, dass Sprache überhaupt auf zweierlei Weise zugeordnet wird: einmal als Verständigungsmittel in nichtkünstlerischer Kommunikation, einmal als Materialität dichterischer und konzeptueller Kunstwerke. An dieser Stelle soll noch einmal ausdrücklich begründet werden, warum eine solche Zuordnung künstlerischer Sprache zur Materialität von Kunstwerken in Abgrenzung zum nichtkünstlerischen sprachlichen Kommunizieren zwingend ist – in beiden Fällen (Dichtung und Konzeptkunst) zunächst aus unterschiedlichen Motiven. Im Zuge dieser Darlegung ist nicht nur nach den Unterschieden von künstlerischem zu nichtkünstlerischem Sprechen und Schreiben zu fragen, sondern auch nach den Gemeinsamkeiten zwischen sprachlich verfassten und primär nichtsprachlichen Werken wie Musik, Fotografie, Malerei oder Installation.

Dass Heideggers These, alle Kunst sei Dichtung, in die Irre führt, war Gegenstand des Kapitels I.2. Einer derartigen ›Versprachlichung‹ der Materialität aller Kunstwerke widersetzten wir uns mit dem Argu-

19 W. Rihm: Offene Enden, S. 175f.
20 Ebd., S. 176.
21 Ebd., S. 172.

ment, dass Heideggers Begriff der Erde, den er explizit an nichtsprachlichen Materialien wie Steine und Töne entwickelt, mit dieser Versprachlichung kaum vereinbar ist. Wenn Heidegger »Bauen und Bilden« als »je eigenes Dichten« bestimmt, verspielt er letzten Endes die mit dem Erdebegriff verbundene Einsicht, dass im Kunstwerk die Spezifik des jeweils konkret verwendeten Materials zur Geltung kommt.

Von Interesse für die aufgeworfene Frage nach möglichen Gemeinsamkeiten zwischen Dichtung, ›Gebautem und Gebildetem‹ ist, dass Heidegger überhaupt auf die Idee kommt, Dichten, Bauen und Bilden in einem Zuge zu nennen. Abgesehen davon, dass es ihm um eine Vorrangstellung des dichtenden Denkens vor anderen künstlerischen Tätigkeiten geht, steckt in der genannten Gleichsetzung auch die Idee, dass Sprache im Dichten in ähnlicher Weise als Material behandelt wird, wie Stein und Holz beim Bauen und Bilden, wie Töne beim Komponieren und Musizieren. Heidegger behandelt im Zusammenhang des Erdebegriffs u.a. Sprache als »Stoff«, der durch seine Verarbeitung im Kunstwerk erst in den spezifischen Eigenschaften seiner je eigenen Stofflichkeit zur Geltung kommen kann: So wie Metalle »zum Blitzen und Schimmern« kommen, »die Farben zum Leuchten« und »der Ton zum Klingen«, so kommt »das Wort zum Sagen«.[22] Viel hängt nun daran, wie das Wort »Sagen« ausgelegt wird. Da Heidegger auf der Differenz zwischen Sagen und Aussagen besteht, kann man ableiten, dass das sprachliches Bedeuten auf je verschiedene Weise beim Sagen und Aussagen ins Spiel kommt. Festzuhalten ist hier also, dass sich Sprache als Material künstlerisch bearbeiten lässt, so wie andere Materialien auch, und dass mit ihr im Fall der Bearbeitung zu Kunst etwas anderes geschieht als in ihren anderen Gebrauchsweisen. Diese spezifische Stofflichkeit des Materials verbindet Dichtung mit nichtsprachlichen Kunstwerken, in denen andere Materialien durch ihre künstlerische Bearbeitung ›zum Vorschein kommen‹. Nicht zufällig wird von der Musik zur Dichtung oft eine gedankliche Linie gezogen, geht es doch in der Dichtung auch um den Klang, um Gefühle und Befinden, um Assoziatives.

Solch eine Weise des Umgangs mit der Stofflichkeit des sprachlichen Materials ist zunächst nicht feststellbar im zweiten anvisierten Fall: dem Gebrauch alltagssprachlicher Sätze, journalistischer Methoden oder wissenschaftlicher Zitationen als Kunstwerke bzw. in Kunstwerken. Hier lässt sich eine spezifisch künstlerische Weise der Bearbeitung von Sprache, welche die Stofflichkeit des Materials Sprache erst herausbringt, nicht feststellen. Mündliche Sprache oder schriftlicher Text sind von der Künstlerin dort so gebraucht, wie sie andernorts in nichtkünstle-

22 M. Heidegger: Ursprung des Kunstwerks, S. 42.

rischen Zusammenhängen auftreten. Trotzdem sind beide in jedem Kunstwerk an dessen materielle Dimension gebunden – in verschiedenen Gattungen auf je unterschiedliche Weise. Wird auf der Theaterbühne oder im Film im Alltagsjargon geredet, so sind Gestik, Bühne, Kostüme, Geräusche oder stilisierte Interaktionen zwischen den Vortragenden Materialisierungen, mit denen das Gesagte als Material eine Synthese eingegangen ist. Die materielle Unterscheidbarkeit der Kunst von Szenen des Alltags ist dabei nicht zwingend vorausgesetzt; denn allein die Tatsache, dass es sich um eine Performance, um einen Film oder eine Theateraufführung handelt, verweist auf den Anspruch, mit dem besagter Satz oder besagte Szene auf die Bühne oder vor die Kamera gebracht wurden. Es ist letzten Endes das Wissen von diesem Anspruch auf die Evidenz des Vorgeführten, das die Zuschauer dazu bringt, künstlerisch eingesetzte (nichtliterarische) Sprache anders wahrzunehmen als dieselben Sätze, wenn sie im nichtkünstlerischen Zusammenhang geäußert werden. Gehört ein Text, ein Wort oder ein Satz zu einer künstlerischen Installation, so ist von entscheidender Bedeutung, wie diese in welchen Buchstaben, Farben, in welcher Größe auf welchen Untergrund in welcher Umgebung aufgetragen sind. Nicht allein die sprachlichen Inhalte sind von Bedeutung, sondern die Weisen ihrer Visualisierung, aus denen freilich Inhalte nicht einfach wegzudenken sind.

Aber auch das umgekehrte Phänomen der Wiederaneignung von Kunst im außerkünstlerischen Bereich zeigt, dass seitens der Rezeption die Prämisse, dass es sich beim Begegnenden um ein evidentes Kunstwerk handelt, für ein angemessenes Verständnis der Materialität des Kunstwerks wesentlich ist. Sowohl Dichtung als auch spezielle Formen der Visualisierung im theatralischen Feld und im Bereich bildender Künste werden fortlaufend von Nichtkunst kopiert und angeeignet. Dichterisches Sprechen begegnet uns in Werbespots. In Politik und Wirtschaft sowie im Bereich der Mode werden fortlaufend aktuelle künstlerische Methoden übernommen. Die Materialität dessen, was in diesen Prozessen entsteht, ist zwar noch ästhetisch, aber nicht spezifisch künstlerisch. Die Art, wie wir etwas hören, sehen, lesen und deuten, hängt davon ab, ob es sich um Kunst, Politik oder Werbung handelt. Aus der Weise des Einsatzes des Materials allein ist kein systematisches Kriterium zur Bestimmung des Kunstwerks zu gewinnen, dies zeigen uns gerade die ästhetisierenden Praxen in nichtkünstlerischen Feldern der Gesellschaft.

Wie können nun Kunstwerke im Konkreten evident sein, und was kann durch sie evident werden? Anhand einiger Beispiele möchte ich zeigen, dass sich die Evidenz des Kunstwerks auf ganz verschiedene künstlerische und nichtkünstlerische Kontexte beziehen kann. Das evidente Kunstwerk ist gerade eines, das als Resultat künstlerischer Handlung und Deutung definiert ist und nicht durch eine überhistorische bzw. überpersönliche philosophische Wahrheitsforderung bestimmt werden kann. Anhand von drei Kunst-Beispielen möchte ich zeigen, dass die Evidenz des Kunstwerks in rein ästhetischen, ja in spezifisch künstlerischen Bereiche verortet werden kann, (z.B. wenn eine dezidierte Auseinandersetzung mit gegenwärtiger oder kunstgeschichtlich präsentierter Wahrnehmung von Kunst vorliegt), dass sie sich aber genauso gut auf Außerästhetisches, z.B. Gesellschaftliches oder Politisches beziehen kann. Im zweiten Fall ist die Trennung zwischen ästhetischer und außerästhetischer Evidenz des Kunstwerks nicht erforderlich.

In einer Sequenz in dem künstlerisch-dokumentarischen Film *Darwin's Nightmare* kann man den hungrigen Straßenkindern am Ufer des Viktoriasees in Tansania zusehen, wie sie einen Topf Reis kochen und wie ihr Versuch, diesen Reis untereinander zu teilen, misslingt. Ich möchte hier am Beispiel der Beschreibung dieser Filmsequenz erläutern, was ich mit der Evidenz des Films bzw. der Evidenz dieser Szene, die im Film in einem größeren Zusammenhang steht, meine.

Vorweg gesagt: Nicht allein die Darstellung von hungrigen Kindern in Afrika (die Wahl des Sujets), nicht das Zeigen von Elend (Bildklischees) oder moralisches Kommentieren (sprachliches Argumentieren) ist das, was diese Szene einzigartig macht. Hungrige afrikanische Kinder werden tagtäglich in den Medien gezeigt, sie sind in den Zusammenhängen unseres privilegierten Lebens zum Klischee geworden, auf welches wir nur schematisch reagieren können. Es ist vielmehr erst die Art und Weise, wie der Autor, der als filmender Regisseur einige Zeit mit den Kindern verbracht hat, diese ins Bild setzt; die Art und Weise, in der er die Szene, in der der Kampf um den Reis stattfindet, filmt. In der Gruppe entsteht, als der Reis über dem selbstentfachten Feuer fertig gekocht ist, die Frage, ob man teilen sollte, und es werden Stimmen laut, die sagen: Es soll geteilt werden. Trotz dieser Stimmen, die vom Teilen sprechen, versuchen einige von den stärkeren Kindern zunächst, mit dem Topf Reis wegzurennen. Sie werden aber eingeholt und der Topf wird an seinen Platz auf dem Feuer zurückgestellt. Dann beginnt die Szene, die ich nicht vergessen werde: Etwa zwanzig Kinderhände greifen gleichzeitig in den heißen Reis, um etwas abzubekommen. Reis wird verschüttet, entgleitet den Kinderhänden und fällt zu Boden. Wer etwas in die Hand bekommt, rennt damit weg und versucht sich so schnell wie möglich die ganze Portion in den Mund zu stopfen. Die großangeschnittenen Portraits der Kinder, die so das Essen verschlingen, dass man beim Zusehen selbst Schluckbeschwerden bekommt, zwischengeschnitten die Bilder eines weinenden Kindes, das nichts abbekam, graben sich ein ins Gedächtnis.

Dies geht über eine Thematisierung des Themas Hunger in einem moralischen Sinn, aber auch über eine distanzierte Darstellung oder Abbildung hungernder Kinder hinaus. Die filmischen Strategien des Regisseurs Hubert Sauper begründen die Wirkung der Szene; dazu gehören: sein Respekt vor den Kindern, die er nicht belehrt, aber deren Nähe er sucht und deren Leben er zu verstehen versucht, indem er sich ihrem Lebensfluss anpasst, die Weise, die Kinder immer auch als große Portraits mit der Kamera anzuschneiden, dass man ihren Gesichtern ganz nahe kommt, das Weglassen von Musik in dieser Szene (und meistens im Film), die Komposition der Bilder mit dem Reistopf, den er von oben filmt, wenn die vielen Hände in ihn greifen, die Sparsamkeit im Einsatz von Dialogen und nicht zuletzt die Einbindung dieser Szene in das gesamte Konzept und die Gestaltung des ganzen Films. Worauf ich hinausmöchte, ist dies: Die Gestaltung dieser Filmszene bedeutet nicht nur eine Gestaltung mit ästhetisch-künstlerischen Mitteln, sondern ist zugleich die Widerspiegelung eines Verhältnisses zu den Kindern. Die Gestaltung lenkt auch mein Verhältnis als Filmzuschauerin erstens zu diesen Kindern und zweitens zur Thematik, die durch sie verkörpert wird: Hunger, und Hunger in Afrika. Der Regisseur erreicht mich durch die Bilder, die Geräusche, durch die Auswahl und den Schnitt so, dass ich in dem Moment verstehe, was es bedeutet, in Tansania auf der Straße zu leben und zu hungern. Das Erlebnis, welches in dieser Weise allein durch dieses Kunstwerk bzw. durch diese Filmszene ermöglicht wird, attestiert mir die Evidenz, die der Szene als Eigenschaft eignet, in dem Sinn, dass die Evidenz dieses Filmabschnitts als Leistung des Künstlers zu sehen ist, die als künstlerische Leistung über sich hinaus auf das verweist, wovon sie handelt.[23]

An erster Stelle ist es das gesamte Kunstwerk, dem Evidenz zugesprochen wird; so kann man auch den Film *Darwin's Nightmare* im Ganzen als evidenten Film begreifen, und seine Evidenz geht über die

---

23 Die Auskünfte über seine Intentionen, die der Autor Sauper auf der Website des Films gibt, kommen meiner Bestimmung des Evidenzbegriffs insofern ganz nahe, als Sauper hier von der »Brücke zwischen Wissen und Begreifen« spricht, die ich als Verschränkung zwischen Auslegung und Erlebnis der Materialität des Films verstehe. »Die meisten von uns kennen die destruktiven Mechanismen unserer Zeit, und doch können wir sie nicht richtig begreifen. Es ist sehr schwer, das, was man weiß, auch glauben und wahrlich verstehen zu können. (Die Transzendenz und die Poesie des Kinos ist teilweise imstande, zwischen dem Wissen und dem Begreifen eine Brücke zu schlagen.)« (http://www.coop99.at/darwins-nightmare/darwin/htmldt/startset.htm; 25. 02. 2006)

Evidenz einer einzelnen Episode im Film hinaus. Man würde analog zur Szene den Aufbau, die Komposition, das Vorgehen und die Haltung des Regisseurs im Ganzen kommentieren. Weil hier nicht der Platz für diese Ausführlichkeit ist, habe ich mich für die Schilderung einer einzelnen Szene entschieden. In diesem Fall ist es auch möglich, die eben geschilderte Szene isoliert als Kunstwerksfragment zu begreifen. Nicht immer lassen sich Fragmente aus Kunstwerken herausgreifen und lässt sich ein Evidenzerlebnis am Fragment klären. Damit soll gesagt sein: Der Evidenzbegriff als Eigenschaft des Kunstwerks bezieht sich immer aufs ganze Werk und nur manchmal auf seine Teile.

Um deutlich zu machen, dass der Begriff des evidenten Kunstwerks nicht an die Evidenz außerkünstlerischer, beispielsweise gesellschaftlicher oder politischer Darstellungen gebunden ist, wähle ich an zweiter Stelle das Beispiel einer Arbeitsweise, bei der die Evidenz die Beziehung bedeutet, die eine malerische Arbeit zu Themenfeldern aufbaut, die traditionell innerhalb der Kunst verhandelt werden. Die Künstlerin Katharina Grosse bemalt und besprüht riesige Wände sowohl in musealen wie auch in öffentlichen Räumen. Ihre Malerei, in die sogar in den bemalten Räumen befindliche Gegenstände einbezogen werden, demonstriert, dass Farbe »große Mengen an Energie freisetzen« kann. Die Befreiung der Malerei von der Leinwand, ein nicht ganz neues kunstgeschichtliches Thema, verkörpern Grosses Arbeiten auf ihre spezifische, dynamische und ausgreifende Weise. Eigenschaften von Farbe wie ihre Aggressivität, die Betonung von Sichtbarkeit, ihre Präsenz sind dasjenige, was die Künstlerin einsetzt, um dieses Eingesetzte zugleich mit der Arbeit zu thematisieren. Grosse sieht ihre malerischen Raumarbeiten, in denen sie Gegenstände im Raum sowie Wände mit Farbe überzieht, auch als einen Versuch an, Oberfläche und Volumen auf neue Art miteinander zu konfrontieren. Sie sagt: »Die von mir eingeführte Farboberfläche tritt in Konkurrenz mit den vorhandenen Objektoberflächen, das Volumen der Dinge kann nicht mehr eindeutig einer dieser Oberflächen zugeordnet werden. Ich wollte der Farbe Körper geben und stellte gleichzeitig fest, dass die mit Farbe besprühten Gegenstände ihr Volumen optisch auch wieder zu verlieren scheinen.«[24] Der wichtige systematische Gedanke in unserem Zusammenhang ist, dass Grosses Arbeiten im Medium der Malerei stattfinden und dass sie ihr eigenes Medium thematisieren. Die Evidenz einer Wandarbeit von Grosse liegt also auf einer anderen Ebene als die eines Films, der von einem konkreten historischen und politischen Kontext handelt. Auch in diesem zweiten Fall ist

24 Katharina Grosse: »Kunstaspekte: Ein Interview mit Katharina Grosse zu raumbezogenen Sprayarbeiten ihrer letzten Ausstellungen.« (http://www.kunstaspekte.de/z-katharina-grosse-i; 02.04.2006)

an die farbliche und körperliche Materialität der malerischen Arbeiten eine Deutung gebunden, wie die Bemerkungen der Künstlerin zeigen.

An dritter Stelle möchte ich mich zu dem besonderen Fall äußern, in dem durch Kunstwerke – hier Filme von Visconti – das Scheitern einer Utopie evident gemacht wird. Alexander Garcia Düttmann teilt die Filme Luchino Viscontis anhand der Variationen über das in den Filmen wiederkehrende Thema »Verhältnis von Wirklichkeit und Möglichkeit« in vier Gruppen. Eine Gruppe bilden die Filme, in denen »Schönheit und Schein der Kunst für das Mögliche einstehen«; in den drei anderen Gruppen hängt der »Unterschied zwischen Wirklichkeit und Möglichkeit« nicht an der Kunst, sondern »an einer Liebe oder Leidenschaft«, ist »Anlaß eines Aufstandes« oder thematisiert »die schillernde Vergangenheit selber als Mögliches«.[25]

Die Beschreibung dieser viscontischen Grunddisposition – das Scheitern des Möglichen im Vergleich zum Wirklichen auszuloten – ist von Düttmann freilich doppelsinnig, legt er doch Viscontis Interesse an einer Überwindung der Wirklichkeit im adornoschen Sinne als eine Sehnsucht nach oder Ausgerichtetheit auf politische, private oder künstlerische Utopie aus. Es sei »das Mögliche, nie das unmittelbar Wirkliche, das der Utopie den Weg versperrt«, sagt Düttmann mit Adorno und suggeriert mit diesem Zitat, dies sei die Logik allen in Viscontis Filmen dargestellten Scheiterns.[26] Mögen auch die in Viscontis Filmen von den Protagonisten erprobten Möglichkeiten tatsächlich zu weit von der Utopie entfernt sein und mag Düttmanns Darstellung dieser Spannung zwischen Utopie und tatsächlich vorhandener Möglichkeit den Kern von Viscontis Filmen treffen, so ist der Gedanke an die Utopie, die in jedem Kunstwerk aufscheint, von diesem aber nicht erreicht werden kann, für die Definition *aller* evidenten Kunstwerke als Gegenstände oder Situationen, an denen man Evidenzerlebnisse haben kann, nicht nötig und auch nicht nützlich. Er ist vielmehr eine von unendlich vielen möglichen Varianten, wie Evidenz im Künstlerischen erfahren werden kann. Dass Utopie im Spiel sein kann, zeigt, dass sich nicht jede mögliche konkrete Thematik, auf die sich ein Evidenzerlebnis ausrichtet, auf der platten Erde entwickeln muss, zeigt den Anteil, den Imaginäres als Nicht-Wirkliches am vom Kunstwerk Vorgegebenen haben kann.

Dem Kunstwerk kommt indes, auch wenn es vom Scheitern der Utopie bestimmt wird, eine eigene Wirklichkeit zu, und zwar »streben Kunstwerke nach einer Wirklichkeit, die ihnen dort zukommt, wo zwi-

25 Alexander Garcia Düttmann: »›Dieser verrückte Visconti‹ oder Einsichten in ›Fleisch und Blut‹«, privates Manuskript 2004, S. 8ff.

26 Theodor W. Adorno: Negative Dialektik, Frankfurt/Main 1975, S. 66.

schen Element und Bedeutung ein Zusammenhang entsteht«.[27] Das Kunstwerk als »geschehene Veränderung« (so die Formulierung Düttmanns) deute ich in diesem Zusammenhang als etwas, das ein kleiner Teil Welt ist, der durch die künstlerische Produktion der bestehenden Welt hinzugefügt wurde: eine Beschreibung, die an Adrian Pipers Ausführungen über das Kunstwerk als »eine neue Präsenz [...], die irgendwie in die Weltsicht der wahrnehmenden Person integriert werden muß«, erinnert.[28] Die Beschreibung des Kunstwerks als »geschehene Veränderung« ist keine ontologische Bestimmung des Kunstwerks, dafür wäre sie zu unterkomplex. (Denn vieles verändert sich.) Jedoch stellt sie eine wichtige Voraussetzung dafür bereit, dass ein Einfluss eines Kunstwerks auf seine Rezeption gedacht werden kann. Nur ein Kunstwerk, das nicht erst in seiner Rezeption entsteht, sondern bereits vor ihr existiert, kann als ein evidentes Kunstwerk angesehen werden. »*Daß* die Veränderung immer schon geschehen ist, zeigt sich an der Irreduktibilität des *Ausdrucks*.«[29] Der Terminus Ausdruck, den Düttmann auf der einen Seite in Opposition zur »blinden Anschauung« setzt und der von Heiner Müller auf der anderen Seite als Gegenpol zum bloßem Verstehen, zur Information («sinnvolle sprachliche Aussage«, wie Düttmann sagt) gesetzt wird, steht in Düttmanns Text für die Synthese von »Tat« und »Einsicht«, einer Einsicht, die wiederum als Vermittlung von Bild und Begriff gedeutet ist.[30] Der Ausdruck als Darstellung des »reinen Gedanken[s]«, dem das »Versagen der Stimme« zugehört und der auf die »Einsicht als Gegebenheit« verweist, umschreibt das, was ich mit dem Evidenzbegriff als Bestimmung des Werks meine: Gemeint ist ein Ausdruck, der dem *Werk* zugehört, das den Rezipierenden im Modus der bestimmten Alterität begegnet.[31] Diese Alterität, die »Fleisch und Blut« wurde, ist das, was als Neues, als Nie-Dagewesenes existiert. In seiner

27 A. G. Düttmann: »Visconti«, S. 14.

28 Ebd.; vgl. Adrian Piper: Metakunst und Kunstkritik, S. 147; s.o. Kap. II.1.3.

29 A. G. Düttmann: »Visconti«, S. 14.

30 Vgl. H. Müller: Gesammelte Irrtümer, Bd. 1, S. 99: »Ein Text hat zwei Übermittlungsebenen: einer ist Information, der andere ist Ausdruck. Die Ausdrucksebene ist hier viel stärker als im Westen, weil Information unterdrückt wird. Hier sind Worte nicht nur Informationsträger, man entnimmt auch dem Ausdruck Information.«

31 Ich problematisiere in Kap. III.1 den Ausdrucksbegriff, insoweit mit ihm der Produktionsprozess, das Sich-Ausdrücken der Künstlerin gemeint ist. Bei Düttmann und bei Müller verstehe ich den Terminus Ausdruck als einen Hinweis darauf, dass ein Kunstwerk nicht nur durch seinen Werksinn definiert ist, wie Gadamer es nennt, sondern ebenso durch die Weise, in der dieser Werksinn in der sinnlichen Konstellation des Werks konstruiert ist, die etwas mit einer Gestik des Kunstwerks zu tun hat.

Rezeption »gilt es, eine Wirklichkeit zu erkennen, eben die geschehene Veränderung«.[32] Die »geschehene Veränderung« ist also einerseits das evidente Werk selbst, welches von der Künstlerin Bestehendem hinzugefügt wurde. Andererseits ist es die »geschehene Veränderung« der dem Kunstwerk äußerlichen Wirklichkeit der Rezipienten, die in gelingender Rezeption immer schon vollzogen ist.

Für alle drei gegebenen Beispiele: die dokumentarische Filmsequenz, die raumgreifende Malerei und Spielfilme, in denen Utopien scheitern, lässt sich nun fragen, ob bestimmte Fähigkeiten von den Rezipienten für eine gelingende Rezeption gefordert werden müssen. Diese Frage kann genauso auf andere künstlerische Disziplinen bezogen werden: auf Musik, Theater, Performances, auf Literatur. Wenn es stimmt, dass das evidente Kunstwerk im Modus der bestimmten Alterität begegnet, ist es logisch, dass diese Begegnung mehr oder weniger dem Kunstwerk angemessen verlaufen kann. Was wäre also von den Rezipienten gefordert? Auch auf dieser Ebene muss sich die Verschränkung von Sinnunterstellung und Wahrnehmung wiederholen: Nicht allein die Konfrontation der Verstehensforderung des Werks mit der eigenen Sinnunterstellung kann das Kunsterlebnis ermöglichen, sondern es ist zugleich die Übung von Wahrnehmung, die Einübung des Sehens oder Hörens in spezifische für eine Gattung verwendete Methoden und Materialien, die als eine Voraussetzung für die Fähigkeit, sich auf ein Kunstwerk einzustellen, bestimmt werden muss. Natürlich kann dieses Einüben nur eines sein, das die Wahrnehmung auf gattungsspezifische Kriterien fokussiert: das also sensibilisiert für Farben, für Töne, für Kompositionen, für eine Ästhetik des politischen Aktivismus, für Rhythmen, für Provokation, für Improvisationen – diese Aufzählung ließe sich beliebig fortsetzen. Die entscheidenden Punkte sind hier die, dass erstens den Rezipienten ein Wissen *über* das Kunstwerk weiterhelfen kann, dass dieses Wissen aber nicht endgültig hilft, die Evidenz des Kunstwerks zu erfassen; zweitens dass die bloße Unterstellung an das Werk, dieses gebe etwas zu verstehen, als einzige Weise, sich dem Kunstwerk zu nähern, die eine Seite seiner Evidenz ausblendet, nämlich die der materialen Darstellungsweise; drittens: dass eine Fokussierung auf die Darstellungsweise des Werks ebenfalls nicht ausreicht, sondern dass Rezipienten davon ausgehen sollten, dass etwas am Werk verstanden werden kann. Wie es verstehbar wird, ist eine Frage, die durch die Spezifik eines jeden Kunstwerks anders beantwortet wird.[33]

32 A. G. Düttmann: »Visconti«, S. 1f.

33 Über einen gescheiterten Verstehensversuch einer Szene in seiner Inszenierung sprach der Theaterregisseur Robert Wilson in seiner Vortragsperformance im Palast der Republik am 21. August 2005 (Wilson Schleef Pa-

Dem evidenten Kunstwerk kann man im wahrnehmenden Verhalten, an das immer Deutung gebunden ist, mehr oder weniger adäquat begegnen. Die Adäquatheit der Herangehensweise an ein Werk hat einerseits etwas mit der Einübung in die Wahrnehmung seiner Darstellungsweisen (und denen anderer Kunstwerke seiner Gattung) zu tun, andererseits hängt sie zusammen mit der (immer eigenen) Deutung des Wahrgenommenen. Die im Werk vorliegende Evidenz als eine unlösbare Verschränkung von Material und Sinnhaftigkeit ist das Produkt eines Sich-Verhaltens einer Künstlerin zur Welt oder zu einem Ausschnitt aus dieser, welches von den Rezipienten als Interpretation der Welt erlebt und verstanden wird.[34] Der Gedanke an die Vorgängigkeit des Kunstwerks vor seiner Rezeption gibt die Faktizität des Produziertseins des Kunstwerks für dessen Rezipienten als die Art, wie es da ist, vor. Hier zeigt sich erneut, warum auf die Einbeziehung der Perspektive der Produzenten in ästhetische Überlegungung nicht verzichtet werden kann.

Eine Bestimmung des kunstphilosophischen Begriffs des Kunstwerks dagegen allein aus einer rezeptionsästhetischen Perspektive vorzunehmen, bedeutet, die Frage nach der Vorgängigkeit des ästhetischen Gegenstandes vor seiner Rezeption systematisch auszublenden. Eine Debatte über die ästhetische Erfahrung von Kunst, die weder der Frage nach der Vorgängigkeit des künstlerischen Gegenstandes vor seiner Rezeption nachgeht noch die Tatsache seiner Produziertheit berücksichtigt, verfehlt ihren Anspruch, eine Debatte über das Phänomen Kunst zu sein. Denn erforderlich ist es, mehr über die Kategorie Kunstwerk zu sagen,

last Lecture). Wilson beschrieb die Szene, in der die Sängerin Jessie Norman ein Glas Wasser einschenkt und weitergießt, so dass das Wasser über den Tisch und auf den Boden läuft. Die beeindruckende Präsenz von Jessie Norman, ihre Fähigkeit in diesem Moment »auf der Bühne zu stehen«, so Wilson, habe niemand von den Kritikern und Feuilletonisten wahrgenommen. Vielmehr war am nächsten Tag in allen Feuilletons die gleiche Frage zu lesen: Was hat das Überlaufen das Wassers zu bedeuten? Wilson zeigte sich sehr entsetzt über diese Verfehlung in der Rezeption und sagte immer: »Es bedeutet nichts« – was ich als eine polemische Antwort des Widerstands gegen die Kritik deute. Die Bedeutung, die dieser Akt zweifelsohne hat, ist mit dieser Frage der Kritiker nicht einzuholen, wenn man sich nicht einlassen kann auf die Weise, wie Norman das Eingießen in welchem Moment der Aufführung und in welchem Ambiente vollzieht.

34 Ob notwendigerweise die Welt der Produzentin mit der Welt der Rezipientin identisch sein muss, bespreche ich im weiteren Verlauf anhand der Ästhetik Schleiermachers, vgl. Kap. III.7: Der nicht sprachanaloge Charakter der ästhetischen Kommunikation.

als dass es als ästhetischer Gegenstand in der ästhetischen Erfahrung so oder so gegeben ist.[35]

3. Evidenz und Wahrheit

Wenn die Evidenz des Kunstwerks eine Eigenschaft ist, die dem Werk selbst zugehört, schließen sich unmittelbar an diese Bestimmung Fragen an: Induziert ein Evidenzerlebnis des Kunstwerks eine Wahrheit, die dem Kunstwerk zugehört? Oder ist das Evidenzerlebnis lediglich Indikator für die Evidenz des Kunstwerks, die durch wahre Aussagen beschrieben werden kann? Um das Verhältnis zwischen dem Evidenzbegriff und dem Wahrheitsbegriff näher zu bestimmen, schlage ich vor, sich noch einmal die Ausgangsfragen aus dem I. Teil zu vergegenwärtigen. An den ästhetischen Modellen Albrecht Wellmers und Martin Heideggers kritisierte ich beider Definitionen des Begriffs Kunstwerk, für die sie sich auf je unterschiedliche Wahrheitsbegriffe stützen. Wellmer begreift Kunstwerke als Wahrheitspotentiale begreift, die eine Zuschreibung von begrifflicher Wahrheit auslösen, welche dann als die ›Wahrheit des Kunstwerks‹ bestimmt wird. Das führt dazu, dass sich ein Zusammenhang zwischen der materialen Seite des Kunstwerks und seiner Deutung systematisch nicht mehr konstruieren lässt. Solch einen geforderten Zusammenhang etabliert Heidegger zwar in seiner Definition des Kunstwerks als eines Streits zwischen Welt und Erde, jedoch wird durch die Transsubjektivität des Wahrheitsgeschehens, für das dieser Streit steht, die Möglichkeit eines individuellen Einflusses auf dieses Wahrheitsgeschehen ausgeschlossen. Dem Wahrheitsgeschehen kann man sich lediglich aussetzen oder sich ihm gegenüber verschließen. Die Bestimmung der Wahrheit des Kunstwerks vollziehen beide Autoren, Wellmer und Heidegger, nicht anhand spezifisch ästhetischer Wahrheitsbegriffe, sondern sie wenden jeweils einen universalen Wahrheitsbegriff auf Kunstwerke an. Bei Wellmer handelt es sich um einen sprachpragmatischen Wahrheitsbegriff, der zur Bestimmung der Wahrheit sowohl von sprachlichen Äußerungen als auch von Kunstwerken herangezogen wird;[36] Heidegger hingegen zeichnet durch seinen Wahrheitsbegriff die Kunst als ein mögliches Medium neben anderen Medien

35 Vgl. auch dazu die Überlegungen in Kap. III.5: Evidenzanspruch und sprachlicher Geltungsanspruch.

36 Wellmer geht zunächst den umgekehrten Weg: Er leitet die ästhetische Seite einer jeden sprachlichen Äußerung aus dem Wahrheitsbegriff ab, den Adorno für Kunstwerke geltend macht. Vgl. Kap. I.1.

aus, in denen sich geschichtliches Wahrheitsgeschehen als Geschichte eines Volkes ereignen kann.

Im Gegensatz zu beiden genannten Kunstwerksbestimmungen möchte ich festhalten an der Idee, dass Kunstwerken ontologisch eine *spezifische* Evidenz zukommt, die nur Kunstwerken eignet. Das, was bei der Rezeption des Kunstwerks über mögliche Deutungen, die wir allem Wahrgenommenen gegenüber vornehmen, hinausgeht, ist, dass die Materialität von Kunstwerken immer als eine spezifische, nämlich als eine hergestellte, gedeutet wird. Der Grund für die Spezifität des Gemachtseins liegt in der *künstlerischen* Autorschaft, die sich von anderen Formen der Autorschaft durch den Evidenzanspruch der Künstler unterscheidet. Unter dieser Vorgabe ist es fraglich, ob ein speziell ästhetischer Wahrheitsbegriff überhaupt notwendig wird oder ob es ausreicht, die ästhetische Evidenz des Kunstwerks so zu bestimmen, dass an sie ein Begriff sprachlicher Wahrheit gebunden bleibt, dem gegenüber sie sich allerdings als nicht einholbar erweisen muss.

Da nicht per Definition jedem Kunstwerk, das von einer Künstlerin hergestellt wurde, Evidenz zugesprochen wird, ist noch einmal zu betonen, dass die Evidenz des Kunstwerks sich erst im Evidenzerlebnis der Rezipienten, welches gegenüber der Evidenz des Kunstwerks mehr oder weniger angemessen sein kann, feststellen lässt. Das so oder so eintretende oder eben nicht eintretende Evidenzerlebnis steht zur Bestimmung der Evidenz als Eigenschaft des Kunstwerks zur Verfügung. Die Evidenz lässt sich nicht aus einem Anspruch der Künstlerin, dass das Kunstwerk ein evidentes sei, ableiten. Jedoch erfüllt das Wissen um diesen Anspruch eine andere Funktion: Es lädt ein zu seiner Überprüfung. Ist das Kunstwerk als ein evidentes erkannt, wurde zugleich etwas im Erlebnis evident. Es ist nun das, was evident wurde, das sich (mehr oder weniger gut) sprachlich reformulieren lässt. Für diese sprachliche Behauptung über das, was der jeweiligen Rezipientin evident geworden ist, wird ein Wahrheitsanspruch erhoben. Wahr im Sinne dieses Anspruchs ist die Rede über das, was am Kunstwerk evident wurde, deshalb, weil sie auf die Faktizität des Werks rekurriert. Sie rekurriert auf die Annahme, dass das Kunstwerk, welches als Faktum von einer Künstlerin geschaffen wurde, genau so, wie es ist, von der Rezipientin erlebt wird. Die sprachliche Formulierung bleibt insoweit an die Faktizität des künstlerischen Gegenstandes gebunden. Gegenüber dem Evidenzerlebnis ist sie jedoch immer nur abgeleitet; sie ist sozusagen dann erforderlich, wenn das Kunstwerk gerade nicht präsent ist, z.B. wenn man mit anderen über das Kunstwerk kommuniziert. Die Evidenzerfahrung als Reaktion auf das konkrete Werk geht aber über den Anspruch der Geltung des Gesagten in der Weise hinaus, dass die Evidenz immer mehr ist als das, was über sie gesagt werden kann.

Es lässt sich bis hierher zusammenfassen: Gegeben ist das materiale Kunstwerk im Modus einer dreifachen Alterität: gegenüber der Rezipientin, gegenüber der Produzentin, und drittens als Material gegenüber dem Sprachlichen. Der Wahrheitsbegriff kommt überhaupt nur im Zusammenhang mit dem Sprachlichen in Betracht: Man kann sich sprachlich auf das Kunstwerk beziehen, und die Wahrheit in diesem Bezug muss in der Tat am Kunstwerk gerechtfertigt werden. Man kann sich zweitens im Modus des Evidenzerlebnisses auf das Kunstwerk beziehen, und dieser Bezug ist der wesentliche Bezug für Kunstwerke. Aber das Evidenzerlebnis ist kein mystisches Erlebnis materialer, sprachüberschreitender Wahrheit, sondern Erfahrung eines in besonderer Weise intendierten *Gegenstandes*. Die Alterität des Kunstwerks gegenüber dem Erlebnis und die Alterität des Evidenzerlebnisses gegenüber dem Sprachlichen drückt sich darin aus, dass das Evidenzerlebnis mehr oder weniger adäquat begrifflich reformuliert werden kann, ohne dadurch identisch erfüllt zu werden, und dass das Kunstwerk mehr oder weniger adäquat evident erlebt werden kann, ebenfalls ohne dadurch identifizierend eingeholt zu werden. (Der »Rest« ist aber nicht das Mystische des Kunstwerks oder das Unsagbare des Erlebnisses, sondern bloß das Ungesagte bzw. das Ungesehene; Alterität bedeutet gerade nur, dass es immer Ungesagtes und Ungesehenes gibt.) Indem man das adäquate Evidenzerlebnis adäquat begrifflich formuliert, sagt man also tatsächlich etwas Wahres über das Kunstwerk, hebt damit aber weder die Alterität des Evidenzerlebnisses gegenüber seiner Reformulierung noch die Alterität des Kunstwerks gegenüber dem Evidenzerlebnis auf. Die Begriffe Wahrheit und Evidenz bleiben somit jeweils in ihren Anwendungsbereichen: *Wahr* sind Aussagen, die man auch über Kunstwerke machen kann, wahr ist aber nicht das Kunstwerk und auch nicht das Evidenzerlebnis. Das Evidenzerlebnis ist vielmehr *adäquat* (d.h. mehr oder weniger adäquat), und in diesem Erlebnis zeigt sich der Gegenstand Kunstwerk als *evident*; diese Evidenz des Kunstwerks ist die Gegebenheitsweise des produzierten materialen Gegenstandes, in der es sich der Rezipientin zeigt (falls es gelungen ist), ohne seine Alterität zu verlieren.

Wie lässt sich nun nachvollziehen, dass die Wahrheit einer sprachlichen Aussage über ein Kunstwerk am Kunstwerk selbst überprüft werden muss und überhaupt überprüft werden kann? Denkbar wird dies nur, indem man ausgeht von einer vorliegenden ursprünglichen Verschränkung der Materialität des Werks mit den Deutungsmöglichkeiten, die sich aus dieser Materialität ergeben. Um diese Verschränkung annehmen zu können, muss ferner davon ausgegangen werden, dass die Deutung des Kunstwerks nicht allein aus einer intersubjektiven Einigung darüber, was das Kunstwerk bedeutet, abgeleitet werden kann, sondern dass die Gestalt des Kunstwerks als gegebene sinnliche Anschauung begriffliche Deutungen evoziert. Das heißt, anders gesprochen, dass immer wieder neue eigene Deutungsversuche individueller Wahrnehmungen unternommen werden, die sich nicht auf einen Common Sense über die Bedeutung des jeweiligen Kunstwerks beziehen. Die Unterstellung an eigene Wahrnehmungen, dass diese Wahrnehmungen mir etwas *Spezifisches* sagen, ist verbunden mit den Wahrnehmungen selbst; die Wahrnehmungen wiederum sind verursacht durch die spezifische Faktizität des einzelnen Kunstwerks – dies ist die grundsätzliche Verknüpfungsfigur, die der Idee zugrunde liegt, dass Aussagen über Kunstwerke überhaupt am Kunstwerk selbst auf ihren Wahrheitsgehalt geprüft werden können. Daraus ergibt sich, dass eine Überprüfung der Deutung des Wahrgenommenen nur als eine Wiederholung von Wahrnehmung und an sie gekoppelter Deutung vorgenommen werden kann. Wenn es auch ein Gespräch über das, was durchs Kunstwerk evident wird, gibt, und wenn auch in diesem sprachlichen Austausch so wie in jeder sprachlichen Handlung Wahrheitsansprüche im Spiel sind, so sind diese Wahrheitsansprüche nicht die letzten Gründe der Rechtfertigung künstlerischer Evidenz. Den letzten Grund für die Wahrheitsbehauptung über das, was das Kunstwerk evident macht, gibt vielmehr das Kunstwerk selbst. Der Weise, *wie* das Kunstwerk das, worüber sich reden und schreiben lässt, evident macht, kann im Gegensatz zu dem, was es evident macht, keine Wahrheit unterstellt werden. Denn die Materialität des Kunstwerks ist keine sprachliche Äußerung, sie ist nicht angesiedelt auf der Ebene sprachlicher Verständigung. Wenn auch in dieser Materialität des Kunstwerks die sprachlichen Äußerungen über das Kunstwerk gründen, kann sie nicht durch eine solche begriffliche Beschreibung eingeholt werden. Möglich ist aber doch, in sprachlichen Äußerungen zu beschreiben, wie das Kunstwerk geschaffen ist, wie seine Komponenten material beschaffen sind, wie es etwas vorführt oder zeigt. Somit ist die sprachliche *Beschreibung* der materialen Elemente des Werks, die immer etwas anderes ist als die materialen Elemente selbst, ebenfalls wahrheitsfähig und am Werk selbst überprüfbar.

Die Tatsache, dass die Evidenz des Kunstwerks nicht durch die Wahrheit sprachlicher Äußerungen über das, was evident wird, eingeholt werden kann, ist nicht zu überführen die Bestimmung des Kunstwerks als generell unbestimmbarer Gegenstand. Denn es wird ja gerade etwas *evident* in der Erfahrung des Kunstwerks, etwas, was ganz offensichtlich so ist, wie es ist. Für andere Rezipienten desselben Kunstwerks kann das, was am Werk evident wurde, *anders* sein; es kann allerdings auch ihnen nicht unklar sein (wie der Evidenzbegriff besagt) und es kann nicht *beliebig anders* sein, weil die Evidenz von Kunstwerken darin liegt, dass jede Deutung in der materialen Gestalt verankert ist.

Wie verhält sich nun der Sachverhalt, dass sich die Wahrheit von Behauptungen über Kunstwerke an diesen selbst erweisen muss, zu der Tatsache, dass das Milieu der Kunst nicht allein aus der Kommunikation zwischen Produzenten und Rezipienten vermittels des Kunstwerks besteht, sondern dass ein Vermittlungsapparat zur Kunst gehört, in welchem das Kommunizieren *über* Kunst betrieben wird? Welche Rolle spielt der Wahrheitsbegriff bei der genaueren Beschreibung des Diskurses über Kunstwerke? Die Überprüfung der Wahrheit meiner Deutung des Wahrgenommenen erfolgt einerseits am Kunstwerk als eine Wiederholung der Deutung des zum wiederholten Male Wahrgenommenen. Der formale Universalitätsanspruch der jeweiligen individuellen Wahrheitsbehauptung über das Kunstwerk schließt nicht aus, dass andere Menschen andere Behauptungen, für die ebenfalls ein Wahrheitsanspruch erhoben wird, über dasselbe Kunstwerk aufstellen. Da jedoch die Deutung des Kunstwerks nie allein aus der Gegenwart und Disposition seiner Rezipienten ableitbar ist, sondern immer auf die Vorgegebenheit des Werks als einer interpretierenden Handlung seitens der Produzentin Bezug nehmen muss, kann auch eine Wahrheitsfähigkeit der Aussagen nicht allein aus der Tatsache einer intersubjektiven Einigung der Rezipienten begründet werden. Es reicht also nicht aus, wenn sich verschiedene Personen auf einen Wahrheitsgehalt ihrer Äußerungen über das Kunstwerk einigen. Auch solch eine Einigung kann das Kunstwerk verfehlen.

Es ist nicht schwer nachzuvollziehen, dass der vorliegenden Beschreibung der Kommunikation über Kunst eine Annahme zugrunde liegen muss: nämlich die Annahme, dass das Kunstwerk in seiner gegebenen Faktizität unverändert bleibt, dass diese, anders gesprochen, durch keine Deutung verändert werden kann. Es handelt sich bei Kunstwerken um unveränderte Gegenstände und Situationen, die allen Rezipienten in derselben Materialität vorliegen. Dies folgt aus dem Sachverhalt, dass Kunstwerke Produkte der Gestaltungsentscheidungen von Künstlern sind. Dass zum Sein des Kunstwerks alle versuchten und alle noch möglichen Deutungen gehören, ist kein Einwand dagegen, dass seine Gestalt eine unveränderte Gestalt ist und bleibt. Die Wahrheit einer Aussage über das Kunstwerk kann an diesem selbst gegenüber anderen Diskursteilnehmern begründet werden. Die Evidenz des Kunstwerks hingegen kann nicht argumentativ gezeigt werden in dem Sinn, dass andere gleiche Evidenzerfahrungen am selben Kunstwerk haben sollen. Sie ist vielmehr der Hintergrund für die Rechtfertigung von wahren Sätzen über das Kunstwerk. Evidenzerfahrungen anderer Rezipienten und ihre

Beschreibung in wahrheitsfähigen Aussagen sind auf dasselbe Kunstwerk zurückzuführen, an dem ich meine Erfahrungen gemacht habe, die ich mit meinen Aussagen beschreibe. Der Universalitätsanspruch der Wahrheit von Äußerungen über das Kunstwerk kann somit nicht darin bestehen, dass ich allen anderen Rezipienten unterstelle, sie müssten das gleiche Evidenzerlebnis am selben Kunstwerk haben, sondern Universalität kann in diesem Fall nur heißen: Die Angemessenheit meiner Evidenzerfahrung wird in meinem Reden über das Kunstwerk zutreffend wiedergegeben. Und diese Angemessenheit ist am Kunstwerk überprüfbar. So kann am Kunstwerk sowohl die Rede davon, was durch das Kunstwerk evident wurde, als auch die beschreibende Rede über dessen materiale Beschaffenheit überprüft werden. Dass eine wahre Aussage über das Kunstwerk nicht der Deutung entsprechen muss, die die Künstlerin diesem gab, versteht sich nach allem Ausgeführten von selbst.

Überhaupt stellt sich die Frage, ob sich Wahrheitsansprüche im Sinne der Geltung von Äußerungen über Kunstwerke in einem wesentlichen Aspekt von Wahrheitsansprüchen in anderen Sprechhandlungen unterscheiden. Dies scheint nicht der Fall zu sein. Der Wahrheitsbegriff ist, im Unterschied zum Begriff der Evidenz, kein spezifisch ästhetisch bzw. künstlerisch anzuwendender Terminus, wenngleich seine Anwendbarkeit auf die Rede von Kunst unbestritten bleibt. Die starke Präsenz des Wahrheitsbegriffs in der ästhetischen Debatte ist indessen auf andere Theoriekonstruktionen zurückzuführen: auf diejenigen Werkästhetiken, in denen das Werk als Instanz einer überlegenen Wahrheit verstanden wird. Adornos und Heideggers Definitionen des Kunstwerks als eines Trägers metaphysischer Wahrheit verbinden die im Kunstwerk manifestierte Verschränkung von Materialität und Sinnhaftigkeit mit dem universellen, übersubjektiven (mitunter fast theologischen) Sinnanspruch, der dem Begriff Wahrheit innewohnt. Für den Begriff der Evidenz des Kunstwerks ist ganz offensichtlich der erste Schritt – die Verknüpfung zwischen der Materialität und ihrer Deutung – wichtig; der zweite Schritt, die Bestimmung einer Wahrheit des Kunstwerks, ist hingegen auf der Folie eines sprachlichen Wahrheitsbegriffs nicht mehr sinnvoll.

Es ist eine praktische Komponente des Wahrheitsbegriffs, dass er auf die Einigung der Personen, die einen Wahrheitsanspruch erheben, zielt. Mit der Feststellung bzw. Bestätigung einer Wahrheit im Konsens wird also zugleich jeweils der Diskurs über den Gegenstand abgebrochen bzw. (mindestens vorläufig) zum Stillstand gebracht.[37] Die Herstellung eines Konsenses über ein Kunstwerk ist so auch eine praktische

37 Diesen Hinweis verdanke ich Norbert Axel Richter. Vgl. ders.: Grenzen der Ordnung. Bausteine einer Philosophie des politischen Handelns nach Plessner und Foucault, Frankfurt/Main 2005, S. 87ff.

Komponente des Kommunizierens über Kunst, so wie in jeder kommunikativen Sprechhandlung. Jedoch ist eine Einigung im Falle des Redens über Kunstwerke nicht so wesentlich, wie sie es für Sprechakte über andere Themen ist, bei denen der Diskurs auf Handlungskoordination abzielt. Unterschiedliche Aussagen über ein Kunstwerk gründen in verschiedenen Evidenzerfahrungen verschiedener Rezipienten dieses Werks. Am Kunstwerk können die Sätze über das Kunstwerk geprüft werden. Man kann unter bestimmten Umständen zu einer Einigung kommen. Diese Einigung über Aussagen, die das Kunstwerk betreffen, ist indes nicht entscheidend für die Motivation der Beschäftigung mit Kunst überhaupt. Es sind vielmehr die Wirkung des Kunstwerks im Erlebnis seiner Evidenz und die Versuche, das, was evident wird, sprachlich zu fassen, die eine Beschäftigung mit Kunst lohnend machen und die das eigene Verhältnis zur Welt und das Verhalten in der Welt gegebenenfalls verändern können. Somit ist auch ein wesentliches Differenzkriterium für die Unterscheidung zwischen Kunst und Philosophie genannt: Während in der Philosophie um die intersubjektive Geltung der besseren Argumente gestritten wird und gestritten werden muss, gilt für die Kunst, dass der Sieg im Streit um die Wahrheit von Aussagen über Kunstwerke weder Anlass noch Ziel ihrer Produktion und Rezeption sind.

4. Prämissen der Evidenzästhetik

Die bis hierher vorgelegte Theorie der Evidenzästhetik unterscheidet ästhetische Kommunikation als künstlerisches Handeln und Erfahren von einem Diskurs über Kunst und über Nichtkünstlerisches auf der einen Seite sowie von *nichtkünstlerischem* Handeln und Erfahren auf der anderen Seite. Somit ist die Kommunikation durch das Kunstwerk eine spezifische, der Kunst zugehörige Kommunikationsform, sind Kunstproduktion und -rezeption spezifische Verhaltensformen. Kunst kann auf diese Weise als autonomer Typus der Kommunikation, der Erfahrung und der Handlung bestimmt werden. Aber diese Autonomie des Kommunikationsmediums verhindert nicht, dass die Kunsterfahrung in das außerkünstlerische Leben der beteiligten Subjekte hineinwirkt. Ist das Ziel der Auseinandersetzung mit Kunst nicht primär das, in der Rede über Kunstwerke recht zu bekommen (wie im 3. Kapitel dargestellt), schließt das natürlich nicht aus, dass man mit Vehemenz (und mit einem Wahrheitsanspruch) von dem erzählen kann, was einem selbst in der Erfahrung eines Kunstwerks deutlich wurde. Diese Erzählung handelt unter Umständen von einer Veränderung subjektiver Blickwinkel und Verhaltensformen, die zwar durch die Spezifität der Erfahrung des Kunstwerks initiiert wurde, sich aber auf nichtkünstlerische Erkenntnisse und außerkünstlerisches Handeln bezieht.

Auf welcher philosophischen Grundlage steht die Beschreibung dieses Vermögens von Kunst, nichtästhetische Weltverhältnisse zu beeinflussen? In welcher Weise folgt aus der bisherigen Beschreibung des evidenten Kunstwerks eine generelle Bestimmung ästhetischer bzw. künstlerischer Praxis als einer Praxis, die in bestimmten Verhältnissen zu nichtästhetischen bzw. nichtkünstlerischen Praxen steht?

Fassen wir die bisherigen Überlegungen zum Evidenzanspruch der Künstlerin und zur Evidenz des Kunstwerks noch einmal zusammen, dann ergibt sich, dass zwei »Zwischen-Figuren« für die Evidenzästhetik bedeutsam sind: Es handelt sich erstens um das Zwischen der Künstlerin und des Werks und zweitens um das Zwischen des Werks und der Rezipientin. Aus der Beschreibungsweise dieser Verhältnisse zwischen jeweils zwei Entitäten ergibt sich die Spezifik der Darstellungsweise des Künstlerischen als einer Kommunikation *durch* das Kunstwerk. Für eine philosophische Bestimmung der künstlerischen Kommunikation ist es daher notwendig, das Verhältnis zwischen Künstlerin und Werk und das zwischen Werk und Rezipientin jeweils systematisch als Verhältnis zwischen der Wahrnehmung einer Materialität und ihrer Deutung, d.h. als spezifisches Verhältnis zwischen sinnlicher Anschauung und Begriff auszubuchstabieren. Zum einen vermitteln sich sowohl in der Kunstproduktion als auch in ihrer Rezeption Bedeutungen wesentlich über die Materialität des herzustellenden bzw. des wahrzunehmenden Gegenstands – auf der einen Seite werden sprachlich formulierbare Welterfahrungen der Künstlerin in einem Transformationsprozess mit dem Material verschmolzen, auf der anderen Seite ist es die Wahrnehmung des Werks durch die Rezipienten, die der (sprachlich formulierbaren) Deutung buchstäblich zu Grunde liegt. Zweitens sind beide Relationen durch eine Alterität des Kunstwerks bestimmt, die eine direkte Übersetzung subjektiver Intentionen ins Material ebenso wie eine vollkommene ›Aneignung‹ des Kunstwerks durch seine Deutung verhindert.

Die konkrete Materialität des Kunstwerks ist das Ergebnis einer Transformation von Gewusstem und Gewolltem ins Material des Werks. Das Material setzt dieser Transformation dabei Grenzen, so wie es auch die Deutung in der Rezeption des Kunstwerks zwar nicht genau vorherbestimmt, wohl aber mitbestimmt. Begriffliches ist somit erstens transformierbar in die Materialität des Kunstwerks (wenn es auch in diesem Prozess nicht unverändert bleibt, wie der Transformationsbegriff schon besagt), während zweitens in der Wahrnehmung des Kunstwerks das Material ein weder beliebiges noch stets gleiches Begriffliches verursacht. Diese empirische Sachlage: dass sich in der Wahrnehmung des Kunstwerks Deutungen erschließen, enthält eine Herausforderung an die Kunstphilosophie, die Struktur des Verhältnisses zwischen sinnlicher Anschauung und begrifflicher Bestimmung aufzuklären. Eine Verschränkung zwischen der Materialität des Kunstwerks und deren Deutung zu denken, ist offensichtlich noch kein Widerspruch zu dem Satz aus Kants erster Kritik: »Gedanken ohne Inhalt sind leer; Anschauungen ohne Begriffe sind blind.«[38] Die Verschränkungsfigur ist jedoch ebenso offensichtlich nicht mehr abbildbar in dem Hin und Her des Spiels zwischen Einbildungskraft und Verstand aus Kants dritter Kritik, das ja eines zwischen sinnlicher Anschauung und begrifflicher Bestimmung des ästhetischen Objekts ist.[39] Die Entgegensetzung zwischen Einbildungskraft und Verstand, die nach Kant im ästhetischen Urteilsprozess nicht zur Auflösung kommt, macht es gerade unmöglich, eine ursprüngliche Verschränkung zwischen sinnlicher Anschauung und konkreter begrifflicher Bestimmung für das ästhetische Urteil zu denken. Nicht die Evidenz, sondern die Unbestimmbarkeit des ästhetischen Objekts, dessen sinnliche Anschauung oder Vorstellung sich nicht auf den Begriff bringen lässt, ist ja bei Kant der Garant für die Unendlichkeit eines spezifisch ästhetischen Urteilens, welches nur zum Abbruch, nicht aber zum Ende kommen kann und das als unendliches Spiel vom Subjekt als lustvoll erfahren wird.

Der Begriff der Evidenz hingegen beschreibt ein anderes Szenario: nämlich, dass in der Kunsterfahrung am Kunstwerk und am künstlerischen Material etwas deutlich werden kann. Das, was in der Kunstrezeption als evident erlebt wird, kann auf seine Angemessenheit am Kunstwerk geprüft werden. Es muss einerseits nicht vernünftig im Sinne jenes kantischen Erkenntnisurteils sein, worin es um eine objektive begriffliche Bestimmung und damit um eine wahrheitsfähige Aussage über den gegebenen Gegenstand geht. Andererseits ist das Verhältnis zwischen Einbildungskraft als Vermögen sinnlicher Anschauung und Verstand als Vermögen begrifflicher Bestimmung auch in einem allgemeinen Sinne nicht dasjenige, welches Kant in der *Kritik der Urteilskraft* beschreibt. Die erstgenannte Unterscheidung zwischen gegen-

38 Immanuel Kant: Kritik der reinen Vernunft (A 51 / B 75): »Gedanken ohne Inhalt sind leer, Anschauungen ohne Begriffe sind blind. Daher ist es ebenso notwendig, seine Begriffe sinnlich zu machen, (d.i. ihnen den Gegenstand in der Anschauung beizufügen,) als seine Anschauungen sich verständlich zu machen (d.i. sie unter Begriffe zu bringen).«

39 Immanuel Kant: Kritik der Urteilskraft, § 9 (AB 28): »Die Erkenntniskräfte, die durch diese Vorstellung ins Spiel gesetzt werden, sind hierbei in einem freien Spiele, weil kein bestimmter Begriff sie auf eine besondere Erkenntnisregel einschränkt.«

standsangemessener Evidenzerfahrung und einem wahren Erkenntnisurteil verweist uns bereits auf eine grundsätzliche Differenz, deren Reichweite in diesem Kapitel zu untersuchen ist: auf die Differenz zwischen einer erkenntnistheoretischen Bestimmung eines Objekts und dessen hermeneutisch-phänomenologischer Beschreibung, die man (etwas poetisch formuliert) eher als eine Erzählung vom ästhetischen Objekt charakterisieren könnte. Die Verwiesenheit einer ästhetisch-hermeneutischen Bestimmung des Kunstwerks auf die phänomenologische Basis der Wahrnehmung und synchrone Beurteilung des Kunstwerks macht es aber darüber hinaus notwendig, sinnliche Anschauung und Begriff auf einer basalen, erkenntnistheoretischen Ebene als miteinander ursprünglich verschränkt darzustellen.

Dabei kann man auf Husserl zurückgreifen, weil sich die Verschränkung der Materialität des Kunstwerks mit dessen Deutung in Husserls Begriffen der Intentionalität und der Evidenz als erfüllter Intentionalität angemessen darstellen lässt. Ich möchte diese Begriffe aus dem Kontext der husserlschen Erkenntnistheorie herauslösen und sie instrumentell für die Explikation der nichtsprachlichen Dimension meines modifizierten hermeneutischen Evidenzbegriffs verwenden. Diesen Rückgriff auf phänomenologische Terminologie verstehe ich in dem Sinn, dass jeder Ästhetik oder Kunstphilosophie eine Dimension zukommt, die über ihre eigenen ästhetischen bzw. kunstphilosophischen Fragestellungen hinausgeht und dabei generelle Prämissen für eine Beschreibung des Verhältnisses von Subjekten zur Welt ins Auge fassen muss. In diesem Zusammenhang ist allerdings darauf hinzuweisen, dass der von mir im dritten Kapitel ausbuchstabierte Wahrheitsbegriff, der Wahrheit als eine Eigenschaft von sprachlichen Aussagen über Kunstwerke fasst, nicht mit den verschiedenen Spielarten des Wahrheitsbegriffs bei Husserl übereinstimmt.[40] Das Verhältnis des Evidenzbegriffs zum Begriff der Wahrheit ist bei Husserl ein anderes als das hier vorgeschlagene: Evidenzerlebnisse sind für uns keine Erlebnisse von Wahrheit, wie das bei Husserl der Fall ist. Husserls Begriff von Evidenz als erfüllter Intentionalität ist aber für meinen Evidenzbegriff insoweit von Bedeutung, als es mir um die nichtsprachliche Dimension im Begriff der Evidenz des Kunstwerks geht. Sinnliche Anschauung, so die Pointe, sollte nicht als fremdes Gegenüber der Tätigkeit des Verstandes dargestellt werden, sondern muss stattdessen – wie für die Evidenzästhetik unumgänglich notwendig – als

40 Eine anschauliche Zusammenfassung von unterschiedlichen Wahrheitsbegriffen bei Husserl findet sich bei Ernst Tugendhat. Tugendhat entwickelt aus den »Differenzen in der Gegebenheitsweise« vier verschiedene Wahrheitsbegriffe. Vgl. Ernst Tugendhat: Der Wahrheitsbegriff bei Husserl und Heidegger, Berlin 1970, § 5: Wahrheit und Evidenz, S. 88-106.

ermöglichende Dimension einer begrifflichen Beurteilung gesehen werden. Die sinnliche Anschauung bedeutet somit in der Kunstwahrnehmung nicht die Unterbrechung begrifflicher Beurteilung eines Kunstwerks, sondern ist das Fundament dieser Beurteilung. Und in diesem gründenden Verhältnis von sinnlicher Anschauung zu begrifflicher Deutung unterscheidet sich die Wahrnehmung des Kunstwerks *nicht* von anderen ästhetischen und nichtästhetischen Wahrnehmungsvollzügen.

Husserl geht es wie Kant in der *Kritik der reinen Vernunft* um Bewusstsein und Erkenntnis überhaupt. In der Evidenzästhetik geht es zwar nicht um diese allgemeine Dimension, sondern im Besonderen um das, was jemandem am Kunstwerk evident werden kann als das, wovon das Kunstwerk handelt. Aber dass diese Evidenz des Kunstwerks eine nichtsprachliche Dimension hat, lässt sich unter Rückgriff auf Husserl darstellen. Dass der Evidenzbegriff bei Husserl zugleich in eine allgemeine Erkenntnistheorie eingebettet ist, erweist sich für uns als Vorteil. Denn es ist unser Anliegen, in diesem Kapitel zu zeigen, dass Kunstwahrnehmen und -verstehen als ästhetisches Erfahren sich nicht generell bzw. strukturell von anderen Formen der Wahrnehmung und Erkenntnis unterscheiden: dass die Verschränkung zwischen sinnlicher Anschauung und begrifflicher Bestimmung und Beschreibung zwar in verschiedenen Variationen, aber prinzipiell als solche Verschränkung immer vorliegt. Das entscheidende Kriterium der Unterscheidung der Kunstrezeption von anderen Arten der Wahrnehmung und Bestimmung liegt also nicht in der Wahrnehmungsform, sondern in dem Wissen, dass Kunstwerke mit einem Evidenzanspruch der Künstlerin geschaffen werden. Dieser Anspruch wiederum bezieht sich darauf, dass das Kunstwerk als eine Interpretation der Welt dieser Welt hinzugefügt wurde und darauf, dass diese Weltinterpretation in der Gestalt des Kunstwerks, also in seiner Materialität gründet, d.h. ursprünglich mit dieser verschränkt ist. Die Art und Weise, in der man an ein Kunstwerk als einen Gegenstand herantritt, unterscheidet sich durch diese Kontextualisierung der Wahrnehmung und Deutung des Gegenstandes von den nichtästhetischen Praxen.[41] Die Weise, wie man das Kunstwerk wahrnimmt und diese Wahrnehmung mit einer Deutung verbindet, ist aber abseits dieser Spezifik der Kommunikationssituation auf der systematischen Ebene nicht von anderen Erkenntnis- und Wahrnehmungsformen zu unterscheiden.

Der Begriff Intentionalität steht bei Husserl für eine immanente Verknüpfung einer jeden Wahrnehmung mit einer Sinnunterstellung. Denn

41 Ich möchte noch einmal darauf hinweisen, dass mit ›Gegenstand‹ auch immer Situationen mitgemeint sind und der Begriff Gegenstand nur in diesem weiten Sinne gebraucht wird. Natürlich handelt es sich dann bei dem Ausdruck ›herantreten‹ um eine Metapher.

Husserl kennt keine zwei geschiedenen Quellen von Erkenntnis.[42] Diese Verknüpfung ist nicht so zu verstehen, dass sinnliche Anschauung zum sprachinternen ästhetischen Element erklärt wird, wie wir das am Beispiel der Ästhetik von Albrecht Wellmer im I. Teil besprachen, auch nicht in der Weise, dass Anschauung unter den Begriff gebracht werden muss, wie Kant es in der Kritik der reinen Vernunft beschreibt;[43] sondern die Verknüpfung von Anschauung und Sinnunterstellung ist umgekehrt als Gerichtetheit des Erlebnisses der Anschauung zu verstehen, als der Umstand, dass die Anschauung jeweils immer schon etwas »meint«. Husserl bindet Intentionalität nicht ans wahrnehmende Subjekt, sondern er fasst Intentionalität als etwas auf, das auf etwas Vorgegebenem, auf einer phänomenalen Gegebenheit innerer Anschauungen beruht.[44] Die Vorgegebenheit eines Gegebenen verweist auf die generelle Möglichkeit, eine Nähe zum Gegebenen zu erreichen, wie das Klaus Held zusammenfasst: »Ich kann über eine Sache nur reden – sei es objektiv oder bloß meinungshaft –, weil ich voraussetze, daß sich grundsätzlich die Möglichkeit realisieren läßt, sie auf eine sachnahe Weise, sozusagen ›anschaulich‹, ›leibhaft‹ zu erleben. Ohne eine solche Möglichkeit wäre mir die Sache nicht einmal bekannt, sie existierte für mich nicht.«[45]

Obwohl der Evidenzbegriff bei Husserl ein erkenntnistheoretischer ist und kein hermeneutischer, liegt er hinsichtlich einer Gründung der Deutung in sinnlicher Anschauung dem von mir entwickelten Evidenzbegriff zugrunde. Die Ungeschiedenheit von Anschauung und Begriff,

42 Das wirft erkenntnistheoretisch Probleme für Husserls Beschreibung von Sprache auf, mit denen ich mich aber nicht beschäftigen möchte, zum Beispiel wenn Husserl nachdenkt über die Anschauung von Röte, die mit dem Wort rot verknüpft ist: Die Aussage »Das Heidelberger Schloß ist rot« soll so durch eine Anschauung erfüllt werden, die auf die Anschauungen des Heidelberger Schlosses und der Röte aufbaut. Dies ist, was die Darstellung der Sprache betrifft, in gewisser Weise überholt. Ich finde aber, dass sich für eine ästhetische Fragestellung der husserlsche Ansatz der Verschränkung durchaus auch heute fruchtbar machen lässt.

43 Kant unterscheidet zunächst sinnliche Anschauung vom Begriff. Die Getrenntheit beider ist die Voraussetzung dafür, dass es zu ihrer Synthese kommen kann. Für Husserl ist dagegen alle Erkenntnis in Anschauung fundiert. Die Verschränkung ist die entscheidende Denkfigur.

44 Dazu schreibt Tugendhat: »Nicht die Herkunft, sondern der deskriptive Gehalt der Selbstgegebenheit und d.h. des wahren Seins des Gegenstandes ist ›subjektiv‹, in einer noetischen Operation, in einer synthetischen ›Leistung‹ fundiert. Aber diese Operation ist eine eidetische. Sie stammt so wenig aus dem einzelnen Akt wie aus dem Ich, dem sie vielmehr vorgegeben ist.« – E. Tugendhat: Der Wahrheitsbegriff bei Husserl und Heidegger, S. 177.

45 Klaus Held: »Einleitung«, in: Edmund Husserl: Die phänomenologische Methode. Ausgewählte Texte I, Stuttgart 1985, S. 14.

die Husserl in seinem Begriff der Intentionalität denkt, wird von mir in Anspruch genommen, um eine Verbindung zwischen der Weltwahrnehmung und Begrifflichkeit der Künstlerin auf der einen Seite und eine Verbindung zwischen der Materialität des Werks und seiner Deutung in der Rezeption auf der anderen Seite zu konzeptualisieren. Dass die Rezeption von Kunst über die Feststellung »Dies ist ein Kunstwerk« hinausgeht, ist jedem klar. Aber auch Husserls Begriff des intentionalen Aktes erschöpft sich ja nicht in der Bezeichnung solcher Feststellungen wie »Dies ist ein Tisch«. Auch Husserl geht es u.a. um die Komplexität von intentionalen Akten im Verhältnis zu phänomenalen Gegenständen, nicht allein um deren Bezeichnung bzw. theoretische Beurteilung. Er betont dabei die primäre Gleichartigkeit intentionaler Erlebnisse auf der einen Seite und differenziert diese in verschiedene Unterarten auf der anderen Seite. Husserl zufolge vollzieht sich auch die ästhetische Beurteilung in intentionalen Akten: Auch wenn die ästhetische nicht mit einer theoretischen Beurteilung gleichzusetzen ist, kommt ihr doch grundsätzlich dieselbe Intentionalitätsstruktur zu.

»Nur eins halten wir als für uns wichtig im Auge: daß es wesentliche spezifische Verschiedenheiten der intentionalen Beziehung, oder kurzweg der Intention (die den deskriptiven Gattungscharakter des ›Aktes‹ ausmacht) gibt. [...] Gewiß sind, wo nicht alle, so die meisten Akte komplexe Erlebnisse, und sehr oft sind dabei die Intentionen selbst mehrfältige. Gemüthsintentionen bauen sich auf Vorstellungs- und Urteilsintentionen u. dgl. Aber zweifellos ist es, daß wir bei der Auflösung dieser Komplexe immer auf primitive intentionale Charaktere kommen, die sich ihrem deskriptiven Wesen nach nicht auf andersartige psychische Erlebnisse reduzieren lassen; und wieder ist es zweifellos, daß die Einheit der deskriptiven Gattung ›Intention‹ (›Aktcharakter‹) spezifische Verschiedenheiten aufweist, die im reinen Wesen dieser Gattung gründen, und somit der empirisch psychologischen Faktizität als ein Apriori vorhergehen. Es gibt wesentlich verschiedene Arten und Unterarten der Intention. [...] So ist z.B. die ästhetische Billigung oder Mißbilligung eine Weise intentionaler Beziehung, die sich als evident und wesensmäßig eigenartig erweist gegenüber dem bloßen Vorstellen oder theoretischen Beurteilen des ästhetischen Objekts.«[46]

In diesem Zitat wird zunächst deutlich, dass Husserl seinen Begriff der Intentionalität nicht allein auf ein theoretisches Beurteilen oder auf Willensakte, sondern auf alle Arten von Wahrnehmungen und Deutungen angewendet sehen möchte und so auch auf ästhetische Reaktionen und

46 Edmund Husserl: Logische Untersuchungen, II. Bd., II. Teil, V. Über intentionale Erlebnisse und ihre »Inhalte«, § 10. Husserliana XIX,1, Dordrecht 1984, S. 380f.

Urteile.[47] Kunstwahrnehmung als ästhetische Wahrnehmung ist demzufolge auf einer elementaren Ebene strukturell verwandt mit anderen Arten der Intentionalität, andererseits weist sie auf der Ebene komplexer Erlebnisse ihre eigene Spezifik auf. Diese Spezifität ist aber nicht von der Art, dass ästhetische Wahrnehmung außerhalb anderer Wahrnehmungs- und Beurteilungsvollzüge steht. Sie ist zwar als ästhetische Wahrnehmung kenntlich, aber sie konstituiert deshalb noch keine andere Weltwahrnehmung. Die oben mit dem Zitat von Klaus Held zusammengefasste Einsicht, dass es Husserl nicht nur um den subjektiven Anteil in der Wahrnehmung geht, sondern gleichermaßen um den Anteil, den die wahrzunehmende Sache an dieser Wahrnehmung hat, verweist nun ganz deutlich auf den Grund, warum es möglich ist, mit der Hilfe husserlscher Begrifflichkeit die Basis für das Ausbuchstabieren des Zusammenhangs zwischen Künstlerin, Werk und Rezipientin zu rekonstruieren. Als die wahrzunehmende Sache lassen sich zwei Dinge ausweisen: erstens die innere Gegebenheitsweise eines Sachverhalts, die Weise also, wie sich dieser dem Subjekt zeigt, und zweitens sein Korrelat, das an einer äußeren Wahrnehmung beteiligte Ding, das Kunstwerk. Diese beiden fallen nach Husserl im intentionalen Erlebnis zusammen:

»Es sind […] nicht zwei Sachen erlebnismäßig präsent, es ist nicht der Gegenstand erlebt und daneben das intentionale Erlebnis, das sich auf ihn richtet; es sind auch nicht zwei Sachen in dem Sinne wie Teil und umfassenderes Ganzes, sondern nur eines ist präsent, das intentionale Erlebnis, dessen wesentlicher deskriptiver Charakter eben die bezügliche Intention ist.«[48]

Intentionalität geht bei Husserl nicht zwangsläufig mit einer Bewusstheit der Wahrnehmung einher. Sie kann sich auch im Sinne eines unbemerkten Sich-Ausrichtens vollziehen.[49] Das Sich-Ausrichten ist dann nicht als ein aktives Handeln, sondern vielmehr als ein ablaufender Prozess der Wahrnehmung und Beurteilung zu verstehen.[50] Für den Fall der Kunst ist Intentionalität aber immer an die Bewusstheit der Wahrneh-

47 Es gibt nach Husserl auch nichtintentionales Wahrnehmen, diese Einschränkung betrifft aber nicht die Kunstwahrnehmung. »Daß nicht alle Erlebnisse intentionale sind, zeigen die Empfindungen und Empfindungskomplexionen.« Ebd., S. 382f. (§ 11).

48 Ebd., S. 386 (§ 11).

49 »Von einer Intention sprechen wir öfters im Sinne des auf etwas speziell Achtens, des Aufmerkens. Doch nicht immer ist der intentionale Gegenstand bemerkter, beachteter.« Ebd., S. 392 (§ 13).

50 »Was andererseits die Rede von Akten anbelangt, so darf man hier an den ursprünglichen Wortsinn von *actus* natürlich nicht mehr denken, der Gedanke der Betätigung muß schlechterdings ausgeschlossen bleiben.« Ebd., S. 393 (§ 13).

mung gebunden. Denn in der Kunstrezeption geht es nicht in erster Linie darum, ein Kunstwerk als solches überhaupt zu erkennen und zu bezeichnen (dass es sich um ein solches handelt, ist vielmehr ein Wissen, das gegeben ist), sondern darum, das Kunstwerk als etwas zu erleben und zu erkennen, das sich als (nicht allein sprachliche) Handlung auf die Welt bzw. einen Ausschnitt aus der Welt bezieht. Natürlich ist es dazu notwendig, zu erleben und zu erkennen, wie das Kunstwerk ist, woraus es sich zusammensetzt. Das ist aber nicht alles. Die gelungene Kunstwahrnehmung gründet in der Einlösung des Evidenzanspruchs der Künstlerin, die darin besteht, dass für die Rezipienten die sinnliche Anschauung des Kunstwerks verbunden ist mit Deutungen bzw. Bedeutungen, die für die Interpretation der Welt oder des repräsentierten Ausschnitts der Welt wichtig sind. Man sieht (oder hört), fühlt und denkt, dass das Kunstwerk etwas trifft. Das ist seine Evidenz.

Anders gesprochen: Aus der »schlichten Wahrnehmung« des Kunstwerks ergeben sich »neue Objektivitäten«. Als schlichte Wahrnehmungsakte bezeichnet Husserl die sinnliche Wahrnehmung: »Im Sinn der engeren ›sinnlichen‹ Wahrnehmung ist ein Gegenstand direkt erfaßt oder selbst gegenwärtig, der sich im Wahrnehmungsakte in *schlichter* Weise konstituiert.«[51] Die Wahrnehmung eines Kunstwerks, so wie es ist, kann man daher zunächst als einen schlichten Wahrnehmungsakt bezeichnen, in dem es um das Erfassen der Gestalt und der Eigenschaften dieses Kunstwerks geht.

»Jeder schlichte Wahrnehmungsakt kann nun aber, sei es für sich allein, sei es mit anderen Akten zusammen, als Grundakt von neuen, ihn bald einschließenden, bald nur voraussetzenden Akten fungieren, die in ihrer neuen Bewußtseinsweise zugleich ein neues, das ursprüngliche wesentlich voraussetzende Objektivitätsbewußtsein zeitigen. [...] es erstehen Akte, in denen etwas als wirklich und als selbst gegeben erscheint, derart, daß dasselbe, als was es hier erscheint, in den fundierenden Akten allein noch nicht gegeben war und gegeben sein konnte. Andererseits aber gründet die neue Gegenständlichkeit in der alten [...]. Es handelt sich hier um eine Sphäre von Objektivitäten, die nur in derart fundierten Akten ›selbst‹ zur Erscheinung kommen können.«[52]

Um die Rezeption von Kunst zu erläutern, muss man sich auf diese komplexeren Formen der Wahrnehmung beziehen, die sich nicht als bloße Serie von schlichten Wahrnehmungsakten beschreiben lassen,

51 Edmund Husserl: Logische Untersuchungen, II. Bd., II. Teil, VI. Elemente einer phänomenologischen Aufklärung der Erkenntnis, § 46. Husserliana XIX,2, Dordrecht 1984, S. 674.

52 Ebd., S. 674f.

wenngleich die Rezeption auf diesen schlichten Wahrnehmungen aufbaut. Denn bei der Rezeption von Kunst geht es um eine Generalität, die im einfachen Bezeichnen des Gegenstands noch nicht gegeben sein kann. »Wo generelle Gedanken in Anschauung ihre Erfüllung finden, da bauen sich auf den Wahrnehmungen und sonstigen Erscheinungen gleicher Ordnung gewisse neue Akte auf, und zwar Akte, welche sich auf den erscheinenden Gegenstand in ganz anderer Weise beziehen, als diese ihn jeweils konstituierenden Anschauungen.«[53] Sich auf den Gegenstand in ganz anderer Weise zu beziehen, ist nun typisch für die Situation der Rezeption von Kunst. Denn dieser Situation liegt ihre Spezifik, eine Situation der Wahrnehmung von Kunst zu sein, konstitutiv zugrunde. Die Generalität der Kunsterfahrung bedeutet nicht, dass die ganze Erscheinung des Kunstwerks erfasst wird, sondern Generalität bedeutet hier, dass auch das, wovon das Kunstwerk handelt, als kategoriale Intention, d.h. als vorgestellte Intention mit einfließt.[54] Das Wissen von den Abläufen der Kunst spielt nun für die Mischung schlichter (sinnlicher) und kategorialer Intentionen insofern eine Rolle, als es dazu führt, dass ganz andere Vorstellungen aufgeworfen werden als solche, die allein bei einem Erfassen des Gegenstands mit ins Spiel kommen. Generalität bedeutet daher, dass die Gesamtheit der sinnlichen und kategorialen Intentionen als ganze zu einer Erfüllung, d.h. zur Einheit gelangt.

Die Kenntnis des Kontextes der Kunst führt dazu, dass sich die Rezipienten dem Kunstwerk gegenüber anders verhalten, als sie es in nichtkünstlerischen Situationen und gegenüber nichtkünstlerischen Gegenständen tun. Evidenz als erfüllte Intentionalität kann daher nach Husserl in Bezug auf die Wahrnehmung von Kunst nur heißen, dass ein »Gewebe von Partialintentionen [...] zur Einheit einer Gesamtintention« verschmilzt.[55] Diese Gesamtintention geht immer über die theoretische Beurteilung des Kunstwerks und seiner Eigenschaften im Sinne seiner Bezeichnung bzw. seiner Subsumtion unter einen Begriff hinaus. Mit Evidenz als erfüllter Intentionalität ist so nicht allein das Erkennen des Gegenstands der schlichten Wahrnehmung gemeint, sondern im Fall der Kunstrezeption das »Treffen« einer Einheit, die als ganze zur Erfüllung gelangt.

53 Ebd., S. 662f. (§ 41).

54 Den Unterschied zwischen Sinnlichem und Kategorialem, welches beides immer als Anschauung vorliegt, klärt Husserl in den §§ 40-52 dieses Teils der Logischen Untersuchungen (ebd., S. 652-693). Kategoriale Gegenständlichkeit wird in synthetischen Akten gebildet, die immer in anderen Akten und nicht in sinnlichen Gegenständen fundiert ist.

55 »Nach unserer Auffassung ist jede Wahrnehmung und Imagination ein Gewebe von Partialintentionen, verschmolzen zur Einheit einer Gesamtintention.« Ebd., S. 574 (§ 10).

Was folgt aus den so erläuterten Prämissen? Die Definition des Ästhetischen als des konstitutiv Anderen bzw. des negativen Dritten gegenüber theoretischer Erkenntnis und praktischem Handeln wird abgelehnt zugunsten eines Anschlusses des Ästhetischen (und so auch der Kunst) an außerkünstlerische Lebens- und Handlungsvollzüge. Daraus ergibt sich eine neue Art, Interaktionen zwischen Kunst als ästhetischem Handeln und Erkennen und nichtästhetischen Praxen zu denken. Kunst ist eine Praxis neben anderen, der aufgrund struktureller Ähnlichkeiten sowohl eine Beeinflussung durch nichtästhetische Praxen als auch ein Einfluss auf diese nachgewiesen werden kann. Der Kunst kommt dabei keine Exemplarität gegenüber den anderen Praxen zu,[56] sie ist diesen weder vor- oder übergeordnet noch ihnen durch die Eigenheit ihrer Erfahrungsstruktur ganz entgegengesetzt. Ihre Spezifität erhält sie nicht aus einer spezifischen Struktur der in ihr zu machenden Erfahrung, sondern aus der Tatsache, dass die Evidenz eines Kunstwerks als das Resultat einer interpretierenden Handlung, das Kunstwerk selbst als von einer Künstlerin mit eben diesem Anspruch geschaffenes aufgefasst wird. Diese Spezifität bedingt die Autonomie der Kunst.

Zwei falsche Lesarten der Evidenzästhetik sollen an dieser Stelle explizit ausgeschlossen werden: Die evidenztheoretische Definition der Kunst und ihre Abgrenzung zum Nichtkünstlerischen stimmt erstens nicht mit derjenigen in der sogenannten Institutionentheorie überein; zweitens geht es auch nicht darum, eine Tautologie zu etablieren nach dem Motto: Ein Kunstwerk ist das, was von einer Künstlerin hergestellt wurde, und Künstler sind diejenigen, die Kunstwerke herstellen.

In der Institutionentheorie von George Dickie, dem einschlägigen Vertreter dieser kunstphilosophischen Richtung, gilt das Kunstwerk deswegen als ein solches, weil es die Anerkennung seines Status als Kunstwerk durch ein Kunstpublikum erlangen konnte.[57] Die Produktion des Kunstwerks verfolge genau diesen Zweck – die Anerkennung des jeweiligen Kunstwerks durch die institutionalisierte Kunstwelt. Kunstwerke seien demnach alle diejenigen Gegenstände, die von der Kunstwelt (artworld) den Status eines Kunstwerks zuerkannt bekommen.

Die Einwände gegen diese Theorie dürften nach dem bisher Gesagten auf der Hand liegen: Nicht zu erklären ist mit der Institutionentheo-

56 Es gibt also keine Aufgabenteilung der Art, dass die Philosophie die Veranschaulichung im Exemplarischen an die Kunst delegieren könnte, um sie anschließend zur Lösung philosophischer Probleme wieder heranzuziehen; ebenso wenig kann die Philosophie die Kunst als institutionalisierte Skepsis gegenüber ihrem eigenen begrifflichen Denken instrumentalisieren.

57 George Dickie: The Art Circle. A Theory of Art, New York 1984.

rie die empirische Tatsache, dass in Diskursen über Kunst beklagt wird, bestimmte Kunstwerke seien zu Unrecht nicht in Institutionen anerkannt. Oder andersherum: Die Feststellung, dass Kunstwerke zu Unrecht institutionelle Anerkennung finden, dass sie überschätzt werden, wäre in dieser Theorie obsolet. Will man aber einer solchen Feststellung nicht den Status einer sinnlosen Äußerung zuordnen, muss sie sich kriteriell auf das Kunstwerk selbst beziehen, d.h. auf Qualitäten des Werks, die seiner institutionellen Anerkennung vorausliegen. In der Institutionentheorie kann ein Zusammenhang zwischen der Weise, wie das Kunstwerk ist, und seinem Erfolg bzw. Misserfolg in den Institutionen höchstens derart herausgestellt werden, dass ein Kunstwerk, wenn es anerkannt ist, dem durchschnittlichen Geschmack der Kunstwelt entspricht. Wie sich dieser Geschmack aber ändern kann, ist ohne Rückgriff auf eine genuine Erfahrung des Werks schon nicht mehr erklärbar. Der kollektive Geschmackswandel wird aber gerade dann verständlich, wenn man annimmt, dass Menschen an Kunstwerken Erfahrungen machen, die für sie so relevant sind, dass sie sich aufgrund dieser Erfahrung des Werks für dessen öffentliche Anerkennung einsetzen. Ihr Plädoyer würde also etwa lauten: »Hier handelt es sich um ein Kunstwerk, das mir evident ist; ich wünsche mir, dass andere auch die Gelegenheit bekommen, dieses Kunstwerk wahrzunehmen.« Es ist nicht notwendig, wohl aber möglich, dass jemand, der ein Kunstwerk als evident erlebt hat, sich darum bemüht, dieses Werk in den Institutionen zu etablieren; ein Kunstwerk war es allerdings per Definition bereits, als es aufgrund seines So-seins als evident rezipiert wurde, und wird es nicht erst, wenn es institutionelle Aufmerksamkeit findet.

Der sogenannten Kunstwelt ist hier eine Anerkennungsgemeinschaft der Produzenten und Rezipienten entgegenzustellen, die Teil einer institutionalisierten Kunstwelt sein kann, aber nicht zwangsläufig sein muss. Die Einigung darüber, dass die eine als Künstlerin ein Kunstwerk mit einem Evidenzanspruch herstellt und der andere diesen Gegenstand unter genau dieser Prämisse erfährt und deutet, ist keine institutionelle Einigung. Sie hat lediglich zur Vorbedingung, dass es so etwas wie ›die Kunst‹ als historisches Phänomen schon geben muss, auf das sich beide Teile dieser Gemeinschaft beziehen. Die Voraussetzung, dass es ›die Kunst‹ gibt, die der Produktion und Rezeption ihrer Werke vorausliegt, dass Kunst als Möglichkeit schon bekannt ist, ist also eine Bedingung für die Evidenzästhetik. Die Anerkennung von Kunstwerken als Kunstwerken kann sich dann gänzlich außerhalb der Institutionen abspielen. Kunst ist somit nicht nur das, was ins historische Gedächtnis einwandert, sondern auch das, was aus bestimmten Gründen wieder verschwunden ist. Wenn etwa im Dritten Reich (z.B. jüdische) Künstler umgebracht und ihre Arbeiten vernichtet wurden oder wenn bei Bombenangriffen das Werk eines heute unbekannten Künstlers ganz zerstört wurde, so waren diese Künstler, von denen wir heute nichts wissen, doch Künstler: Sie produzierten Kunstwerke, die wir nicht kennen.

Künstler beziehen sich (wie in Teil II ausführlich dargestellt) während ihrer Arbeit am Kunstwerk auf fiktive Rezipienten. Diese Rezipienten werden aber nicht als Institutionenvertreter adressiert, sondern vielmehr als Menschen, deren Bezug zur Welt anhand der Kunsterfahrung durch das Kunstwerk verändert werden könnte. Diese Form der Beziehung auf das zukünftige Publikum unterscheidet sich grundlegend von einer Beziehung, die nur auf spätere institutionelle Absegnung abzielte. Die Anerkennung soll das Werk ja gerade dadurch verdienen, dass es kraft seiner Alterität der Rezipientin etwas entgegenstellt, das nicht sofort ihren Geschmack bedient, sondern anerkannt werden soll als ein dem Bekannten hinzugefügtes Neues bzw. Anderes.

Darauf, ob und wie das Kunstwerk aktuell wahrgenommen wird, kommt es nicht an. Zur Bestimmung des Kunstwerks als Kunstwerk ist aber mindestens eine Beziehung der Produzentin oder des Rezipienten (oder natürlich beider) auf die (mögliche) Evidenz des Werks nötig. Dies bedeutet für die Produzentin nicht, dass sie in jedem Fall schon Kunst schaffen wollte, wohl aber, dass der Evidenzanspruch bei der Produktion bestehen muss, das (zukünftige) Kunstwerk also, auch wenn es zunächst nicht ausdrücklich als ein solches bezeichnet wird, die Eigenschaft aufweist, mit einem Evidenzanspruch geschaffen zu sein. Zur Kunst erklärt werden kann es u.U. erst nachträglich durch den Rezipienten. Letzte Missverständnisse möchte ich mit einem (etwas altertümlichen) Beispiel von polnischer Hirtenkunst ausräumen, die heute als durchaus anerkannte Kunstrichtung existiert. Wenn ein Hirte neben seiner Arbeit anfängt, Figuren zu schnitzen und diese zu bemalen, dann haben diese Figuren zunächst keine andere Funktion, als dazusein. Man kann mit ihnen nicht Suppe löffeln, wie mit geschnitzten Löffeln, man kann sie nicht beim Schafehüten einsetzen wie Hunde und man kann sie zunächst nicht an Touristen verkaufen, solange man nicht von der Tourismusindustrie entdeckt worden ist. In solch einem Fall muss das Schnitzen und Bemalen der Figuren als eine Handlung bezeichnet werden, die sich (nicht allein sprachlich) interpretierend zur Welt verhält. Um einen anderen Fall und um keine Kunst handelt es sich, wenn Gebrauchsgegenstände, z.B. geschnitzte Löffel, im Zuge kolonialer Sammelleidenschaft in einem Museum ausgestellt werden, wie das in unseren ethnologischen Museen oft der Fall ist. Die Tatsache, dass diese Löffel von Sammlern in ein Museum gelegt wurden, macht sie noch nicht zum Kunstwerk. Der Evidenzanspruch der Produzentin als ein nicht institutionell ausgerichteter Anspruch ist also die notwendige und die hinreichende Bedingung für die Bestimmung des Kunstwerks als Kunstwerk.

5. Evidenzanspruch und sprachlicher Geltungsanspruch (Habermas, Seel)

Wenn ästhetische Evidenzerfahrung vom evidenten Werk verursacht ist und wenn sich die Wirklichkeit einzelner Rezipienten durch die gelingende Begegnung mit dem Werk verändern kann, dann ist es streng genommen das Urteil Einzelner über das Werk, das mit einem Wahrheitsanspruch verbunden geäußert wird. Wahrheitsansprüche haben Forderungscharakter, d.h. sie enthalten die Forderung an andere, anzuerkennen, dass das Gesagte so ist, wie es gesagt wurde. Wie verhält sich nun das Eigengewicht des Werkes selbst in seiner Rezeption zum Urteil einer konkreten *Gruppe* von ProduzentInnen und RezipientInnen, wie verhält es sich zum Geltungsanspruch einer einzelnen Aussage, die dem Werk bestimmte Eigenschaften oder eben Evidenz zuspricht, und wie hängt beides zusammen? Kann man analog von Evidenzansprüchen und Geltungsansprüchen reden? Ist also ein Evidenzanspruch ebenfalls mit einer Forderung an andere verbunden, anzuerkennen, dass das Werk ein evidentes sei?

Die Variationen der Definition *ästhetischer* Geltung, die Jürgen Habermas entwickelt, stützen sich in jeweils sehr unterschiedlichen Modifikationen auf seine Definition von diskursiver Wahrheit als Anspruch auf die Geltung von Aussagen. »Wahrheit ist ein Geltungsanspruch, den wir mit Aussagen verbinden, indem wir sie behaupten.«[58] »Gegenstände der Erfahrung sind hingegen das, *worüber* wir Behauptungen aufstellen.«[59] Angewendet heißt dies, wir stellen über Kunstwerke Behauptungen auf und unterstellen als Sprecher, dass die Aussagen, die wir über Kunstwerke treffen, wahr sind. Es kann aber auch heißen: Mit jedem Kunstwerk ist ein ästhetischer Geltungsanspruch verbunden. Diese zweite, von Martin Seel favorisierte Variante des ästhetischen Geltungsanspruchs ist von Habermas ebenfalls bestätigt worden. Wenn Seel und Habermas vom Geltungsanspruch sprechen, den das Werk erhebt, meinen sie damit nicht, dass Künstler Geltungsansprüche erheben, indem sie

58 Jürgen Habermas: »Wahrheitstheorien«, in: Ders.: Vorstudien und Ergänzungen zur Theorie des kommunikativen Handelns, Frankfurt/Main 1995, S. 127-183, hier S. 129.

59 J. Habermas: »Wahrheitstheorien«, S. 132.

Kunstwerke produzieren. Was ist aber dann mit einem ästhetischen Geltungsanspruch gemeint?

Wir sagten dagegen, dass es die Künstler sind, die zunächst in der Produktion einen Evidenzanspruch erheben. Das Wissen von diesem bringt die Rezipienten dazu, die Evidenz des Kunstwerks zu testen. Die Wahrnehmung des gelungenen Kunstwerks als Erlebnis seiner Evidenz geht damit einher, dass die Deutung des Wahrgenommenen auf der Grundlage des Wissens erfolgt, dass das Kunstwerk von einer Künstlerin durch eine interpretierende Handlung geschaffen wurde. Die Frage ist nun, ob die Evidenz, die durch das Kunstwerk verursacht wird, im selben Sinne diskursiv vor anderen Menschen gerechtfertigt werden kann wie ein ästhetischer Geltungsanspruch, der mit einem Kunstwerk verbunden ist.

Um entscheidende Differenzkriterien zwischen Evidenz und Geltung hervortreten zu lassen, bedarf es zuerst einer genaueren Explikation des Geltungsbegriffs. Ästhetische Geltungsansprüche bei Habermas changieren zwischen der Auffassung des künstlerischen Geltunganspruchs als einem der »Geltungsansprüche der Rede«[60], nämlich als Anspruch auf Wahrhaftigkeit, und der Annahme eines spezifisch künstlerischen Geltungsanspruchs, der einer vierten, speziell für die Kunst reservierten Sprachfunktion zugeordnet ist. Innerhalb dieser Spannbreite möchte ich drei grundsätzliche Spielarten habermasscher Ästhetik, die in detaillierten Ausführungen weiter variieren, voneinander unterscheiden. Die erste Version, die in dem Vorschlag besteht, künstlerische Geltung lediglich als Wahrhaftigkeit zu definieren, zeigt, mit welch rudimentärem Anspruch an die Kunst Habermas seine Überlegungen zur Ästhetik beginnt. Von der Kunst erwartet er in der *Theorie des kommunikativen Handelns* nicht mehr, als eine Geste expressiver Selbstdarstellung zu sein. Nur der Anspruch auf Wahrhaftigkeit ist der Geltungsanspruch, den man mit Kunstwerken in Verbindung bringen dürfe. Die zweite Version, die Habermas in *Der philosophische Diskurs der Moderne* anbietet, beruht auf der Trennung zwischen ästhetischer und problemlösender Rede. Ein »poetische[r], auf Welterschließung spezialisierte[r] Sprachgebrauch« wird der Problemlösungskapazität innerweltlicher Sprachfunktionen entgegengesetzt.[61] Hier beruht die Differenz auf einer Analyse der Eigenarten verschiedener Textsorten (poetischer und prosaischer). Es liegt auf der Hand, dass diese zweite Version nicht ohne Weiteres auf alle Kunstwerke anwendbar sein kann, weil mit solch einer Verallgemeine-

60 Die Geltungsansprüche der Rede sind nach Habermas: Wahrheit, Richtigkeit, Wahrhaftigkeit.

61 Jürgen Habermas: Der philosophische Diskurs der Moderne, Frankfurt/Main 1989, S. 240ff.

rung eine »Versprachlichung« der Werke aller Gattungen vollzogen würde. Die welterschließende Kraft poetischer Texte wird an dieser Stelle nämlich durch eine Beeinträchtigung der illokutionären Kraft des poetischen Sprechaktes gegenüber ›normalen‹ Sprechakten innerweltlicher Kommunikation definiert. Somit ist Poesie aufgrund der spezifischen Form ihrer Spechakte die welterschließende Sprachform eines poetischen Textes. Habermas bildet an anderer Stelle dieses an der Poesie entwickelte Modell auf alle Kunstwerke ab.[62] Dies allein ist ein problematischer Schritt, der die Unterscheidung zwischen poetischer Sprache und nichtsprachlicher Kunst verwischt. Denn Geltungsanprüche, die mit Kunstwerken *aller* Gattungen verbunden werden, müssten anders begründet werden als durch die sprechakttheoretische Spezifität poetischer Texte.

Bei Habermas' dritter Version künstlerischer Geltung handelt es sich um diesen geforderten Schritt: um die Etablierung der Funktion der Welterschließung als vierter Sprachfunktion, die den drei bekannten innerweltlichen Sprachfunktionen »gegenübergestellt« wird. Wie diese erfüllt wird, »bemißt sich an [dem Geltungsanspruch] der ästhetischen Stimmigkeit (oder evaluativen Triftigkeit)«.[63] Dies bedeutet: Genau dann, wenn das Kunstwerk als ästhetisch stimmig gilt, hat es die Funktion der Welterschließung erfüllt. Ästhetische Stimmigkeit scheint also an dieser Stelle von Habermas als eigenständiger Geltungsmodus der »Kunstwahrheit« eingeführt zu sein, der nicht allein für poetische Texte, sondern für alle Kunstwerke gilt. Denn die Funktion der Welterschließung ist nicht durch die Kapazität der Problemlösung gekennzeichnet wie die drei innerweltlichen Sprachfunktionen: Darstellung von Sachverhalten, Herstellung interpersonaler Beziehungen und Ausdrücken subjektiver Erlebnisse.[64] Habermas sagt also hier, mit jedem gelungenen Kunstwerk sei ein Geltungsanspruch verbunden, und zwar ein anderer Geltungsanspruch als derjenige, der in kommunikativen Sprechhandlungen erhoben wird. Dies wäre ein recht erfreulicher Befund, wäre da nicht die Einschränkung, dass es bei Habermas keine »ästhetische Stimmigkeit« außerhalb der Rezeption gibt. Denn der Geltungsanspruch, den ein Kunstwerk erhebt, kann lediglich in seiner Rezeption erfahren und in seiner kunstkritischen Betrachtung argumentativ eingeholt werden. Es

62 Jürgen Habermas: »Entgegnung«, in: Axel Honneth/Hans Joas (Hg.), Kommunikatives Handeln. Beiträge zu Jürgen Habermas' »Theorie des kommunikativen Handelns«, 3., erweiterte und aktualisierte Aufl., Frankfurt/Main 2002, S. 327-405, hier S. 344.

63 Ebd.

64 Konrad Ott: »Jürgen Habermas«, in: Julian Nida-Rümelin/Monika Betzler (Hg.), Ästhetik und Kunstphilosophie. Von der Antike bis zur Gegenwart in Einzeldarstellungen, Stuttgart 1998, S. 344-351, hier S. 346.

gibt also ästhetische Stimmigkeit eines Kunstwerks nur im Kontext einer »Gegenwart« seiner Rezipienten, die zwar ein überpersönlicher, aber nicht ein überhistorischer Rezeptionszusammenhang ist. Die Gegenwart, auf der Seel mit Kant als einer »den Urteilenden gemeinsamen Gegenwart« besteht,[65] ist nun aber im Zusammenhang zu denken mit der Diskursabhängigkeit unseres Weltzugangs, in dem laut Habermas »die Grundprädikate des gewählten Sprachsystems [...] jeder einzelnen *in dieser Sprache* möglichen Argumentation vorauslieg[en]«.[66] Mit Heidegger geht Habermas davon aus, dass jede Gegenwart eine interpretativ vorerschlossene Gegenwart ist, in der wir uns immer schon befinden. Alles, was sich über Kunstwerke sagen lässt, steht also im Kontext des sprachlich vorerschlossenen Weltzugangs der Rezipienten. Der Geltungsanspruch des Kunstwerks lässt sich so letztlich doch nur als ein *diskursiv* (wenngleich auch implizit) unterstellter Geltungsanspruch lesen, alles andere führt uns nach Habermas in den metaphysischen Bereich der objektiven Bestimmung des künstlerischen Gegenstands:

»Ob eine Sprache einem Objektbereich angemessen ist und ob das erklärungsbedürftige Phänomen genau dem Gegenstandsbereich zugeordnet werden soll, dem die gewählte Sprache angemessen ist – diese Frage muß selbst Gegenstand der Argumentation sein können. Dabei handelt es sich um eine Frage, welche direkt nur durch ein Hin- und Hergehen zwischen Begriff und Sache entschieden werden könnte. Nur einem metaphysischen Geist, der nicht Geist von unserem Geiste ist, wäre dieser direkte Zugriff möglich. Wir sind auf den Gang der Argumentation angewiesen, die einen Wechsel der Ebenen der Argumentation glücklicherweise zuläßt.«[67]

Die »Gegenwart«, in der ein Kunstwerk rezipiert und beurteilt wird, soll nicht allein der Rahmen sein, in dem seine Rezeption stattfindet. Viel-

---

65 Martin Seel: Die Kunst der Entzweiung. Zum Begriff der ästhetischen Rationalität, Frankfurt/Main 1985, S. 207.

66 J. Habermas: »Wahrheitstheorien«, S. 168. Vgl. S. 146: »Kultur nennen wir den Bereich der Wirklichkeit, der sprachlich strukturiert ist. Ihr gegenüber können wir die doppelte Einstellung von Beteiligten und Beobachtern einnehmen. Kultur besteht aus Äußerungen [...]. Da alle diese Äußerungen Geltungsansprüche implizieren, beruht der Kultur genannte Wirklichkeitsbereich auf der Faktizität von Geltungsansprüchen.«

67 Ebd., S. 171. Ob und wie ein Kunstwerk mit dessen ästhetischer Erfahrung und diese Erfahrung mit Geltungsansprüchen zusammenhängt, die für Aussagen über diese Erfahrung erhoben werden, muss bei Habermas, der jede Spielart der Korrespondenztheorie der Wahrheit ablehnt, offen bleiben. »Ein in Erfahrung *fundierter* Anspruch ist noch keineswegs ein begründeter Anspruch.« (Ebd., S. 134f.)

mehr bestimmt die Gegenwart zugleich die Akzeptabilität unterstellter Geltungsansprüche: Es ist

»mittlerweile klar, daß nicht die am ästhetischen Gegenstand bejahte Sichtweise der wertbildende Bezugspunkt der ästhetischen Beurteilung ist: Bezugspunkt der ästhetischen Wertbehauptungen, deren *Inhalt* die an der Formung ästhetischer Gegenstände sich erweisende Akzeptabilität von Sichtweisen und Einstellungen ist, ist jener unfaßliche Begriff der Gegenwart, an dem die überpersönliche Adäquatheit von Sichtweisen sich unausgesprochen bemißt.«[68]

Es wird nun immer deutlicher, warum Habermas und Seel Kunstwerke nicht als die Vermittler von ästhetischen Geltungsansprüchen, die von Künstlern erhoben werden, interpretieren möchten. Würden sie das tun, ließe sich nämlich die Gegenwart, in der die Geltungsansprüche erhoben werden, nicht mehr als einzige Bezugsgröße für die Akzeptabilität dieser Ansprüche definieren. Dem Werk käme dann eine irgendwie eigenständige Rolle als Vermittler zwischen verschiedenen Gegenwarten zu. Das reibungslose Funktionieren der philosophischen Systematik, die auf einem primär diskursiven Zugang zur Welt aufbaut, ist gefährdet, würde eben diese philosophische Systematik gemessen an der künstlerischen Praxis, die sie zu beschreiben vorgibt. Dass diese Praxis irgendetwas mit den Künstlern zu tun hat, ist schwer zu leugnen. Fasste man die Künstler jedoch als diejenigen auf, die durch die Produktion von Werken ästhetische Geltungsansprüche erheben, wären damit zwei systematische Zugeständnisse verbunden, die weder Seel noch Habermas machen möchten: Erstens könnten dann nicht alle Arten von Kunstwerken als Erfüllung von Sprachfunktionen gedeutet werden, denn offensichtlich muss ihre nichtsprachliche Materialität als Ursache ästhetischer Geltungsansprüche im Spiel sein. Es bedürfte dann eines Zusammenhangs zwischen »Sache und Begriff«, der ja von Habermas in den Bereich der Metaphysik gewiesen wurde. Und zweitens ließe sich nicht allein mit einem alles verbindenden Begriff einer »Gegenwart« operieren, an der sich die Angemessenheit ästhetischer Urteile bemessen soll; denn die Produktion eines Kunstwerks würde schon immer auf eine andere Gegenwart, nämlich die Gegenwart der Künstlerin verweisen.

Eine Differenz zwischen dem habermasschen Geltungsanspruch und unserem Begriff des Evidenzanspruchs kann bereits an dieser Stelle notiert werden: Der Terminus des Anspruchs verweist im Falle der Evidenzästhetik auf die künstlerische Produktion und auf die Tatsache, dass der Anspruch, etwas sei ein evidentes Kunstwerk, in der Rezeption einer Prüfung unterzogen wird. Im Falle des ästhetischen Geltungsanspruchs

68 M. Seel: Die Kunst der Entzweiung, S. 211.

wird der Begriff Anspruch bei Habermas und Seel allein im Kontext der Rezeption verwendet. Im Fall von Wahrheit oder anderweitiger Geltung haben gerechtfertigte Ansprüche in folgender Weise Forderungscharakter: Wer mit ›Nein‹ Stellung nimmt, muss dafür seinerseits Gründe geben können. Ein Geltungsanspruch des Kunstwerks bezieht sich auf das, was als Geltung vor anderen gerechtfertigt werden kann. Ansprüche auf Evidenz können nicht im selben Sinne funktionieren. In gewisser Weise fordert die Künstlerin zwar, dass das Kunstwerk von den Rezipienten als ein evidentes erlebt werden soll; jedoch ist dieser Anspruch nicht eine Forderung, für deren Nichtakzeptanz sich Rezipienten mit guten Gründen rechtfertigen müssten. Evidenz für ein Kunstwerk zu beanspruchen, kann daher nicht heißen, von anderen Rechtfertigungen zu verlangen, wenn sie keine Evidenz des Kunstwerks erfahren. Anspruch muss es aber dennoch heißen, denn die Evidenz des Kunstwerks wird von der Künstlerin nicht nur gewünscht oder behauptet, sondern sie ist so zentral für das Gelingen der Produktion, dass sie gefordert wird, nicht zuletzt deshalb, weil für die Künstlerin das Kunstwerk im Moment seiner Veröffentlichung ein evidentes ist. Wie groß der projektive Anteil der Produzentin an dem Evidenzanspruch ist, wird sich erst später in der Rezeption herausstellen. Der Evidenzanspruch der Künstlerin, aus dem sich also nicht auf die tatsächliche Evidenz des Kunstwerks schließen lässt, enthält indes nicht die Unterstellung, dass alle anderen die Evidenz des Werkes in derselben Weise erfahren wie die Künstlerin selbst. Und dies ist eine Differenz zum Geltungsanspruch. Der Begriff des Evidenzanspruchs schließt nämlich ein, dass andere Menschen andere Evidenzerfahrungen am Kunstwerk machen können. Ist dies der Fall, dann ist der Evidenzanspruch der Künstlerin eingelöst. Er wäre nicht eingelöst, wenn Rezipienten *gar keine* Evidenz des Kunstwerks erlebten.

Die Differenz der ästhetischen Kommunikation zur nichtkünstlerischen sprachlichen liegt in der Materialität des Kunstwerks begründet. Die Überprüfung des Evidenzanspruchs der Produzentin durch die Rezipienten ist eine Überprüfung der Evidenz des Kunstwerks im Sinne der sinnlichen *und* gedanklichen Prüfung. Ein mögliches Eintreten des Erlebens von Evidenz ist vom Kunstwerk verursacht und gesteuert kraft seiner konkreten Existenz. Seine Materialität – die Art und Weise, wie es gemacht wurde – ist eine Konstellation, die interpretativ in eine bestimmte Richtung weist. Die Interpretation der Konstellation des Werks wird in verschiedenen Gegenwarten unterschiedlich ausfallen, ist aber nicht von diesen Gegenwarten allein bestimmbar. Kunstwerke repräsentieren weder allein Ansprüche von Produzenten oder Rezipienten auf Wahrhaftigkeit, noch verkörpern sie allein einen Anspruch auf Stimmigkeit. Sie konfrontieren vielmehr Rezipienten mit etwas, das nicht ganz in ihrer rezipientischen Gegenwart aufgeht. Das Kunstwerk kann somit nicht allein als Träger einer Geltung aufgefasst werden, die sich allein an der Gegenwart seiner Rezipienten bemisst, sondern es muss als ein material und mitunter sprachlich verfasster Gegenstand aufgefasst werden, der *zwischen* Teilnehmern eines ästhetischen Kommunikationsprozesses (zwischen den Produzenten und Rezipienten oder auch den Interpreten) steht. Ein Kunstwerk ist Ergebnis künstlerischer Handlungen, die nur zu einem Teil mit dem Erheben sprachlicher Geltungsansprüche verbunden sind, indem sie auf sprachlich artikulierbare Weltverhältnisse der Künstler rekurrieren. Angemessenheitskriterium für die Geltung des Werks und seiner Interpretation ist daher *sowohl* das Werk selbst *als auch* die Gegenwart seiner Rezipienten.

Im Zusammenhang mit der Frage nach ästhetischer Geltung muss die Art und Weise ihrer Überprüfung diskutiert werden. Warum verbinden wir, so wie Habermas behauptet, mit Kunstwerken den Geltungsanpruch der ästhetischen Stimmigkeit? Habermas' Antwort auf diese Frage müsste im Rahmen seiner Theorie einer interpretativ erschlossenen Lebenswelt lauten: weil wir es gelernt haben, dass mit Kunstwerken solcherart Geltungsansprüche verbunden sind. Immer, wenn wir ästhetischer Stimmigkeit begegnen, gehen wir davon aus, dass wir es mit einem Kunstwerk zu tun haben. Wie überprüfen wir aber in und nach Erlebnissen erhobene Geltungsansprüche, die wir dem Kunstwerk unterstellen? Die Antwort lautet: »nur unter den pragmatischen Voraussetzungen der Argumentation und das heißt in einer Einstellung [...], in der wir die naiv unterstellte Gültigkeit von [...] Erlebnissen suspendieren, um die *dahingestellten* Geltungsansprüche *hypothetisch* zu behandeln«[69] – das heißt, im kunstkritischen Diskurs. Was hat die Überprüfung der Erlebnisse dann noch mit dem Kunstwerk zu tun, anhand dessen der Diskurs geführt wird? Dazu sagt Habermas im Wesentlichen nichts. Der richtungsweisende Anhaltspunkt findet sich in einem Seel-Zitat, mit dem Habermas »das beurteilte Werk in der grammatischen Rolle eines Grundes für die Übernahme weltbildender Wahrnehmungsweisen« verortet[70]. Das Werk in der grammatischen Rolle eines Grundes anzunehmen heißt, das Werk selbst wie einen guten Grund aufzufassen. Gründe sind ihrem Wesen nach Äußerungen, die dazu bestimmt sind, den Geltungsanspruch anderer Äußerungen einzulösen. Wenn nun dem Werk eine solche Funktion zukommen soll, müsste die ontologische Differenz zwischen einem nicht allein diskursiv vorliegenden Gegenstand und einer als Grund in Frage kommenden Äußerung zuvor zum Verschwinden

69 J. Habermas: »Entgegnung«, S. 345.
70 Ebd., S. 344.

gebracht werden. Dieses Problem (das natürlicherweise entsteht, wenn ein Diskurs auf die Gegenständlichkeit der Gegenstände, auf die er sich bezieht, postmetaphysisch zu verzichten versucht) wird von Habermas eher umkreist als gelöst. Habermas spricht von den »authentisch welterschließenden Erzeugnissen«, anhand derer »Wertstandards und entsprechende evaluative Aussagen« »validiert« werden.[71] Im Dunkeln bleibt, was Habermas damit eigentlich meint. Die Validierung kann laut Habermas' eigenen erkenntnistheoretischen Prämissen eben nicht den Vergleich des Begriffs mit der Sache bedeuten; die Erlebnisse der ästhetischen Objekte sind vielmehr laut Habermas geprägt durch implizit unterstellte diskursive Geltungsanprüche. Authentizität und Welterschließungskompetenz können sich nach seiner Theorie erst dort zeigen, wo ihre Existenz unterstellt, d.h. behauptet wird: in der ästhetischen Rede. Der Begriff der ästhetischen Geltung bei Habermas wirft also ähnliche Probleme auf wie Wellmers Interferenztheorie ästhetischer Wahrheit: In beiden Fällen gibt es keinen außerdiskursiven Maßstab für die ästhetische Geltung des Gegenstandes.

Martin Seel schreibt gelungenen Kunstwerken einerseits Geltung als eine Interpretation der Erfahrung der durch das Kunstwerk dargebotenen Sichtweise zu: »*Bestimmt* ist das Besondere dieser Sichtweisen in den gelungenen Objekten selbst. Diese sind gelungen, weil das in ihrem Korrespondenzzusammenhang Erscheinende als Darbietung einer *angemessenen* Sichtweise erfahren wurde. Die Interpretationen der ästhetischen Kritik weisen auf den Gehalt dieser Sichtweisen hin.«[72] Andererseits geht es laut Seel in der ästhetischen Erfahrung nicht primär um die vom Kunstwerk präsentierte Sichtweise; es ist vielmehr die »Strahlung« der künstlerischen Artikulation, die das Besondere der Kunsterfahrung ausmacht und die sich getrennt von der dargebotenen Sichtweise ästhetisch rezipieren lassen soll. Bleibt die »Geltung der künstlerischen Artikulation und die Geltung des künstlerisch Artikulierten [...] also zweierlei«[73], so ist der konzedierte Zusammenhang zwischen beiden Geltungsarten von keinem weiteren Interesse. Die »Geltung der Kunst« ist dann niemals »die der Gültigkeit des in oder von ihren Werken Dargebotenen«.[74] So kann nach Seel die in der Rezeptionssituation erfahrene Synthese (bzw. Verrückung) von Sichtweisen der Rezipienten sich nicht durch eine Konfrontation mit Sichtweisen vollziehen, die vom Werk verkörpert werden, sondern lediglich kann die Weise, wie ein Kunstwerk mir *erscheint*, auf mich Einfluss ausüben. »Daß gelungene Kunst-

71 Ebd.

72 M. Seel: Die Kunst der Entzweiung, S. 210.

73 M. Seel: »Kunst, Wahrheit, Welterschließung«, S. 69.

74 Ebd., S. 67.

werke oft hervorragende und unverzichtbare Gelegenheiten der Rechtfertigung von Sichtweisen oder Einstellungen sind, steht außer Zweifel. Nur muß man die von einem Werk dargebotene Sichtweise nicht ethisch oder ästhetisch oder sonstwie angemessen finden, um das Werk überwältigend zu finden.«[75] Diese Abgetrenntheit der Wahrnehmung des Werks von der durch es verkörperten Sichtweise behält es Rezipienten vor, eigene Weltbezüge von der Begegnung mit dem Kunstwerk abzutrennen und das Kunstwerk »nur ästhetisch« (ich verwende das Wort hier im umgangssprachlichen Gebrauch) zu rezipieren. Eine ästhetische Erfahrung ist nach Seel eine Erfahrung, die Rezipienten auf sich selbst und auf eigene Wahrnehmungsgewohnheiten zurückverweist. »So sind die Objekte eines bloßen Erscheinens oft Ausgangspunkte eines Wachwerdens für die Atmosphäre, die sie umgibt, oder für kunstbezogene und künstlerische Imaginationen.«[76] Mit dieser Beschreibungsart hat Seel Potential und Brisanz, die Begegnungen mit Kunstwerken innewohnen können, verabschiedet. Insbesondere ist vor solchem Hintergrund nicht mehr zu erkennen, dass Weltsichten durch Kunstwerke nicht nur dargeboten oder gepflegt, sondern auch in Frage gestellt werden können.

Der Anspruch der Künstlerin, dass ein Werk evident sei, richtet sich nicht allein auf die Geltung, die dem Kunstwerk *von seinen Rezipienten* unterstellt wird; er richtet sich darauf, dass die Alterität des Kunstwerks gegenüber den Rezipienten so wirksam wird, dass das Kunstwerk selbst in der Lage ist, die Anschluss- (d.h. auch Verstehens- und Interpretations-)möglichkeiten der Rezipienten zu begrenzen. Das Kunstwerk kann durch seine spezifische Materialität Projektionen provozieren. Projektionen der Interpreten (als dem Werk unterstellte Geltungsansprüche) sind also kein Einwand gegen das Gelingen des künstlerischen Evidenzanspruchs. Dabei kommt es jedoch gerade auf die Verknüpfung der von Seel als getrennt dargestellten zwei Seiten der Kunsterfahrung an. Nach Seels Formulierung können die zwei Geltungsarten der ästhetischen Erfahrung auch voneinander getrennt rezipiert werden. Dem widerspricht die Definition von Evidenz, die mit dem Evidenzanspruch der Künstlerin verbunden ist. Nicht nur die generelle Verschränkung der beiden von Seel als grundsätzlich trennbar bezeichneten Erfahrungsarten der Kunstrezeption ist einzuklagen – sprachliche Deutungen werden von nichtsprachlicher Erfahrung und Wahrnehmung verursacht und mitgetragen –, sondern noch wichtiger ist: Die nichtlösbare Verschränkung der spezifischen Materialität des Kunstwerks mit der an diese Materialität geknüpften sprachlichen Deutung ist schon die Basis sprachlicher

75 Ebd., S. 70.

76 M. Seel: Ästhetik des Erscheinens, S. 160.

Geltungsunterstellung.[77] Beim Evidenzanspruch geht es im Gegensatz zum Geltungsanpruch der Rezipienten nicht um eine Forderung, dass das konkrete Kunstwerk genau in der Weise in seiner Rezeption evident werde, wie es von der Künstlerin bzw. von anderen Rezipienten selbst als evident begriffen wurde. Der Anspruch auf die Erzeugung der Evidenz eines Kunstwerks in der Produktion ist aber auch kein Anspruch darauf, ganz im Unbestimmbaren zu verbleiben, wie dem Begriff Evidenz schon zu entnehmen ist. Evidenzerfahrung eines Kunstwerks ist keine Unbestimmtheitserfahrung. Im Gegenteil: In ihr wird etwas deutlich, und darauf bezieht sich der Evidenzanspruch der Künstler.

Die Tatsache, dass erfahrene Evidenz mit dem Kunstwerk selbst zusammenhängt, macht es möglich, dass verschiedene Menschen mit je verschiedenen Evidenzerlebnissen ihre Erzählungen über diese Erlebnisse unter Bezug auf das Kunstwerk miteinander vergleichen können. Über Evidenzerfahrungen kann kommuniziert werden. In diesen Kommunikationen werden Geltungsansprüche erhoben. Die *Erfahrung* der Evidenz des Werks ist jedoch nicht in demselben Sinne kommunikativ vermittelbar, wie es eine Aussage ist, für die ein Geltungsanspruch erhoben wird. Von einer Analogie von Geltungsanspruch und Evidenzanspruch kann daher nicht die Rede sein. Auf die Evidenz eines Kunstwerks kann man sich nicht allein im kunstkritischen Diskurs einigen, man muss diese vielmehr selbst erlebt haben.

6. Kunstkritiker

Aus den Befunden bei Seel und Habermas ergibt sich, dass für beide ein Kunstwerk einer Übersetzung in vermittelnde Sprache bedarf: einer Übersetzung der »Strahlung« der Artikulation des Werks in die Geltung sprachlicher Interpretation ästhetischer Erfahrungen bzw. einer Übersetzung der Erfahrung des Kunstwerks in eine Erläuterung seiner »ästheti-

77 Die Notwendigkeit einer Verschränkung der beiden Ebenen, die von Seel als getrennt rezipierbar beschrieben werden (die Weltsicht, die ein Kunstwerk darstellt, und die allein ästhetisch rezipierbare Art und Weise, wie diese Weltsicht sich in der Rezeption darbietet) wird auch eingeklagt von Brigitte Hilmer, die für die gelingende Darstellung einer Weltsicht das Zurücktreten der Artikulation hinter das Artikulierte feststellt. »›Gelungen‹ wäre eine Darstellung oder Artikulation in diesem Fall genau dann, wenn sie als solche vor dem Artikulierten verschwindet, und nicht, wie es die kunstästhetische Indienstnahme will, als solche auffällig wird.« – Brigitte Hilmer: »Wer sieht die Welt? Zur heutigen Arbeitsteilung zwischen Philosophie und Kunst«, in: Bernd Kleimann/Reinold Schmücker (Hg.), Wozu Kunst? Die Frage nach ihrer Funktion, Darmstadt 2001, S. 88-103, hier S. 99.

schen Stimmigkeit«. Diese Brückenfunktion soll die Kunstkritik übernehmen. Es ist die »welterschließende Funktion der Sprache«, sagt Habermas, die uns zur Kunsterfahrung (wie zu allen anderen Erfahrungen) einen Zugang verschafft. Die Kunstkritik vollzieht »eine Übersetzungsleistung eigener Art. Sie holt den Erfahrungsgehalt des Kunstwerkes in die normale Sprache ein; nur auf diesem mäeutischen Wege kann das Innovationspotential von Kunst und Literatur für Lebensformen und Lebensgeschichten [...] entbunden werden«.[78] Es sollte bis hierher bereits klar geworden sein, dass diese Vormachtstellung der Kritiker vor »anderen« Rezipienten systematisch nicht gehalten werden kann.

Kunstkritiker sind bekanntlich Menschen, die auf ästhetische Diskurse spezialisiert sind. Sie besitzen ein umfangreicheres Wissen als Laien und mehr Erfahrung im Umgang mit den Werken. Warum sollen sie jedoch prädestiniert sein, »mäeutische« Funktionen zu übernehmen? Denn »[u]ms stellvertretende Mit- und Nachvollziehen geht es dem ästhetischen Kritiker nicht«, sagt Seel.[79] Wenn außerdem »das gewählte Sprachsystem [darüber] entscheidet [...], welche Klassen von Erfahrungen in einen gegebenen Argumentationszusammenhang als Evidenz eingehen dürfen«[80], scheint ein ›Vertreter‹ solch eines (ästhetischen) Sprachsystems eher ungeeignet zu sein, den Horizont des fachlichen Diskurses weiterzuentwickeln. Gerade die Verhaftung im Fachdiskurs, gerade die Kennerschaft verleitet Kritiker dazu, altbekannte Geltungen zu unterstellen. Werden gültige, im ästhetischen Diskurs gefestigte Maßstäbe nurmehr von den Kritikern auf Kunstwerke angewandt, wie lässt sich dann das Phänomen erklären, dass sich gerade der ästhetische Diskurs durch Neuheiten in der Kunst fortlaufend modifiziert? Wie kann es zur Veränderung ästhetischer Erwartungen an Kunstwerke kommen? Die Differenz zwischen Geltungs- und Evidenzanspruch lässt sich auch anhand dieser Frage ausbuchstabieren. Kunstkritik leitet laut Habermas die Wahrnehmung in der Weise an, dass durch sie die »Authentizität eines Werkes so evident [gemacht wird], daß diese Erfahrung selbst zum rationalen Motiv für die Annahme entsprechender Wertstandards werden kann«.[81] Erst die Kunstkritik wäre Auslöser dafür, dass die Rezipienten den Geltungsanspruch des Kunstwerks anerkennen. Die »Authentizität« des Kunstwerks wäre also erst gegenwärtig, wenn sich der ästhetische Diskurs bereits verändert hat, gleichwohl gälte sie dann formal als die Ursache der Veränderung des Diskurses. Das Problem ist

78 J. Habermas: Der philosophische Diskurs der Moderne, S. 244.

79 M. Seel: Die Kunst der Entzweiung, S. 212.

80 J. Habermas: »Entgegnung«, S. 166.

81 Jürgen Habermas: Theorie des kommunikativen Handelns, Frankfurt/Main 1981, Bd. 1, S. 42.

hier offensichtlich eines der Angemessenheit des Diskurses, der eine Erfahrung nachträglich legitimiert, an den künstlerischen Gegenstand. Mit dem Begriff des Geltungsanspruchs lässt sich dem Dilemma der diskursiv abgeleiteten Stimmigkeit des Kunstwerks offensichtlich nicht entkommen. Der Geltungsbegriff bezieht sich immer auf den Wahrheitsgehalt der Rede über den Gegenstand, auch wenn es um implizite Geltungskriterien ästhetischer Stimmigkeit geht. Hingegen ist mit dem Begriff des Evidenzanspruchs mitgemeint, dass das Werk in seiner Verfasstheit den Diskurs, der über es geführt wird, mitbestimmt. Geltungsansprüche der Rede, die aus der geteilten Gegenwart der Urteilenden erhoben werden, können (unter den im fünften Kapitel erläuterten Prämissen) nicht das wahrnehmende und zugleich deutende Testen des Evidenzanspruchs der Künstlerin ersetzen. Der Begriff der Evidenz des Kunstwerks bezeichnet darüber hinaus eine Präzision der Materialität bzw. nichtsprachlichen Performativität des Kunstwerks, und diese Materialität bringt erst die Rede von der Geltung des Kunstwerks mit hervor. Anders gesprochen: Die Wirkung des Kunstwerks (auf alle Rezipierenden) vor aller kunstkritischen Übersetzung bestimmt die »Übersetzung« des Werks in Geltungsansprüche der Rede über das Werk. Diese Wirkung wiederum hängt mit den Werken selbst, mit der Weise ihres Hergestelltseins zusammen.

Dass Kunstkritiker in Kontexten des künstlerischen Betriebs oft Machtpositionen besetzen, die es ihnen ermöglichen, sich in breiterer Öffentlichkeit zu äußern, (Positionen, die »normale« Rezipienten so nicht haben), macht den größeren Einfluss der Kritiker auf ästhetische Debatten aus. Allein ihr Wissensvorsprung, der sich auf der Ebene einer Informiertheit über gängige Geltung bewegt und der die Spezialisiertheit ihres Faches ausmacht, zeichnet Kunstkritiker nicht vor anderen Menschen aus, angemessene ästhetische Erfahrungen zu machen und diesen Erfahrungen allgemeine Geltung zu unterstellen. Die Stellung, die Habermas der Kunstkritik als »mäeutische Disziplin« einräumt, ist somit nicht gerechtfertigt.[82]

Sind Kunstkritiker auch keine Hebammen im Sinne Habermas', die dem Rest der Rezipienten Bewertungen von Kunstwerken vorgeben, indem sie der reibungslosen »Geburt« der Geltung des Werks in heutiger Zeit beiwohnen, so ist ihr Fachwissen andererseits doch im glücklichen Fall gelungener Kritik ein Fundus, der anderen Rezipienten als Anre-

82 Die Bedeutung, die Seel der Kunstkritik zuspricht, ist im Vergleich zur Rolle, die sie bei Habermas spielt, etwas schwächer. Sie besteht in ihrer Exemplarität: »Im Kontext der ästhetischen Kritik geben die konfrontativen Äußerungen ein *Beispiel* dafür, wie am betreffenden Gegenstand zu reagieren sei.« M. Seel: Die Kunst der Entzweiung, S. 250.

gung zur Verfügung gestellt werden kann. In solch glücklichem Fall ginge es weder darum, eigene Evidenzerwartungen zu »objektivieren«, noch darum, der Öffentlichkeit als Kritikerin zu demonstrieren, dass man selbst die intensivsten Evidenzerlebnisse an ausgewählten Kunstwerken hatte, noch darum, mit einem allein diskursiv erworbenen Informationsvorsprung zu glänzen.[83]

Was heißt es nun, im Rahmen eines kunstkritischen Kommentars den Evidenzanspruch der Künstler zu berücksichtigen? Es kann nach allen obigen Ausführungen klarerweise nicht heißen, allein den *Ansichten* der Künstler zu folgen. So interessant es ist, Intentionen von Künstlern mit in den Informationspool über das Kunstwerk hineinzunehmen, so wenig steht den Künstlern das letzte Wort über die Einlösung ihrer ins Werk transformierten Intentionen zu. Aus allem im II. Teil Gesagten ergibt sich, dass der Anspruch der Künstler, ein evidentes Werk herzustellen, nur am Werk selbst auf die Probe gestellt werden kann. Dies heißt eben nicht, die anerkannte Geltung eines Werks, wenn es ein bereits kommentiertes ist, zu übernehmen, sondern bereits Gewusstes muss am Werk selbst wieder neu in Frage gestellt werden. Natürlich können dabei kunsthistorisch vergleichendes Wissen, Kenntnisse über Absichten und individuelle Arbeitsmethoden einer Künstlerin sowie Informationen über verwendete Materialien einfließen und in der Begegnung mit dem Kunstwerk »getestet« werden. Notwendig ist aber, die Entsprechung des Gewussten im Erlebnis bestätigt zu finden. Der Einwand, dass interpretative Vorerschlossenheit die Rezeption des Werks restlos bestimmen könnte, kann an dieser Stelle systematisch nicht mehr gemacht werden; denn auch die Konstellation des Kunstwerks, die Weise wie es gemacht ist, bestimmt das Ergebnis seiner Rezeption. Eine oberflächliche Projektion eigener Ansichten und Meinungen auf das Werk kann von anderen Menschen anhand des Werks nachgewiesen und zurückgewiesen werden – was nicht heißt, dass sich verschiedene Interpretationen, die am Werk

---

83 Wolfgang Ullrich, dessen Thesen über das Kunstwerk ich einerseits nicht teile, gibt andererseits einen guten empirischen Einblick in Mechanismen der Kunstkritik, die eher sich selbst und ihre Kompetenz, Kunstwerke »hoher Kunst« in ihrer Unbestimmtheit erfassen zu können, ausstellen, als sich »Ansprüchen auf Erklärung und Vermittlung« zu widmen. »Diese leisten [...] kaum das, was sie, nach allgemeiner Ansicht, leisten sollen, und anstatt ein schwer verständliches Kunstwerk zu erklären, kunstgeschichtlich einzuordnen oder mit Hintergrundinformationen zu versehen, erschöpfen sie sich oft in einer Bekenntnissprache, die zweierlei zelebriert: Zum einen bekundet der Kommentator seine Rezeptionsleistung, betreibt kunstgläubige Selbstvergewisserung [...] Zum anderen wird der ›hohe Kunstbegriff‹ weiter affirmiert, indem man seine Elemente artikuliert und weiter einübt.« Wolfgang Ullrich: »Der Kunstkommentar als Audienzbericht«, in: Ders.: Tiefer hängen, Berlin 2003, S. 22-28.

gewonnen sind, zugunsten einer einzigen Interpretation zurückweisen ließen.

Am besten ist die geforderte Verbindung am Beispiel einer Kunstkritik vorzuführen, die konkrete Konstellationen des zu beschreibenden Werkes mit dem verbindet, was sich am Werk zeigt. Die Kunstkritikerin Hanne Loreck beschreibt die Malerei der Künstlerin Geka Heinke aus drei wechselnden Perspektiven: Zunächst nimmt sie eine historische Zuordnung der auf den Bildern abgebildeten Gegenstände vor, welche mehrheitlich aus Inneneinrichtungen der 60er Jahre stammen. Loreck interpretiert unser Verhältnis zu diesen Gegenständen (auch) als ein psychologisches Verhältnis: »Für den Heimbereich wählt die Künstlerin unspektakuläre Orte und einzelne alltägliche Objekte, die ihre Besitzer kaum symbolisch auszeichnen, im Sinne des durchschnittlichen Geschmacks einer Zeit und ihrer ›normalen‹ Phantasmen jedoch umso repräsentativer sind.«[84] »Zwar handeln die Tapeten auch von Mustern [...], mindestens ebenso wichtig aber ist, dass es Zimmerwände sind, die derart dekoriert werden. Denn mit ihrer Festigkeit versprechen sie gegen jedes noch so Schwindel erregende und optisch trickreiche Dekor Halt und Orientierung.«[85] Gleichzeitig, an zweiter Stelle, ist Lorecks Text als Aufforderung an seine Leser zu verstehen, die Prozesse optischer malerischer Täuschungen nachzuvollziehen: »Obgleich oder sogar weil die Künstlerin die einzelnen Elemente perfekt mimetisch organisiert, sind die durch die Gegenstände hindurch entworfenen Räume dicht vor Täuschung – und vor Enttäuschung, wenn der Illusionismus der Malerei seine Mittel ganz und gar nicht verschweigt, sondern offen legt: Lasierendfleckig aufgetragene bräunliche Farbe macht die Materialität der Regalbretter aus MDF aus, während der Bildträger Nesselstoff den hellen Streifen der Tapete »macht« (Regal 2001). Wird auf Hartfaserplatten, typischem Inneneinrichtungsmaterial aus dem Baumarkt, gemalt, so bleibt die bräunliche Masse unbehandelt stehen und bildet die Fugen zwischen den Badezimmerfliesen (Spiegel, 2001) oder den Fensterrahmen (Vorhang schwarz-weiß, 2002). Auch dass zum Beispiel das Doppelfenster (Rolladen, 2002) identisch ist mit dem Bildformat und im Maßstab 1:1 funktioniert, zählt zu Heinkes Kunstgriffen der enttäuschenden Täuschung.« Das von Loreck gesetzte Begriffspaar der »enttäuschenden Täuschung« ist deswegen geschickt gewählt, weil es einerseits die von der Künstlerin organisierte malerische Täuschung wiedergibt, sich andererseits auf das psychologische Verhältnis der Rezipientin zu jener Sicherheit bezieht, die die abgebildeten Gegenstände verspre-

84 Hanne Loreck: »Prekäre Nähe«, in: Geka Heinke: Der gestimmte Raum, Berlin 2004.

85 Ebd.

chen – und beide Enttäuschungen miteinander verknüpft. Ich lese Lorecks Text sowohl als Einladung, im Anschauen der Bilder genauer hinzusehen, als auch als Aufforderung, das eigene Befindlichkeitsverhältnis zu solcherart Inneneinrichtungen und zur spezifischen Farbigkeit der 60er Jahre mit ins Spiel zu bringen.

An dritter Stelle steht Lorecks Vorschlag, intellektuell an ein von Heinke als Tapetenmuster angeordnetes Motiv des Möbiusbandes anzuknüpfen: »Dass das Befinden im übertragenen Sinn Züge von subjekt-, vielleicht aber auch von generationsabhängigem Verhaftetsein tragen kann, das mögen die mehrfachen Bezüge zum Klaustrophobischen zum Ausdruck bringen. Diesen Zug einer unheimlichen Subjektivität oder des Unbewussten hat der späte Jacques Lacan seit Mitte der 1960er Jahre, also in jenem Zeitraum, der hier ästhetisch retrospektiv exponiert wird, in topologischen Figuren zu fassen versucht. Als die prominenteste gilt das Möbiusband. Geka Heinke verwendet es für die Überführung der Ausschließlichkeit von Außen und Innen in ein Kontinuum der Bewegung jenseits aller eindeutigen räumlichen Positionskoordinaten: Diese Schlinge hat keine Vorder- und keine Rückseite; Außen ist Innen und Innen wird Außen.«[86] Das gedankliche Motiv des Möbiusbandes wird von Loreck aufgenommen und als Idee wieder ins Verhältnis zum Wie seiner Darstellung – zur malerischen Abbildung als Tapete – gesetzt. Die Einordnung von Heinkes Malerei in die Tradition der Trompe-l'œil-Malerei und die Nennung anderer Vertreter dieser Richtung ist dann noch kunstwissenschaftliches Handwerk, das als Anregung dienen kann, sich vergleichend mit verwandten künstlerischen Positionen zu beschäftigen. Hervorzuheben ist, dass Loreck erstens bei den Werken selbst mit ihrer Kritik beginnt und dass sie zweitens nicht verschweigt, dass es sich bei den konkreten Kunstwerken um Ergebnisse von Entscheidungen einer Künstlerin handelt. Diese Entscheidungen werden von ihr gewürdigt, ohne dass Loreck vorgibt, das private Weltverhältnis der Künstlerin bzw. ihre Ansichten wiederzugeben. Man kann hier von einem Testen eines implizit vorausgesetzten Evidenzanspruchs der Künstlerin sprechen, im Falle der Besprechung von Heinkes Malerei lässt sich sagen: Loreck ist fündig geworden, sie hat Evidenz am Werk erlebt und ihr Erlebnis den Lesern ihrer Besprechung zugänglich gemacht. Mit Lorecks kritischer Besprechung ist das Angebot an die Leser verbunden, eigene Stimmungen und Erfahrungen (z.B. hinsichtlich der Ästhetik der 60er Jahre oder hinsichtlich des Themas ›Sicherheitsgefühle im Häuslichen‹) mit den Bildern Heinkes zu konfrontieren. Weder ist eine endgültige Festschreibung künstlerischer Geltung gemeint noch ein Angebot, allein

86 Ebd.

die Wirkung der Bilder zu genießen, noch lese ich in Lorecks Text die Ansicht, jeder könne alles mit den Bildern Heinkes verbinden. Sujet, gedankliche und zu erfühlende Richtung ihrer Rezeption sind von der Künstlerin kraft ihrer Malerei vorgegeben. Loreck greift das vorliegende Angebot auf, kennzeichnet Erlebnismöglichkeiten und führt Gefundenes gedanklich weiter.

7. Der nicht sprachanaloge Charakter der ästhetischen Kommunikation (Schleiermacher, Wollheim, Mukařovský)

Die Kunstkritikern aufgegebene Verantwortlichkeit für eine Prüfung der Künstler-Evidenzansprüche an den Werken und die Aufforderung, Erfahrungen der Alterität gelungener Kunstwerke ins Verhältnis zu bereits bekannten Sinn- und Wahrnehmungsbezügen zu setzen, basiert implizit auf einer Annahme: es gebe so etwas wie eine ästhetische Kommunikation, die zwischen Künstlern und Rezipienten mit Hilfe des Kunstwerks stattfindet. Dem Werk selbst muss in einer solchen Denkart ein Versprechen auf Kommunikation eingeschrieben sein. Wenn sich ästhetische Kommunikation nicht zwangsläufig durch die Vermittlung einer »mäeutischen« Kunstkritik abspielt, welche die in den Kunstwerken liegenden Erfahrungsgehalte in die Umgangssprache einholt, muss davon ausgegangen werden, dass sich ein ästhetischer Kommunikationsbegriff auch ohne die Bedingung einer vorausliegenden kunstkritischen »Übersetzung« ästhetischer Erfahrung etablieren lässt. Der Begriff einer »ästhetischen Kommunikation« soll im Folgenden neu definiert und auf künstlerische Produktions- und Rezeptionsprozesse angewendet werden. Eine solche ästhetische Kommunikation via Kunstwerk existiert *neben* den Debatten über die Kunstwerke, die sich immer auf ästhetische Rezeptions- und Produktionserfahrungen beziehen.

Aber ist das Phänomen Kunst überhaupt mit dem Begriff »Kommunikation« zu treffen? Nur wenn in den folgenden Überlegungen Kommunikation *nicht* als genuin sprachliche Beziehung zwischen den Kommunizierenden aufgefasst wird, kann eine solche begriffliche »Übertragung« des Kommunikationsbegriffs in die Kunst plausibel werden. Im Folgenden ist der Fokus auf die Art und Weise gerichtet, in der eine kommunikative Beziehung als eine nicht-allein-sprachliche und also die Sprache zugleich nicht ausschließende Beziehung zwischen Künstlern und Rezipienten formulierbar wäre. Es geht unter anderem auch darum, das Verhältnis beider Kommunikationsbegriffe – des Begriffs ästhetischen Kommunizierens und des Begriffs sprachlichen Kommunizierens *über* Kunst – zu erläutern. In diesem Zusammenhang ist es wichtig zu diskutieren, inwieweit durch den ästhetischen Kommunikationsbegriff ein Weltbezug der Rezipienten, die sich in der ästhetischen Erfahrung von Kunstwerken auch auf eine Welt außerhalb des Kunstwerks und eine Welt außerhalb der Kunst beziehen, angemessen berücksichtigt werden kann und wie dieser Bezug zur Welt in der Kunsterfahrung in Erscheinung tritt. Hinsichtlich einer Beziehung von Produzenten und Welt, einer Welt, die außerhalb des Kunstwerks und der Künstler liegt, knüpfe ich an den II. Teil an, in dem schon Entscheidendes dazu gesagt wurde.[87]

Wie kann eine Eigenart der ästhetischen Kommunikation gefasst werden, die dezidiert nicht analog sprachlicher Kommunikation definiert ist, wenn also Kunstwerke weder die Stellung diskursiver Zeichen, die zwischen Produzenten und Rezipienten ausgetauscht werden, einnehmen, noch ästhetische Kommunikation lediglich als Kommunikation *über* die Werke angesehen wird? Anhand bereits existierender Modelle ästhetischer Kommunikation, die im Sinne unserer Fragestellung gegeneinander abgewogen werden, soll schrittweise der gesuchte Begriff an Kontur gewinnen. Ich betrachte dabei die drei im folgenden erläuterten ästhetischen Theorien als einen Beleg dafür, dass die Idee, Kunst als Kommunikation zu beschreiben, zu verschiedenen Zeiten und in ganz verschiedenen Kontexten nahelag.

Friedrich Daniel Ernst Schleiermachers Ästhetik des freien Produzierens ist für unsere Fragestellung aus mindestens zwei Gründen von Interesse. Erstens ist das Kunstwerk als Ideal bei ihm etwas, das zur Schönheit der Natur hinzukommt, das also nicht abbildend auf das Naturschöne bezogen bleibt, sondern seine eigene Abschließung in sich selbst findet. Schleiermacher bezeichnet damit das Kunstwerk als ein Etwas, das der Welt hinzugefügt wird und zugleich nach eigenen Kriterien als different zur Welt gesehen werden muss. Und zweitens gibt Schleiermacher mit dem künstlerischen Produzieren, das von Urbildern in den Künstlern ausgeht, ein Differenzkriterium an die Hand, mit dem sich Kunstproduktion und -rezeption von sprachlichem Austausch unterscheiden lassen. Die Interpretation des Urbild-Begriffs changiert in der Begriffsgeschichte zwischen dem Urbild als einer reinen Idee und dem Urbild als dem Ideal eines Bildes für »die ganze Gattung, welches die Natur zum Urbilde ihren Erzeugungen in derselben Spezies unterlegte, aber in keinem einzelnen völlig erreicht zu haben scheint«.[88] Schleiermacher verwendet einen Urbildbegriff, der auf Platon zurückgeht und

87 Vgl. Kap. II.2; vgl. dort auch meine Erläuterung zur Verwendung des Welt-Begriffs (Fußnote 19).

88 I. Kant: Kritik der Urteilskraft, § 17 (A 58 / B 58f.).

der durch Goethe wieder in die Debatte gebracht wird: Urbild als vollkommenes Vorbild oder Muster. Mit Muster ist ein Prototyp gemeint, bei dem es darauf ankommt, dass es in einem Kunstwerk auf exemplarische Weise um etwas geht. Die Exemplarität ist an ein Bild (Urbild/Vorbild) gebunden, die Idee ergibt sich als innere Anschauung einer Künstlerin, die sich bemüht, innere Vorstellungsbilder in Elemente eines entstehenden Kunstwerks zu transformieren.

Der Begriff des Urbildes, das laut Schleiermacher in der Künstlerin gebildet ist, unterscheidet sich vom Begriff des Evidenzanspruchs der Künstlerin qualitativ dadurch, dass das Urbild Emotionalität und Bildhaftigkeit imaginärer Vorstellungen zur Grundlage künstlerischer Produktivität erhebt, während der Terminus ›Evidenzanspruch der Künstler‹ den Gedanken der Künstler einen breiteren Raum gibt. Dass Ideen und Gedanken immer auch mit Vorstellungsbildern und Gefühlen verknüpft sind und dass Emotionalität und Bildhaftigkeit nur im Zusammenhang mit Bewusstsein zu denken ist, ist vorausgesetzt. Wiewohl Urbild und Künstler-Evidenzanspruch also nicht gleichgesetzt werden können, kann man sie als Differenzierungen einer Beschreibung der Ausgangsbedingungen im Bewusstsein und Unterbewusstsein der Künstler verstehen. Beim Begriff des Evidenzanspruchs liegt der Akzent auf der Absicht der Künstler, ein (evidentes) Werk zu produzieren; die Entstehung des Werks aus inneren Urbildern heraus wird von Schleiermacher im Gegensatz dazu als etwas Triebhaftes dargestellt.

Schleiermachers Begriff ›Urbild‹ ist archetypisch aufzufassen. Die Bildhaftigkeit, die mit sinnlichen Wahrnehmungsvollzügen und inneren Vorstellungsbildern in Zusammenhang gedacht werden muss, steht für etwas, über das sich zwar sprechen lässt; Idee oder gar Urbild sind aber keine Entitäten, die im Medium alltagssprachlicher oder wissenschaftlicher Kommunikation reformulierbar wären.[89]

Diese Auslegung des Urbild-Begriffs ist eine Voraussetzung für eine produktive Lesart von Schleiermachers Ästhetik, wenngleich hier die Schwierigkeit auftritt, dass in unserer Zeit ein »Urbild« eigenartig substanzlos und als eine Fiktion erscheint. Mein Vorschlag ist, den Begriff insofern zunächst zu akzeptieren, als intuitiv einleuchtet, dass es in der Kunst Generalisierungen, Vorbilder und Muster im Sinne von Prototypen, Modellen oder Archetypen gibt, dass es Künstlern wichtig ist, anhand der Kunstwerke Allgemeines (das auch im konkreten Besonderen

89 Schleiermacher verwendet den Begriff ›Urbild‹ anders als Schelling, der der Kunst die Repräsentation des Urbilds als »Gegenbild« zuteilt und dabei eine Anschaulichkeit allgemein existierender Ideen in der Kunst intendiert.

eine Generalität aufweist) vorzuführen und dass Rezipienten dieses Allgemeine an Kunstwerken suchen.

Das platonische Paar Urbild/Abbild wird von Schleiermacher insoweit wesentlich modifiziert und ins Individuum verlegt, als im künstlerisch produktiven Menschen eine je konkrete Form des Urbildes als Symbol des Absoluten existiert. »Die Fantasie aber in ihrer reinen Tätigkeit geht von den Urbildern aus, die der Mensch in sich trägt. Diese haben nicht nur das Allgemeine zum Gegenstand, sondern auch das Besondere und bis ins Individuelle hinab.«[90] Das Urbild im Einzelnen ist überindividuell und einzigartig zugleich, denn es stellt den »reinen Typus des Dargestellten in seiner Besonderheit« heraus.[91] »Und so ist die Kunst die Ergänzung der Wirklichkeit«[92], denn jedes individuell in der Kunstproduktivität vorgestellte Urbild bildet die Wirklichkeit nicht ab, sondern fügt der Wirklichkeit etwas Neues hinzu.

Eine Ausrichtung auf das Bild gilt bei Schleiermacher auch für die Kunst der Sprache, für die Poesie. »Die Richtung auf das Poetische führt auf das Bild, und wenn wir Poesie von Philosophie ihrem Wesen nach unterscheiden, so müssen wir uns zunächst an die objektive Seite der Poesie halten, dieses ist als die sinnliche Vorstellung etwas außerhalb der Sprache…«[93] Für unsere Suche nach einem Differenzkriterium zur Unterscheidung zwischen ästhetischer Kommunikation durch Kunst einerseits, sprachlicher Metakommunikation andererseits ist diese Zuordnung der Poesie zum Bildlichen bzw. Urbildlichen von Interesse; denn sie zeigt, dass Schleiermacher auch Kunstwerken, deren Medium die Sprache ist, die Vollkommenheit des Urbildes zuordnet.[94]

---

90 Friedrich Daniel Ernst Schleiermacher: Ästhetik. Über den Begriff der Kunst, Hamburg 1984, S. 33.

91 Ebd.

92 Ebd.

93 Friedrich Daniel Ernst Schleiermacher: »Aus: Vorlesungen über die Ästhetik«, in: Ders.: Hermeneutik und Kritik, hg. v. Manfred Frank, Frankfurt/Main 1977, S. 408.

94 Manfred Frank ordnet Schleiermachers Ästhetik und damit auch dessen Poetik als Sonderfall Schleiermachers allgemeiner Hermeutik zu, »deren Gegenstand nicht das Universelle und nicht das Einzelne, sondern die vom einzelnen Sinn modifizierte allgemeine Bedeutung ist«. Trotz solch einer Zuordnung der Poetik zur Hermeneutik wird die Differenz, die Schleiermacher zwischen Sprache und Urbildlichkeit konstruiert, von Frank nicht in Frage gestellt. In unserer Lesart Schleiermachers kann dies nur heißen: In der Kunst steht das Bildhafte, das nicht abgelöst von seiner Deutung existiert, im Vordergrund, während in nichtkünstlerischer Sprache die Imagination als bildliche Vorstellung zwar vorhanden ist, aber nicht in derselben Weise wie die Urbilder in der Kommunikation durch Kunst. Diese strukturelle Ähnlichkeit zwischen künstlerischer und nichtkünstlerischer Kommunikation (bei gleichzeitiger Spezifik der Kunst) ist vergleich-

Weil bei Schleiermacher kein eindeutiger Hinweis auf seine Definition des Urbildbegriffs zu finden ist, hat sich eine Kontroverse darüber entwickelt, ob der Begriff des Urbildes sich eher der *Tätigkeit* vollkommenen Produzierens zuordnet oder ob die urbildliche Vollkommenheit dem produzierten *Produkt* zukommt. Dieser Streit ist insofern unglücklich, als die eine Lesart die andere nach Schleiermachers eigenen Prämissen nicht widerlegt, ja beide miteinander im Zusammenhang stehen.[95] Es geht nämlich gerade darum, im Produkt den Spiegel der Tätigkeit zu erkennen. »Die Darstellung ist nur Durchgangspunkt auf der einen Seite. Sie will das Urbild wiedergeben, und dieses [...] kann nicht mitgetheilt werden, wenn nicht auch das mitgetheilt wird, woraus es hervorgegangen ist. Das war aber nur die Stimmung, nicht das bestimmte Gefühl, nicht die Volition.«[96] Das Urbild geht im besonderen Moment seiner Entstehung aus einer Stimmung hervor, die individuelle Stimmung teilt sich umgekehrt als etwas Inneres, das sich in der Produktion nach außen kehrte, im Urbildlichen des Kunstwerks mit. Sind die Weisen, materiale Vollkommenheit herzustellen, in den verschiedenen Künsten unterschiedlich, so ist die Stimmung, aus der das Urbild hervorgeht, systematisch gesehen von der Kunstgattung unabhängig. Dies schafft die Berechtigung dafür, über die Produktion in den verschiedenen Kunstgattungen in der Allgemeinheit einer Ästhetik zu sprechen, obwohl sich die Transformation der Stimmung ins je verschiedene Material sehr unterschiedlich vollzieht. Der Begriff des Urbildes steht allerdings für die von Schleiermacher hervorgehobene Idee der Vollkommenheit; insofern reicht für seine Definition eine Erläuterung der Art, das Urbild entstehe aus einer individuellen Stimmung heraus, nicht aus. Auch die Verknüpfung der Frage nach dem Urbild mit Schleiermachers Glaubenslehre, in der Christus »als geschichtliches Einzelwesen zugleich urbildlich« gewesen sei,[97] bringt keinen entscheidenden Gewinn für die ästhetische Fragestellung.

bar mit derjenigen, die ich ausgehend von Husserl in Kap. III.4 erläutert habe. Wichtig ist, dass Kunstwerke als Resultate von künstlerischen Handlungen der Produzenten aufgefasst sind. – Manfred Frank: Das individuelle Allgemeine, Frankfurt/Main 1977, S. 223.

95 Die dezidierten Positionen dieses Streits kann man nachlesen bei Thomas Lehnerer: Die Kunsttheorie Friedrich Schleiermachers, Stuttgart 1987, S. 288f. – Zur Frage, ob es sich bei den Urbildern Schleiermachers um die platonischen Ideen handelt, vgl. ebd., S. 295f.

96 F. D. E. Schleiermacher: Ästhetik, S. 33.

97 Friedrich Daniel Ernst Schleiermacher: Der christliche Glaube, nach den Grundsätzen der evangelischen Kirche im Zusammenhange dargestellt, hg. v. Martin Redeker, 2 Bde., 7. Aufl., Berlin 1960, § 93. – Vgl. auch Th. Lehnerer: Die Kunsttheorie Friedrich Schleiermachers, S. 293ff.

Scheint eine präzise Angabe aller Inhalte des Begriffs im Sinne Schleiermachers nicht möglich, so nennt Schleiermacher doch weitere wesentliche Merkmale, die mit der Idee der Vollkommenheit im Urbild verknüpft sind. Sowohl der Moment des gelingenden Produzierens als auch das künstlerische Produkt sind gekennzeichnet durch eine besondere Symbiose von Begeisterung und Besonnenheit; formal gesprochen liegt eine »organische Vollkommenheit« vor, die sich von der »unbestimmten Mannigfaltigkeit« abhebt, die vor und nach dem Glücksfall der Verwendung eines Urbildes in der Produktion existiert, ja die sich diesem »verworrenen Spiel« sogar entgegensetzt. »Da sich nun die Kunst überhaupt aus dem verworrenen Spiel der Fantasie erhebt, so besteht ihre Vollkommenheit darin, wie sie sich jenem entgegensetzt.«[98] Die Etablierung eines Urbildes im Prozeß seiner Prägung ins Kunstwerk ist also der Moment einer besonderen Ordnung und zugleich einer Intensivierung. Die Begriffe »elementare Vollkommenheit«, »Maaß und Regel«[99] stehen für die Ordnung und für die Beteiligung des Bewusstseins, die Begriffe »Erregung« und »organische Vollkommenheit« für die Gesondertheit des entstehenden bzw. entstandenen Ganzen als eines in seiner Intensität Herausgehobenen.

Bewusstsein und Besonnenheit sind, darauf kommt es für die eingangs gestellte Frage nach der Differenz der Kommunikationsformen an, nun nicht rein begrifflich zu denken in dem Sinne, dass die Künstlerin im Moment des Produzierens schon immer präzise sagen könnte, was sie tut.[100] Vielmehr sind sie zu verstehen als bildliche und begriffliche Vorstellungen über die Welt, die in ihrer Eigentümlichkeit Einzelnen vorliegen. Nun lässt sich allerdings nicht von Bewusstsein sprechen, das einem Kunstwerk eignet. Der Zusammenhang zwischen Bewusstsein und Werk ist vielmehr der, dass sich anhand der Ausführung des Kunstwerks auf ein Bewusstsein schließen lässt, mit dem dieses geschaffen wurde: »Alle Vollkommenheit der Ausführung gehört der Besonnenheit.«[101]

Geht man unter Berücksichtigung des bis hierher Gesagten nun von der empirischen Tatsache aus, dass viele Kunstwerke getrennt von ihren Produzenten (z.B. nach dem Tod ihrer Autoren) bestehen, ergibt sich die Frage, wie die »Vollkommenheit der Ausführung«, die als Spiegelung eines eigentümlichen Urbildes auf Seiten der einzelnen Produzentin ge-

98 Schleiermacher: Ästhetik, S. 31.

99 Friedrich Daniel Ernst Schleiermacher: »Über den Begriff der Kunst (Akademiereden 1831/32)«, in: Ders.: Ästhetik. Über den Begriff der Kunst. Hamburg 1984, S. 184.

100 Vgl. Kap. II.5.

101 F. D. E. Schleiermacher: Ästhetik, S. 31.

deutet werden kann, für diejenigen, die dem Kunstwerk begegnen, erschließbar wird. Hier gibt Schleiermacher eine überraschende und originelle Antwort: Rezipienten können sich allein aufgrund ihrer eigenen künstlerischen Produktivität den Formen des Kunstwerks nähern, indem sie versuchen, die ihnen selbst eigentümlichen Urbilder der vorgefundenen Form des Kunstwerks anzunähern, ja versuchen, diese in die vom Kunstwerk vorgegebene Vollkommenheit einzutragen. Bevor mehr zum Rezeptionsmoment gesagt wird, das den Ausschlag dafür gibt, dass sich Schleiermachers Ästhetik unter dem Stichwort der ästhetischen Kommunikation lesen lässt, möchte ich auf eine systematische Voraussetzung einer solchen Darstellung eingehen. Den Zusammenhang zwischen individueller Eigentümlichkeit und der Überindividualität aller menschlichen Natur im Begriff des Urbildes bei Schleiermacher interpretiert Thomas Lehnerer als eine Definition des »Grundcharakter[s] der Kunst«, der darin bestehe, »Individuelles in idealer Weise zur Darstellung zu bringen«.[102] Unter Lehnerers Lesart des Urbildbegriffs lässt sich eine einleuchtende Erklärung dafür, warum andere Individuen mit dem von einer Künstlerin hergestellten Kunstwerk überhaupt etwas anfangen können, nicht ohne Weiteres finden. Es geht bei Schleiermacher aber darum, dass in der Kunst Ideales individuell zur Darstellung gebracht wird. Denn Schleiermacher schreibt: »Jeder Mensch nämlich trägt alle menschliche Individualität in sich mittels des Verhältnisses seiner eigenen zur menschlichen Natur überhaupt, und so auch in anderen hierdurch vermittelten. Was also Element des Kunstwerkes sein soll, das muß in seinem ewigen reinen Sein mangellos und unverkümmert dargestellt werden.«[103] Geht es am Kunstwerk um den »reinen Typus des Dargestellten in seiner Besonderheit«, ist dies nicht zu verwechseln mit der Besonderheit, die in einer reinen Form dargestellt ist. Die Überindividualität ist konstitutiv für das Urbild, auch wenn es (nur) in individueller Ausprägung existiert. Dies ist die systematische Voraussetzung dafür, dass mit Schleiermacher die Brücke zwischen Produzenten und Rezipienten anhand des Kunstwerks geschlagen werden kann. »Eben so soll durch das Werk nur, was in der Seele des Urhebers war, in andere Seelen (ohne irgend bestimmten Zweck, denn er weiß ja nicht, in welche) übertragen werden. Das Uebertragene ist aber nicht das an sich unübertragbare Gefühl (Rb. Ueber dieses bleiben wir vielmehr immer zweifelhaft), sondern das Urbild selbst.«[104] Wie soll sich ein Bild übertragen lassen zwischen zwei Menschen, die sich unter Umständen nie begegnen? Diese Übertragung ist nur vorstellbar, wenn man sich das

102 Th. Lehnerer: Die Kunsttheorie Friedrich Schleiermachers, S. 295.
103 F. D. E. Schleiermacher: Ästhetik, S. 33.
104 Ebd., S. 20.

Kunstwerk als einen Träger (bzw. Repräsentanten) von Bildern vorstellt, und zwar von Bildern, die in Besonnenheit geschaffen wurden und die ein bestimmtes »Maaß« und eine bestimmte »Regel« aufweisen. Zum Verhältnis der Urbilder, die in der Künstlerin vorhanden sind, und dem äußerlichen bzw. veräußerten Bildhaften des Kunstwerks gibt Schleiermacher folgenden Anhaltspunkt: »Die Urbilder entstehen zwar aus der Stimmung frei, aber wenn man fragt, warum werden sie nicht alle realisiert und also auch nicht alle recht bestimmt, so liegt die Ursache darin, weil nur einige einen Anknüpfungspunkt in der äußeren Welt finden...«[105] Es muss also Anlässe der sinnlichen Wahrnehmung geben, die die Künstlerin sucht oder auch vorfindet, in denen sich eine Übertragung des inneren psychologischen Bildes auf äußerlich vorliegendes Material anbietet oder ergeben kann.

Eine Beziehung der Rezipienten zum Werk ist besonders dann einleuchtend, wenn ihr lebensweltlicher Kontext weitestgehend mit dem der Künstler übereinstimmt. Denn es gibt offensichtlich gemeinsame Anknüpfungspunkte von Produzenten und Rezipienten an ein Kunstwerk, wenn es aus dem Fundus einer geteilten Welt stammt. Ist die sinnlich und begrifflich erfahrene Welt von Rezipienten und Produzenten ganz offensichtlich verschieden – und dies ist der Testfall für die schleiermachersche Ästhetik –, so bleibt allein das Kunstwerk, das eine Rezipientin nun ohne einen mit der Künstlerin geteilten Horizont in Beziehung zur Welt setzen muss. Nach Schleiermacher verliert ein Kunstwerk in diesem Fall an Bedeutsamkeit, das heißt, seine Urbildlichkeit ist nicht mehr so leicht wie im Falle eines geteilten Wahrnehmungshorizontes (wieder-) zu erkennen. Aber Schleiermacher spricht auch von der Möglichkeit einer ›Aufbewahrung‹ des geschichtlichen Zusammenhangs, in dem das Kunstwerk entstand: »Daher ein Kunstwerk, aus seinem ursprünglichen Zusammenhang gerissen, wenn dieser nicht geschichtlich aufbewahrt wird, von seiner Bedeutsamkeit verliert.«[106] Allein unter der Aufbewahrung des geschichtlichen Zusammenhangs lassen sich zwei Dinge verstehen, die zwar miteinander verknüpft, aber nicht dasselbe sind: erstens die Aufbewahrung der Geschichte des konkreten Kunstwerks und zweitens die Geschichte als allgemeiner historischer Kontext, in dem das Kunstwerk entstand. Die Kenntnis beider kann zunächst den Zugang der Rezipienten zum Kunstwerk erleichtern: das ist ein empirischer Befund. Es handelt sich hier um die Stelle, an die anknüpfend Gadamer behauptet, das Kunstwerk hätte bei Schleiermacher »nur dort seine wirkliche Bedeutung, wo es ursprünglich hinge-

105 Ebd., S. 28.
106 Ebd.

hört« und die Erfassung seiner Bedeutung wäre »eine Art von Wiederherstellung des Ursprünglichen«.[107] Nun behauptet freilich Schleiermacher gerade nicht, »daß die wahre Bedeutung des Kunstwerkes aus dieser ›Welt‹, also vor allem aus seinem Ursprung und seiner Entstehung allein zu verstehen ist«.[108] Zwar steht das Urbild »in seiner Besonderheit« am Anfang der Kunstproduktion, jedoch bedeutet das nicht, dass man immer zu diesem Anfang zurückkehren müsste. Diese falsche Lesart stammt von Rudolf Odebrecht, der die Kunsterfahrung antiker Werke vereinfachend und verfälschend erläutert:

»Selbst die Gebildeten befinden sich in einer Selbsttäuschung, wenn sie diese Werke wirklich ästhetisch zu erleben glauben. Der Zusammenhang mit der Lebenseinheit des klassischen Altertums ist aufgehoben. So kann das Verständnis dieser Kunst immer nur notdürftig auf einem intellektuellen Umwege durch das Beziehen auf die Phantasie der griechischen Künstler erreicht werden.«[109]

Die Deutung der Hermeneutik Schleiermachers, die Gadamer in *Wahrheit und Methode* am Beispiel der Kunsterfahrung entwickelt, ist eine gar zu einfach aufgebaute, die eine Übertragung des Urbilds in die Materialität des Kunstwerks nicht wirklich berücksichtigt. Folgt man Schleiermacher darin, dass eine Übertragung innerer Urbilder in äußere Kunstwerke vorgestellt werden kann, so ist die Situation, in der das Kunstwerk erlebt wird, grundsätzlich anders zu beschreiben, als Gadamer es tut. Als Alternative erscheint Diltheys Darstellung der ästhetischen Rezeptionssituation bei Schleiermacher:

»Die festen, starren, unverschiebbaren Teile sind nur die gegebene Bedingung für die Bewegung der weichen Teile, für die Formulierung derselben von der Innerlichkeit aus. Und hier führt er [Schleiermacher] ein in diesem Zusam-

107 H.-G. Gadamer: Wahrheit und Methode, S. 171.

108 Ebd.

109 Rudolf Odebrecht: Schleiermachers System der Ästhetik, Berlin 1932, S. 158. – Zur Nachschrift der Ästhetik Schleiermachers durch Rudolf Odebrecht äußert sich auch Thomas Lehnerer kritisch: »Bringt die Nachschrift nichts neues – dies ist faktisch bei weitem der häufigste Fall – so ist sie nicht nur überflüssig, sondern sie stört auch durch Wiederholungen und Umformulierungen des schon Gesagten das im Originaltext klar erkennbare Gefälle der Gedankenbewegung: sie zerstört die inneren Bezüge des Texts. [...] Zudem bringen es die veränderten Formulierungen der Nachschriften mit sich, daß neue, im systematischen Kontinuum des Originaltexts nicht ausgewiesene Terminologie verwendet wird.« Thomas Lehnerer: »Zur vorliegenden Ausgabe«, in: F. D. E. Schleiermacher: Ästhetik. Über den Begriff der Kunst, Hamburg 1984, S. XXX.

menhang für ihn sehr fruchtbares Prinzip ein, durch das er seine Theorie von der Projektion der Innerlichkeit nach außen in der Kunst durchführbar macht. Wo uns in der Außenwelt ein Äußeres entgegentritt, das als der Ausdruck unseres Inneren gefasst werden kann, da freuen wir uns, zu finden, was wir sonst würden selbst gebildet haben‹, da ist die künstlerische Darstellung desselben nur ›der abgekürzte Prozess des eigenen Bildens‹.«[110]

Den Begriff Ausdruck, den Dilthey eigenmächtig einträgt und der als ›Entäußerungsbegriff‹ Probleme mit sich bringt, ersetzen wir durch die Beschreibung der Urbildlichkeit, die (auch bei den Rezipienten) von Stimmungen begleitet wird: Wo uns in der Außenwelt ein Äußeres entgegentritt, das als Äquivalent unserer inneren Urbilder gefasst werden kann, da freuen wir uns, zu finden, was wir sonst würden selbst (als Äquivalent unserer inneren Urbilder) gebildet haben.

Dieser Begriff des freien Produzierens ist auf fast alle Menschen anwendbar, nämlich auf alle diejenigen, die Gemütskräfte besitzen, von denen sie gedrängt werden, Natur und Kunst im Lichte bestimmter Stimmungen zu erleben und so innerlich entstehende Urbilder an das, was äußerlich entgegentritt, heranzutragen. Im Sinne einer so verstandenen Produktivität sind alle Menschen Künstler, wie Joseph Beuys später, Schleiermacher frei zitierend, bemerkte.

»Und nun dürfen wir nur denen, welchen die Gabe der Erfindung fehlt, auch noch die ausübende Fertigkeit nehmen: so haben wir den Ort gefunden für die selbst nicht productiven aber doch für die Kunst erregten Kunstfreunde, welche doch nicht so befriedigt sein können durch den Genuss und nicht so begeistert für das Gedeihen der Kunstthätigkeiten, wenn nicht auch sie mit den Künstlern selbst wenigstens die ursprüngliche eigenthümliche Erregung gemein hätten.«[111]

Die eigentümliche Stimmung, aus der Urbilder hervorgehen, mit den Künstlern gemeinsam zu haben, kann im Rahmen von Schleiermachers eigenen systematischen Voraussetzungen aber nur heißen, die jeweils *eigenen* Urbilder aus der Stimmung hervorgehen zu lassen. Es ist unmöglich, den Prozess des Urbildens der Künstler nachzuerleben: aus dem einfachen Grund, dass in jedem Individuum die Urbilder in einer eigenen Konkretheit entstehen. Es zeigt sich hier, dass Gadamers Interpretation, Schleiermacher verlange, den »Anknüpfungspunkt im Geiste des Künstlers wiederzugewinnen«[112], auf einer falschen Lesart basiert.

110 Wilhelm Dilthey: Leben Schleiermachers, Berlin 1966, S. 444.

111 F. D. E. Schleiermacher: »Akademiereden«, S. 166.

112 H.-G. Gadamer: Wahrheit und Methode, S. 172.

Als Anknüpfungspunkt muss in der Kunstrezeption so wie im Naturerlebnis immer das bestimmt werden, was materiell vorliegt. Schleiermacher bezeichnet diese Materialität des Kunstwerks auch als die Elemente, aus denen das Kunstwerk besteht. Die Wahrnehmung der Elemente tritt in ein Zusammenspiel mit dem Bewusstsein der Rezipientin; die Differenz zum Naturerlebnis besteht in dem Wissen, dass die als Kunstwerk vorliegenden Elemente von einem anderen Bewusstsein geschaffen wurden. »Daß aber diese Elemente [Begriffe, Bilder, Töne und Bewegungen] hier nur als Bewußtsein betrachtet werden, ist klar, weil ihre Wirkung weder auf das Element noch auch rückwärts auf den Leib nicht im mindesten in Betracht kommt, sondern nur, wie sie im Künstler als Bewußtsein entstehen und wieder auf den Betrachter als Bewußtsein wirken.«[113] Ausgeklammert werden soll an dieser Stelle die Frage, ob die Elemente des Kunstwerks leiblich mitkonstituiert sind und leiblich rezipiert werden, hier besteht wahrscheinlich ein Dissens mit Schleiermacher; wichtig ist, dass Schleiermacher von einer Verbindung beider Bewusstseine (desjenigen der Künstlerin und desjenigen der Rezipientin) durch die Elemente des Kunstwerks ausgeht. Dass die Elemente des Kunstwerks als Bewusstsein betrachtet werden, heißt weder, dass sie an sich selbst Bewusstsein *sind*, noch, dass sie mit dem Bewusstsein des Künstlers verwechselt werden. Lediglich verweisen sie auf ihre Entstehung aus einem anderen Bewusstsein heraus, das dem Kunstwerk »Maaß« und »Regel« verlieh. Das Sich-Beziehen auf den Geist des Künstlers kann also nur ein über das Kunstwerk vermitteltes und ein am Kunstwerk vollzogenes sein. Das bedeutet auch, dass es genauso gut in einer Zeit stattfinden kann, in der der historische Horizont der Produktion des Werks der Vergangenheit angehört. Der Vorgang der Rezeption ist prinzipiell der gleiche wie der zeitgenössischer Kunstwerke. Schleiermacher sagt selbst: »Ohne ein solches Heraustreten [des Kunstwerks aus seinem ursprünglichen Zusammenhang] wird es nicht Gegenstand des Verkehrs.«[114] Da dem Wort Verkehr zunächst einmal nichts Negatives anhaftet, es vielmehr nur den Umgang der Menschen mit Kunst beschreibt, gehe ich davon aus, dass Schleiermacher ganz selbstverständlich annahm, dass Kunstwerke aus ihrem Entstehungskontext herausgelöst werden müssen, wenn sie unter die Leute kommen sollen, und ich gehe weiterhin davon aus, dass er nicht sagen wollte, jede Möglichkeit, die Werke angemessen zu erleben und zu interpretieren, sei an Zeitgenossenschaft gebunden. Freilich liegt der ganzen Konstruktion ein Gedanke zugrunde: der Gedanke von der einen Menschenwelt, die als ein

113 F. D. E. Schleiermacher: Ästhetik, S. 32.
114 Ebd., S. 28.

Kontinuum existiert, auch wenn sie historischen Veränderungen unterworfen ist. Ob man dies universell verstehen oder lediglich bezogen auf jeweilige kulturelle Kontexte gelten lassen möchte, bleibt eine Ermessensfrage. Mindestens im Rahmen einer Kultur und ihrer Geschichte leuchtet es ein, dass die Mitglieder dieser Kultur Prämissen miteinander teilen, die eine Urbildlichkeit plausibel erscheinen lassen. Wie weit der Gedanke der »einen Welt« in Zeiten der Globalisierung und einer internationalen Kunstszene reichen kann, ist auch auf dem Hintergrund von Schleiermachers Ästhetik von Interesse. Schleiermacher jedenfalls nimmt an, dass sich in der Summe aller künstlerischen Produktionen und also in der Summe aller Kunstwerke die »ganze Welt« spiegelt und dass es immer ein Ausschnitt dieser Welt ist, der im einzelnen Kunstwerk enthalten ist:

»Aber wenn gleich nur einzelnes durch einzelnes, so geht doch hervor, daß, wenn wir alle künstlerischen Produktionen zusammennehmen, da in allen geistigen Einzelwesen die ganze Welt sich spiegelt, aber in jedem anders, indem er sein eigenthümliches Wesen in seinen Lebensmomenten abwickelt, auch gewiß die ganze Welt, und zwar nach allen verschiedenen Weisen, in ihr wiedergegeben wird.«[115]

Bis hierher lässt sich zusammenfassen, dass die Ästhetik Schleiermachers als eine Variante ästhetischer Kommunikationstheorie gedeutet werden kann, denn ein Kunstwerk ist mit Schleiermacher etwas, das auf seine Herstellung aus einem anderen Bewusstsein heraus verweist. Dieses Bewusstsein ist eines, das nicht allein als ein auf sprachliches Kommunizieren ausgerichtetes zu verstehen ist, sondern eines, das sich ebensosehr aus bildlicher Vorstellungskraft speist. Mit Schleiermacher lässt sich also zeigen, warum Kunstwerke nicht durch alltagssprachliche oder wissenschaftliche Sprechhandlungen ersetzt werden können.[116]

In Bezug auf unsere Fragestellung nach einem ästhetischen Kommunikationsbegriff lässt sich freilich Schleiermacher kritisch entgegenhalten, dass die These der Entstehung des Kunstwerks aus Stimmungen und Gefühlslagen heraus unklar lässt, inwieweit ein Kunstwerk als eine

115 F. D. E. Schleiermacher: »Akademiereden«, S.176f.

116 Zur Unübersetzbarkeit von Erfahrungsgehalten von Kunstwerken in alltagssprachliche Kommunikation vgl. auch die Kritik Reinold Schmückers an Habermas: »Denn die Bedeutung, die der ästhetischen Kunst in der Moderne zugewachsen ist, läßt sich kaum plausibel motivieren, wenn man davon ausgeht, daß Kunstwerke nur Erfahrungsgehalte zu kommunizieren vermögen, die auch wesentlich einfacher, nämlich alltagssprachlich kommuniziert werden könnten.« Reinold Schmücker: Was ist Kunst? Eine Grundlegung, München 1998, S. 275.

individuelle künstlerische Leistung interpretiert werden kann und welcher Anteil dem Bewusstsein einer Künstlerin in der *Auswahl* zu bearbeitender Themen, Materialien und Arbeitsweisen zuzuschreiben ist. Es bleibt daher unklar, wie Künstler sich in einer Kommunikation mit den Rezipienten ihrer Arbeiten positionieren können. Die Wirkung eines Kunstwerks ist nach Schleiermacher abhängig von ins Werk transformierten Urbildern, die in der Künstlerin entstanden sind. Ob sich an den Prozessen der Urbildbildung arbeiten lässt, ob es bessere und schlechtere, wesentliche und unwesentliche, passende und unpassende gibt, kann man mit Schleiermacher nicht sagen. Die ästhetische Theorie Schleiermachers deckt sich daher nur teilweise mit den Prämissen der Theorie des Evidenzanspruchs der Künstler. Hervorzuheben ist, dass es Schleiermacher gelingt, die Nichtbeliebigkeit einer durch das Kunstwerk vermittelten ästhetischen Kommunikation zu konstruieren, problematisch ist aber, dass diese Nichtbeliebigkeit der ästhetischen Kommunikation nicht von Entscheidungen der Künstler abhängt, sondern von deren Stimmungen getragen wird, die auf etwas unklare Weise mit der metatheoretisch beschriebenen Instanz des Urbildes verknüpft sind.

Geht es beim Urbildbegriff Schleiermachers u.a. darum, dass sich ein Kunstwerk und die mit seiner Hilfe vollzogene ästhetische Kommunikation stets auf etwas bezieht, für das das Urbild prototypisch steht, so findet sich diese Idee bei Richard Arthur Wollheim im Begriff der »Darstellungseigenschaften« des Kunstwerks wieder.[117] Wollheim, der die Begegnung mit Kunstwerken als ihr »Verstehen« interpretiert, fragt danach, in welcher Weise die Darstellungseigenschaften – das, wovon ein Kunstwerk handelt – und seine Ausdruckseigenschaften – die Art und Weise, wie das materielle ästhetische Objekt gemacht ist – zusammenhängen. Weil Wollheim die Rezeption des Werks eng an die Existenz des »materiellen Objektes« bindet, scheint es nur logisch, dass er die Produktion als Entstehungsbedingung dieses Objektes und damit den Einfluss künstlerischer Entscheidung auf die materielle Beschaffenheit des Werks thematisiert. Im Zusammenhang damit widmet Wollheim sich ausführlich der Frage, wie es sein kann, dass manche Kunstwerke nicht materiell vorliegen und trotzdem Träger von Eigenschaften quasi materieller Objekte sind. In der Type-Token-Theorie entwickelt er anknüpfend an Charles Sanders Peirce ein Modell, in dem zwischen dem Typus (type) als Abstraktion eines Kunstwerks, in der das materielle Objekt bloß angelegt ist, und seinem Vorkommnis (token), seiner ent-

117 Richard Wollheim: »Objekte der Kunst«, in: Ders.: Objekte der Kunst, Frankfurt/Main 1982, S. 13-145.

sprechenden Realisierung, unterschieden wird. Ein Beispiel für einen Typus eines Kunstwerks wäre die Partitur eines Musikstücks oder das Drehbuch für einen Film, die entsprechenden Vorkommnisse wären die Aufführung des Musikstücks oder die Realisierung des Films nach dem Drehbuch. Manche Kunstwerke liegen als Typen oder sowohl als Typen als auch als Vorkommnisse vor, andere, wie z.B. Objekte der Malerei, gibt es nur als Vorkommnisse.[118] Die interessante Frage, die durch die Type-Token-Unterscheidung aufgeworfen wird, ist die folgende: Wie kann ein Werk, das als Vorkommnis seines Typus inszeniert wurde, künstlerische Entscheidungen seiner Autorin und nicht nur die gestalterischen Entscheidungen seiner Interpreten enthalten? Wie lässt sich die Darstellung von etwas als ein Ausdrücken in einer ganz bestimmten Art und Weise verstehen, wenn das Kunstwerk nur als Typus, d.h. nicht als materielles Objekt vorliegt? Da Wollheim davon ausgeht, dass die Person der Künstlerin »das Werk entsprechend [ihren] eigenen Ansprüchen hergestellt oder geformt hat«[119], muss er erklären können, wie die Realisierung des Typus als Vorkommnis noch in der Rezeption von den Ansprüchen der Künstlerin geprägt sein kann. Nach Wollheim hat die Künstlerin »eine Arena gebaut, innerhalb deren wir zwar frei sind, deren Grenzen wir aber nicht überschreiten dürfen.«[120] Anders gesprochen: Die Materialität der Elemente des künstlerischen Objektes ist, wie wir auch mit Schleiermacher gesehen haben, die Gewähr für eine Verbindung zwischen den beiden Prozessen, dem der Produktion und dem der Rezeption. Stellt man wie Wollheim fest, dass Materialität nicht durchgängig für alle Seinsarten von Kunstwerken gegeben ist, so wird dadurch der Einfluss der Künstler auf jegliche Rezeption fraglich. Gerade deswegen geht es darum, systematisch eine Brücke zwischen dem Typus des Kunstwerks und seinem Vorkommnis zu konstruieren. Diese theoretisch notwendige Verbindung, sieht Wollheim darin, dass die Eigenschaften des Typus auf sein Vorkommnis übertragen werden: »Wie wir gesehen haben, ist es ein Grundzug von Typen und ihren Vorkommnissen, dass sie nicht bloß gemeinsame Eigenschaften haben können, sondern dass diese Eigenschaften, wenn dies zutrifft, übertragen werden können.«[121] Die Interpretation des Typus eines Kunstwerks durch seine Realisierung als Vorkommnis bezieht sich nach Wollheim immer auf

118 Die Type-Token-Theorie Wollheims ist von Reinold Schmücker modifiziert und weiterentwickelt worden. Schmücker bezeichnet Kunstwerke als »intersubjektiv-instantiale Entitäten«. Vgl. R. Schmücker: Was ist Kunst?, S. 266f.

119 R. Wollheim: »Objekte der Kunst«, S. 101.

120 Ebd., S. 101.

121 Ebd., S. 82f.

Eigenschaften, die dem Werk als *Typus* zukommen: »Es gibt nämlich keinen Weg zur Bestimmung der Eigenschaften, die das Vorkommnis eines bestimmten Typus notwendigerweise besitzt, der unabhängig ist von der Bestimmung der Eigenschaften des Typus selbst: deshalb können wir nicht die ersteren benutzen, um die letzteren zu ermitteln.«[122] Der Weg, den Ausgedrücktes als Entäußerung einer Künstler-Persönlichkeit erstens über die Herstellung und zweitens über die Aufführung durch Interpreten nimmt, mündet sozusagen in die Materialität des künstlerischen Objektes als Vorkommnis, die zugleich eine Vorgängigkeit des künstlerischen Gegenstandes in der Rezeption gewährleistet.[123] Aber »wie kommen wir dann am Ende dazu, einem Objekt ein menschliches Gefühl beizulegen? In beiden Fällen [dem der Produktion und dem der Rezeption] hat das Kunstwerk gewisse Merkmale. Im einen Fall spiegeln diese Merkmale bestimmte innere Zustände von uns wider, im anderen Fall sind sie von diesem verursacht.«[124] Die Begegnung mit dem Vorkommnis als materiellem Objekt fasst Wollheim unter den Begriff der »Entsprechung«. Die Entsprechung als Interesse einer Rezipientin am Vorkommnis des Kunstwerks ist nach Wollheim genau im Sinne Schleiermachers eine Entsprechung zwischen dem, was materiell vorkommt und dem, was die Rezipientin als Spiegel ihrer Stimmung und ihres Bewusstseins bilden würde, wenn sie die Fähigkeit zur künstlerischen Produktion besäße. Die »Ausdruckseigenschaften« des Kunstwerks sind somit von Wollheim aus den beiden Perspektiven der Produktion und der Rezeption verschieden definiert:

---

122 Ebd., S. 83.

123 Bisher wurde in diesem Text die Beschreibung künstlerischer Produktion als einer Entäußerung des Inneren von Künstlern vermieden und so der Terminus Ausdruck umgangen. Wollheim verwendet den Ausdrucksbegriff einerseits, fokussiert andererseits stark auf die Intentionen und Entscheidungen der Künstler in der künstlerischen Produktion, deren Resultat er als das »Ausgedrückte« bezeichnet. Ich betone in meiner Lesart Wollheims die Tatsache, dass Künstler Entscheidungen treffen, gebe aber gegenüber Wollheim zu, dass innere Zustände der Künstlerin auf ihre Arbeit einwirken. Der Vollständigkeit halber gebe ich Wollheims Beschreibung des Werks als etwas von der Künstlerin Ausgedrückten wieder. Generell ziehe ich die Beschreibung künstlerischer Arbeit als einer, in der etwas ausgewählt und arrangiert wird, der Beschreibung in einer Ausdrucksterminologie vor. Der Grund dafür ist, dass sich im Begriff des Ausdrucks die Verbindung zwischen innerem subjektivem Erleben und äußerer Wahrnehmung nur auf eine relativ unklare Weise konstruieren lässt, während die Beschreibung der künstlerischen Entscheidung – als Auswahl aus, Wiederholung oder Paraphrasierung von Vorgefundenem – auf der Ebene des direkt Wahrnehmbaren verbleibt.

124 Ebd., S. 42.

»Wir können dies nun mit der vorherigen Diskussion verbinden, indem wir sagen, daß die Beschäftigung mit dem, was der Künstler fühlte oder gefühlt haben könnte, ein Interesse am Kunstwerk als einem Beispiel für natürlichen Ausdruck spiegle; während die Beschäftigung mit dem, was der Betrachter fühlt oder fühlen könnte, ein Interesse am Kunstwerk als Beispiel für Entsprechung spiegle. Obwohl diese beiden Vorstellungen logisch verschieden sind, müssen sie in der Praxis zwangsweise interagieren: man kann sogar behaupten, daß es die Grenze der legitimen Abstraktion überschreitet, sich die eine ohne die andere vorzustellen. Wir können dies erkennen, wenn wir den Begriff der Angemessenheit oder des Passens betrachten, verstanden als Relation zwischen Ausdruck und Ausgedrücktem.«[125]

Wie lässt sich nun das angemessene Verhalten der Rezipientin als »Entsprechung« gegenüber dem Kunstwerk (das wiederum durch den »natürlichen Ausdruck« als Entäußerung der Künstlerin charakterisiert ist) vorstellen? Wollheim transformiert diese Frage (nach der Relation zwischen den Ausdrucksqualitäten des Kunstwerks und den inneren Zuständen der Rezipientin) in die Frage nach der Beschreibung des Wahrnehmungserlebnisses und nach der Relevanz dieses Erlebnisses für die Bestimmung der Eigenschaften des Werks.

»Wenn es so etwas wie ein Kriterium für das gibt, was wir direkt wahrnehmen, scheint es eher in dem zu finden zu sein, was wir natürlicherweise als Antwort auf ein äußerliches Bild sagen würden. Wenn dies aber so ist, schwindet die Hoffnung darauf, daß wir die Eigenschaften eines Bildes durch Bezugnahme auf das direkt Wahrgenommene zirkelfrei definieren oder identifizieren können.«[126]

Wollheim bemerkt im Anschluss an Ernst Hans Josef Gombrich richtig, »daß nämlich ein und dasselbe Element oder ein Komplex von Elementen in verschiedenen Kontexten eine völlig andere Bedeutung haben kann. ›Was uns bei Haydn als Dissonanz auffallen würde, würden wir vielleicht in einem Werk aus der Zeit Wagners gar nicht bemerken.‹«[127] Gleiche oder sich ähnelnde Elemente verschiedener Kunstwerke sind also differierende Weisen, in denen sich verschiedene Künstler ausgedrückt haben, in der von mir präferierten Lesart: die Resultate verschiedener Handlungen, die Künstler vorgenommen haben. Wenn unter diesen Umständen die Rezeption weiterhin als Entsprechung der Wahrnehmung des Kunstwerks an dessen vom Künstler geschaffenes So-Sein gedeutet werden soll, ist nach Wollheim eine bestimmte Zusatzinforma-

125 Ebd., S. 40f.
126 Ebd., S. 57.
127 Ebd., S. 62.

tion erforderlich: »Damit wir ein Werk als expressiv ansehen können, müssen wir die Menge der Alternativen kennen, innerhalb deren der Künstler arbeitet, oder das, was wir sein ›Repertoire‹ nennen.«[128] Gombrich versteht den Begriff des Repertoires, das jeder Künstlerin zur Verfügung steht, als einen Pool an Gestaltungsmöglichkeiten, aus denen die Künstlerin im Sinne einer Auswahl schöpft. Die Bedeutung einzelner Elemente des Kunstwerks ergibt sich in der Weise, dass die Wahl dieser Elemente als eine »Selektion aus einer angebbaren Menge von Alternativen«[129] begriffen wird. Für eine gelingende Rezeption ist es notwendig, dass den Rezipienten eines Kunstwerks die Alternativen der Auswahl- und Kombinationsmöglichkeiten, die der Künstlerin des entsprechenden Werks zur Verfügung standen, ungefähr bekannt sind. Daher, fasst Wollheim zusammen, sind für das »Ausdrucksverstehen« der Elemente des Kunstwerks zusätzliche Informationen notwendig.

In dem einen basalen Punkt, den Wollheim auch herausstreicht, können wir sofort zustimmen: In die Wahrnehmung des materiellen ästhetischen Objektes müssen wir als Rezipienten die Erkenntnis einbringen, dass es sich beim vorliegenden Gegenstand bzw. bei der vorliegenden Situation um ein Kunstwerk handelt. Dies wurde bereits an mehreren Stellen betont. Das Gerichtetsein der Kunstwahrnehmung wird mitbestimmt durch die Bildung und die Informationen, die Rezipienten zur Verfügung stehen. Wie Gombrich sagt, haben wir als Rezipienten Erwartungen in unserer Wahrnehmung des Kunstwerks. Diese Beziehung des Sehens (und Hörens) zu einem Wissen, die nach Gombrich dafür verantwortlich ist, dass wir »diminutive Stiere in einem Bild als weitentfernte Pferde oder Stiere« deuten, entspricht der Synthese sinnlicher Anschauung mit einer Sinnerwartung.[130] So lässt sich also erklären, warum

128 Ebd.

129 Ebd.

130 Ernst Hans Josef Gombrich: Kunst und Illusion. Zur Psychologie der bildlichen Darstellung, Köln 1967, S. 291. – Aus kognitionspsychologischer Perspektive heißt dies: Konzeptbildung über den ästhetischen Gegenstand. Ich beziehe mich nach einem Hinweis von Benno Belke auf: Helmut Leder/Benno Belke/Andries Oeberst/Dorothee Augustin: »A model of aesthetic appreciation and aesthetic judgements«, in: British Journal of Psychology 95 (2004), S. 489-508. Danach erschließt sich die Rezipientin eine Bedeutung des »ästhetisch Gemeinten«, was willkürliche und unwillkürliche Informationsverarbeitung beinhaltet. Wichtig ist, dass diese Bedeutungserarbeitung entscheidend vom situativen Kontext und Vorwissen der Rezipientin abhängt. Durch spezifische Erwartungshaltungen und »top-down«, d.h. (willkürlich) geleitete Einflüsse des Vorwissens wird die Art und Weise der nachfolgenden Verarbeitung des ästhetischen Objekts beeinflusst, z.B. indem stärker stilspezifisch analysiert wird. Was hier Spezifität des Stils genannt ist, trifft in etwa das,

sich die gleiche Dissonanz für uns bei Haydn und Wagner ›anders anhört‹ – weil wir eben in unterschiedlicher Art und Weise auf diese Dissonanz gerichtet sind.

Eine weitere Ursache für das unterschiedliche Hören der gleichen Dissonanz ist das Verhältnis, in welchem die Dissonanz als Gestaltungselement jeweils zu den anderen Elementen des Kunstwerks steht. Dieses Umfeld musikalischer Gestaltungselemente ist in den beiden Fällen verschieden. Eine solche empirische Beschreibung verweist uns zurück auf Wollheims Rede von der Arena, die die Künstlerin gebaut hat, »innerhalb deren wir zwar frei sind, deren Grenzen wir aber nicht überschreiten dürfen«.[131] Ungeachtet der Tatsache, dass wir eine Dissonanz in verschiedenen Musikstücken unterschiedlich wahrnehmen, ungeachtet auch der Tatsache, dass verschiedene Hörer eine Dissonanz in einer Aufführung eines Musikstücks höchstwahrscheinlich unterschiedlich hören, ist mit dem Verhältnis der Dissonanz zum Rest des Kunstwerks diese »Arena« gegeben, die von der Künstlerin als Begrenzung der verschiedenen Wahrnehmungsmöglichkeiten errichtet wurde. Besagte Dissonanz werden wir nicht als ein Vogelzwitschern, nicht als absolute Harmonie, nicht als gesprochenes Wort etc. wahrnehmen, sondern als eine Dissonanz. In der Art, wie die Komponistin die Noten setzte, ist eine grundlegende Vorgabe für die Rezeptionssituation enthalten, wenngleich durch diese Vorgabe die Situation der Interpretation des Musikstücks und also seine Rezeption nicht erschöpfend vordefiniert worden ist.

Fassen wir noch einmal zusammen: Die Information, dass es sich beim begegnenden Gegenstand um ein Kunstwerk handelt, konstituiert das Erlebnis dieses Gegenstandes insofern, als das Wissen, dass dieser Gegenstand von einem Künstler-Subjekt produziert wurde, die Art des Umgehens der Rezipienten mit diesem Gegenstand mitbestimmt. Dass die in der Rezeption vorliegende Materialität des Kunstwerks, die Wollheim die Ausdruckseigenschaften des Kunstwerks nennt, das Resultat künstlerischer Entscheidungen ist – und das gilt auch für den Fall, in dem sich das materielle Werk als interpretierende Aufführung, d.h. als »Token« zeigt – hat zur Folge, dass sich Rezipienten sowohl auf ihr Erlebnis des Kunstwerks als auch auf den mit diesem Erlebnis verbundenen Sachverhalt der Autorschaft (und ferner den Sachverhalt, dass diese Autorschaft durch andere Menschen interpretierend realisiert wird) beziehen. Wie erfolgt nun die Beziehung auf eine Autorin? Sie erfolgt durch die Anschauung des ästhetischen Gegenstands als Anschauung

was ich Materialität des Kunstwerks nenne, wenngleich philosophisch betrachtet eine Differenz zwischen den Begriffen Stil und Materialität besteht.

131 R. Wollheim: »Objekte der Kunst«, S. 101.

von etwas, das zur Welt als Interpretation dieser Welt dazugekommen ist. Ich erlebe so das Kunstwerk als etwas, das merkwürdig getrennt von der Welt ist, auf die ich dieses Kunstwerk interpretierend beziehe. Als das Resultat dieser mentalen Abtrennung von der Welt bestimmt Schleiermacher das künstlerische Objekt als ein Etwas, das zur Natur hinzukommt. Die »Isolierung« des künstlerischen Gegenstands vollzieht Wollheim implizit, indem er über das Kunstwerk und seine Erfahrung als »Arena« spricht. Explizit betont Wollheim aber die andere Seite derselben Medaille: Er wendet den von Wittgenstein entlehnten Begriff der »Lebensform« auf die Kunstproduktion an, um zu betonen, dass das Zurückgreifen der Künstler auf ein von der Gemeinschaft zur Verfügung gestelltes Repertoire analog zu einem Sprachmodell zu verstehen sei, nach dem ein Fundus sprachlicher Zeichen den einzelnen Subjekten für eine Auswahl zur Verfügung steht. Auch wenn Wollheim das Phänomen des Anknüpfens der Künstler an einen Fundus vorgefundener Handlungsmöglichkeiten in der Sache richtig beschreibt, bin ich mit der Übertragung des wittgensteinschen Sprachmodells auf die »Sprache der Kunst« nicht einverstanden. Zwar werden die Auswahl- und Entscheidungsmöglichkeiten künstlerischer Artikulation durch den Kontext, in dem Künstler leben und arbeiten, bereitgestellt, jedoch ist gerade die von Wollheim selbst in den Vordergrund gerückte Materialität künstlerischer Objekte mit einer sprachlichen Zeichenhaftigkeit inkommensurabel. Wollheims Vorschlag, eine Analogie von Sprache als Lebensform und Kunst als Lebensform zu konstruieren, greift trotz der Parallelität zwischen der Vorgängigkeit des künstlerischen Repertoires und der Vorgängigkeit einer sprachlichen Erschlossenheit der Welt zu kurz. Kunst als Text zu behandeln, verfehlt die *Dinghaftigkeit* der Kunstwerke, an die ihre Zeichenhaftigkeit gekoppelt bleibt. Dies trifft auch für Literatur oder andere sprachlich verfasste Kunstwerke zu. Denn nur in einem künstlerischen Rahmen kann Sprache (auch) als Material behandelt werden, bzw. kann ihre Materialität so weit in den Vordergrund treten, dass ihr Vorkommnis als ästhetisches Objekt wahrgenommen wird.

Im vorliegenden Kapitel sollte ja gerade nach der *Differenz* zwischen alltagssprachlicher und ästhetischer Kommunikation gefragt werden. Diese Differenz – und das ist meine Kritik – ist von Wollheim zwar im Rahmen seiner sprachanalogen Kunstauffassung intendiert, sie wird von ihm aber nicht überzeugend entwickelt.

Nach Wollheims Auffassung unterscheidet sich das Verstehen von Kunstwerken vom Sprachverstehen lediglich durch einen größeren Interpretationsspielraum, der den Rezipienten von Kunst gegeben sei. Der größere Spielraum in der Kunstinterpretation ergebe sich nicht zuletzt aus der Historizität dessen, was als Kunstwerk gilt:

»Eine starke Analogie zwischen einer solchen rekursiven Methode der Identifikation von Kunstwerken und dem Entwurf einer generativen Grammatik, in der alle wohlgeformten Sätze einer Sprache im Rahmen bestimmter Basissätze und einer Menge von Formationsregeln angegeben werden, legt sich von selbst nahe. Die Hauptdifferenz zwischen beiden Unternehmen wäre die, dass die Ableitungen, die eine Grammatik erklärt, zulässige oder gültige Ableitungen wären, während die Transformationen, denen eine Kunsttheorie gerecht werden muss, solche sind, die über die Zeiten hinweg hergestellt wurden: identifizierbare Kunstwerke bilden eine historische und keine ideale Menge.«[132]

Hier zeigt sich die Schwäche der sprachanalogen Konstruktion der Kunst auf eine zweifache Weise: Die Regeln, die nach Wittgenstein eine Sprache konstituieren, werden von Wollheim auf der einen Seite zu eng gefasst, ihnen ist im Vergleich zur Kunst ihre Historizität genommen, während die Regeln für die Erkennung von Kunstwerken von einem deskriptiven (hier historisch-empirischen) Kunstwerksbegriff ausgehen, der mit Wollheims anfänglichen Fragestellungen nach einer ästhetischen Kommunikation via Materialität künstlerischer Objekte nichts mehr zu tun hat. Denn in dem Moment, in dem Wollheim die Analogie von sprachlichem und künstlerischem Austausch zwischen Subjekten konstruiert, geht es ihm um die Frage, welche Gruppe von Gegenständen und Situationen wir als Kunstwerk bezeichnen. Die Forderung nach einer ontologischen Definition der Kunstwerke entspricht aber nicht mehr der ursprünglich von Wollheim gestellten Frage nach dem Erlebnis der Wahrnehmung im Verhältnis zu Eigenschaften des Kunstwerks, über welche wir gerade aufgrund dieser Wahrnehmung urteilen; sondern es handelt sich um eine abstrakte Fragestellung der analytischen Philosophie. Damit hat Wollheim die Perspektive seines eigenen Fragens nach einer Verbindung zwischen einem Sich-Ausdrücken der Künstler und einem Verstehen der Kunstwerke durch die Rezipienten verlassen. Er fragt vielmehr: Wie lässt sich die Menge künstlerischer Gegenstände definieren?[133] Wir können, so Wollheim, diese Menge nicht über die Defi-

132 Ebd., S. 136.

133 Wollheim ist sich dieser Verschiebung seiner eigenen Fragestellung von der Ausgangsfrage nach einer allgemeinen Bestimmung der Kunst hin zur Frage nach einer Merkmalsbestimmung von Kunstwerken durchaus bewusst: »Es ist in diesem Essay bereits genug gesagt worden, um anzudeuten, daß unsere anfängliche Hoffnung, eine Definition der Kunst oder des Kunstwerks zu gewinnen, übertrieben war [...]. Doch könnte es sein, daß es eine sowohl fruchtbarere als auch realistischere Unternehmung wäre, keine Definition, sondern eine allgemeine Methode zur Identifikation von Kunstwerken zu suchen...« (Ebd.)

nition einer Regelhaftigkeit der Verwendung zur Verfügung stehender Materialien und Handlungsoptionen bilden, so wie eine Grammatik Regeln für die Erzeugung wohlgeformter Sätze definiert; denn die Gewohnheit, welche Gegenstände zu der Gruppe der Kunstwerke gezählt werden, hat sich erst historisch herausgebildet. Wenngleich diese Feststellung nicht falsch ist, ist sie keine Antwort auf die von Wollheim selbst im Rahmen seiner Analogie aufgeworfene Frage, worin sich ästhetisches Kommunizieren mittels eines Kunstwerks von sprachlicher Praxis unterscheidet.[134]

Die gegen Wollheim eingeklagte Differenz zwischen sprachlichem und ästhetischem Kommunizieren lässt sich z.B. mit Hilfe von Schleiermachers auf Anschauung orientiertem Urbild-Begriff konstruieren. Mein Einwand gegen Schleiermacher ist aber, dass bei ihm die »Auswahl« der ins Spiel kommenden Urbilder nicht mit Entscheidungen, sondern vielmehr nur mit diffusen Stimmungen der Künstler in Zusammenhang steht. Wollheim andererseits stärkt zwar die Rolle künstlerischer Intentionen und damit die Rolle künstlerischer Entscheidungen der Produzenten im ästhetischen Kommunikationsprozeß und verbindet diese über Gombrichs Begriff des Repertoires mit einem historischen Kontext, in dem diese Entscheidungen gefällt werden. Die Materialität der »Vorkommnisse« künstlerischer Objekte verwendet er aber nicht als Abgrenzungskriterium gegenüber sprachlichem Austausch.

Mit einer Besprechung der ästhetischen Theorie von Jan Mukařovský soll abschließend ein ästhetisches Kommunikationsmodell zur Sprache kommen, das fokussiert ist auf das Verhältnis der Künstler und der Kunstwerke zum »Kollektiv«, d.h. zur ganzen Gesellschaft. »Gesellschaft« als Gruppe von Menschen, die über den Kreis der Rezipienten eines Kunstwerks hinausgeht, wurde bei Wollheim als Teil eines historischen Kontextes begriffen, der den Hintergrund für die Arbeit der

134 Ein ähnliches Problem entsteht bei Reinold Schmücker, der unter der Verwendung von Wollheims Type-Token-Theorie dafür plädiert, »Kunstwerke und Wörter als intersubjektiv-instantiale Entitäten« zu begreifen. Schmückers Intuition, dass Kunst sich über intersubjektive Prozesse zwischen Produzenten und Rezipienten ereignet, halte ich für richtig, die Gleichsetzung von Wörtern natürlicher Sprachen mit Kunstwerken aber für problematisch. Die Materialität von Kunstwerken ist nicht allein das, was den Einfluss der Produzenten auf das, ›was ihre Werke sagen‹, begrenzt, wie Schmücker schreibt, sondern die Materialität der Kunstwerke hat einen ermöglichenden Charakter, weil Ideen der Künstler erst im Prozess der Transformation so moduliert werden, dass etwas Grundsätzlich Neues entsteht, das nicht durch alltagssprachliche Rede ersetzbar ist. Vgl. R. Schmücker: Was ist Kunst?, S. 276f.

Künstler und damit auch für das Verstehen der Kunstwerke durch Rezipienten bildet. Hier soll es nun um die entgegengesetzte Perspektive gehen: um die Frage nach einer möglichen Beeinflussung außerkünstlerischer gesellschaftlicher Kontexte durch Kunst.

Ein Begriff ästhetischer Kommunikation wird bei Mukařovský anhand der These entwickelt, Kunst könne in gesellschaftliche Prozesse eingreifen. Das Kunstwerk als Zeichen zerfällt in zwei Entitäten. Auf der einen Seite ist es als »Artefakt« das »›materielle‹ Werk«, welches Mukařovský zufolge nicht auf die individuelle Wahrnehmung einer Rezipientin einwirkt, andererseits ist es ein »immaterielles ästhetisches Objekt«, das als Summe aller individuellen Projektionen, als eine Projektionsstruktur begriffen werden muss.[135] Wie provoziert das materielle Werk die individuellen und kollektiven Projektionen auf das ästhetische Objekt? Diese Frage bleibt bei Mukařovský unbeantwortet während das Kunstwerk als ein Zeichen gedeutet wird, das von einem Autor als »allgemein gültige, völlig erschöpfende Interpretation der Wirklichkeit« hinzugefügt wurde.[136] Die Verbindung zwischen Materialität und Bedeutung des Werks (von Mukařovský auch Aufbau des Kunstwerks aus Form und Bedeutung genannt)[137] müsste aber für das Verständnis eines Kunstwerks als eines Interpretaments ebenso wichtig bleiben wie die Feststellung, dass der ästhetische Wert des Kunstwerks, der eine übergeordnete Stellung gegenüber den außerästhetischen Werten des Kunstwerks einnimmt, im »materiellen Artefakt gesucht werden muss, das allein ohne Veränderung andauert«.[138] Denn es muss geklärt werden, wie die kollektive Struktur und komplex wahrnehmende Individuen vermittels des Kunstwerks in dasjenige dialektische Kommunikationsverhältnis von Vorbestimmung und Veränderungsfähigkeit treten können, das Mukařovský behauptet.

Eine Einflussnahme der Kunst auf nichtkünstlerische gesellschaftliche Werte soll laut Mukařovský möglich sein über die Veränderung, ja den Bruch ästhetischer Normen. Ästhetische Normen stehen für geltenden ästhetischen Geschmack einer jeweiligen Gruppe. Den ästhetischen Wert hingegen bestimmt Mukařovský als »soziale Erscheinung«, die aus der rezipientischen Unterstellung einer Ganzheit an das Kunstwerk hervorgeht.[139] Die Rezipientin erzeugt – indem sie außerästhetische gesell-

135 Jan Mukařovský: Kunst, Poetik, Semiotik, Frankfurt/Main 1989, S. 107.

136 Ebd.

137 Jan Mukařovský: »Ästhetische Funktion, Norm und ästhetischer Wert als soziale Fakten«, in: Ders: Kapitel aus der Ästhetik, Frankfurt/Main 1970, S. 7-112, hier S. 104.

138 Ebd., S. 106.

139 Ebd., S. 111.

schaftliche Werte unter dem »ästhetischen Wert« als »Ganzheit« des Kunstwerks zusammenfasst – eine Spannung zwischen dem ästhetischen Wert und den von ihr verinnerlichten »existenziellen Werten des Kollektivs«.[140] Wäre es allein die Rezipientin, durch die der ästhetische Wert des Kunstwerks zu anerkannten kollektiven Werten ins Verhältnis gesetzt würde, so ergäbe sich die Frage: Wie kommt eine Rezipientin überhaupt dazu, andere außerästhetische Werte im Kunstwerk zu finden als die kollektiven, in deren Horizont sie sozialisiert ist? Um das zu erklären, muss man – so meine These – das Werk als materielles »Artefakt« zwingend in die Überlegungen zur Veränderungskompetenz des Kunstwerks einbeziehen. Begründet werden soll nämlich, wie überhaupt eine Konfrontation zwischen Wert und Norm denkbar wird. Mukařovský hat jedoch nicht allein Rezipienten als Normenabweichler im Sinn; vielmehr legt er auch die Lesart nahe, es seien die Künstler, die durch das Herstellen von Werken Normen verändern:

»Dem Individuum obliegt also nicht nur die Rolle eines bloßen passiven Trägers der inneren und äußeren Entwicklungsimpulse: durch die Hierarchisierung der Impulse, die eine bestimmte Persönlichkeit in die Kunst einbringt, entsteht eine neue Qualität, die den Beitrag einer einmaligen schöpferischen Entscheidung eines einmaligen Individuums darstellt (die ›Entscheidung‹ kann freilich ebensogut bewußt wie auch im Unterbewußten erfolgen).«[141]

In dieser individuellen Tätigkeit der Künstlerin, in der »ein Moment des Subjektiven enthalten« ist, liegt das Potential Einzelner, durch Abweichung von kollektiven Normen diese weiterzuentwickeln.[142] Die Behauptung, dass ästhetische Normen durch Künstler verändert werden können, ja dass Künstler Normen absichtlich fühlbar stören, impliziert, dass Künstler im Allgemeinen nicht mit anerkannten Zielen und Werten übereinstimmen.[143] Anders gesprochen kann ein Kunstwerk erst eine Wirkung erzielen, wenn seine Autorin einer herrschenden Norm explizit etwas entgegenzusetzen hat. Die herrschende kollektive Norm, die den abweichenden Entscheidungen der Künstler gegenübersteht, ist Mukařovský zufolge dadurch bestimmt, dass ihre Bewertung »vom Willen des Individuums« unabhängig ist. Sie ist gekennzeichnet durch den quasi objektiven Status ihrer Gültigkeit.[144] Das bloße Abweichen von gesell-

140 Ebd., S. 108.
141 J. Mukařovský: Kunst, Poetik, Semiotik, S. 103.
142 J. Mukařovský: »Ästhetische Funktion, Norm und ästhetischer Wert«, S. 37.
143 Ebd., S. 45.
144 Ebd., S. 37.

schaftlichen und kunsthistorischen Konventionen ist jedoch eine reduktionistische Beschreibung künstlerischer Tätigkeit (wie auch jeder Normkorrektur), und dürfte auch von Mukařovský so nicht gemeint sein. Vielmehr enthält jede Abweichung die Idee eines Alternativvorschlags. Deswegen fasse ich die Auseinandersetzung mit außerkünstlerischen Bereichen durch Künstler im Kunstwerk nicht allein als eine Infragestellung des Dargestellten, sondern gleichzeitig als einen konstruktiven Prozess der Schaffung von etwas Neuem auf, das an die Materialität, die das Kunstwerk als Artefakt charakterisiert, gebunden ist. Mukařovský gibt nicht konkret an, *wie* sich der individuelle künstlerische Einfluss aufs Werk und – über es vermittelt – auf die jeweils geltende ästhetische Norm vollzieht. Das führt dazu, dass er jene Antinomie, die bestehen soll zwischen der Störung ästhetischer Normen und der Gültigkeit einer kollektiven Struktur, die allem Individuellen zugrunde liegt, letztlich nicht befriedigend explizieren kann. Der eigentliche Grund hierfür liegt, wie gesagt, in der defizitären Bestimmung des Kunstwerks als »ästhetisches Objekt«, welches sich bei Mukařovský allein aus den Projektionen der Wahrnehmenden bestimmt und nicht als materiales, sinnlich wahrnehmbares »Artefakt« über sein Gemachtsein in Beziehung zur vorherrschenden ästhetischen Norm treten kann. Diese Entkopplung von Materialität und Wahrnehmung halte ich für einen grundsätzlichen Fehler, weil damit die Idee eines Einflusses der Werke selbst auf die rezipierenden Wahrnehmenden verabschiedet wird. Infolgedessen wird auch ein Verständnis von Kunstwerken als Gegenständen, die ästhetische und außerästhetische Normen ändern können, letztlich entgegen Mukařovskýs eigenen Intentionen, unmöglich.

Die »ästhetische Funktion« dominiert im Kunstwerk immer die außerästhetischen Funktionen. Sie besteht laut Mukařovský in der »adäquate[n] Orientierung, mit welcher derjenige an ein Werk herangeht, der es eben gerade als ein Kunstwerk begreift«.[145] Mit Jauß gesprochen, kann sie als »›leeres Prinzip‹ die Inhalte anderer Funktionen ergreifen« und verwandelt »alles, wovon sie Besitz ergreift, in ein künstlerisches Zeichen«[146]. So wird das Kunstwerk kraft der ästhetischen Funktion bei Mukařovský als Zeichen gedeutet, das auf alle anderen außerästhetisch-gesellschaftlichen Funktionen Bezug nimmt. Diese Erläuterung der Wahrnehmung von Kunstwerken wird ad absurdum geführt, wenn Mukařovský definiert, »daß jede Art menschlichen Schaffens in einem stärkeren oder schwächeren Maße der ästhetischen Funktion fähig ist, wenn

145 J. Mukařovský: Kunst, Poetik, Semiotik, S. 82.

146 H. R. Jauß: Ästhetische Erfahrung und literarische Hermeneutik, S. 197; J. Mukařovský: »Ästhetische Funktion, Norm und ästhetischer Wert«, S. 128.

nämlich ein bestimmtes Individuum im betreffenden Augenblick hinsichtlich der übrigen Funktionen der betreffenden Sache die Position der ästhetischen Funktion einnimmt.«[147] Das heißt also, dass alles zu jeder Zeit nach Art eines Kunstwerks wahrgenommen werden und somit ästhetisch über Außerästhetisches befragt werden kann. Dass eine solche Beschreibung für die Erläuterung der kommunikativen Potenz der Kunst nicht tauglich ist, habe ich bereits angesprochen. Da Mukařovskýs These den Begriff des Kunstwerks systematisch aufhebt bzw. entdifferenziert, scheint Martin Seels Auffassung, dass jeder Gegenstand auch ästhetisch wahrnehmbar ist – ohne gleich zum Kunstwerk erklärt werden zu müssen –, angemessener. »Das ästhetische Verhalten verfolgt ein anderes Telos als das theoretische. Es will nicht eine Verfassung der Welt eruieren, es will sich ihrer Gegenwart aussetzen.«[148] Die seelsche »Preisgabe der Fixierung auf ein theoretisches (oder praktisches) Bestimmen« trägt aber (im Gegensatz zur Darstellung Mukařovskýs) konstitutiv den Fehler der Hierarchisierung verschiedener welterschließender Zugänge zugunsten des theoretischen und praktischen Zugangs in sich. Indem die beiden letzteren als gegeben vorausgesetzt sind, kann die ästhetische Wahrnehmung bei Seel nur noch als eine gleichsam nachträgliche Infragestellung des Gegebenen begriffen werden.[149] Diese Infragestellung theoretisch-praktischer Perspektiven durch die absolute Fremdheit der Kunst einerseits wie auch die Unberührtheit des Theoretisch-Praktischen durch eine Abtrennung der Wirkung des Kunstwerks von seiner Bedeutung andererseits sind zwei Spielarten derselben Hierarchisierung.[150]

---

147 J. Mukařovský: Kunst, Poetik, Semiotik, S. 81.

148 M. Seel: Ästhetik des Erscheinens, S. 97.

149 Ebd. Seel bezieht sich in diesem Zusammenhang auf Christoph Menke: »Wahrnehmung, Tätigkeit, Selbstreflexion: Zur Genese und Dialektik der Ästhetik«, in: Andrea Kern/Ruth Sonderegger (Hg.), Falsche Gegensätze. Zeitgenössische Positionen zur philosophischen Ästhetik, Frankfurt/Main 2002, S. 19-48, hier S. 46. Seel zitiert aus der Manuskriptfassung: »Die ästhetischen Vollzüge sind nicht eine andere Klasse von Vollzügen *neben* den nicht-ästhetischen. Sie sind […] vielmehr solche Akte sinnlichen Erfassens, in deren Vollzug wir der Kräfte gewahr sind, die in ihnen wirken.« Im Vergleich zur Autonomie der Kunst, die in Menkes früherem Werk *Die Souveränität der Kunst* eine Abgeschlossenheit gegenüber nichtkünstlerischen Bereichen impliziert, modifiziert Menke hier das Verhältnis zwischen ästhetischer Erfahrung und nichtästhetischen Vollzügen insofern, als die ästhetische Erfahrung etwas über das Nichtästhetische aufzeigt. Vgl. ebd. S. 138f.

150 Vgl. hierzu meine Auseinandersetzung mit Seel in Kap. III.5; die Brisanz möglicher Infragestellung außerästhetischer Perspektiven verspielt zu haben, wenn die Wirkung des Werks von dem, *was* durch das Werk evident wird, abgetrennt werden kann.

Wenn die ›ästhetische Funktion‹ nicht nur darin besteht, dass der Gegenstand ästhetisches Wohlgefallen erzeugt, sondern sich durch sie eine individuelle Haltung im ästhetischen Objekt vermittelt, wenn also diese Funktion sich auf die ›soziale Wirklichkeit‹ bezieht und individuelle Bezüge zur sozialen Wirklichkeit im Vollzug verändert, dann muss der ästhetische Zugang zur Welt als gleichberechtigt neben anderen Weltzugängen und Erschließungsformen angesehen werden. Gleichberechtigt ist dieser Weltzugang insoweit, als er sich auf dieselben Gegenstandsbereiche bezieht wie ein theoretischer oder praktischer Zugang, sie aber konstitutiv nach anderen Maßstäben der Sinnerzeugung, d.h. »eigensinnig« integriert und insofern zu »neuen Realitäten« zusammensetzt. Die ästhetische Funktion bei Mukařovský scheint das in einem Sinn zu leisten, der über eine Beschreibung ästhetischer Erfahrung als bloßer Relativierung theoretischen und praktischen Weltbezugs hinausgeht.

Fasst man außerästhetische Funktionen, die sich im Kunstwerk auf außerkünstlerische Wirklichkeit beziehen, nicht im Sinne »objektiv verschiedener Gegenstandsbereiche« auf, sondern konzediert, dass sich im Kunstwerk außerästhetische Funktionen unter eigensinnig ästhetischer Perspektive konstituieren können, so wird der ästhetische Zugang zur Welt allererst auf charakteristische Weise produktiv, nämlich als Zugang zu »verschiedenem Sinn, den dieselbe Realität erlangen kann«.[151] Denn die Annahme der normierenden Wirkung eines kollektiven Bewusstseins schließt nicht aus, dass dieselbe Realität nach ihren verschiedenen Seiten hin befragbar bleibt. Weil die ästhetische Funktion eine der möglichen Weisen darstellt, sich auf dieselbe Wirklichkeit zu beziehen, ermöglicht sie einen zu den anderen Funktionen alternativen, aber nicht von ihnen isolierten Weltzugang. In der ästhetischen Funktion des Kunstwerks werden dessen außerästhetische Funktionen unter ästhetischen Prämissen wahrnehmbar. Zudem verändert in der Rezeption die Unterstellung eines Evidenzanspruchs der Produzentin die Wahrnehmung des ästhetischen Objektes dergestalt, dass diesem jetzt zusätzlich unterstellt wird, aus einem Weltverhältnis der Produzentin hervorgegangen zu sein. Anerkennt man den Zusammenhang zwischen dem »materiellen Werk« und dem »immateriellen ästhetischen Objekt«, wie oben vorgeschlagen, ergibt sich aus der Nichtbeliebigkeit einer Anordnung der Elemente des Werks das Evidenzerlebnis am Kunstwerk als ein eigener Zugang zur Welt. Dieser steht prinzipiell gleichberechtigt neben anderen Weltzugängen, weil sich in ihm dieselbe Welt anders als in nichtästhetischer Weise darstellt. Ein solches Nebeneinander von ästhetischem und nicht-

151 H. R. Jauß: Ästhetische Erfahrung und literarische Hermeneutik, S. 203.

ästhetischem Weltbezug entspricht in mancher Hinsicht dem menkeschen »Neben« im Sinne einer Autonomie der Kunst, impliziert aber gerade nicht die Unbeeinflussbarkeit nichtästhetischen Erfahrens und Reflektierens.

Dass bei Mukařovský der ästhetische Wert und mit ihm die ästhetische Norm einerseits vom quasi als objektiv gegebenen kollektiven Bewusstsein abhängt und andererseits dieses qua eigener Veränderung gleichzeitig modifiziert, impliziert als Ziel, ja fast als eine Pflicht künstlerischer Arbeit die gesellschaftliche Veränderung. Das wäre die einzige Form einer wirksamen, gelungenen künstlerischen Produktion. Würde man hingegen die Transformation *einzelner*, Normen verändernder Projektionen ins Kunstwerk hinein und die Verschiebung von Projektionen *einzelner* Rezipienten durchs Kunstwerk als Ziel künstlerischer Produktion begreifen, wäre ein Kommunikationsmodell gewonnen, das als intersubjektiv verstanden werden kann, ohne dass Künstler gleich unter dem Druck stehen, die *ganze* Gesellschaft verändern zu müssen. Hier folge ich nicht der Lesart von Jauß, der den ästhetischen Wert bei Mukařovský als gänzlich »objektive, vom Wahrnehmenden unabhängige Instanz« beschreibt und die »Konsensbildung des ästhetischen Urteils an die Stelle des ästhetischen Werts« setzten möchte. Es geht nicht allein um die Bildung eines Konsenses über Kunstwerke, sondern um eine Vermittlungsleistung durch sie, die sich von einer sprachlichen Konsensbildung im Urteil unterscheidet.

8. Ästhetische Kommunikation und Werkevidenz

1. Ästhetische Kommunikation ist auf ihre eigene Art und Weise rational. Sie ist weder mit einem Austausch von Sätzen und Argumenten noch allein mit einer projektiven Tätigkeit der Kommunizierenden in den Wahrnehmungsvorgängen gleichzusetzen. Die Unterstellung der Künstler, dass ein Kunstwerk ein evidentes sei, provoziert bei den Rezipienten die Erprobung der Evidenz des Werks in Prozessen eigener Wahrnehmung. Wahrnehmung kann im hier zu entwickelnden Modell ästhetischer Kommunikation nicht mehr als ein Gegenüber der Rationalität dargestellt, sondern muss vielmehr als teilweise steuerbarer Prozess gedeutet werden.
2. Eine Schlüsselrolle in der Kommunikation kommt dem Kunstwerk zu, das als möglicherweise evidentes zwischen den Kommunizierenden steht. Die Weise seiner Beschreibung als materieller Gegenstand bzw. als gestaltete Situation ist somit von weitreichender Bedeutung. Die Definition des gelungenen Kunstwerks als eines Gegenstandes

oder einer Situation, an dem bzw. in der »etwas« auf eigentümliche Weise evident wird, korrespondiert mit dem Begriff der Intentionalität sinnlicher Anschauung der Rezipienten vom künstlerischen Objekt (bzw. von der künstlerischen Situation), und zwar in der Weise, dass dem Evidenzanspruch der Produzenten eine Evidenzerwartung der Rezipienten entspricht.

3. Evidenzerfahrungen an Kunstwerken können auf außerkünstlerische Phänomene der Welt bezogen sein und finden in einem konkreten historischen Rahmen statt, der nicht mit dem historischen Rahmen der Herstellung des jeweiligen Werkes übereinstimmen muss. Diese zeitliche Differenz, die zwischen der Produktion und der Rezeption eines Werks liegen kann, ist kein Indiz dafür, dass allein die Gegenwart seiner Rezipienten den Kontext ausmacht, in dem das Werk sich konstituiert. Vielmehr dient die Materialität bzw. Gestaltetheit des Werks als Medium der Begegnung, in der die Erfahrung seiner Fremdheit konstitutiv ist.
4. Abstand und Verbindung zwischen der konkret vorliegenden Materialität des ästhetischen Objektes, die im Jetzt der ästhetischen Erfahrung erlebt wird, und der historischen Determiniertheit des Kunstwerks werden von den im 7. Kapitel behandelten Autoren unterschiedlich aufgefasst: Schleiermacher, Wollheim wie auch Mukařovský gehen von der Relevanz des materiellen Objekts aus und definieren es als ein Medium, das kommunikative Prozesse zwischen Produzenten und Rezipienten vermittelt. Die Materialität der Elemente des Kunstwerks ist für Schleiermacher das Resultat der Transformation des individuell erfahrenen, aber überindividuell geltenden Urbildes im Sinne eines Spiegels einer bestimmten Welterfahrung. Für Wollheim erzeugen die von Künstlern im Modus der Entscheidung ins Kunstwerk entäußerten Erfahrungen die Materialität des Werks: eine Materialität, der die Rezipienten je nach eigener Erfahrung zu entsprechen suchen. Der von der Künstlerin hergestellte Typus eines Kunstwerks beeinflusst dabei die Eigenschaften seiner Realisierung als materielles Vorkommnis. Die von Mukařovský eingeführte Spaltung des Begriffs Kunstwerk in ein »materielles Werk« auf der einen Seite und ein »immaterielles ästhetisches Objekt« auf der anderen Seite ist problematisch. Gegen Mukařovský ist daher ein Zusammenhang zwischen der Materialität des »materiellen Werks« und der Bewertung eines Kunstwerks in den historischen Kontexten seiner Herstellung und Rezeption zu postulieren. Es kommt nämlich darauf an, die Materialität von Kunstwerken mit ihrer Bedeutung, die sie in konkreten historischen Kontexten erhalten, zusammenzudenken. Dieser Forderung entspricht wiederum Wollheims Theorie, die den histo-

rischen Zusammenhang zwischen Herstellung und Materialität des Kunstwerks im Begriff des Repertoires und den Zusammenhang zwischen dem Kontext der Rezipienten und der Materialität des Kunstwerks in dem Begriff der Entsprechung herstellt.

5. Mit Schleiermacher gegen Wollheim ließ sich zeigen, warum Kunstwerke nicht sprachanalog gedeutet werden können. Den Rezipienten von Kunstwerken kommt im Vergleich zum Gebrauch nichtkünstlerischer Aussagen und Argumente nicht allein ein größerer Interpretationsspielraum zu, sondern die Weise, in der die Evidenz von Kunstwerken erlebt und interpretiert wird, überschreitet den Rahmen allein sprachlichen Reflektierens und ist von diesem systematisch zu unterscheiden.
6. Das Evidenzerlebnis am Kunstwerk ist als sinnliche Anschauung immer ein Erlebnis, das etwas meint, und nicht allein eines, das Vorurteile und Meinungen allein unterbricht oder stört. Dass etwas evident wird, ist systematisch gekoppelt an die Weise, wie es durch das Kunstwerk evident gemacht ist – diese Verschränkung ist nicht zugunsten der einen oder anderen Seite aufzulösen. Dies bedeutet, dass wir die Wirkung eines Kunstwerks nicht von dem, was uns diese Wirkung bedeutet, loslösen und isoliert würdigen können; in solch einem Fall der Rezeption, behaupte ich, hätten wir das Werk verfehlt und uns nicht der (systematisch vorgängigen) Gegenwart seiner Produktion, das heißt der Tatsache, dass es *Träger fremder Erfahrung* ist, ausgesetzt. Ein Genuss von Kunst, der die Konfrontation eigenen Erlebens und Wertens durch das Kunstwerk vermeidet, ist nur möglich auf der Folie einer Hierarchie, die Kunst letztlich eben nicht als ebenbürtigen Weltzugang anerkennt. Als hierarchisch ist indessen auch ein Zugang zur Kunst zu bezeichnen, der den Kunstwerken die Rolle zuteilt, alles Nichtverständliche, die dunkle, nichtrationale Seite des Lebens zu repräsentieren.
7. Von Schleiermacher übernehme ich die Idee, dass die Elemente des Kunstwerks als Spiegelungen der Welt, so wie sie von der Künstlerin erlebt ist, begriffen werden: Das Kunstwerk spiegelt einerseits die Welt und wird ihr andererseits, wie Wollheim definiert, als Interpretation hinzugefügt. Die Entscheidungen der Künstler darüber, was sie auswählen und wie sie die Transformation des Ausgewählten durch die Bearbeitung akzeptieren, sind abhängig von dem Kontext, in dem sie arbeiten, aber deswegen nicht in Gänze von diesem als Repertoire zur Verfügung stehenden Hintergrund vorherbestimmt. Denn eine Abweichung von einer autoritativ vorgebenen Norm ist möglich, wie mit Mukařovský erläutert wurde. Im künstlerischen Handeln entsteht

das Kunstwerk, das den Rahmen seiner Rezeption via Materialität, d.h. vermittels der Art und Weise, wie es gemacht ist, mitbestimmt.

8. Parallel zu zwei Klassen von Ausdruckseigenschaften des Kunstwerks, die Wollheim nennt – dem Ausdruck der Künstlerin, der sich in ihren Entscheidungen zeigt, und der Entsprechung der Rezipienten an das Ausgedrückte, das Kunstwerk – lassen sich zwei Figuren ästhetischer Erfahrung etablieren: die Erfahrung der Welt durch die Künstler und die Erfahrung der Evidenz und Alterität des Kunstwerks durch die Rezipienten. Diese beiden Erfahrungstypen fallen einerseits beide unter den Namen ästhetische Erfahrung und sind andererseits systematisch streng voneinander getrennt zu behandeln. In dem Begriff des Evidenzanspruchs der Künstler und im Begriff der Evidenz des Kunstwerks ist der systematische Rahmen vorgegeben, der beide Erfahrungsbegriffe zusammenbindet. Der Begriff des Evidenzanspruchs besagt, dass eigene Erfahrung in die Materialität des Kunstwerks eingeht und dieser Erfahrung durch die Transformation in die Materialität des Kunstwerks ein neuer Status zukommt. Evidenz des Kunstwerks ist, was die Rezipienten in gelingender Kunsterfahrung erleben; die Prüfung dieser Evidenz wird vom Wissen über den Evidenzanspruch der Künstler angeregt.

LITERATUR

Adorno, Theodor W.: Ästhetische Theorie [1970], Frankfurt/Main 1992.

Adorno, Theodor W.: Negative Dialektik [1966], Frankfurt/Main 1975.

Adorno, Theodor W./Horkheimer, Max: Dialektik der Aufklärung [1944], Frankfurt/Main 1997.

Aristoteles: Nikomachische Ethik. Nach der Übersetzung von Eugen Rolfes, bearbeitet von Günther Bien. Philosophische Schriften in sechs Bänden, Bd. 3, Hamburg 1995.

Bachmann, Ingeborg: Werke, hg. v. Christine Koschel/Inge von Weidenbaum/Clemens Münster, Bd. 4: Essays, Reden, Vermischte Schriften, Anhang, München 1978.

Bachmann, Ingeborg: »Frankfurter Vorlesungen«, in: Werke, Bd. 4 (1978), S. 181-271.

Bachmann, Ingeborg: »Frankfurter Vorlesungen: Fragen und Scheinfragen«, in: Werke, Bd. 4 (1978), S. 182-199.

Bachmann, Ingeborg: »Rede zur Verleihung des Anton-Wildgans-Preises«, in: Werke, Bd. 4 (1978), S. 294-297.

Bachmann, Ingeborg: »Die Wahrheit ist dem Menschen zumutbar«, in: Werke, Bd. 4 (1978), S. 275-277.

Bachmann, Ingeborg: »Zur Entstehung des Titels ›In Apulien‹«, in: Werke, Bd. 4 (1978), S. 305-306.

Barck, Karlheinz (Hg.): Ästhetische Grundbegriffe, 8 Bde., Stuttgart, Weimar 2000-2005.

Barthes, Roland: »La mort de l' auteur«. in: Ders.: Œuvres complètes, hg. v. Éric Marty, Bd. 2, Paris 1994.

Beaucamp, Eduard: Der verstrickte Künstler. Wider die Legende von der unbefleckten Avantgarde, Köln 1998

Bluhm, Roland/Schmücker, Reinold (Hg.): Kunst und Kunstbegriff, Paderborn 2002.

Bocola, Sandro: Die Kunst der Moderne. Zur Struktur und Dynamik ihrer Entwicklung, München, New York 1997.

Bohrer, Karl Heinz: Das absolute Präsens. Die Semantik ästhetischer Zeit, Frankfurt/Main 1994.

Bollack, Jean: Sinn wider Sinn. Wie liest man?, Göttingen 2003.

Brunkhorst, Hauke: Hannah Arendt, München 1999.

Bubner, Rüdiger: Über einige Bedingungen gegenwärtiger Ästhetik in: Neue Hefte für Philosophie 5 (1973), S. 38-73.

Bubner, Rüdiger: Ästhetische Erfahrung, Frankfurt/Main 1989.

Butler, Judith: Kritik der ethischen Gewalt. Adorno-Vorlesungen 2002, Frankfurt/Main 2003.

Cézanne, Paul: Ein Traum von Kunst, Berlin 1984.

Daniels, Dieter: Duchamp und die anderen. Der Modellfall einer künstlerischen Wirkungsgeschichte in der Moderne, Köln 1992.

Derrida, Jacques: La vérité en peinture, Paris 1978; dtsch.: Die Wahrheit in der Malerei, Wien 1992.

Derrida, Jacques: »Restitutionen. Von der Wahrheit nach Maß«, in: Ders.: Die Wahrheit in der Malerei, Wien 1992, S. 301-442.

Dickie, George: The Art Circle. A Theory of Art, New York 1984.

Dilthey, Wilhelm: Leben Schleiermachers, Berlin 1966.

Düttmann, Alexander Garcia: »›Dieser verrückte Visconti‹ oder Einsichten in ›Fleisch und Blut‹«, Manuskript, 2004.

Eco, Umberto: Die Grenzen der Interpretation, München 1992.

Foucault, Michel: »Qu'est-ce qu'un auteur?«, in: Dits et écrits, hg. v. Daniel Defert/François Ewald, Bd. 1, Paris 1994, S. 789-821.

Frank, Manfred: Das individuelle Allgemeine, Frankfurt/Main 1977.

Gadamer, Hans-Georg: »Wirkungsgeschichte und Applikation«, in: Warning (Hg.), Rezeptionsästhetik (1994), S. 113-125.

Gadamer, Hans-Georg: Die Aktualität des Schönen, Stuttgart 1977.

Gadamer, Hans-Georg: Wahrheit und Methode [1960, erw. Ausg. 1965]. Gesammelte Werke, Bd. 1, Tübingen 1990.

Gadamer, Hans-Georg: »Hilde Domin, Dichterin der Rückkehr«, in: Ders.: Gesammelte Werke, Bd. 9, Tübingen 1993, S. 321-328.

Gethmann-Siefert, Annemarie/Collenberg-Plotnikov, Bernadette: »Georg Wilhem Friedrich Hegel«, in: Julian Nida-Rümelin/Monika Betzler (Hg.), Ästhetik und Kunstphilosophie. Von der Antike bis zur Gegenwart in Einzeldarstellungen, Stuttgart 1998.

Gombrich, Ernst Hans Josef: Kunst und Illusion. Zur Psychologie der bildlichen Darstellung, Köln 1967.

Grosse, Katharina: »Kunstaspekte: Ein Interview mit Katharina Grosse zu raumbezogenen Sprayarbeiten ihrer letzten Ausstellungen«. http://www.kunstaspekte.de/z-katharina-grosse-i (02.04.2006).

Habermas, Jürgen: »Entgegnung«, in: Axel Honneth/Hans Joas (Hg.), Kommunikatives Handeln. Beiträge zu Jürgen Habermas' »Theorie des kommunikativen Handelns«. 3., erweiterte und aktualisierte Ausgabe, Frankfurt/Main 2002, S. 327-405.

Habermas, Jürgen: Der philosophische Diskurs der Moderne. Zwölf Vorlesungen, Frankfurt/Main 1989.

Habermas, Jürgen: Theorie des kommunikativen Handelns, 2 Bde., Frankfurt/Main 1981.

Habermas, Jürgen: »Wahrheitstheorien«, in: Ders.: Vorstudien und Ergänzungen zur Theorie des kommunikativen Handelns, Frankfurt/Main 1995, S. 127-183.

Hampe, Michael: »Vervollkommnung des Individuums und Endgültigkeit der Metaphysik. Richard Rortys Metaphysikkritik und die Philosophie des Pragmatismus«, in: Wenzel (Hg.), Vom Ersten und Letzten (1999), S. 153-176.

Hanfeld, Folke: Vortrag im Neuen Berliner Kunstverein am 23. November 2000 (Manuskript).

Hegel, Georg Wilhelm Friedrich: Werke [in 20 Bänden]. Auf der Grundlage der *Werke* von 1832-1845 neu edierte Ausgabe, Redaktion: Eva Moldenhauer und Karl Markus Michel; Bd. 13: Vorlesungen über die Ästhetik I, Frankfurt/Main 1986.

Heidegger, Martin: »Die Frage nach der Technik«, in: Ders.: Vorträge und Aufsätze, Pfullingen 1954, S. 9-40. Auch in: Gesamtausgabe, Bd. 7, Frankfurt/Main 2000.

Heidegger, Martin: Gesamtausgabe, Bd. 65: Abt. 3, Unveröffentlichte Abhandlungen, Vorträge – Gedachtes, Beiträge zur Philosophie: (vom Ereignis), Frankfurt/Main 1989.

Heidegger, Martin: Nietzsche: Der Wille zur Macht als Kunst, Freiburger Vorlesung 1936/37, Gesamtausgabe, Bd. 43, Frankfurt/Main 1985.

Heidegger, Martin: Sein und Zeit [1927], Frankfurt/Main 1999.

Heidegger, Martin: Die Selbstbehauptung der deutschen Universität. Das Rektorat 1933/34, Frankfurt/Main 1990.

Heidegger, Martin: Der Ursprung des Kunstwerks, Frankfurt/Main 1999.

Heidegger, Martin: Vom Wesen der Wahrheit [Vortrag von 1930, zuerst erschienen 1943], Frankfurt/Main 1954.

Heidegger, Martin: Vom Wesen der Wahrheit [Freiburger Vorlesung Wintersemester 1931/32], Gesamtausgabe, Bd. 34, Frankfurt/Main 1988.

Held, Klaus: »Einleitung«, in: Edmund Husserl: Die phänomenologische Methode. Ausgewählte Texte I, Stuttgart 1985.

Henrich, Dieter: Fixpunkte. Abhandlungen und Essays zur Theorie der Kunst, Frankfurt/Main 2003.

Henrich, Dieter: »Kunstphilosophie und Kunstpraxis«, in: Ders.: Fixpunkte (2003), S. 265-299.

Hilmer, Brigitte: »Kunst als Spiegel der Philosophie«, in: Kern/Sonderegger (Hg.), Falsche Gegensätze (2002), S. 112-130.

Hilmer, Brigitte: »Die Verbindlichkeit des Strittigen. Wahrheitsmöglichkeiten der Philosophie im Denken Heideggers«, in: Emil Angehrn/Bernard Baertschi (Hg.), Interpretation und Wahrheit / Interprétation et vérité, Studia philosophica, Vol. 57, Bern, Stuttgart, Wien 1998, S. 189-207.

Hilmer, Brigitte: »Wer sieht die Welt? Zur heutigen Arbeitsteilung zwischen Philosophie und Kunst«, in: Bernd Kleimann/Reinold Schmücker (Hg.), Wozu Kunst? Die Frage nach ihrer Funktion, Darmstadt 2001, S. 88-103.

Hilmer, Brigitte: »Wie ist moderne Kunst möglich? Die Auseinandersetzung Heideggers und Adornos mit Hegels These vom Ende der Kunst«, in: Hartmut Schröter (Hg.), Technik und Kunst. Heidegger: Adorno, Münster 1988, S. 86-96.

Horkheimer, Max/Adorno, Theodor W.: Dialektik der Aufklärung [1944], Frankfurt/Main 1997.

Husserl, Edmund: Logische Untersuchungen, II. Bd., II. Teil. Husserliana, Bd. XIX, 2 Teilbde., Dordrecht 1984.

Ingarden, Roman: »Konkretisation und Rekonstruktion«, in: Warning (Hg.), Rezeptionsästhetik (1994), S. 42-70.

Iser, Wolfgang: Der Akt des Lesens, München 1984.

Iser, Wolfgang: »Die Appellstruktur der Texte«, in: Warning (Hg.), Rezeptionsästhetik (1994), S. 228-252.

Jauß, Hans Robert: Ästhetische Erfahrung und literarische Hermeneutik, Frankfurt/Main 1991.

Jauß, Hans Robert: Kleine Apologie der ästhetischen Erfahrung, Konstanz 1972.

Jauß, Hans Robert: »Kleine Apologie der ästhetischen Erfahrung«, in: Jürgen Stöhr (Hg.), Ästhetische Erfahrung heute, Köln 1996, S. 15-42.

Jauß, Hans Robert: »Literaturgeschichte als Provokation der Literaturwissenschaft«, in: Warning (Hg.), Rezeptionsästhetik (1994), S. 126-162.

Kabakow, Ilya/Groys, Boris: Die Kunst des Fliehens; München, Wien 1991.

Kant, Immanuel: Kritik der reinen Vernunft. Nach der ersten und zweiten Original-Ausgabe hg. v. Raymund Schmidt, Hamburg 1990.

Kant, Immanuel: Kritik der Urteilskraft. Werke in sechs Bänden, hg. v. Wilhelm Weischedel, Darmstadt 1983, Bd. 5.

Klee, Paul: Kunstlehre, Leipzig 1987.

Kern, Andrea: »Ästhetischer und philosophischer Gemeinsinn«, in: Kern/Sonderegger: Falsche Gegensätze (2002), S. 81-111.

Kern, Andrea: »›Der Ursprung des Kunstwerkes‹. Kunst und Wahrheit zwischen Stiftung und Streit«, in: Dieter Thomä (Hg.), Heidegger-Handbuch, Stuttgart 2003, S. 162-174.

Kern, Andrea/Sonderegger, Ruth (Hg.): Falsche Gegensätze. Zeitgenössische Positionen zur philosophischen Ästhetik. Frankfurt/Main 2002.

Klinger, Cornelia: Flucht, Trost, Revolte. Die Moderne und ihre ästhetischen Gegenwelten, München, Wien 1995.

Koppe, Franz: Grundbegriffe der Ästhetik, Frankfurt/Main 1983.

Kosuth, Joseph: »Three Answers to Four Questions«; in: Domus, May 1971.

Kranz, Walther (Hg.): Fragmente der Vorsokratiker [1903], 2 Bde., Zürich 1951.

Küpper, Joachim/Menke, Christoph (Hg.): »Einleitung«, in: Dies. (Hg.), Dimensionen ästhetischer Erfahrung, Frankfurt/Main 2003, S. 7-15.

Kulenkampff, Jens: »Metaphysik und Ästhetik: Kant zum Beispiel«, in: Kern/Sonderegger (Hg.), Falsche Gegensätze (2002), S. 49-80.

Leder, Helmut/Belke, Benno/Oeberst, Andries/Augustin, Dorothee: »A model of aesthetic appreciation and aesthetic judgements«, in: British Journal of Psychology 95 (2004), S. 489-508.

Lehmann, Hans-Thies: Postdramatisches Theater, Frankfurt/Main 1999.

Lehmann, Harry: Der Diskurs ästhetischer Erfahrung in Deutschland, Manuskript für den Sonderforschungsbereich 626, 2004.

Lehnerer, Thomas: Die Kunsttheorie Friedrich Schleiermachers, Stuttgart 1987.

Lemke, Harald: »Gute Kunst macht Sinn. Ein Interview mit Harald Lemke«, in: infection manifesto. Zeitschrift für Kunst und Öffentlichkeit, Nr. 5 (2004), S. 25-30.

Loreck, Hanne: »Prekäre Nähe«, in: Geka Heinke: Der gestimmte Raum, Berlin 2004.

Luhmann, Niklas: Die Kunst der Gesellschaft, Frankfurt/Main 1995.

Luhmann, Niklas: Soziale Systeme. Grundriß einer allgemeinen Theorie, Frankfurt/Main 1984.

Maag, Georg: »Erfahrung«, in: Karlheinz Barck (Hg.), Ästhetische Grundbegriffe, Bd. 2, Stuttgart, Weimar 2001.

Marquard, Odo: »Kompensation. Überlegungen zu einer Verlaufsfigur geschichtlicher Prozesse«, in: Karl-Georg Faber/Christian Meier (Hg.), Historische Prozesse, München 1978, S. 330-362.

Marquard, Odo: »Kunst als Kompensation ihres Endes«, in: Willi Oelmüller (Hg.), Kolloquium Kunst und Philosophie, Bd. 1: Ästhetische Erfahrung, Paderborn 1981, S. 159-199.

Menke, Christoph/Küpper, Joachim: »Einleitung«, in: Dies. (Hg.): Dimensionen ästhetischer Erfahrung, Frankfurt/Main 2003, S. 7-15.

Menke, Christoph: Die Souveränität der Kunst. Ästhetische Erfahrung nach Adorno und Derrida, Frankfurt/Main 1988.

Menke, Christoph: »Wahrnehmung, Tätigkeit, Selbstreflexion. Zur Genese und Dialektik der Ästhetik«, in: Kern/Sonderegger (Hg.), Falsche Gegensätze (2002), S. 19-48.

Mersch, Dieter: Ereignis und Aura. Untersuchungen zu einer Ästhetik des Performativen, Frankfurt/Main 2002.

Müller, Heiner: Gesammelte Irrtümer. Interviews und Gespräche, 3 Bde., Frankfurt/Main 1996.

Mukařovský, Jan: »Ästhetische Funktion, Norm und ästhetischer Wert als soziale Fakten«, in: Ders.: Kapitel aus der Ästhetik, Frankfurt/Main 1970, S. 7-112.

Mukařovský, Jan: Kunst, Poetik, Semiotik, Frankfurt/Main 1989.

Nietzsche, Friedrich: Götzen-Dämmerung oder Wie man mit dem Hammer philosophiert [1889], Streifzüge eines Unzeitgemässen, 8; Kritische Studienausgabe, hg. v. Giorgio Colli u. Mazzino Montinari, München 1999, Bd. 6.

Odebrecht, Rudolf: Schleiermachers System der Ästhetik, Berlin 1932.

Ott, Konrad: »Jürgen Habermas«, in: Julian Nida-Rümelin/Monika Betzler (Hg.), Ästhetik und Kunstphilosophie. Von der Antike bis zur Gegenwart in Einzeldarstellungen, Stuttgart 1998, S. 344-351.

Piper, Adrian: Adrian Piper seit 1965. Metakunst und Kunstkritik, Wien 2002.

Pocai, Romano: Heideggers Theorie der Befindlichkeit. Sein Denken zwischen 1927 und 1933, München 1996.

Pöggeler, Otto: »Heidegger und die Kunst«, in: Christoph Jamme/Karsten Harries (Hg.), Martin Heidegger. Kunst, Politik, Technik, München 1992, S. 59-84.

Polt, Richard: »›Beiträge zur Philosophie (Vom Ereignis)‹. Ein Sprung in die Wesung des Seyns«, in: Dieter Thomä (Hg.), Heidegger-Handbuch, Stuttgart, Weimar 2003, S. 184-194.

Rancière, Jacques: Le destin des images, Paris 2003.

Rancière, Jacques: Malaise dans l'esthétique, Paris 2004.

Rancière, Jacques: La mésentente. Politique et philosophie, Paris 1995, dtsch: Das Unvernehmen. Politik und Philosophie, Frankfurt/Main 2002.

Rancière, Jacques: Le partage du sensible, Paris 2000, dtsch: »Die Aufteilung der sinnlichen Welt«, in: Kulturrevolution 41 (2001), S. 122-135.

Richter, Norbert Axel: Grenzen der Ordnung. Bausteine einer Philosophie des politischen Handelns nach Plessner und Foucault, Frankfurt/Main 2005.

Rihm, Wolfgang: Offene Enden. Denkbewegungen um und durch Musik, hg. v. Ulrich Mosch, München, Wien 2002.

Rorty, Richard: Kontingenz, Ironie und Solidarität, Frankfurt/Main 1989.

Sauper, Hubert: [Website zum Film: Darwin's Nightmare] http://www.coop99.at/darwins-nightmare/darwin/htmldt/startset.htm (25.02.2006).

Schapiro, Meyer: »Still Life as a Personal Object«, in: Marianne L. Simmel (Hg.), The Reach of Mind. Essays in Memory of Kurt Goldstein, New York 1968, S. 203-209.

Schiller, Friedrich: Über die ästhetische Erziehung des Menschen, Stuttgart 2000.

Schleiermacher, Friedrich Daniel Ernst: Ästhetik. Über den Begriff der Kunst, Hamburg 1984.

Schleiermacher, Friedrich Daniel Ernst: »Aus: Vorlesungen über die Ästhetik«, in: Ders.: Hermeneutik und Kritik, hg. v. Manfred Frank, Frankfurt/Main 1977.

Schleiermacher, Friedrich Daniel Ernst: Der christliche Glaube, nach den Grundsätzen der evangelischen Kirche im Zusammenhange dargestellt, hg. v. Martin Redeker, 2 Bde., 7. Aufl., Berlin 1960.

Schleiermacher, Friedrich Daniel Ernst: »Über den Begriff der Kunst (Akademiereden 1831/32)«, in: Ders.: Ästhetik. Über den Begriff der Kunst, Hamburg 1984.

Schmücker, Reinold: Was ist Kunst? Eine Grundlegung, München 1998.

Schmücker, Reinold/Bluhm, Roland (Hg.): Kunst und Kunstbegriff, Paderborn 2002.

Seel, Martin: Ästhetik des Erscheinens, München 2000.

Seel, Martin: Die Kunst der Entzweiung. Zum Begriff der ästhetischen Rationalität, Frankfurt/Main 1985.

Seel, Martin: »Kunst, Wahrheit, Welterschließung«, in: Franz Koppe (Hg.), Perspektiven der Kunstphilosophie. Text und Diskussion, Frankfurt/Main 1991, S. 36-80.

Seubold, Günter: Kunst als Enteignis. Heideggers Weg zu einer nicht mehr metaphysischen Kunst, Bonn 1996.

Sonderegger, Ruth: Für eine Ästhetik des Spiels. Hermeneutik, Dekonstruktion und der Eigensinn der Kunst, Frankfurt/Main 2000.

Sonderegger, Ruth: »Kunst als Sphäre der Kultur und die kulturwissenschaftliche Transformation der Ästhetik«, in: Friedrich Jäger/Burkhard Liebsch/Jörn Rüsen (Hg.), Handbuch der Kulturwissenschaft, Bd. 3: Themen und Tendenzen, Stuttgart/Weimar 2004, S. 50-64.

Tarkowskij, Andrej: Die versiegelte Zeit. Gedanken zur Kunst, zur Ästhetik und Poesie des Films, Frankfurt/Main, Berlin 1989.

Tolstoi, Lew Nikolajewitsch: Über Literatur und Kunst, Frankfurt/Main 1980.

Tugendhat, Ernst: Der Wahrheitsbegriff bei Husserl und Heidegger, Berlin 1970.

Ullrich, Wolfgang: »Der Kunstkommentar als Audienzbericht«, in: Ders.: Tiefer hängen, Berlin 2003, S. 22-28.

Waldenfels, Bernhard: Ordnung im Zwielicht, Frankfurt/Main 1987.

Warning, Rainer (Hg.): Rezeptionsästhetik. Theorie und Praxis, 4., unveränderte Aufl., München 1994.

Warning, Rainer: »Rezeptionsästhetik als literaturwissenschaftliche Pragmatik«, in: Ders.: (Hg.), Rezeptionsästhetik (1994), S. 9-41.

Wellmer, Albrecht: »Das musikalische Kunstwerk«, in: Kern/Sonderegger (Hg.), Falsche Gegensätze (2002), S. 133-175.

Wellmer, Albrecht: »Über Negativität und Autonomie der Kunst. Die Aktualität von Adornos Ästhetik und blinde Flecken seiner Musikphilosophie«, in: Axel Honneth (Hg.), Dialektik der Freiheit. Frankfurter Adorno-Konferenz 2003, Frankfurt/Main 2005, S. 237-278.

Wellmer, Albrecht: »Wahrheit, Schein, Versöhnung. Adornos ästhetische Rettung der Modernität«, in: Ders.: Zur Dialektik von Moderne und Postmoderne Vernunftkritik nach Adorno, Frankfurt/Main 1985, S. 9-47.

Wenzel, Uwe Justus (Hg.): Vom Ersten und Letzten. Positionen der Metaphysik in der Gegenwartsphilosophie, Frankfurt/Main 1999.

Willaschek, Marcus: »Was ist schlechte Metaphysik?«, in: Wenzel (Hg.), Vom Ersten und Letzten (1999), S. 131-151.

Wollheim, Richard: »Objekte der Kunst«, in: Ders.: Objekte der Kunst, Frankfurt/Main 1982, S. 13-145.

Zaugg, Rémy: Gespräche mit Jean-Christophe Ammann. Portrait, Ostfildern 1994.

Danksagung

Ohne die Mithilfe von vielen wäre dieses Buch nicht entstanden. An erster Stelle danke ich Christoph Menke und Cornelia Klinger. Bei Norbert Axel Richter bedanke ich mich für viele Ermutigungen und unermüdliches Lektorieren.

Für anregende und weiterführende Diskussionen bedanke ich mich herzlich bei allen Folgenden, die ich in alphabetischer Reihenfolge aufzähle: Robin Celikates, Dina Emundts, Brigitte Hilmer, Thomas Hoffmann, Andrea Kern, Hans-Peter Krüger, Gesa Lindemann, Michael Lüthy, Eberhard Ortland, Francesca Raimondi, Juliane Rebentisch, Martin Saar, Matthias Schloßberger, Arno Schubbach, Reinold Schmücker, Jens Szczepanski, Antje Wessels.

Andrea Knobloch und André Piontek verdanke ich eine großzügige Unterstützung bei der Herstellung dieses Buchs.

Ohne die Förderung der Heinrich-Böll-Stiftung wäre das Projekt nicht zustande gekommen. Für die Unterstützung durch die Stiftung bedanke ich mich bei Jutta Helm und bei Gabriele Tellenbach.

Judith Siegmund

Edition Moderne Postmoderne

Emanuel Alloa, Alice Lagaay, Carsten Lotz (Hg.)
Nicht(s) sagen
Strategien nicht-affirmativer Rede im 20. Jahrhundert
Dezember 2007, ca. 200 Seiten, kart., ca. 22,80 €,
ISBN: 978-3-89942-828-5

Martin Nonhoff (Hg.)
Diskurs – radikale Demokratie – Hegemonie
Zum politischen Denken von Ernesto Laclau und Chantal Mouffe
Dezember 2007, ca. 180 Seiten, kart., ca. 26,80 €,
ISBN: 978-3-89942-494-2

Dirk Quadflieg
Differenz und Raum
Zwischen Hegel, Wittgenstein und Derrida
November 2007, ca. 340 Seiten, kart., ca. 32,80 €,
ISBN: 978-3-89942-812-4

Iris Därmann, Harald Lemke (Hg.)
Die Tischgesellschaft
Philosophische und kulturwissenschaftliche Annäherungen
November 2007, ca. 220 Seiten, kart., ca. 24,80 €,
ISBN: 978-3-89942-694-6

Judith Siegmund
Die Evidenz der Kunst
Künstlerisches Handeln als ästhetische Kommunikation
Oktober 2007, 258 Seiten kart., 29,80 €,
ISBN: 978-3-89942-788-2

Hans-Joachim Lenger, Georg Christoph Tholen (Hg.)
Mnema
Derrida zum Andenken
Oktober 2007, 260 Seiten, kart., 25,80 €,
ISBN: 978-3-89942-510-9

Fabian Goppelsröder
Zwischen Sagen und Zeigen
Wittgensteins Weg von der literarischen zur dichtenden Philosophie
Oktober 2007, 166 Seiten, kart., 18,80 €,
ISBN: 978-3-89942-764-6

Harald Lemke
Die Kunst des Essens
Eine Ästhetik des kulinarischen Geschmacks
September 2007, 220 Seiten, kart., 20,80 €,
ISBN: 978-3-89942-686-1

Jens Szczepanski
Subjektivität und Ästhetik
Gegendiskurse zur Metaphysik des Subjekts im ästhetischen Denken bei Schlegel, Nietzsche und de Man
August 2007, 242 Seiten, kart., 27,80 €,
ISBN: 978-3-89942-709-7

Steffen K. Herrmann, Sybille Krämer, Hannes Kuch (Hg.)
Verletzende Worte
Die Grammatik sprachlicher Missachtung
Juli 2007, 372 Seiten, kart., 30,80 €,
ISBN: 978-3-89942-565-9

Leseproben und weitere Informationen finden Sie unter:
www.transcript-verlag.de

Edition Moderne Postmoderne

Ludger Schwarte (Hg.)
Auszug aus dem Lager
Zur Überwindung des modernen Raumparadigmas in der politischen Philosophie
Juli 2007, 318 Seiten,
kart., zahlr. Abb., 31,80 €,
ISBN: 978-3-89942-550-5

Andreas Niederberger, Markus Wolf (Hg.)
Politische Philosophie und Dekonstruktion
Beiträge zur politischen Theorie im Anschluss an Jacques Derrida
Juni 2007, 186 Seiten,
kart., 19,80 €,
ISBN: 978-3-89942-545-1

Daniel C. Henrich
Zwischen Bewusstseinsphilosophie und Naturalismus
Zu den metaphysischen Implikationen der Diskursethik von Jürgen Habermas
März 2007, 246 Seiten,
kart., 25,80 €,
ISBN: 978-3-89942-620-5

Alice Pechriggl
Chiasmen
Antike Philosophie von Platon zu Sappho – von Sappho zu uns
2006, 188 Seiten,
kart., 20,80 €,
ISBN: 978-3-89942-536-9

Reinhard Heil, Andreas Hetzel (Hg.)
Die unendliche Aufgabe
Kritik und Perspektiven der Demokratietheorie
2006, 288 Seiten,
kart., 27,80 €,
ISBN: 978-3-89942-332-7

Jens Badura (Hg.)
Mondialisierungen
»Globalisierung« im Lichte transdisziplinärer Reflexionen
2006, 318 Seiten,
kart., 27,80 €,
ISBN: 978-3-89942-364-8

Ulrike Ramming
Mit den Worten rechnen
Ansätze zu einem philosophischen Medienbegriff
2006, 252 Seiten,
kart., 26,80 €,
ISBN: 978-3-89942-443-0

Peter Janich (Hg.)
Wissenschaft und Leben
Philosophische Begründungsprobleme in Auseinandersetzung mit Hugo Dingler
2006, 274 Seiten,
kart., 26,80 €,
ISBN: 978-3-89942-475-1

Stefan Blank
Verständigung und Versprechen
Sozialität bei Habermas und Derrida
2006, 232 Seiten,
kart., 26,80 €,
ISBN: 978-3-89942-456-0

Tobias Blanke
Das Böse in der politischen Theorie
Die Furcht vor der Freiheit bei Kant, Hegel und vielen anderen
2006, 232 Seiten,
kart., 25,80 €,
ISBN: 978-3-89942-465-2

Leseproben und weitere Informationen finden Sie unter:
www.transcript-verlag.de

Edition Moderne Postmoderne

Johann S. Ach,
Arnd Pollmann (Hg.)
no body is perfect
Baumaßnahmen am menschlichen Körper. Bioethische und ästhetische Aufrisse
2006, 358 Seiten,
kart., 27,80 €,
ISBN: 978-3-89942-427-0

Gerald Hartung,
Kay Schiller (Hg.)
Weltoffener Humanismus
Philosophie, Philologie und Geschichte in der deutsch-jüdischen Emigration
2006, 224 Seiten,
kart., 24,80 €,
ISBN: 978-3-89942-441-6

Christoph Henning
Philosophie nach Marx
100 Jahre Marxrezeption und die normative Sozialphilosophie der Gegenwart in der Kritik
2005, 660 Seiten,
kart., 39,80 €,
ISBN: 978-3-89942-367-9

Christian Schulte,
Rainer Stollmann (Hg.)
Der Maulwurf kennt kein System
Beiträge zur gemeinsamen Philosophie von Oskar Negt und Alexander Kluge
2005, 272 Seiten,
kart., 25,80 €,
ISBN: 978-3-89942-273-3

Arnd Pollmann
Integrität
Aufnahme einer sozialphilosophischen Personalie
2005, 394 Seiten,
kart., 29,80 €,
ISBN: 978-3-89942-325-9

Hans-Joachim Lenger
Marx zufolge
Die unmögliche Revolution
2004, 418 Seiten,
kart., 27,80 €,
ISBN: 978-3-89942-211-5

Christoph Ernst, Petra Gropp,
Karl Anton Sprengard (Hg.)
Perspektiven interdisziplinärer Medienphilosophie
2003, 334 Seiten,
kart., 25,80 €,
ISBN: 978-3-89942-159-0

Hans-Joachim Lenger
Vom Abschied
Ein Essay zur Differenz
2001, 242 Seiten,
kart., 25,80 €,
ISBN: 978-3-933127-75-4

Leseproben und weitere Informationen finden Sie unter:
www.transcript-verlag.de